Peter Schollmeier

Bewerbungen um Olympische Spiele

Von Athen 1896 bis Athen 2004

Peter Schollmeier

Bewerbungen um Olympische Spiele

Von Athen 1896 bis Athen 2004

Herausgegeben vom Carl und Liselott Diem Archiv
Olympische Forschungsstätte
der Deutschen Sporthochschule Köln

Herausgeber
Carl und Liselott Diem Archiv,
Olympische Forschungsstätte der Deutschen Sporthochschule Köln
Umschlaggestaltung
Peter Schollmeier (unter Verwendung des Werbeplakates von Pascal Besson
für die 106. Session des IOC in Lausanne)

Printed in Germany 2001, Books on Demand GmbH
ISBN 3-88338-003-2

INHALTSVERZEICHNIS

ABKÜRZUNGSVERZEICHNIS

AOC   Australian Olympic Committee
ALALC   Asociación Latinoamericana de Libre Commercio
ANOC   Association of National Olympic Committees
ANOCA   Association of National Olympic Committees of Africa
ASOIF   Association of Summer Olympic International Federations
ASEAN   Association of South East Asian Nations
ATHOC   Athens Organizing Committee of the Olympic Games
CDI   Carl-Diem-Institut an der Deutschen
            Sporthochschule Köln
CEO   Chief Executive Officer
C.I.O.   Comité International Olympique
COOB   Comité Organitzador Olímpic Barcelona
CONI   Comitato Olimpico Nazionale Italiano
CuLDA   Carl und Liselott Diem Archiv an der Deutschen
            Sporthochschule Köln
dpa   Deutsche Presseagentur
DSHS   Deutsche Sporthochschule Köln
EOC   European Olympic Committees
EU   Europäische Union
FAZ   Frankfurter Allgemeine Zeitung
FIFA   International Federation of Football Association
FISU   International University Sports Federation
HCC   Host City Contract
GAISF   General Assembly of International Sports Federations
HOC   Hellenic Olympic Committee
Hrsg.   Herausgeber
IAAF   International Amateur Athletics Federation
IBC   International Broadcast Centre
IF   International (Sport) Federation
IOC   International Olympic Committee
ISU   International Skating Union
k.A.   keine Angaben
LAOOC   Los Angeles Olympic Organizing Committee
MPC   Main Press Centre
NATO   North Atlantic Treaty Organization
NOK   Nationales Olympisches Komitee
NOCSA   National Olympic Committee of South Africa
OAS   Organisation of American States

VIII

OAU	Organization of African Unity
OCA	Olympic Council of Asia
OCOG	Organizing Committee of the Olympic Games
o.J.	ohne Jahresangabe
OK	Organisationskomitee
ONOC	Oceanic National Olympic Committee
o.O.	ohne Ortsangabe
PASO	Pan-American Sports Organization
RIS	Reuter Information Service
SANROC	South African Non-Racial Olympic Committee
SAONGA	South African Olympic and National Games Association
sid	Sport-Informations-Dienst
SZ	Süddeutsche Zeitung
TOP	The Olympic Program (IOC-Sponsoren Programm)
WM	Weltmeisterschaften
USOC	United States Olympic Committee
Verf.	Verfasser

GELEITWORT

Am 1.Oktober des Jahres 2000 gingen in Sydney die Spiele der XXVI. Olympiade zu Ende. Es war ein glanzvolles 14 Tage dauerndes Fest. Die schon gewohnte Standardformel von IOC Präsident Juan Antonio Samaranch "the best games ever" hatte hier sicher ihre Berechtigung.

Sieben Jahre zuvor bei der IOC Session 1993 in Monaco war die Entscheidung gefallen. Sydney hatte sich knapp gegenüber Peking durchgesetzt. Die Bewerberstädte Manchester, Berlin und Istanbul waren mehr oder weniger als Statisten in ersten Wahlgängen ausgeschieden. Berlin hatte keine Chance mehr, als der Anlaß der Bewerbung der Spiele in einer geteilten Stadt durch die Wiedervereinigung wegfiel.

Die glanzvollen Spiele in Sydney haben in Deutschland wieder Appetit auf Olympia geweckt. Man streitet einander um den richtigen Austragungsort. Leipzig oder Stuttgart oder Dortmund oder Düsseldorf oder Köln oder das Ruhrgebiet. Dies geht aber nicht, da eine Stadt sich bewerben muß. Ich hatte den Eindruck, daß die Oberbürgermeister längst der irrigen Meinung anhängen, sie müßten sich nur noch innerhalb Deutschlands durchsetzen. Dann wäre alles klar, für das IOC wäre die Wahl nur noch eine Formsache. Die beiden deutschen IOC-Mitglieder sind etwas vorsichtiger und vor allen Dingen realistischer. Sie freuen sich zwar über jede deutsche Stadt, die sich bewirbt, warnen aber vor übereilter Siegesfreude. Für sie ist nicht einmal klar, ob sich Deutschland für Winter- oder Sommerspiele bewerben sollte. Sie stellen auch in den Raum: Ein Bewerber dürfte nicht nach dem Motto vorgehen "Was bringen die Spiele meiner Stadt", sondern vor allen Dingen wäre zu überlegen, "was bringen die Spiele in meiner Stadt der olympischen Bewegung". Deutschland wird starke Gegner haben. Gehen die Spiele 2008 nach Peking, könnte Paris wieder antreten. Werden Sie nach Paris vergeben, könnte Peking erneut stärkster Bewerber sein. Das IOC würde dann wahrscheinlich nicht ein drittes Mal die Spiele nach Europa vergeben.

Vor drei Jahren fiel in Lausanne bei der IOC Session die Entscheidung für den Ausrichter der Spiele des Jahres 2004. Fünf Bewerber standen in der engeren Wahl: Stockholm, Buenos Aires, Kapstadt, Rom und Athen. Im Finale setzte sich Athen, das bei allen Wahlgängen an der

Spitze lag, gegen Rom durch. Dieser Erfolg hatte eine lange Vorgeschichte. Athen war bei der Kandidatur für die Jahrhundertspiele 1996 "durchgefallen", hatte sich dann für die Spiele 2000 nicht und jetzt für die Spiele 2001 wieder beworben. Handelte das IOC 1997 im Sinne einer Wiedergutmachung oder lag eine wirklich fundierte Bewerbung vor, der die Mitglieder gefolgt sind.

Diesen Vorgang schildert Peter Schollmeier in seinem Buch "Bewerbungen um Olympische Spiele". Es ist die überarbeitete Fassung einer Diplomarbeit, die er, betreut von mir, an der Deutschen Sporthochschule Köln und hier dem Carl und Liselott Diem-Archiv, der Olympischen Forschungsstätte, verfaßt hat. Schollmeier legte eine bemerkenswerte und außergewöhnliche Arbeit vor, so daß ich ihm empfehlen konnte, eine Buchveröffentlichung zu wagen, zu der ich gerne das Vorwort beitrage. Schollmeier gelingt es, zum einen die Geschichte der Bewerbungen seit 1896 sehr anschaulich zu beschreiben und zum anderen nachzuweisen, daß das IOC 1997 in Lausanne Athen mit der Austragung der Spiele 2004 betrauen mußte.

Dies war vor drei Jahren. Seitdem hören wir von Athen nur Hiobsbotschaften. Es bleibt aber zu hoffen, daß die organisatorischen Schwierigkeiten überwunden werden und in Athen gute und erfolgreiche Spiele stattfinden werden.

Köln, den 17.12.2000   Karl Lennartz

VORWORT

Die vorliegende Arbeit ist durch ein Seminar von Dr. Karl Lennartz, dem Leiter des Carl und Liselott Diem Archivs (CuLDA), an der DSHS im Sommersemester 1997 angeregt worden. Dabei standen die Original-Bewerbungsbücher der elf Kandidaten für die Olympischen Spiele 2004 zur Verfügung. Dankenswerterweise hat der Vorsitzende der IOC-Prüfungskommission Dr. Thomas Bach diese Unterlagen bereit gestellt.

Durch den frühzeitigen Einblick in die Unterlagen ist es möglich gewesen, sowohl die Aktionen als auch Reaktionen der Bewerber sowie ihren Wiederklang in den Medien bis zur Wahl im September und in der Folge fundiert zu betrachten und einzuordnen. Eine differenzierte Untersuchung zum Thema 'Bewerbungen um Olympische Spiele' hat bisher nicht vorgelegen. Diese Arbeit soll ein Anfang sein und einen Ausgangspunkt für weitere Untersuchungen bieten. Dabei soll ein Bogen von dem Beginn der Bewerbungen bis zu der Wahl Athens für die Spiele 2004 gespannt und ein Einblick in die vielfältigen Einflüsse und Abhängigkeiten gegeben werden.

Ich möchte an dieser Stelle die Gelegenheit nutzen allen zu danken, die mich bei dieser Arbeit unterstützt haben. Dabei schulde ich Frau Birgit Schaub außerordentlichen Dank für ihre unersetzliche Unterstützung. Ein besonderer Dank gilt natürlich auch Dr. Karl Lennartz, der mir aus seinem persönlichen Archiv eine Vielzahl wichtiger Dokumente über einen bedeutenden Zeitraum langmütig zur Verfügung gestellt hat. Des weiteren möchte ich mich bei dem Olympischen Museum des IOC in Lausanne bedanken, deren Mitarbeiter und besonders Danièle Desmeules mich reichhaltig mit Literatur, Informationen und Rat-schlägen unterstützt haben.

Auch denen, die durch ihre Anregungen diese Arbeit gefördert haben und hier nicht persönlich genannt sind, möchte ich meinen herzlichen Dank aussprechen.

Köln, im Dezember 2000   Peter Schollmeier

... [Es] wäre nichts gewonnen, wenn die materiellen Verbesserungen nicht Hand in Hand gingen mit einer moralischen Verbesserung, die besonders nottut. Die jüngsten Ereignisse haben die Merkantilisierung in unerwarteter und beängstigender Weise gestärkt, so daß sie imstande ist, den Sport zu bedrohen. Die beiden großen Sportbewegungen der Geschichte, - die griechische Agonistik und das mittelalterliche Rittertum, - waren Angriffen dieser Art ausgesetzt. Erst nach langem, heldenhaften Widerstand sind sie unterlegen. Die moderne Bewegung hingegen begann gerade Formen anzunehmen, als die Korruption sie auch schon zu durchdringen suchte. Und unter Korruption darf man nicht nur den Nutzen, den Geldverdienst verstehen, der auf tausend erfinderische Arten den Athleten oder Meistersportler anlockt, sondern auch den Verfall - und bald wohl auch die Zerstörung - des Geistes der Ritterlichkeit.

[...] Ein Gesetz hat seinen Wert nur durch die Menschen, die es anwenden. Also müssen wir auch die Menschen ins Auge fassen. Die Leitung sportlicher Gruppen befindet sich allzu oft in den Händen von Verwaltungsfachleuten oder Politikern [...]

PIERRE DE COUBERTIN

XIV

1. EINLEITUNG

Die Olympischen Spiele sind zur Zeit das größte Sport- und Medienereignis der Welt. Für diese Veranstaltung werden mehrere Milliarden US$ investiert und seit den Spielen in Los Angeles (1984) auch wieder verdient. Die ausrichtende Stadt wird für Jahre in den Mittelpunkt des Weltinteresses gestellt. Die durch die Olympischen Spiele ermöglichten Investitionen nehmen über Jahrzehnte hinaus Einfluß auf die Infrastruktur, den Tourismus und das Ansehen der Stadt und darüber hinaus auch auf die ausrichtende Nation.

Zur Zeit werden die Olympischen Spiele sieben Jahre vor der Ausrichtung durch das Internationale Olympische Komitee an eine Stadt vergeben. Um dieses Austragungsrecht bewerben sich in einem fest definierten Modus interessierte Städte. Die Möglichkeit, bereits durch eine Kandidatur an dem positiven Ansehen der Olympischen Spiele zu partizipieren und die Erkenntnis, daß sich mit den Spielen das Renommee und die Wirtschaft einer Stadt verbessern läßt, haben zu einem massiven Anstieg der Bewerberzahlen geführt. Neben der positiven Einschätzung der Austragung Olympischer Spiele gibt es aber auch skeptische Betrachtungen. Es besteht die Sorge, daß die Spiele zu einem wirtschaftlichen und ökologischen Desaster werden und der Stadt Schulden, eine zerstörte Natur sowie ein beschädigtes Image hinterlassen.

Die Aufgabe des IOC ist die Verbreitung des Olympismus. Um diese Bestimmung zu erfüllen, ist der ökonomische Erfolg der Olympischen Spiele eine entscheidende Voraussetzung. Die Auswahl eines Austragungsortes, über den die IOC-Mitglieder alleinig entscheiden dürfen, ist damit eines der wichtigsten Tätigkeiten. Neben dem wirtschaftlichen Erfolg der Spiele bestehen einige weitere Wahlkriterien, welche Einfluß auf das Ergebnis der Abstimmung nehmen.

Vor und nach der Wahl gibt es eine Reihe von Wahlanalysen, welche die Hintergründe des Ergebnisses zu definieren suchen. Bislang haben sich diese Arbeiten weitgehend auf die Untersuchung des jeweiligen Bewerbungszyklus reduziert. Dabei wird über einen Vergleich zwischen den Qualitäten der Städte die Abstimmung kritisch diskutiert.

Der vorliegenden Arbeit liegt die Ansicht zugrunde, daß man einen einzelnen Bewerbungszyklus zwingend vor dem Hintergrund der vorangegangenen Geschichte der Bewerbungen um Olympische Spiele betrachten muß. Nur aus dieser Perspektive können Besonderheiten, Ablauf und Ausgang eines Bewerbungszyklus verstanden werden. Des weiteren muß die konkrete Bewerbung einer Stadt in bezug zu deren Geschichte, sozialen und wirtschaftlichen Bedingungen sowie deren olympischen Vergangenheit gestellt werden. Erst die Beachtung dieser vorgenannten Faktoren ergibt die notwendigen Voraussetzungen einer fundierten Analyse.

Zusammengefaßt müssen zur Bewertung einer Bewerbung also drei Bezugsrahmen berücksichtigt werden:
1. die vorherige Geschichte der Bewerbungen um Olympische Spiele
2. die Besonderheiten des zu untersuchenden Bewerbungszyklus, der sich zu einem großen Teil auch aus Punkt 1. ergibt
3. die individuellen Bedingungen des oder der Kandidaten in Hinblick auf seine aktuellen Qualitäten und seine Geschichte in der olympischen Bewegung

Es ist die Hauptintention der Arbeit, die komplexen Einflüsse auf das Abstimmungsverhalten der IOC-Mitglieder aufzuzeigen und herzuleiten. Darauf aufbauend wird der Verlauf und das Ergebnis der Wahl um die Olympischen Spiele 2004 analysiert und dargestellt, daß zum Zeitpunkt der Wahlentscheidung der Gewinner nur Athen heißen kann.

Die Arbeit besteht aus zwei großen Blöcken, die jeweils in eine unterschiedliche Anzahl von Kapiteln unterteilt ist. Im ersten Bereich wird die Bewerbungsgeschichte um die Sommerspiele in der Olympischen Bewegung aufgeführt (Kapitel 2). Dabei wird die Zeit in verschiedene Phasen eingeteilt, um besondere Entwicklungen und Einflüsse besser darstellen zu können. Darauf aufbauend wird der spezifische Bewerbungsmodus für 2004 in Kapitel 3 differenziert erläutert. Anschließend wird die Bewerbung Sydneys, der Gewinnerstadt für den Bewerbungszyklus um die Spiele 2000, vorgestellt (Kapitel 4). Anhand dieser Bewerbung wird gezeigt, daß es für eine erfolgreiche Bewerbung nach dem Wahlmodus der 90er Jahre eine klar definierte Struktur gibt. Je mehr ein Bewerber diesem Ideal entspricht, desto größer sind seine Wahlchancen. Auf diesen vorgenannten Untersuchungen baut der zweite Block der Arbeit mit der Analyse der Wahl um die Spiele 2004 auf. In Kapitel 5 werden zunächst die Bewerberstädte mit ihren besonderen Schwächen und Vorzügen einzeln vorgestellt. Diesem folgt in Kapitel 6 eine eingehende Untersuchung der Vor- und Nachteile der fünf Finalteilnehmer. Dabei werden die technischen Qualitäten der Bewerbungsunterlagen, die Präsentation und die Resonanz in der internationalen Presse explizit

2

dargestellt. Die Wahl Athens auf der 106. Session des IOC (Kapitel 7) wird schließlich anhand der relevanten Einflußfaktoren begründet. Diesen Bereich schließt ein Ausblick (Kapitel 8) auf die Olympischen Spiele 2004 in Athen und die weitere Entwicklung der Bewerbungen ab. Abschließend werden in Kapitel 9 die wesentlichen Ergebnisse der Arbeit zusammenfassend aufgeführt.

Um eine differenzierte Analyse des Bewerbungszyklus für 2004 und deren Ausgang zu gewährleisten zu können, müssen einzelne Aspekte der Bewerbungen aus mehreren Perspektiven beleuchtet und in unterschiedlichen Zusammenhängen diskutiert werden. Dies führt teilweise zu einer Mehrfachnennung von einzelnen Aspekten, welche sich angesichts der Komplexität des Themengegenstandes nicht vermeiden läßt und durchaus sinnvoll ist.

Stand der Forschung
Die Wahl des Austragungsortes Olympischer Spiele ist die Handlung des IOC mit der größten Außenwirkung. Die Einflüsse auf die Wahl werden in der Forschung immer wieder kontrovers diskutiert. Dabei beschränken sich die Autoren in der Regel auf einzelne Aspekte. Christopher R. HILL bezieht sich in seinem Werk 'Olympic Politics' hauptsächlich auf die englischen Bewerbungen um die Spiele 1992 und 2000.[1] Eine der wenigen übergreifenden Aufsätze zu den Bewerbungen um Olympische Spiele findet sich in dem Grundlagenwerk *'The International Olympic Committee - One hundred years'*.[2] Der Umfang von acht Seiten weist aber bereits daraufhin, daß auch dieser Artikel nicht umfassend sein kann. Lediglich Wolf LYBERG behandelt alle Bewerbungen. Dabei sammelt er aber nur statische Daten, ohne zu einer Analyse zu kommen.[3] Daneben gibt es wenige Monographien zu einzelnen Bewerbungen. Dazu zählen Richard W. POUND und Roderick H. McGEOCH.[4] Ergänzt werden diese durch einige wissenschaftliche Arbeiten.[5] Zu der Wahl um die Olympischen Spielen 2004 gibt es bislang lediglich eine Ausarbeitung von Pieter De LANGE. Der Schwerpunkt seiner Arbeit ist die Bewerbung Kapstadts.

---

[1] HILL, Christopher R.: Olympic Politics, Manchester/ New York 1992.

[2] in dem folgend aufgeführten Buch ist ein Kapitel '3.2. The host cities of Olympic activities' auf den Seiten 80 - 87 enthalten. LANDRY, Fernand/ Magdalene YERLÈS: The International Olympic Committee - One Hundred Years. The Idea - The Presidents - The Achievements. Volume III, hrsg. vom IOC, Lausanne 1996.

[3] LYBERG, Wolf: Fabulous 100 Years of the IOC. Facts - figures - and much, much more, hrsg. vom IOC, Lausanne 1996.

[4] POUND, Richard W.: Five Rings over Korea. The Secret Negotiations Behind the 1988 Olympic Games in Seoul, Boston (u.a.) 1994/ McGEOCH, Rod[erick H.]/ Glenda KORPORAL: The Bid. How Australia won the 2000 Games, Victoria 1994.

[5] Diese haben allerdings in dieser Arbeit nahezu keine Verwendung gefunden. Sie sind aber der Vollständigkeit halber im Literaturverzeichnis aufgeführt.

Natürlich wird in sehr vielen Untersuchungen mehr oder weniger eingehend auf einzelne Bewerbungen oder deren Aspekte eingegangen. Für eine Analyse eines einzelnen Bewerbungszyklus fehlt aber eine übergreifende Studie über Einflußgrößen bei Bewerbungen um Olympische Spiele unter Einbeziehung der besonderen olympischen Bewerbungsgeschichte. Die aktuelle Forschung wird damit der Bedeutung der Bewerbungen in der Olympischen Bewegung nicht gerecht. In der vorliegenden Arbeit soll dieses Forschungsdefizit vermindert werden, indem die Bewerbungen um die Spiele 2004 auf der Basis einer übergreifenden Studie analysiert werden.

Untersuchungsfeld und Quellenkritik
Aufgrund des gewaltigen Umfangs der Bewerbungsgeschichte muß das Untersuchungsfeld so stark wie möglich eingegrenzt werden. Die Geschichte der einzelnen Institutionen der Olympischen Bewegung wird nur in sofern mit in diese Untersuchung aufgenommen, als daß sie direkte und relevante Auswirkungen auf die Entwicklung der Bewerbungsgeschichte genommen hat. Das gleiche gilt für die Bewerbungskomitees, die Städte und Länder der Kandidaten.

Zu der Geschichte der Olympischen Bewegung gibt es eine Fülle ausgezeichneter Literatur. In diesen finden sich immer wieder Bezüge auf Bewerbungen um Olympische Spiele, so daß die Bewerbungsgeschichte aus diesen Arbeiten mit wissenschaftlich fundierten Aussagen zusammengesetzt werden kann.

Die Bewerbungen um die Spiele 2004 sind bislang kein Thema wissenschaftlicher Ausarbeitungen gewesen. Für diesen Zeitraum müssen hauptsächlich neben den Primärquellen (Bewerbungsunterlagen, Vorgaben des IOC u.s.w.) Berichte und Analysen aus den Medien Verwendung finden.

Eine Datenerhebung mittels der Befragung von Zeitzeugen ist in diesem Rahmen nicht durchgeführt worden. Für weitere Forschungsarbeiten ist dies sicherlich eine sinnvolle Manifestation und Erweiterung der Datenbasis. Die eingesetzten Quellen sind, um Fehleinschätzungen vorzubeugen, immer vor dem Hintergrund ihrer Herkunft verwendet worden. Dabei ist zwischen den Veröffentlichungen des IOC, der Bewerbungskomitees, der Medien und der Wissenschaft unterschieden worden. Bei den offiziellen Publikationen des IOC gilt, daß diese grundsätzlich sehr sachlich und zuverlässig sind. Nichtsdestotrotz sind die Aussagen immer sehr diplomatisch, damit weder das Ansehen der Organisation noch das der Bewerber geschädigt wird. Es ist daher manchmal, insbesondere bei Beurteilungen der Bewerber, notwendig, zwischen den Zeilen zu lesen und die Aussagen zu interpretieren. Die Aussagen einzelner IOC-Mitglieder sind hingegen häufig parteiisch und müssen kritisch hinterfragt werden. Bei den Quellen der Bewerbungskomitees wird grundsätzlich die eigene Position so positiv wie möglich dargestellt. Dabei ist allerdings zu beachten, daß die Komitees verpflichtet sind, von allen erstellten Unterlagen dem IOC eine Kopie zur Verfügung zu stellen und fehlerhafte Angaben unangenehme Folgen hätten.[6] Den negativen Gegenpol zu den positiven Darstellungen der Bewerbungskomitees bilden die Veröffentlichungen der 'Olympiagegner', die alle Folgen der Spiele negativ schildern.

Bei den Medien werden, je nach Verfügbarkeit, vorzugsweise die Artikel der großen Nachrichtenagenturen (sid, dpa, Reuters, CNN u.s.w.) verwendet. Diese Berichte sind relativ neutral, da sie an die großen Zeitungen verkauft werden sollen. Deren Artikel sind in Abhängigkeit von der Einstellung des Autors kritisch zu beurteilen. Insbesondere im Bereich der Bewerbungen um die Spiele 2004 gibt es zur Zeit neben den Primärquellen kaum andere als die o.g. Quellen. Es ist deshalb für eine Analyse des Bewerbungszyklus unumgänglich, auf diese Zeitungsartikel zurückzugreifen. Die Verwendung ist aber mit besonderer Vorsicht erfolgt.

Als letztes liegen zum Gegenstand der vorliegenden Arbeit Beiträge vor, die dem Internet entnommen sind. Für diese gilt, daß auch hier die Herkunft der Quelle (IOC, Bewerbungskomitee u.s.w.) die vorgenommene Einschätzung und Verwendung bestimmt. Dabei werden nur Ausarbeitungen verwendet, die von der 'Original - Web Site' stammen.

---

[6] Diese Bedingung ist merkwürdigerweise in der Anlage B 'Conditions governing the use of the Olympic symbol by candidate cities for an Olympic Games' (Punkt 7) des folgend genannten Manual enthalten. Vgl. IOC (Hrsg.): Manual for Candidate Cities for the Games of the XXVIII Olympiad 2004, [Lausanne o.J.], S. 28.

2. BEWERBUNGSGESCHICHTE

Die Geschichte der Bewerbungen um die Olympischen Spiele ist ein essentieller Bestandteil der Entwicklung der modernen Olympischen Bewegung, welche im Jahr 1894 von Pierre de COUBERTIN begründet wird. Die Wiedereinsetzung der Olympischen Spiele wird von dem Philhellenen COUBERTIN nicht allein aus neoklassizistischer Nostalgie, sondern eher aus pragmatischen Gründen initiiert. Seine Beweggründe haben bis heute ihren Einfluß behalten und wirken sich auch auf die Bewerbungen für die Olympischen Spiele 2004 aus.

Die Wiedereinsetzung der Olympischen Spiele steht im Zusammenhang mit der Niederlage Frankreichs im Deutsch-Französischen Krieg von 1870/71. Frankreich verfällt danach in einen Zustand der Apathie und Depression. Die militärische Niederlage wird von der französischen Gesellschaft nicht verkraftet, und COUBERTIN erkennt in der wechselhaften politischen Geschichte seines Landes eine der Ursachen für die Unzufriedenheit und Unsicherheit der Franzosen. Grund der mangelnden Vitalität der französischen Gesellschaft ist seiner Auffassung nach das vorhandene Erziehungssystem. Als glühender Patriot ist er von dem Wunsch beseelt, diesen Zustand zu ändern und entschließt sich, seinen *„Namen mit einer großen Erziehungs- und Unterrichtsreform zu verbinden."* [7]

Er entscheidet sich deshalb für das Studium der Politikwissenschaften. Die zu der damaligen Zeit ungeheure Machtfülle der angelsächsischen Welt beeindruckt COUBERTIN, und so studiert er zunächst die britischen Erziehungsmethoden. Besonderen Eindruck macht auf ihn der Pädagoge Thomas ARNOLD[8], der eine Schülermitverantwortung und den Sport als ein der Geisteserziehung gleichberechtigtes Fach eingeführt hat.[9] Die Ergebnisse seiner Untersuchungen führen bei COUBERTIN zu differenzierten Forderungen nach Reformen an französischen Schulen.[10] Der Sport hat seines Erachtens eine fundamentale Rolle für die Bildung des einzelnen und des Gemeinwesens. In diesem Sinne ist die Organisation des Sports auch eine öffentliche Angelegenheit.[11] COUBERTIN beginnt nun seine Sport-

---

[7] Vgl. COUBERTIN, Pierre de: Einundzwanzig Jahre Sportkampagne (1887-1908), hrsg. vom CDI, Ratingen 1966, S. 11.

[8] Thomas ARNOLD (*1795, +1842), englischer Reformpädagoge (Headmaster von Rugby).

[9] Vgl. Coubertin, Sportkampagne, S. 15.

[10] Im Herbst 1886 veröffentlicht COUBERTIN seine ersten Ergebnisse in der Réforme Sociale. Abschließend berichtete er am 18. April 1887 vor der Société d´Économie Sociale. Vgl. COUBERTIN, Sportkampagne, S. 18.

[11] Vgl. HERMS, Eilert: „Die Olympische Bewegung der Neuzeit. Sozialpolitisches Programm und reale Entwicklung", in: GRUPE, Ommo (Hrsg.): Olympischer Sport. Rückblick und Perspektiven, Schorndorf 1997, S. 60-62.

kampagne und versucht zunächst, die etablierten Bildungsanstalten und Sport-
vereinigungen von seinen Plänen zu überzeugen. Damit hat er aber nicht den
gewünschten Erfolg. Er gründet deshalb Komitees, veranstaltet Kongresse
und Wettkämpfe.[12] In seinem Buch 'Sportkampagne' resümiert COUBERTIN
schließlich:

> *Aber die Stunde des Volkssports war noch nicht gekommen. [...]
> Tatsächlich war es wichtiger, den Sport zu internationalisieren, ehe man
> ihn popularisiert. [...] Es mußte ein internationales Anliegen werden, weil
> in Frankreich nur die Anregungen, die von außen kommen, einen
> dauerhaften und wirksamen Einfluß haben. [...] Es galt Kontakte zu
> schaffen zwischen unserer jungen Leichtathletik und der in anderen
> Ländern, die uns auf dem Weg der Körperertüchtigung vorangegangen
> waren. Diese Kontakte mußten jedoch regelmäßig stattfinden und mit
> einem gewissen Prestige ausgestattet sein. Mündeten diese
> Voraussetzungen letzten Endes nicht alle in einer Wiedererweckung der
> Olympischen Idee?*[13]

Die erste Motivation COUBERTINs ist es, durch die Olympischen Spiele den
Sport in dem Erziehungssystem seines Vaterlandes zu etablieren. Durch den
Bezug auf die antiken Olympischen Spiele kann sich COUBERTIN nahezu
jeder Kritik entziehen, da für die Intellektuellen des ausgehenden
19. Jahrhunderts die griechische Antike in fast jeder Hinsicht ein Ideal ist.
Neben dem pädagogischen Ansatz wird aber der Aspekt der
Völkerverständigung (die olympische Friedensidee) für COUBERTIN immer
gewichtiger und rückt ins Zentrum seiner Argumentation. Geschickt setzt er
dazu die Ekecheirie als Vorbild ein.[14] Auf dem 'Internationalen Athletik-
Kongreß zu Paris' im Juni 1894 wird schließlich auf Initiative von COUBERTIN
die Wiedereinsetzung der Olympischen Spiele und die Gründung eines
Internationalen Olympischen Komitees beschlossen.

---

[12] Vgl. COUBERTIN, Sportkampagne, S. 16-73.

[13] COUBERTIN, Sportkampagne, S. 73f. Vgl. auch COUBERTIN [u.a]: Die Olympischen Spiele. 776 v. Chr. - 1896 n. Chr. 2. Teil. Die Olympischen Spiele im Jahre 1896, Athen/ Leipzig 1897.

[14] Die Ekecheirie ist ein 2-3 monatiger Waffenstillstand, der anläßlich der antiken Olympischen Spiele in Griechenland ausgerufen wird, um den Athleten und Zuschauern die freie An- und Abreise zu ermöglichen. Vgl. [o. Verf.]: „Ekecheirie", in: Der Sport-Brockhaus, 4. Aufl., Wiesbaden 1984, S. 139. Andreas HÖFER vermutet, daß COUBERTIN nur ein passendes Bild von der Ekecheirie gezeichnet hat, obwohl er sich bewußt gewesen ist, daß dies nicht dem historischen Erkenntnisstand entsprochen hat. Vgl. HÖFER: Der Olympische Friede. Anspruch und Wirklichkeit einer Idee. Studien zur Sportgeschichte, Bd. 2., hrsg. von Manfred LÄMMER, Sankt Augustin 1994, S. 45. HÖFER gesteht COUBERTIN aber auch „ein ehrliches Engagement für Frieden und Völkerverständigung" zu. Ebenda, S. 53f.

2.1 Der Grundgedanke wechselnder Austragungsorte

COUBERTIN verbindet die Olympischen Spielen und darüber hinaus die
gesamte Olympische Bewegung mit drei Grundprinzipien: Internationalität,
Kontinuität (auch Regelmäßigkeit oder Rhythmus) und Unabhängigkeit. Mittels
der ersten beiden Grundsätze soll ein Rahmen geschaffen werden, in dem die
Akzeptanz des Sportes[15] und der Gedanke der Völkerverständigung in der
Gesellschaft gefördert werden. Die Beteiligung der unterschiedlichen Nationen
an regelmäßig wiederkehrenden Spielen soll die einzelnen
Volksgemeinschaften zum organisierten Sporttreiben motivieren, Kontakte zu
fremden Völkern herstellen und den Frieden sichern. Bereits im Jahr 1892
spricht COUBERTIN auf einer Konferenz zu diesem Thema:

> *Wir wollen Ruderer, Wettläufer und Fechter ins Ausland senden; das ist
> das wahre Freihandelssystem der Zukunft. Wenn diese Gepflogenheiten
> einmal Gemeingut in Europa geworden sein werden, dann hat die Sache
> des Friedens eine neue Stütze erhalten.*[16]

Die Internationalität unterstreicht COUBERTIN dadurch, daß er das IOC von
Beginn an aus Mitgliedern verschiedener Nationen zusammensetzt[17] und die
Spiele *„abwechselnd in den Hauptstädten der Welt"* ausrichten will.[18] Durch
den ständigen Wechsel der Gastgeberstadt entsteht aber zugleich noch ein
weiterer Vorteil. Die Olympische Bewegung kann dauerhaft unabhängig von
einzelnen Personen und Institutionen einer Stadt oder einer Nation bleiben, da
die Zuständigkeiten jedesmal neu zugeordnet werden müssen. Neben diesem
Vorteil zeigt sich binnen weniger Olympiaden, daß die jeweiligen Städte den
neugeschaffenen Olympismus um eigene Facetten bereichern können. Neue
Städte rufen auch jeweils andere Zuschauerkreise an. COUBERTIN war der
Auffassung, daß ein gleichbleibender Ort dauerhaft nur noch eine begrenzte
Zuschauermenge ansprechen wird. Gerade in der Anfangszeit seien jedoch
zur Verbreitung des Olympismus große Zuschauermengen notwendig. Als
weiteren Grund gegen einen permanenten Austragungsort führt COUBERTIN
auf, daß die Kosten jedes Land überfordern würden.[19] Im damaligen
Verständnis wäre für einen dauerhaften Austragungsort wenn überhaupt nur

---

[15] So beklagt sich zum Beispiel das russische IOC-Mitglied General von BUTOWSKI in einem Bericht vom 2.
Februar 1895 bei COUBERTIN, daß der Sport in der russischen Presse keinen Platz habe. Vgl. Pierre de
COUBERTIN: Olympische Erinnerungen, hrsg. und eingeleitet von Carl DIEM, Reprint der 2. Aufl. 1959,
Wiesbaden 1996.

[16] COUBERTIN, Sportkampagne, S. 75. COUBERTIN spricht auf einer dreitägigen Konferenz in der Sorbonne
anläßlich des Jubiläums der Union des Sports Athlétiques.

[17] Die Herkunftsländer der ersten Mitglieder sind: Griechenland, Rußland, Frankreich, Schweden, Vereinigte Staaten,
Böhmen, Ungarn, England, Argentinien und Neuseeland. Vgl. COUBERTIN, Erinnerungen, S. 24f.

[18] Vgl. COUBERTIN, Olympischen Spiele, S. 8.

[19] Vgl. COUBERTIN, Erinnerungen, S. 24

8

eine Stadt in Griechenland in Betracht gekommen. Dies wäre aber überhaupt nicht in COUBERTINs Interesse gewesen, deshalb erscheint sein Einwand der finanziellen Überforderung eher vorgeschoben.

Der Grundsatz der zirkulierenden Spiele gilt auch in unserer Zeit noch als ungeschriebenes Gesetz.[20] Der Gedanke des wechselnden Austragungsortes hat sich allerdings bezüglich seines Schwerpunktes verändert. Sven GÜLDENPFENNIG erkennt in ihm den *„Ausdruck der Anerkennung der prinzipiellen Gleichberechtigung aller Völker und Staaten zur Beteiligung am kulturellen Weltverkehr"* und leitet daraus friedensfördernde Möglichkeiten ab.[21]

Nach den erfolgreichen I. Olympischen Spielen in Athen gibt es von mehreren Seiten Bestrebungen, die Olympischen Spiele ständig in Athen auszurichten. Für die Griechen sind sie die Wiederaufnahme ihres klassischen Nationalfestes. Damit kann in schwierigen wirtschaftlichen und politischen Zeiten eine Verknüpfung an die alte glorreiche Vergangenheit des Hellenismus erfolgen und dem Volk eine Hoffnung auf bessere Zeiten geboten werden. Gleichzeitig kann man sich aber auch weltweiter Anerkennung sicher sein. Um deutlich zu machen, daß die antiken Spiele nicht von außen wieder eingesetzt werden, sondern im Bewußtsein des griechischen Volkes ständig präsent waren und sind, verwenden die Griechen statt des Terminus 'Wiedereinsetzung' den Begriff 'Neubelebung'.[22] Die Athener Presse fordert, daß die Spiele immer in der griechischen Hauptstadt abgehalten werden sollten und auch der griechische König bedrängt das IOC in diesem Sinne.[23] Nur mühsam kann das IOC diesem Druck widerstehen, bis durch die Balkankrise die Forderung der Griechen hinfällig wird.[24]

Im Jahre 1901 erhält Griechenland die Unterstützung Deutschlands zur Einrichtung ständiger 'Athener Zwischenspiele'. Diese sollen jeweils in der Mitte einer Olympiade abgehalten werden.[25] Die griechische Regierung

---

[20] Auch die zuletzt herausgegebenen Olympische Charta schreibt keinen ständigen Wechsel des Austragungsortes vor. Die IOC-Mitglieder sind in ihrer Wahl völlig frei. Vgl. IOC (Hrsg.): Olympic Charter. In force as from 18th July 1996, Lausanne 1996, S. 48-50.

[21] Vgl. GÜLDENPFENNIG, Sven: Frieden - Herausforderungen an den Sport. Ansätze sportbezogener Friedensforschung, Köln 1989.

[22] Vgl. DOLIANITIS, Georgios: „Der Beitrag von Dimitrios Vikelas zur Erneuerung der Olympischen Spiele", in: DECKER, Wolfgang/ Georgios DOLIANITIS/ Karl LENNARTZ (Hrsg.): 100 Jahre Olympische Spiele. Der neugriechische Ursprung, Würzburg 1996, S. 16.

[23] Vgl. COUBERTIN, Sportkampagne, S. 102/ LYBERG, 100 Years, S. 336.

[24] Vgl. MÜLLER, Norbert: Von Paris bis Baden-Baden. Die Olympische Kongresse 1894-1981, Mainzer Studien zur Sportwissenschaft, Bd. 7, hrsg. von Norbert Müller u.a., 2. Erg. Aufl., Niedernhausen/ Taunus 1983, S. 35f.

[25] Vgl. COUBERTIN, Sportkampagne, S. 130.

beschließt 1905 ein Gesetz, nachdem die Athener Spiele alle vier Jahre *„als griechische Staatseinrichtung"* gefeiert werden sollen.[26] Auf dem im gleichen Jahr stattfindenden Olympischen Kongreß in Brüssel wird dieser Beschluß vom IOC gegen den Willen COUBERTINs bestätigt, und im Jahr 1906 werden zum ersten Mal Zwischenspiele in Athen abgehalten.[27] Trotz eines unumstrittenen Erfolges bleiben diese Spiele aufgrund der Unruhen auf dem Balkan einmalig. In der Folge gibt es immer wieder griechische aber auch ausländische Beiträge zur Einsetzung immerwährender Spiele in Griechenland, diese bleiben jedoch ohne Ergebnis.[28]

In den 60er Jahren beginnt der politische Boykott zu einem existentiellem Problem der Olympischen Spiele zu werden.[29] Der erste Höhepunkt der Boykottbewegung wird bei den Olympischen Spielen in Montreal 1976 erreicht. Nach einer Tour der neuseeländischen Rugby-Nationalmannschaft durch Südafrika boykottieren die Schwarzafrikaner die Spiele, und im Rahmen der Taiwankrise bedenken auch die Amerikaner einen Boykott, der aufgrund einer Vertragsklausel zudem noch die Fernsehverträge ungültig machen würde.[30] Zu den politischen kommen auch noch bau- und finanztechnische Probleme der kanadischen Spiele. Am 30. Juli macht der griechische Ministerpräsident Konstantin KARAMANLIS in einem Schreiben an den damaligen IOC-Präsidenten Lord KILLANIN den Vorschlag, die Olympischen Spiele wieder dauerhaft in Griechenland auszurichten, um damit für die Zukunft ähnliche Probleme zu vermeiden.[31] Das IOC lehnt umgehend ab, und auch das internationale Echo auf den Vorschlag ist eher gering.

Nach dem Einmarsch der Sowjetunion in Afghanistan im Dezember 1979 fordert der amtierende NATO-Generalsekretär die westlichen Verbündeten zu einem Boykott der Olympischen Sommerspiele 1980 in Moskau auf.[32] In diesem Zusammenhang greift der griechische Ministerpräsident seinen Vorschlag von 1976 wieder auf. Er schlägt die ständige Ausrichtung der Olympischen Spiele an einem geeigneten Ort in Griechenland vor. Dieser

---

[26] Vgl. DIEM, Carl: Weltgeschichte des Sports und der Leibeserziehung, Stuttgart 1960. S. 1142.

[27] Vgl. MÜLLER, Paris, S. 53f.

[28] Vgl. FRICKE, Klaus: Die Idee der ständigen Austragung der Olympischen Spiele in Griechenland, Diplomarbeit DSHS, Köln 1982, S. 19-21.

[29] Vgl. RITTBERGER, Volker/ Henning BOEKLE: „Das Internationale Olympische Komitee - eine Weltregierung des Sports?", in: Ommo GRUPE (Hrsg.): Olympischer Sport. Rückblick und Perspektiven, Schorndorf 1997, S. 133-135.

[30] Vgl. HILL, Politics, S. 46.

[31] Vgl. KARAMANLIS, Konstantin: „Vorschlag zur dauerhaften Ausrichtung Olympischer Spiele in Griechenland. Brief des griechischen Ministerpräsidenten an Lord Killanin vom 30.07.76", übersetzt aus dem Griechischen in: Dimitrios MALAMAS: Die Idee der ständigen Austragung der Olympischen Spiele in Griechenland aus griechischer Sicht, Diplomarbeit DSHS, Köln 1981, 31-33.

[32] Vgl. FRICKE, Idee, S. 59.

könne eine internationale Zone darstellen, in dem das IOC eine sportliche Zuständigkeit besitzt.[33] Daraufhin setzt eine intensive, internationale Auseinandersetzung über diesen Vorschlag, dem sogenannten 'Hellas-Plan', ein. Der amerikanische Präsident und der Senat, sowie der Europarat unterstützen den Vorschlag. Das IOC setzt auf seiner 82. Session in Lake Placid eine Prüfungskommission unter dem Namen 'Commission for Greece' ein.[34] Die Vor- und Nachteile dieses Vorschlages werden in dem Aufsatz 'Flucht nach Hellas?' von Manfred LÄMMER differenziert diskutiert.[35] Nachdem sich schon die IFs und die NOKs auf ihren Sitzungen mehrheitlich gegen einen ständigen Austragungsort ausgesprochen haben, spricht sich auch das IOC für die Beibehaltung der zirkulierenden Spiele aus und verabschiedet auf der 84. Session in Baden-Baden eine folgenschwere Resolution:

> *The International Olympic Committee is deeply grateful to the Greek People, is government, and, above all, to the President of Republic of Greece, who offered a completely neutral region close to the ancient Olympia as a permanent site for the Olympic Games of modern times, subject to the control of the International Olympic Committee.*
>
> *..*
>
> *Los Angeles has been chosen to host the Olympic Games in 1984 and Seoul in 1988. Several candidate cities have already been registered for 1992. We hope that the city which had the privilege to organise the first Games of modern times, Athens, will be chosen for 1996.*[36]

Die von dem IOC in dieser Resolution ausgedrückte Hoffnung auf die Wahl Athens für 1996 läßt kaum Interpretationen zu. Sie bedeutet den Athenern, daß sie sich als Ausrichter für die Spiele im Jahr 1996 zur Verfügung stellen mögen und daß ihre Wahl als Ausgleich für das Ausschlagen ihres großzügigen Angebotes gesichert sei. Die Athener müssen die Resolution als Garantie für ihre Wahl verstehen (vgl. Kap. 5.3.1). Für die meisten Griechen ist

---

[33] Vgl. KARAMANLIS, Konstantin: „Zweiter Vorschlag zur dauerhaften Ausrichtung Olympischer Spiele in Griechenland. Brief des griechischen Ministerpräsidenten an Lord KILLANIN vom 28.02.80", übersetzt aus dem Griechischen in: Dimitrios MALAMAS: Die Idee der ständigen Austragung der Olympischen Spiele in Griechenland aus griechischer Sicht, Diplomarbeit DSHS, Köln 1982, S. 59-61.

[34] Vgl. FRICKE, Idee, S. 35.

[35] LÄMMER kommt dabei zu dem Schluß, daß eine Verlegung der Spiele nach Griechenland eine Kapitulation des IOC darstellen würde. Dabei würden die Probleme jedoch nicht gelöst, da diese nicht an das Prinzip der zirkulierenden Spiele gebunden seien. Vgl. LÄMMER, Manfred: „Flucht nach Hellas? Griechenlands Vorschlag", in: Olympisches Feuer 30 (1980) 4, 43-47.

[36] Olympic Review 169 (1981), S. 641.

die Wahl für die 'goldenen Spiele' 1996 dann auch eher eine Zuteilung ehrenhalber als ein Wettstreit gleichberechtigter Städte.[37]

Im Zuge der Aufdeckung des IOC-Bestechungskandals um die Wahl der Stadt Salt Lake City für 2002 gibt es Anfang des Jahres 1999 noch einmal von verschiedenen Seiten den Vorschlag, zur Vermeidung von Bestechungen im Zuge der Wahl des Austragungsortes Athen als dauerhaften Platz für die Olympischen Spiele zu erwählen. Dieser Vorschlag wird jedoch umgehend von einem hochrangigen Mitglied des ATHOC zurückgewiesen.[38]

Neben den Athener Bestrebungen um eine dauerhafte Austragung der Spiele gibt es keine anderen, die Bedeutung erlangt hätten. Zwar richtet COUBERTIN bereits im Jahr 1910 einen Architekturwettbewerb für ein modernes Olympia mit permanenter Stätte aus. [39] Er läßt diesem aber keine weiteren Aktionen folgen. Nach den erfolgreichen Spielen in Berlin 1936 träumt dann Adolf HITLER von immerwährenden Olympischen Spielen im geplanten 'Großen Stadion' von Nürnberg.[40] Dieser Gedanke wird aber unter den Trümmern des II. Weltkrieges begraben.

2.2 Bewerbungen und Abstimmungen (1894 - 1997)

Die erste Auswahl eines Austragungsortes erfolgt bereits auf dem Gründungskongreß der Olympischen Bewegung 1894 in Paris. Die vorliegende Arbeit setzt das Ende des zeitlichen Rahmens mit der 106. Session des IOC im September 1997 in Lausanne, auf welcher der Gastgeber für die XXVIII. Olympischen Spiele im Jahr 2004 bestimmt wurde.

Die Einteilung des dazwischen liegenden Zeitintervalls ist je nach Analyseansatz verschieden. In vielen Arbeiten markieren die beiden Weltkriege einen neuen logischen Abschnitt. Hans LENK kritisiert 1964 in

---

[37] In diesem Verständnis macht die griechische Regierung sogar noch im November '95 einen letzten Vorstoß beim IOC und läßt bekanntgeben, daß es „eine Vergabe der Spiele an ihren 'Geburtsort' per IOC-Dekret begrüßen" würde. [o. Verf.]: „Griechenlands Regierung für Olympia 2004 in Athen", in: sid (10.11.95). Vgl. auch [o. Verf.]: „Athens will seek 2004 summer Olympics", in: RIS (10.11.95): http://www1.nando.net/.../ oly7541.html, 18.11.97.

[38] Constantine BAKOURIS, geschäftsführendes Vorstandsmitglied des ATHOC weist in dem nachfolgend genannten Artikel diesen Vorschlag zurück. Vgl. [o. Verf.]: „Spread the wealth. Athens organizer opposes permanent Olympic site", in: CNN Sports Illustrated (27.01.99): (http://www.cnnsi.com/news/1999/01/27/ olympics_site/ index.html, 11.07.99).

[39] COUBERTIN veröffentlicht in diesem Zusammenhang für die Teilnehmer des 'Internationalen Architekturwettbewerbs Modernes Olympia' in Paris im Jahr 1910 verschiedene Artikel in der Revue Olympique. Vgl. COUBERTIN: Der Olympische Gedanke. Reden und Aufsätze, hrsg. vom CDI, Schorndorf 1966, S. 24-43.

[40] Vgl. SPEER, Albert: Erinnerungen, Ulm 1976, S. 83f.

seinem Grundlagenwerk 'Werte Ziele Wirklichkeit der Olympischen Spiele' diese Einteilung: *„[...] nur der Ausfall der Olympischen Spiele 1916, 1940 und 1944 markiert diese Epoche, nicht aber ein olympischer Wandel."*[41] PROKOP ordnet 1971 die Olympischen Spiele nach ihrer Funktion im Spätkapitalismus in drei Phasen ein.[42] In neueren, ökonomisch ausgerichteten Arbeiten stellen zudem die Olympischen Spiele von 1984 in Los Angeles einen besonderen Wendepunkt in der olympischen Geschichte dar.[43] Diese aufgeführten Beispiele lassen schon erwarten, daß auch in bezug auf die Auswahl der Austragungsorte der modernen Olympischen Spiele eine eigene zeitliche Gliederung gefunden werden kann.

Im Hinblick auf die Bewerbungen lassen sich die etwas mehr als einhundert Jahre in vier verschiedene Phasen einteilen (vgl. Tab. 1, S. 14). Dabei sind die einzelnen Phasen durch jeweils unterschiedliche Kriterien gekennzeichnet. In der ersten Phase ist hauptsächlich die Form der Zuteilung Olympischer Spiele per Akklamation an eine Stadt maßgeblich. Die zweite Phase weist einen außerordentlichen Anstieg der Bewerberzahlen auf und unterscheidet sich damit deutlich von der folgenden dritten Phase. Diese zeigt eine stark degressive Entwicklung der Bewerberzahlen. Die vierte und letzte Phase fällt durch ihre extreme Professionalisierung der Bewerbungstechniken auf.

Die Anzahl der Bewerber pro Olympiade ist natürlich ein wichtiges Unterscheidungskriterium. Es ist augenfällig, daß die Nennungen der Bewerber zwischen den wissenschaftlichen Untersuchungen stark differieren. Dies ist darin begründet, daß eine allgemeingültige Definition fehlt, in der festgelegt ist, welche Stadt als Bewerber gezählt wird. Karl Adolf SCHERER zählt zum Beispiel jede Stadt, die gegenüber dem IOC Interesse bekundet hat. Da er seine Aufzählung zudem noch ohne Quellenverweis präsentiert, fällt es schwer, die einzelnen Nennungen nachzuvollziehen und ihre Ernsthaftigkeit zu prüfen.[44] Die vorliegende Arbeit stützt sich auf die Zähltechnik von LYBERG. Dieser nennt nur die Städte als Bewerber, über die auch vom IOC abgestimmt wird oder die <u>wenige</u> Tage vor der Abstimmung aus 'Fair Play' oder wegen offensichtlicher Aussichtslosigkeit ihre Bewerbung zurückziehen.[45]

---

[41] LENK, Hans: Werte Ziele Wirklichkeit der modernen Olympischen Spiele, Beiträge zur Lehre und Forschung der Leibeserziehung, Bd. 17, hrsg. vom AUSSCHUSS DEUTSCHER LEIBESERZIEHER, 2. verbesserte Auflage, Schorndorf 1972, S. 112.

[42] Vgl. PROKOP, U.: Soziologie der Olympischen Spiele. Sport und Kapitalismus, München 1971, S. 99-101.

[43] Vgl. PREUSS, Holger: Ökonomische Implikationen der Ausrichtung Olympischer Spiele von München 1972 bis Atlanta 1996, Olympische Studien, Bd. 3, hrsg. von Norbert MÜLLER u.a., Kassel 1999, S. 20.

[44] Vgl. SCHERER, Karl Adolf: 100 Jahre Olympische Spiele. Idee, Analyse und Bilanz, Dortmund 1995, S. 401.

[45] Vgl. LYBERG, 100 Years, S. 252-260.

Wahljahr	Olympische Spiele	Gewählt	Mitbewerber			
PHASE 1						
1894	1896	Athen				
1894	1900	Paris				
1902	1904	St. Louis	Buffalo	Chicago**		
	1906	Athen				
1903	1908	London	Berlin*	Mailand	Rom**	Turin
1909	1912	Stockholm	Berlin*			
1912	1916	Berlin	Alexandria*	Budapest*		
1919	1920	Antwerpen	Amsterdam*	Lyon*		
1921	1924	Paris	Amsterdam Rom	Barcelona	Los Angeles	Prag
1921	1928	Amsterdam	Los Angeles***			
1923	1932	Los Angeles				
1931	1936	Berlin	Barcelona	Budapest*	Rom*	
1936	1940	Helsinki	Tokio**			
1939	1944	London	Detroit	Helsinki****	Lausanne	Rom
PHASE 2						
1946	1948	London	Baltimore Philadelphia	Lausanne	Los Angeles	Minneapolis
1947	1952	Helsinki	Amsterdam Minneapolis	Chicago Philadelphia	Detroit	Los Angeles
1949	1956	Melbourne	Buenos Aires Mexiko City	Chicago Minneapolis	Detroit Philadelphia	Los Angeles San Francisco
	R: Stockholm	R: Berlin R: Rio de Janeiro	R: Buenos Aires*	R: Los Angeles	R: Paris
1955	1960	Rom	Brüssel Mexiko City	Budapest Tokio	Detroit	Lausanne
1959	1964	Tokio	Brüssel	Detroit	Wien	
1963	1968	Mexiko City	Buenos Aires	Detroit	Lyon	
PHASE 3						
1966	1972	München	Detroit	Madrid	Montreal	
1970	1976	Montreal	Los Angeles	Moskau		
1974	1980	Moskau	Los Angeles			
1978	1984	Los Angeles				
1981	1988	Seoul	Nagoya			
PHASE 4						
1986	1992	Barcelona	Amsterdam Paris	Belgrad	Birmingham	Brisbane
1990	1996	Atlanta	Athen Toronto	Belgrad	Manchester	Melbourne
1993	2000	Sydney	Berlin	Istanbul	Manchester	Peking
1997	2004	Athen	Buenos Aires Rio de Janeiro Stockholm	Istanbul Rom St. Petersburg	Kapstadt San Juan	Lille Sevilla

* Bewerbung kurz vor Abstimmung zurückgezogen   ** zunächst gewählt

*** Delegation erschien erst nach Abstimmung   **** Zurückgezogen nach Zuteilung der Spiele 1940

R: Reiterspiele 1952

Tab. 1: Phaseneinteilung für Olympische Spiele[46]

---

[46] Eigene Darstellung. Datenquelle: LYBERG, 100 Years, S. 252-260.

2.2.1 Akklamation und erste Wahlen: Athen 1894 - London 1939

Die erste Phase ist gekennzeichnet durch einen massiven Einfluß
COUBERTINs auf die Auswahl der Austragungsorte. Hierbei kann schon fast
von einer Spielevergabe durch COUBERTIN geredet werden. Im folgenden
werden dafür einige Belege aufgeführt.

Die Anzahl der möglichen Austragungsorte ist in der Anfangszeit stark
eingegrenzt. Der Erfolg der ersten Olympischen Spiele ist jeweils ungewiß, der
Anspruch des IOC und der notwendige Aufwand aber schon sehr hoch.[47] Im
Vordergrund stehen daher für die Ausrichter zunächst die repräsentative
Funktion der Spiele sowie positive Impulse für die Entwicklung des Sports. Die
ersten Spiele in Athen 1896 sind für die Griechen eine nationale Aufgabe. Erst
mit dem Erfolg der Olympischen Spiele in London, dem ersten außerhalb
Griechenlands, gibt es Erfahrungswerte, die als Grundlage für darauf folgende
Bewerbungen herangezogen werden können.

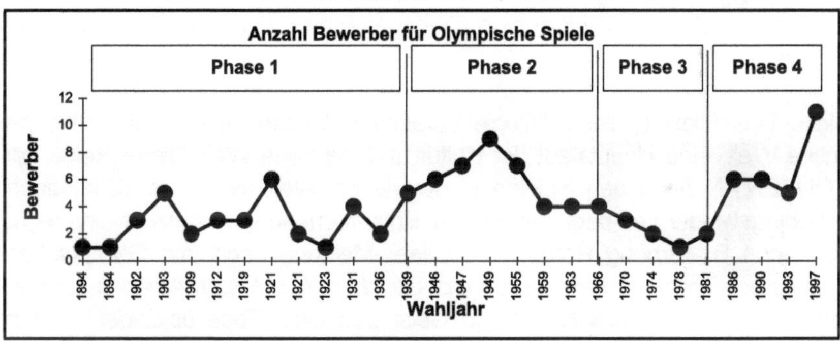

Abb. 1: Anzahl Bewerber für Olympische Spiele[48]

Auf dem 'Gründungskongreß' in Paris 1894 bestimmen die Teilnehmer die
Städte, welche die ersten Olympischen Spiele ausrichten sollen. COUBERTIN
dominiert diesen Kongreß und setzt nahezu alle seiner Vorplanungen durch.[49]
Die Bestimmung der Gastgeberstädte ist noch sehr von COUBERTINs
ursprünglichen Beweggrund, das heißt der Auswirkung auf den Sportbetrieb in
Frankreich, bestimmt.[50] Für das erste Jahr im 20. Jahrhundert ist eine große

---

[47] Ein Maßstab ist die Entwicklung der Teilnehmerzahlen. In Athen 1896 nehmen schon 280 Sportler teil, in London
1908 werden aber bereits 1.999 gezählt. Vgl. LYBERG, 100 Years, 237.
[48] Eigene Darstellung. Datenquelle: LYBERG, 100 Years, S. 252-260.
[49] Vgl. COUBERTIN, Erinnerungen, 27.
[50] Vgl. HERMS, Olympische Bewegung, S. 62.

internationale Ausstellung in Paris geplant. COUBERTIN will diesen Rahmen nutzen und damit gleichzeitig die ersten Spiele für sein Heimatland sichern. Doch in diesem einzigen Punkt wird sein Vorschlag von den Delegierten nicht akzeptiert. Sie empfinden den Zeitraum von sechs Jahren bis zu den ersten Spielen als zu lang. Neben Budapest bietet sich Stockholm und schließlich Athen als Gastgeber an.[51] Trotz erheblicher Bedenken, ob Athen die finanzielle Belastung der Spiele wird tragen können, wird schließlich Athen einstimmig ausgewählt und Paris für das Jahr 1900 bestimmt.

Die Wahl Athens bewirkt eine ideale Anknüpfung an klassische Traditionen, während Paris den internationalen Charakter der Spiele, das moderne Prinzip der Wanderspiele betont.[52] COUBERTIN behauptet in seinen 'Erinnerungen', daß darüber hinaus der Vergabe der Spiele eine weitergehende Strategie zugrunde liegt:

> *Schon 1894 war man stillschweigend übereingekommen, daß dafür [für die III. Olympischen Spiele, d. Verf.] Amerika in Betracht käme. Griechenland, Frankreich, Vereinigte Staaten: eine Dreieinigkeit, die am Anfang sehr geeignet war, den weltumfassenden Charakter des Werkes hervorzuheben und ihm eine über jede Erörterung erhabene Grundlage zu geben.*[53]

Diese 'Dreieinigkeit', diese 'Trilogie' vereint im Verständnis COUBERTINs die antike Welt, eine Hauptstadt der Kultur und die neue Welt. Diese Reihe will COUBERTIN nach den Spielen in der neuen Welt (St. Louis 1904) auch unbedingt wieder neu beginnen lassen. Entsprechend unterstützt er eine recht schwache Bewerbung Roms, weil seiner Meinung nach *„die Olympischen Spiele nach ihrer Rückkehr aus dem praktischen, nüchternen Amerika nur dort mit der prächtigen, aus Kunst und Geist gewebten Toga bekleidet werden konnten."*[54] Obwohl über den Ort der IV. Olympischen Spiele zum ersten Mal in der Geschichte des IOC abgestimmt wird,[55] gelingt es COUBERTIN, den Ablauf in seinem Sinne zu beeinflussen. Er selbst umschreibt dies mit den Worten: *„Die Abstimmung wurde von uns so feierlich vorgenommen, daß unsere deutschen Kollegen ihren Vorschlag, Berlin zu wählen zurückzogen."*[56] Obwohl COUBERTIN schließlich sogar die finanztechnische Planung der Spiele übernimmt, müssen die Spiele letztendlich 1906 an London übergeben

---

[51] Vgl. MANDELL, Richard D.: Sport. Eine illustrierte Kulturgeschichte, München 1986, S. 261.

[52] Vgl. DIEM, Carl: Die Olympischen Spiele 1912, mit einer Einführung von Karl LENNARTZ, Reprint der Ausgabe Berlin 1912, Kassel 1990, S. 7.

[53] COUBERTIN, Erinnerungen, S. 66.

[54] Ebenda, S. 72.

[55] Über die Kandidaten für 1904 gibt es schon 1902 eine postalische Abstimmung. Vgl. LYBERG, 100 Years, 252f.

[56] COUBERTIN, Erinnerungen, S. 72.

16

werden.[57] COUBERTIN gibt damit auch die o.a. Strategie einer festen Vergabefolge auf. Trotzdem bestimmt COUBERTIN aber auch künftig massiv die Wahl der weiteren Austragungsorte. Beispielhaft für seine geschickte Form der Beeinflussung ist, wie er in einem Rundschreiben an die IOC-Mitglieder vom 17. März 1921 seine Rücktrittsankündigung mit der Bitte verbindet, die VIII. Olympischen Spiele aus Anlaß des 30. Jahrestages der Olympischen Bewegung an seine Geburtsstadt Paris zu vergeben und gleichzeitig Amsterdam für 1928 einzusetzen. Er selbst hält in seinen Erinnerungen fest, daß es moralisch unmöglich gewesen sei, ihm diese Bitte abzuschlagen.[58] Mit dieser Gewißheit werden diese Spiele nicht per Akklamation und einstimmigen Beschluß, wie bislang üblich vergeben. Es gibt zum erstenmal eine Wahl aber auch Gegenstimmen.[59] Zwei Jahre später 'vergibt' COUBERTIN sogar noch die Spiele von 1932 an Los Angeles.[60]

Erst mit dem dritten Präsidenten des IOC Henri de BAILLET-LATOUR etabliert sich eine echte Wahlkultur. Für die nächsten Spiele 1936 gibt es mit Berlin und Barcelona zum erstenmal zwei gleichwertige Kandidaten. Allerdings ist das Wahlergebnis aufgrund des in Spanien entflammten Bürgerkrieges mit 43 zu 16 für Berlin recht deutlich. Zur Festlegung des Austragungsortes für die Olympischen Spiele 1944 wird erstmals eine geheime Wahl eingeführt. Dabei setzt sich London deutlich gegen Rom, Detroit und Lausanne durch.[61]

Die ersten Austragungsorte übernehmen in der Entwicklung der Olympischen Spiele jeweils eine besondere Funktion. Jede Stadt hat zunächst den konkreten Hintergrund, die offensichtlichen Mängel der vorherigen Olympiade abzustellen, gleichzeitig geben sie aber der Olympischen Bewegung einen eigenen Impuls. Die folgenden Beispiele belegen diesen Ansatz. Athen steht für die Erneuerung der Spiele. In London nehmen zum ersten Mal alle damals wichtigen Nationen teil. Zusätzlich wird ein einheitliches Sportregelwerk etabliert. Stockholm bietet den Spielen den ersten 'weihevollen' Rahmen.[62] Los Angeles bietet vom olympischen Dorf bis zu den Sportanlagen exzellente äußere Rahmenbedingungen und erreicht trotz weltweiter, wirtschaftlicher

---

[57] Vgl. COUBERTIN, Sportkampagne, S. 140-143.

[58] Vgl. COUBERTIN, Erinnerungen, S. 166f.

[59] Das Ergebnis lautet selbst nach zweimaliger Abstimmung: 14 Stimmen für den Vorschlag, 4 Gegenstimmen und 4 Enthaltungen. Vgl. LYBERG, 100 Years, S. 254.

[60] Diese Formulierung wählt COUBERTIN selbst in einem Artikel in der Le Sport Suisse im Juni 1934. Vgl. COUBERTIN, Gedanke, S. 148.

[61] Vgl. LYBERG, 100 Years, S. 66 und S. 256.

[62] Vgl. DIEM, 1912, S. 7 und den Artikel COUBERTINs in der La Revue Sportive Illustrée Belgique im September 1920 unter dem Titel „Der Beitrag der VII. Olympiade" in: COUBERTIN, Gedanke, S. 101.

Depression einen Gewinn von einer Million US$.[63] Berlin schließt diesen Kreis durch seine Perfektionierung des äußeren Rahmens ab.

2.2.2 Prosperierende Bewerberzahlen: London 1946 - Mexiko 1963

Unter dem Eindruck des verheerenden II. Weltkrieges steht in der zweiten Phase der Gedanke der Völkerverständigung im Vordergrund. Die gewählten Städte London, Helsinki, Melbourne, Rom, Tokyo und Mexiko repräsentieren den universalen, weltumspannenden Charakter der Spiele. Die Spiele bieten auch über das steigende Interesse und die Möglichkeiten der Medien den Städten die Chance, sich weltweit zu präsentieren. Für die vorgenannten sechs Olympischen Spiele bewerben sich insgesamt nicht weniger als 37 Städte. Im Vergleich dazu haben sich für die ersten 13 Olympischen Spiele gerade 38 Städte beworben.

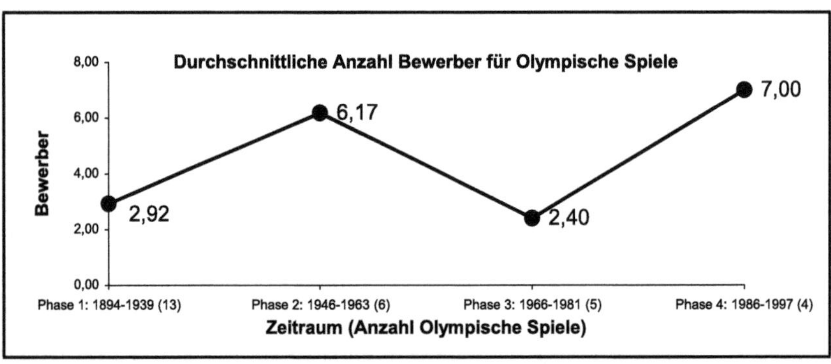

Abb. 2: Durchschnittliche Anzahl Bewerber für Olympische Spiele[64]

Der II. Weltkrieg beendet den ersten logischen Block der Bewerbungsgeschichte um die Olympischen Spiele der Neuzeit. BAILLET-LATOUR stirbt 1942 in Brüssel und kann als Präsident nicht mehr in die Nachkriegszeit einwirken. Sein Nachfolger wird der Schwede Sigfried EDSTRÖM, der auch schon während des Krieges in seiner Funktion als Vizepräsident den Kontakt zwischen den IOC-Mitgliedern durch unregelmäßige Rundschreiben nicht abreißen läßt.[65]

---

[63] Vgl. LAOOC (Hrsg.): Official Report of the XXIIIrd Olympiad Los Angeles, 1984. Volume I. Organization and Planning, [Los Angeles 1985], S. 2.

[64] Eigene Darstellung. Datenquelle: LYBERG, 100 Years, S. 252-260.

[65] Vgl. LENNARTZ, Karl: „The presidency of Sigfrid Edström (1942-1952)", in: Karl LENNARTZ/ Otto SCHANTZ: The International Olympic Committee - One Hundred Years. The Idea - The Presidents - The Achievements. Volume II, hrsg. vom IOC, Lausanne 1996, S. 15.

Bereits im August 1945 findet in London nach sechsjähriger Unterbrechung wieder die erste Sitzung des IOC-Exekutivrats statt. Schon zu diesem Zeitpunkt entscheidet man sich, daß die nächsten Olympischen Spiele ganz regulär 1948 stattfinden sollen. Überraschenderweise gibt es auch eine Vielzahl von Bewerbern (vgl. Tab. 1, S. 14). Aufgrund der Reiseschwierigkeiten in der Nachkriegszeit beschließt der Rat, eine postalische Abstimmung über den Austragungsort 1948 vorzunehmen. Die Wahl wird vom Exekutivrat massiv beeinflußt. In einem Schreiben des Rates an die IOC-Mitglieder wird ausgeführt, daß die amerikanischen Städte für die Teilnehmer zur Zeit viel zu teuer seien. Dahingegen seien die technischen Anlagen in London ideal, und die Baracken der amerikanischen Soldaten könnten als Olympisches Dorf genutzt werden.[66] Die Abstimmung bringt schließlich auch das gewünschte Ergebnis. Es ist bezeichnend für diese Wahl, daß die Stimmverteilung nicht bekanntgegeben wird. EDSTRÖM verkündet auf der nächsten Session, daß London mit überwältigender Mehrheit gewählt worden sei.[67]

Die Wahl für das Jahr 1948 ist die letzte, bei der wie bei COUBERTIN die Mitglieder direkt und massiv durch die IOC-Führung beeinflußt werden. Schon 1947 folgt die nächste Wahl für die Olympiade 1952. Diesmal gibt es keine Vorgaben mehr. Die Mitglieder dürfen sich frei und ohne Manipulationen entscheiden. Für die interne Diskussion um den Austragungsort werden sogar die IOC-Mitglieder von der Sitzung ausgeschlossen, deren Länder eigene Kandidaten haben. Damit soll eine möglichst objektive Beratung erreicht werden. Erst zur Wahl werden diese Mitglieder wieder zugelassen.[68]

Mit der Zahl der Bewerber wachsen auch die Anforderungen des IOC an die Bewerber. In der ersten Phase ist es üblich gewesen, daß sich die Kandidaten mit einem formlosen Brief um die Austragung der Olympischen Spiele bewerben. Im Jahr 1950 gibt das IOC ein Heft heraus, in dem das IOC in einem eigenen Kapitel Bewerbungsvorgaben formuliert.[69] Vier Jahre später veröffentlicht das IOC unter dem Titel 'Conditions exigées de villes candidates à l'organisation des Jeux olympiques' die erste eigenständige Informations-schrift für Bewerber.[70] In ihr ist auch der erste Fragenkatalog enthalten, zu dem

---

[66] Vgl. LYBERG, 100 Years, S. 67.
[67] Vgl. ebenda, S. 256.
[68] Vgl. LYBERG, 100 Years, S. 257.
[69] Das Kapitel ist mit dem Titel überschrieben: 'The Machinery of the Olympic Games (The conditions required for a town or a city to obtain the organization of the Games)'. IOC (Hrsg.): The International Olympic Committee and the Modern Olympic Games, [Lausanne] 1950, S. 9-13.
[70] Eine zwölfseitige Broschüre mit französischem und englischem Text. C.I.O. (Hrsg.): Conditions exigées de villes candidates à l'organisation des Jeux olympiques. Information for Cities which desire to stage the Olympic Games, Lausanne 1954.

ab jetzt alle Kandidaten Stellung beziehen müssen. Zur Prüfung der Ernsthaftigkeit der Bewerber verlangt das IOC von den Kandidaten ab der Wahl für das Jahr 1960 eine Verpflichtungserklärung. Diese verpflichtet die Städte zur Zahlung von Sfr 100.000, für den Fall, daß sie als gewählter Austragungsort die Spiele zurückgeben.[71] Darüber hinaus werden nun die NOKs und IFs stärker in die Auswahl der Austragungsorte eingebunden (vgl. dazu auch Kap. 2.3). Ab 1954 ist zur Begrenzung der Bewerberzahlen nur noch ein Kandidat pro NOK erlaubt.

Die ersten zwei Phasen der Bewerbungsgeschichte für Olympische Spiele sind klar auf den westliche Kulturkreis ausgerichtet. Erst mit der Olympiade 1964 in Tokyo verläßt der Olympismus diesen Kreis.[72] Dabei ist für das IOC wohl der universelle Charakter der Spiele das Hauptargument. In den 60er Jahren drängt sich der Ost-West-Konflikt immer stärker in den Vordergrund. Die Vergabe des Spiele 1968 an Mexiko City wird deshalb als Versuch des IOC betrachtet, sich dieser Problematik zu entziehen.[73]

2.2.3 Degressive Bewerberzahlen: München 1966 - Seoul 1981

Mit der Wahl Mexikos im Jahr 1963 ist die zweite Bewerbungsphase in der Geschichte der Olympischen Spiele beendet. Die sich anschließende dritte Phase ist durch verschiedene Faktoren gekennzeichnet. Die Spiele 1964 in Tokyo werden von den Veranstaltern zu einer Neuorganisation der städtischen Infrastruktur genutzt und schockieren die Welt durch ihre extrem hohen Kosten. Der Begriff des 'Gigantismus' etabliert sich im Zusammenhang mit den Spielen, und ab der zeitlich darauffolgenden Wahl im Jahr 1966 bewerben sich auch nur noch Städte aus Ländern, die wirtschaftlich sehr stark sind. Damit wird natürlich der Kreis potentieller Ausrichter beträchtlich eingeschränkt. Parallel dazu nimmt die politische Einflußnahme auf die Spiele zu. Nahezu jede internationale Macht versucht, sie für seine politischen Interessen zu einzusetzen. Ausschlüsse einzelner Länder und Boykotte wechseln sich in enger Folge ab. Verzweifelt bemühen sich die Austragungsorte die Teilnahme möglichst vieler Länder sicherzustellen und damit die Qualität der Spiele und somit ihren wirtschaftlichen Erfolg zu retten. Steigende Kosten für immer größere Anlagen und gleichzeitig immer höheren

---

[71] Vgl. LYBERG, 100 Years, 257f.

[72] Tokyo ist schon für das Jahr 1940 bestimmt gewesen, mußte aber aufgrund des Ausbruchs des II. Weltkrieges die Spiele am 16. Juli 1938 zurückgeben. Vgl. ebenda, 256.

[73] Diese Argumentation vertritt Xiaofei LIU bei der Analyse der Wahl Mexikos. Vgl. LIU, Xiaofei: Der Weg der Dritten Welt in die Olympische Bewegung, Studien zur Sportgeschichte, Bd. 5, hrsg. von Manfred LÄMMER, Sankt Augustin 1998, S. 85.

20

Risiken machen die Spiele zunehmend unattraktiv. Für die fünf Olympiaden der dritten Phase bewerben sich überhaupt nur noch acht unterschiedliche Städte. Nacheinander kommen die Bewerber an die Reihe, bis schließlich fast alle Interessenten aufgezehrt sind. Zwar sind in dieser Phase auch die wirtschaftlich erfolgreichen Spiele von Los Angeles und Seoul enthalten, die einen massiven Umschwung einleiten. Die Auswirkungen können sich aber erst nach den Spielen bei den nächsten Wahlen bemerkbar machen. Die Wahl Seouls erfolgt im September 1981. Zu diesem Zeitpunkt ist das wirtschaftliche Ergebnis der Olympischen Spiele von Los Angeles noch völlig unklar, so daß die Bewerber für die Spiele von 1988 zwingend einen anderen Beweggrund haben müssen.

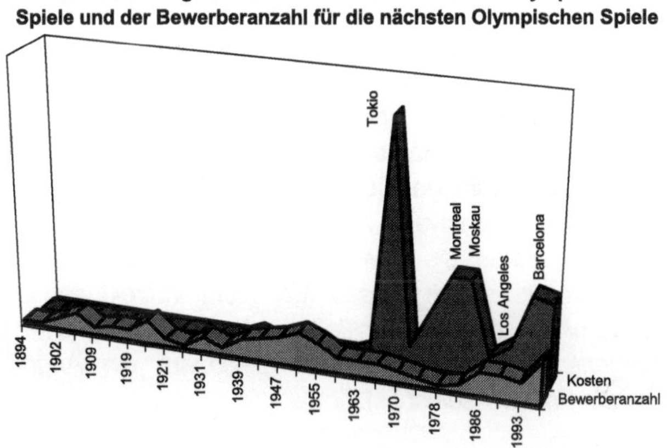

Abb. 3: Zusammenhang zwischen Kosten Olympischer Spiele und der Bewerberanzahl bei der folgenden Wahl[74]

Die politische Einflußnahme auf Olympische Spiele ist nichts Neues. Schon bei den Spielen in Stockholm versuchen Rußland und Österreich, das IOC zu einem ihnen genehmen Verhalten zu bewegen. Die ersten Aufrufe zu einem Boykott gibt es zu den Olympischen Spielen von Berlin. Diese Kampagne setzt

---

[74] Eigene Darstellung. Datenquelle: LYBERG, 100 Years, S. 252-260 und MAENNIG, Wolfgang: „Olympische Spiele und Wirtschaft. Weitverbreitete Mißverständnisse und achtzehn (Gegen-)Thesen", in: Ommo GRUPE (Hrsg.): Olympischer Sport. Rückblick und Perspektiven, Schorndorf 1997, S. 168. In dieser Abbildung sind die Kosten einer Olympiade der Anzahl der Bewerber für die nächstanstehende Wahl gegenübergestellt. Die Abbildung zeigt deutlich, daß die extremen Kosten der japanischen Olympiade nicht allein verantwortlich für den Rückgang der Bewerber sein können. Schon bei den Wahlen 1955 und 1959 nimmt die Zahl der Bewerber deutlich ab, bewegt sich aber immer noch auf hohem Niveau.
Irritierend ist zunächst bei dieser Graphik, daß trotz der hohen Kosten der Spiele von Seoul, Barcelona und Atlanta die Bewerberanzahl in dieser Zeit ansteigt. Dieser Umstand ist darauf zurückzuführen, daß gleichzeitig die Einnahmen der Spiele durch Fernseh- und Sponsorenverträge stark ansteigen, so daß die erhöhten Kosten kompensiert werden können.

sich aber nicht durch.[75] Bei den Olympischen Spielen von 1956 kommt es dann im Zusammenhang mit der Niederschlagung des 'Volksaufstandes' in Ungarn und dem Krieg um den Suezkanal zu den ersten durchgeführten Boykotten.[76] Die Spiele in Mexiko 1968 stehen unter dem Eindruck der innenpolitischen Unruhen sowie der Niederschlagung des 'Prager Frühlings' durch den Warschauer Pakt. Das IOC erkennt, in welche Lage es gerät und Avery BRUNDAGE, der fünfte IOC-Präsident, beschwört seine Kollegen schon auf der 69. Session 1969 in Warschau, gegen den Einfluß der Politik anzugehen:

> *We must continue to battle against political interference [...] The Olympic Games are a non-political, non-commercial enterprise [...]. They must not be used for political purposes, for demonstrating nor for advertising.*[77]

Mit dem Ausschluß Südafrikas aus dem IOC im Jahr 1970 und der kurzfristigen Ausladung der schon angereisten rhodesischen Mannschaft versucht das IOC, der Boykottgefahr gegen die Spiele in München entgegenzuwirken.[78] Der Anschlag arabischer Terroristen auf das Quartier der israelischen Mannschaft trifft das IOC und den Veranstalter aber gänzlich unvorbereitet und HÖFER analysiert zutreffend:

> *Wieder einmal waren die Olympischen Spiele für politische Zwecke mißbraucht worden, doch dieses Mal nicht indirekt als Druck- oder Propagandamittel, sondern unmittelbar, als Schauplatz einer politischen bzw. kriegerischen Aktion. Es war gleichsam ein Angriff auf den 'Olympischen Frieden' selbst [...].*[79]

Viel wichtiger als die gescheiterte Freipressung inhaftierter Palästinenser ist aber, daß die Terroristen erfolgreich ihr primäres Ziel, die uneingeschränkte Aufmerksamkeit der Weltöffentlichkeit, erreichen. Ab jetzt muß jeder folgende Ausrichter einen möglichen Anschlag befürchten.

In Montreal boykottieren schließlich zwanzig schwarzafrikanische Staaten aus Protest gegen die Teilnahme Neuseelands die Spiele. Die nächsten Sommerspiele in Moskau werden nach dem Einmarsch der Sowjetunion in Afghanistan von 36 Ländern boykottiert, weitere 20 NOKs lassen die Einladung

---

[75] Vgl. HÖFER, Friede, S. 172-175.

[76] Vgl. ebenda, S. 192-194

[77] Ansprache von Avery BRUNDAGE zur Eröffnung der 68. Session in Warschau am 6. Juni 1969. [C.I.O. (Hrsg.)]: The Speeches of President Avery Brundage 1952 to 1968, [o.O. und o.J.], Beilage. Laut der offiziellen Zählung der Sessionen aus dem Jahr 1997 ist dies bereits die 69. Session. Vgl. IOC (Hrsg.): Olympic Movement Directory 1997, [Lausanne] 1997, S. 39.

[78] Vgl. HÖFER, Friede, S. 249-251.

[79] Ebenda, S. 200. Vgl. dazu auch HILL, Politics, S. 121.

unbeantwortet. Der Höhepunkt der Entwicklung ist damit aber erreicht. In Los Angeles verweigern nur noch sieben sozialistische Staaten ihre Teilnahme und Seoul 1988 ist wieder boykottfrei.[80]

Neben dem politischen Druck auf die Olympischen Spiele macht deren Kostenentwicklung und der 'Gigantismus' dem IOC wie auch den möglichen Bewerbern Sorge. MAENNIG faßt die resultierende, weltweite Kritik mit den Worten zusammen: *„Die Zahl der Wettbewerbe und der Teilnehmer seien unorganisierbar, die Kosten deshalb und aufgrund der steigenden Ansprüche unkontrollierbar hoch geworden."*[81] In Melbourne kosten die Spiele noch 50 Millionen US$, vier Jahre später in Rom schon 240 Millionen US$.[82] Den Ruf des 'Gigantismus' begründet aber die Olympiade in Tokyo. Die Japaner wollen sich der Welt präsentieren und nehmen die Spiele zum Anlaß, in Tokyo eine neue Infrastruktur aufzubauen. Die Gesamtkosten betragen mehr als sechs Mrd. US$. Eine ähnliche Entwicklung nehmen die Spiele von München, Montreal und Moskau. Auch München nutzt die Olympischen Spiele, um anstehende Investitionen im Rahmen der Spiele vorzuziehen oder durchzusetzen. Die extrem gestiegenen Kosten der zunächst bescheidenen Bewerbung betragen schließlich mehr als 1,4 Mrd. US$. Der Verlust kann aber durch eine erhebliche Steigerung der Einnahmen noch abgemindert werden. Neben den städtebaulichen Vorteilen bieten die immer größer werdenden Investitionen die Möglichkeit, die Leistungsfähigkeit des Landes oder der Stadt zu präsentieren. Bei den nächsten Spielen will Montreal alles vorherige übertreffen. Die Stadt bzw. sein ehrgeiziger Bürgermeister Jean DRAPEAU übernimmt sich jedoch in der Einschätzung eigener Leistungsfähigkeit.[83] Zusätzlich kommen noch eine weltweite Rezession und die Inflation in Kanada hinzu. Das Gesamtergebnis ist ein enormes Finanzdefizit, das von der Presse mediengerecht in ein Katastrophenszenario verwandelt wird. Das kanadische IOC-Mitglied Richard W. POUND wendet dagegen ein, daß die Spiele operativ einen beträchtlichen Gewinn gemacht haben, wenn man das operative

---

[80] Vgl. HÖFER, Friede, 252f und HILL, Politics, S. 120.

[81] MAENNIG, Spiele, S. 167.

[82] Die im folgenden genannten Kosten sind zur Vergleichbarkeit auf Dollar des Basisjahres 1982 umgerechnet und entnommen aus: MAENNIG, Spiele, S. 168. Zur Problematik der Vergleichbarkeit von Wertangaben aus verschiedenen Jahren vgl. PREUSS, Implikationen, S. 23-27.

[83] SIMSON berichtet, daß in dem vierbändigen Untersuchungsbericht zu den Spielen von Montreal 1976 der ehemalige Oberbürgermeister DRAPEAU scharf angegriffen werde. Es wird ausgeführt, daß er das Projektmanagement übernommen habe ohne über die notwendigen Fähigkeiten und das Wissen zu verfügen und daß die Einrichtungen nach ästhetischen Aspekten und ohne Gedanken an die Kosten konzipiert wurden. Vgl. JENNINGS, Andrew/ Vyv SIMSON: Geld, Macht und Doping. Das Ende der Olympischen Idee, München 1992, S. 71.

Ergebnis betrachtet. Dieser sei aber zur Finanzierung der Bauten eingesetzt worden.[84] Diese Aussage wird durch neuere Berechnungen unterstützt.[85]

Die zunehmende Größe der Spiele, die Tragödie in München, das publizierte finanzielle Desaster Montreals und die Boykottgefahr schrecken Interessenten vor einer Bewerbung ab. Nach einer Volksabstimmung muß die Stadt Denver sogar die 'Olympischen Winterspiele 1976' an das IOC zurückgeben. Zusätzlich unternimmt das IOC nichts, um Kandidaten zu werben. So führt der sechste Präsident Lord KILLANIN im Februar 1976 aus: *„The International Olympic Committee does not in fact look for candidates for the Games, but it is the candidates who apply for the honour of staging the Games."*[86] Unter dieser Konstellation steht die Wahl für die Olympischen Spiele von 1984 an. Für die letzten beiden Wahlen 1976 und 1980 gibt es nur drei unterschiedliche Kandidaten, zwei davon sind bereits gewählt worden. Los Angeles ist der letzte aus diesem Kreis und einziger Bewerber für 1984. Für POUND ist die dritte konsekutive Bewerbung von Los Angeles allerdings auch ein Grund, daß andere Städte eine Bewerbung als aussichtslos erachten und davon absehen.[87]

Es wird immer wieder behauptet, daß ohne Los Angeles die Olympischen Spiele wohl ausgefallen und in ihrer Existenz gefährdet gewesen seien. Dabei wird aber übersehen, daß einerseits Griechenland noch im Vorjahr 'immerwährende Spiele' angeboten hat und sich andererseits Los Angeles 1977 zunächst in Amerika gegen einen starken Mitbewerber durchsetzen muß. Der Staat New York bietet dem USOC *„the greatest Olympiad in the history of the world"* an und will für jedes Defizit einstehen. Los Angeles verweist darauf, daß Politiker und Regierungen kommen und gehen und Garantien nutzlos werden, während die starke Wirtschaft Kaliforniens dauerhaften Bestand habe und leistungs- und vertrauenswürdig sei.[88] Nach der USOC akzeptiert schließlich auch das IOC grundsätzlich die private Bewerbung Los Angeles'. In der konfliktreichen Zeit der Verhandlungen um den Vertrag zwischen IOC und dem privaten Komitee bemüht sich das IOC um alternative Austragungsorte. Montreal und andere Städte signalisieren ihre

---

[84] Vgl. POUND, Rings, S. 28f.

[85] PREUSS belegt, daß seit 1972 jeder Austragungsort einen erheblichen operativen Gewinn gemacht hat. Vgl. PREUSS, Implikationen, S. 308f.

[86] [IOC (Hrsg.)]: Lord Killanin's Speeches from 1972 to 1981, [Schweiz: o.O.] 1985, S. 66.

[87] Vgl. POUND, Rings, S. 44.

[88] Vgl. REICH, Kenneth: „L.A. Picked for Olympic Bid. Wins Over New York; 'Spartan' Event Stressed", in: Los Angeles Times (26.09.77).

24

Bereitschaft, aber schlußendlich wird der Vertrag unterzeichnet und es kommt zu den ersten privat organisierten Spielen.[89]

Es ist unbestreitbar, daß die Anzahl der Bewerber aufgrund der geschilderten Umstände drastisch zurückgeht. Doch bereits 1981, kurz nach der Olympiade von Moskau, der noch 56 NOKs ihre Teilnahme verweigern und die sich auf dem Kostenniveau von Montreal 1976 bewegt, gibt es wieder zwei Bewerber. Seoul und Nagoya streiten sich um das Vorrecht, nach Tokyo 1964 die zweiten Sommerspiele in Asien austragen zu dürfen. Gleichzeitig verkündet Barcelona öffentlich den Wunsch, Austragungsort für die Olympischen Spiele des Jahres 1992 werden zu dürfen.[90] Für die Spiele im Jahr 1992 bewerben sich insgesamt sechs Städte. Die Planungen für die Austragung beginnen bei den meisten Bewerbern zehn bis zwölf Jahre vor der Austragung. Dies bedeutet, daß zu diesem Zeitpunkt wahrscheinlich auch schon andere Städte sich ernsthaft mit einer Kandidatur auseinandersetzen. Es kann daher keine Rede davon sein, daß der Fortbestand der Olympischen Spiele ohne die Bereitschaft Los Angeles' bedroht gewesen wäre.

2.2.4 Professionalisierung der Bewerbungstechnik: Barcelona 1986 - Athen 1997

Ende der 80er kündigt sich das Ende des Kalten Krieges an und die Boykottgefahr nimmt drastisch ab. Gleichzeitig verändern die Spiele von Los Angeles im Jahr 1984 die Olympische Bewegung und damit auch die folgenden Wahlen massiv. Aber nicht jeder im IOC ist mit der Art und Weise, wie Los Angeles die Spiele organisiert, einverstanden.[91] Richard D. MANDELL faßt die Veränderung dazu treffend zusammen:

> *Am Ende waren die Spiele ein Triumph für den Kapitalismus amerikanischer Spielart. Gleichzeitig bedeuten sie eine Absage an den Idealismus, der die Olympische Bewegung bis dahin geleitet hatte. Die Spiele 1984 erwirtschafteten sogar hohe Gewinne.*[92]

Bei genauer Betrachtung der 'defizitären' Spiele von München und Montreal ist offensichtlich, daß deren finanzielle Schieflage alleinig durch hohe 'nicht olympiabedingte' Investitionen bedingt ist und selbst diese Spiele einen

---

[89] Vgl. HILL, Politics, S. 158/ IOC, Lord Killanin, S. 82.

[90] Der Bürgermeister der Stadt Barcelona verkündet dies im Beisein von SAMARANCH am 31.01.1981. Vgl. BRUNET, Ferrán: Economy of the 1992 Barcelona Olympic Games, Lausanne 1993; S. 143.

[91] Viele IOC-Mitglieder wollen die Bewerbung zurückweisen und Reginald S. ALEXANDER (IOC-Mitglied aus Kenia) nennt den Präsidenten des LAOOC, Peter UEBERROTH, das „ugly face of capitalism". Vgl. HILL, Politics, 137 und 158.

[92] Vgl. MANDELL, Sport, S. 322.

erheblichen operativen Gewinn ausweisen.[93] Die Organisatoren von Los Angeles haben dies früh erkannt und erwirtschaften mit einem Budget, in dem keine olympiafremden Investitionen enthalten sind, einen bedeutenden Überschuß.[94]

Das Vorbild Los Angeles motiviert nun zahlreiche Städte zu einer Bewerbung. Die bekannten Vorteile der Olympischen Spiele, wie weltweite öffentliche Anerkennung und Selbstdarstellung, sowie die Verbesserung der Infrastruktur und damit der Lebensqualität können nun kostenfrei oder eventuell sogar noch mit einem zusätzlichen Gewinn erlangt werden. Diese Aussicht läßt die Bewerbung um die Olympischen Spiele binnen kurzem zu einem scharfen Wettbewerb zwischen den Städten werden. Die von Montreal eingereichten Bewerbungsunterlagen sind noch einfach gehalten und haben einen Umfang von 60 Doppelseiten, für die von Barcelona arbeiten 750 Mitarbeiter in 100 Projektgruppen vier Jahre lang insgesamt 500.000 Stunden. Dabei erstellen sie sechs Bücher, eine Audiocassette, eine Videocassette und eine Diskette.[95] Dieser Aufwand bedingt, daß die Zeitplanung für eine Bewerbung immer länger wird. Während es 1966 noch möglich ist, daß sich die Stadt München mehr oder minder spontan zur Wahl stellt, ist ein solcher Vorgang mittlerweile undenkbar. Für die Bewerbung um die Olympischen Spiele 2012 hat das USOC schon heute einen definitiven Zeitplan für die inneramerikanische Ausscheidung aufgestellt, und der Stichtag zur Meldung ist am 20. Oktober 1997, also 15 Jahre vor den Spielen bereits verstrichen.[96] Bei diesem Aufwand werden die Stimmen der IOC-Wahlmänner für die Städte immer wertvoller. Seit den Spielen von Barcelona und Albertville sind die IOC-Mitglieder Ziel einer Wahlkampagne. Systematisch suchen die Lobbyisten der Bewerber den Kontakt zu den Mitgliedern bei IOC-Treffen und größeren Sporttreffen, oder sie besuchen sie sogar zu Haus. Zusätzlich werden die IOC-Mitglieder in die Bewerberstadt eingeladen, um ihnen die Sportanlagen und Veranstaltungsorte zu zeigen. Gleichzeitig wird mit aufwendigen Essen, Präsenten und Empfängen dem Mitglied demonstriert, wie wichtig er bzw. seine Stimme für die Stadt ist. Der aufgedeckte Bestechungsskandal im Rahmen der Bewerbung von Salt Lake City für 2002 stellt eine Zuspitzung dieser Entwicklung dar.

---

[93] Lord KILLANIN geht bei der Eröffnungsansprache der 80. Session 1978 in Athen auf diesen Punkt ein und stellt fest: „In point of fact, Montreal made a cash profit of 116,8 million dollars, but they did massive capital expenditures. We do not ask that this should be done [...]." IOC, Lord Killanin, S. 82. Vgl. auch PREUSS, Implikationen, S. 308f.

[94] Der Überschuß beträgt 222,7 Millionen US$. Vgl. LANDRY, IOC Vol. III, S. 188.

[95] Vgl. LANDRY, IOC Vol. III, S. 85f/ COOB'92 (Hrsg.): Official Report of the Olympic Games of the XXV. Olympiad, Barcelona 1992. Volume I: The Challenge, Barcelona 1992, S. 264.

[96] Vgl. [o. Verf.]: „USOC History of Pan American and Olympic Bidding Process", in: USOC online ([1998]): (http://www.usoc.org/usonn/aug98/810oly1.html, 20.08.99).

26

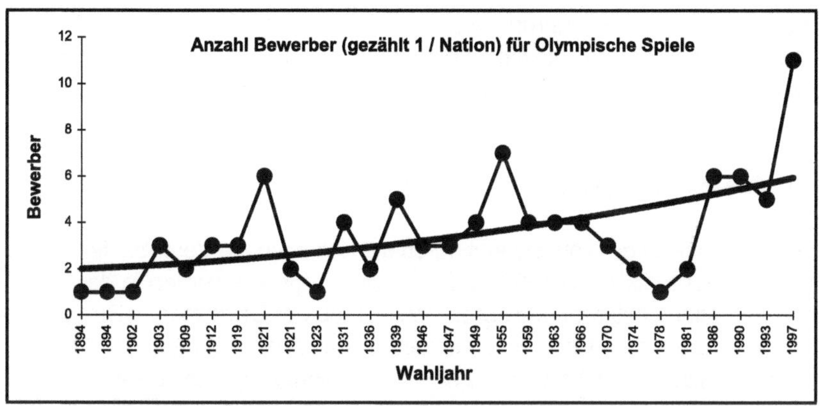

Abb. 4: Anzahl Bewerber (berücksichtigt sind nur ein Bewerber/ Nation) mit Trendlinie[97]

Einen nicht unerheblichen Einfluß auf die Entwicklung der Bewerbungen in dieser vierten und letzten Phase hat der siebte Präsident des IOC Juan Antonio SAMARANCH. Wenige Tage vor den Olympischen Spielen 1980 übernimmt er die Spitze der Olympischen Bewegung und setzt den von KILLANIN eingeleiteten Wandel radikaler und umfassender fort, als es sich viele der IOC-Mitglieder haben vorstellen können.[98] Er führt eine zentrale Vermarktung der Rechte an den Olympischen Spielen ein und kann damit eine Vervielfachung der Einnahmen erreichen.[99] Im Gegensatz zu KILLANIN wirbt er offen um jede Stadt und motiviert sie zu einer Bewerbung. Los Angeles hat seine Position als einziger Bewerber schamlos ausgenutzt und dem IOC eine Menge Sonderregelungen abgetrotzt. SAMARANCH zieht daraus die Lehre, daß es das beste für das IOC sei, so viele Bewerber wie möglich zu haben, um die Vorstellungen des IOC besser durchsetzen zu können.[100] Diese Maxime verfolgt er nun konsequent. Er gestaltet die Bewerbungsphase für die Kandidaten interessanter, indem er die Abstimmung zu einem medialen Ereignis umgestaltet und später auch noch die Vorauswahl einführt. Diese

---

[97] Eigene Darstellung. Datenquelle: LYBERG, 100 Years, S. 252-260. In dieser Abbildung ist eine polynomische Trendlinie 2. Ordnung enthalten. Diese zeigt, daß tatsächlich ein deutlicher Trend zu erkennen ist und allein die dritte Phase (1966-1981) sich signifikant davon abhebt. Zur besseren Vergleichbarkeit der Bewerberzahlen sind die Bewerber, die sich als zweite oder dritte Stadt einer Nation bewerben, herausgerechnet worden.

[98] Schon unter KILLANIN kommt es zu einer erheblichen Steigerung der Einnahmen aus den Fernsehrechten. Für die Spiele in Moskau wird bereits die fünffache Summe der Spiele von München erzielt. Vgl. LYBERG, 100 Years, S. 354.

[99] Am 1. Juni überträgt das IOC mit den OKs von Seoul und Calgary das Marketinggeschäft an die Fa. ISL. Diese gehört zu 51% Horst DASSLER (Inhaber von Adidas) und zu 49% Dentsu (größtes japanisches Marketingunternehmen). ISL erstellt ein Marketingkonzept mit dem Namen 'TOP' (The Olympic Program). Es erstellt 45 Produktsparten und verkauft die Vermarktungsrechte pro Sparte weltweit exklusiv an ein Unternehmen. Vgl. HILL, Politics, S. 74.

[100] Vgl. LANDRY, IOC Vol. III, S. 83.

27

beiden Veränderungen führen dazu, daß die Bewerbung nun eher einem Wahlkampf gleicht, der gewährleistet, daß die Städte sich während der Bewerbungszeit ständig des weltweiten Interesses sicher sein können und damit eine erhebliche Werbung für sich machen dürfen.

2.2.5 Zusammenfassung

Die erste Phase ist gekennzeichnet durch die zielgerichtete Vergabe der Spiele durch ihren Gründer COUBERTIN. Die Austragungsorte werden in der Regel per Akklamation bestimmt und sollen den Aufbau der Olympischen Bewegung durch besondere Qualitäten unterstützen. In der zweiten Phase, direkt nach dem II. Weltkrieg, nimmt die Zahl interessierter Städte stark zu. Die Olympische Bewegung trifft mit ihrem Ideal der Völkerverständigung den Zeitgeist. Viele Bewerber streben nach der Ehre, Veranstalter zu werden. Diese Ära geht mit den Spielen von Mexiko zu Ende. Die Ausrichtung der Spiele wird nun *„eine Aufgabe von gesamtstaatlicher Größenordnung und nationalrepräsentativen Rang.“*[101] Im Rahmen der nationalen Selbstdarstellung werden die Spiele immer größer und teurer. Angesichts der gleichzeitigen Boykottgefahr wollen schließlich nur noch wenige Städte diese Spiele veranstalten. Los Angeles durchbricht *„the spiral of increasing deficits“*.[102] Das Vorbild Los Angeles motiviert in der Folge nicht weniger als 28 Städte. In dieser harten Konkurrenz kann sich nur der Beste durchsetzen. Die Qualität der Bewerbungstechnik wird immer besser und der Einsatz immer höher. Mit allen verfügbaren Mitteln versuchen die Bewerber, ihre Wahl zu sichern.

2.3 Entwicklung der IOC-Bewerbungsvorgaben

Zur genauen Betrachtung aller Veränderungen müssen zwingend alle Olympischen Chartas[103] und Sitzungsprotokolle der Sessionen und des Exekutivrats analysiert werden. Damit würde jedoch im Rahmen der vorliegenden Arbeit diesem Teilbereich ein zu hoher Stellenwert eingeräumt. Diese Untersuchung muß daher einer besonderen Forschungsarbeit vorbehalten bleiben. Der Verfasser hat sich aus dem vorgenannten Grund auf

---

[101] Auf einer Rede zur Eröffnung der Ausstellung 'Olympia '72' in Bonn am 14. April 1970 ordnet der damalige Bundesminister des Innern Hans-Dietrich GENSCHER die Bedeutung der Spiele in München ein. Er gibt damit das damalige Verständnis der Bundesregierung wieder. Abdruck der Rede in: WINKLER, Bernd: Sport und politische Bildung. Modellfall Olympia, Opladen 1972, S. 142.

[102] REICH, L.A., (26.09.77).

[103] Im folgenden wird der Begriff 'Olympische Charta' auch für Ausgaben des IOC verwendet, die einen anderen Titel ausweisen. Im Einzelfall ist aber der Bezug durch einen entsprechenden Verweis in der zugehörigen Fußnote eindeutig.

eine Auswahl von etwas mehr als zwanzig verschiedener Olympischer Chartas beschränkt.

Bei der Entwicklung der Bewerbungsvorgaben muß zwischen der Veränderung der Durchführungsbestimmungen der Olympischen Spiele und der des bewerbungstechnischen Ablaufes unterschieden werden. Während letzterer offensichtlich und direkt das Bewerberverhalten betrifft, wirken sich Änderungen der Durchführungsbestimmungen auf die Stadt in der Bewerbungsphase indirekt aus. Ihre Folgen können zum Beispiel eine erhebliche zusätzliche wirtschaftliche Belastung für einen Austragungsort bedeuten, so daß Interessenten von einer möglichen Bewerbung zurücktreten.

2.3.1 Änderungen der Bewerbungsvorschriften

Der unendliche Pragmatismus COUBERTINs prägt nicht nur die Entwicklung der Olympischen Spiele bis in die heutige Zeit sondern auch die der Bewerbungen: Die *„Welt verlangt, daß die Olympiaden, wollen sie überleben, sich in ihrer Form den heutigen Gesetzen anpassen."*[104] Auf dem Gründungskongreß in Paris 1894 werden Ausführungsbestimmungen ausgeklammert. Allein der Vierjahresrhythmus wird fixiert. Die Verantwortung für Organisation und Durchführung der I. Olympischen Spiele liegt bei dem griechischen OK. Zwar ist der Einfluß COUBERTINs nicht unerheblich, aber er selbst stellt fest, daß es nicht Aufgabe des IOC sei, *„sich in die Einzelheiten der Organisation einzumischen, bei der das jeweils zuständige Land natürlich seine Handlungsfähigkeit behalten möchte."*[105] Die gelungene Veranstaltung wird zum Glücksfall der Olympischen Bewegung, durch sie bilden sich die ersten Verfahrenstechniken zur Durchführung heraus. *„Sie wurden teilweise in Sitzungsprotokollen festgehalten, zu einer systematischen Fixierung von Statuten und Bestimmungen und deren Veröffentlichungen kam es aber nicht."*[106] Im Jahr 1908 erscheint ein 'Annuaire', das die Satzung des IOC enthält. Die Regularien zur Veranstaltung der Spiele sind aber, ganz im Sinne COUBERTINs, immer noch nicht festgeschrieben. Erst 1914 hat COUBERTIN *„gestützt auf deutsche Vorarbeiten, für die bevorstehenden Spiele des Jahres 1916 das olympische Programm in eine gewisse, dauernde Form gebracht"*.[107] Unter der Kapitelüberschrift 'Règlements relatifs à la Célébration des

---

[104] COUBERTIN, Sportkampagne, S. 152.

[105] Ebenda, S. 119.

[106] NOK FÜR DEUTSCHLAND (Hrsg.): Olympische Charta und Regelwerk für die Schiedsgerichtsbarkeit in Sportsachen, mit Einführung/ Übersetzung von Christoph VEDDER/ Manfred LÄMMER, Frankfurt a.M. 1996, S. IV.

[107] DIEM, Weltgeschichte, S. 1142f.

Olympiades' wird dies 1920 in der nächsten Olympischen Charta veröffentlicht. LÄMMER vermutet hinter der Erweiterung aber eher den Grund, *„daß das IOC die Veranstalter von Olympischen Spielen lediglich als Ausrichter verstanden wissen wollte."*[108] Wichtig ist, daß das IOC die Erweiterung der Olympischen Regeln nach Ansicht LÄMMERs bedarfsbezogen macht. Diese Vorgehensweise zieht sich wie ein roter Faden durch die Entwicklung der Olympischen Charta und erklärt, warum die Entwicklung der Bestimmungen unübersichtlich und unstrukturiert wirkt.[109]

Die Vorgaben zur Abhaltung der Olympischen Spiele 1924 in Paris werden in 27 Einzelpunkten im gleichen Jahr erstmalig als eigenständige Schrift vom IOC herausgegeben.[110] Damit ist indirekt ebenfalls das Protokoll für die anschließenden Spiele als Rahmen fixiert. Die folgende Zeit bringt für die Bewerber 1939 die erste geheime Wahl des IOC über einen Austragungsort. Den potentiellen Bewerbern signalisiert dies, daß der neue Präsident BAILLET-LATOUR die Auswahl des Austragungsortes nicht mehr so massiv beeinflussen will wie sein Vorgänger. Von nun an soll der Bewerber aufgrund seiner Qualitäten bestimmt werden. Dies bedeutet aber auch, daß nun die Anforderungen an die Bewerber klarer definiert werden müssen. Der Andrang der Bewerber ist unerwartet groß. Bis 1949 haben sich bei den ersten drei Wahlen für die Sommerspiele 23 ernsthafte Bewerber gemeldet. Im Jahr darauf veröffentlicht das IOC ein Heft über die Entwicklung der Olympischen Bewegung mit einem eigenen Kapitel für Bewerber,[111] und bereits 1954 wird die erste eigenständige Informationsschrift für die Bewerber herausgegeben. Sie ist noch recht oberflächlich, enthält aber auch den ersten Fragenkatalog mit dreizehn komplexen Fragen, den die potentiellen Bewerber von nun an beantworten müssen.[112] Einen umfassenden Ratgeber, mit praktischen Tips und Erfahrungswerten von verschiedenen Olympischen Spielen erstellen Ende der 60er Jahre auf Bitten des IOC drei Mitglieder der olympischen Verwaltung, welche von seiten des IOC die OKs der letzten Spiele begleitet haben.[113]

---

[108] LÄMMER, Charta, S. V. DIEM vertritt dagegen die Auffassung, daß dem Veranstalter noch genügend Spielraum verbleibt. Vgl. DIEM, Weltgeschichte, S. 1143.

[109] Ein anderer Grund ist sicherlich, daß man lange Zeit aus Respekt vor COUBERTIN das Grundgerüst nicht ändern will. Obwohl ständig Paragraphen oder Punkte ergänzt werden, behält man die gewachsene Struktur bei. Erst die Ausgabe 1990 ist völlig neu überarbeitet und klar strukturiert.

[110] C.I.O. (Hrsg.): Statuts - Règlements et protocole de la célébration des olympiades modernes et des Jeux olympiques quadriennaux - Règles générales techniques applicables á la célébration de la VIII⁰ Olympiade Paris 1924, Paris 1924.

[111] Vgl. IOC (Hrsg.): The International Olympic Committee and the Modern Olympic Games, [Lausanne] 1950.

[112] Vgl. C.I.O. (Hrsg.): Conditions exigées de villes candidates à l'organisation des Jeux olympiques. Information for Cities which desire to stage the Olympic Games, Lausanne 1954. Dieses Heft hat nur einen Gesamtumfang von 12 Seiten, wobei noch zu berücksichtigen ist, daß der Text in Englisch und Französisch abgedruckt ist.

[113] Vgl. DUNCAN, Sandy/ Marcello GARRONI/ Yukiaki IWATI: The Administration of an Olympic Games, hrsg. vom IOC, [Rom] 1966-1969.

Originär ist dieser Ratgeber für die zukünftigen Organisationskomitees bestimmt, damit sie von den Erfahrungen der vorherigen Spiele profitieren können. Gleichzeitig ist dieses 110-seitige Buch aber auch ein ideale Einführung für Bewerber und bleibt über Jahre hinaus das einzig relevante Dokument für OKs und Bewerber. Die komplexen Fragen des o.a. Kataloges lassen den Bewerbern reichlich Raum für Antworten.

In den 'Olympic Rules' 1976 sind für die Bewerber 11 Seiten und ein erweiterter Fragenkatalog mit 23 allgemeinen sowie zusätzlichen 29 speziellen Fragen zu 'Radio television facilities' enthalten.[114] Dieser Teilbereich entwickelt sich nun sprunghaft weiter: 1980 sind es bereits 20 Seiten und 1984 schon 50 Seiten.[115] Mit der Professionalität der Bewerber wächst auch deren Anspruch an die Qualität der Vorgaben des IOC. In der Olympischen Charta von 1989 wird der Fragenkatalog, wahrscheinlich aus Gründen des Platzes und der Übersichtlichkeit schließlich ausgegliedert.[116] Für die Bewerber um den Austragungsort der Olympischen Spiele 2000 erstellt das IOC ein eigenes 'Manual for cities bidding for the Olympic Games'.[117] Dieses fungiert einerseits als Ratgeber für den Aufbau einer Bewerbung und faßt andererseits alle Anforderungen des IOC an den Bewerber zusammen.

Integration der IFs und der NOKs

In der Olympischen Charta wird die wachsende Bedeutung der IFs und der NOKs in der Olympischen Bewegung erst mit der Neustrukturierung 1990 dargestellt. Sie bilden mit dem IOC die drei Säulen der Bewegung zu der auch temporär immer die aktuellen OKs gehören.[118] Bei den Bewerbungen kommen die Organisationen schon wesentlich früher zu einem Mitspracherecht. Trotzdem läßt sich schon vorab feststellen, daß das IOC nur langsam und sukzessive seine Rechte abtritt.

Die Internationalen Sportverbände haben es schwer, innerhalb der Olympischen Bewegung ihren Platz einzunehmen. Erst 1920 überträgt das IOC auch *„amtlich den internationalen Sportverbänden die technische Leitung der Kämpfe"*.[119] Im Zusammenhang mit den Bewerbungen der Städte wird für die IFs bei der Einführung des Fragenkataloges in der Olympischen Charta zwar keine Entscheidungsgewalt, aber zum ersten Mal eine beratende

---

[114] Vgl. C.I.O. (Hrsg.): Olympic Rules. Bye Laws and Instructions, Lausanne 1976, S. 59-69.

[115] Vgl. C.I.O. (Hrsg.): Olympic Charter. 1980 Provisional edition, Lausanne 1980/ C.I.O. (Hrsg.): Olympic Charter 1984, [Lausanne] 1984.

[116] Vgl. IOC (Hrsg.): Olympic Charter 1989, [Lausanne] 1989.

[117] IOC (Hrsg.): Manual for cities bidding for the Olympic Games, Lausanne 1992.

[118] Vgl. Chapter I, Rule 3 'Belonging to the Olympic Movement' in: IOC, Charter 1991, S. 9.

[119] LENK, Werte, S. 112.

Funktion festgeschrieben.[120] Im Jahr 1959 dürfen die IFs schließlich auch der abschließenden Präsentation der Städte für die Spiele 1964 beiwohnen.[121] Vier Jahre später wird ihnen auch erlaubt, eigene Fragen an die Kandidaten zu stellen. Die Bewerberstädte für die Olympischen Spiele 1972 müssen sich dann sogar einer eigenen Vorabwertung der IFs stellen. Es ist hierbei interessant, daß vor dem IOC schon die IFs München mit deutlicher Mehrheit wählen und mit ihrem Votum über die technischen Qualitäten der Bewerber ein Signal setzen. Zumindest ab diesem Zeitpunkt ist die Bedeutung der IFs offensichtlich.[122] Nach der Rückgabe der Winterspiele 1976 durch die amerikanische Stadt Denver fordert das IOC die sechs IFs auf, über die vier Ersatzkandidaten zu beraten. Die anwesenden IFs wählen einstimmig Innsbruck. Der Exekutivrat des IOC folgt am nächsten Tag nach geheimer Wahl dem Vorschlag der IFs. Der steigende Einfluß der IFs wird auch dadurch verdeutlicht, daß viele der IF-Präsidenten mittlerweile zugleich IOC-Mitglieder sind.

Die Verbundenheit zwischen IOC und NOK ist grundsätzlich stärker. Die IOC-Mitglieder sind in der Regel auch Präsident des NOK in ihrem Heimatland. Entsprechend ist der Einfluß der NOKs von Anfang an größer. Bei den Bewerbungen wird den NOKs nach dem II. Weltkrieg wesentlich mehr Recht eingeräumt. Das IOC fordert zur Bewerbung einer Stadt, daß ihr ein Vertrag zwischen Stadt und NOK beigelegt wird.[123] Dies bedeutet indirekt, daß Städte sich nur noch mit Zustimmung ihres jeweiligen NOKs bewerben dürfen. Auf der 49. Session in Mexiko City wird am 17. April 1953 dies dann noch einmal offiziell beschlossen.[124] Weiter kommt dem NOK nun das Recht zu, bei mehr als einem inländischen Bewerber eine eigene Vorauswahl treffen zu dürfen.[125] Auch bei der Austragung der Olympischen Spiele wird die Rolle des NOK aufgewertet. Nach der Wahl des Austragungsortes wird nicht mehr die Stadt mit der Durchführung beauftragt, sondern das entsprechende NOK.[126] Das NOK kann dieses Recht auf ein OK übertragen. Damit sichert sich das IOC geschickt die Verantwortlichkeit des NOK für die Durchführung der Spiele.

Für die Bewerberstädte hat das gestiegene Gewicht der IFs und NOKs innerhalb der Olympischen Bewegung und ihre Einflußmöglichkeiten auf das Wahlergebnis eine erhebliche Bedeutung. Indirekt bestimmen die beiden

---

[120] Vgl. IOC, Games 1958, S. 40.
[121] Vgl. LANDRY, IOC Vol. III, S. 180.
[122] Vgl. LYBERG, 100 Years, S. 258.
[123] Vgl. IOC, Modern Games 1950, S. 9.
[124] Vgl. LYBERG, 100 Years, S. 150.
[125] Vgl. C.I.O., Conditions 1950, S. 9.
[126] Vgl. C.I.O. (Hrsg.): Olympic Rules and Regulations, Lausanne 1972, S. 39.

Organisationen bereits mit, welche Stadt am Wahltag zum Austragungsort bestimmt wird. Entsprechend müssen die Bewerber neben den Mitgliedern des IOC auch die der IFs und NOKs, von ihrer Qualität und ihren Fähigkeit überzeugen.

Vorgaben Bewerberverhalten

Die ersten Verhaltensregeln für Bewerberstädte werden schon 1963 festgelegt. Auf der 61. Session des IOC in Baden-Baden erhebt das norwegische IOC-Mitglied Ditlev SOMONSEN den Vorwurf, daß die Städte übertriebene Propaganda betreiben. Es wird beschlossen, daß die Bewerber keine Empfänge mehr geben und keine Geschenke mehr machen sollen. Außerdem darf die Stadt nicht mehr die Kosten eines Besuches für das IOC-Mitglied übernehmen.[127] Aber die Bewerbungssituation ändert sich. Die Zahl der Interessenten nimmt stark ab, und erst für die Wahl der Olympischen Spiele 1992 gibt es 1986 wieder eine größere Anzahl ernsthafte Bewerber. Um den IOC-Mitglieder eine breitere Basis für ihre Wahlentscheidung zu ermöglichen, beschließt das IOC 1985 in Berlin, *„that IOC members should not be prohibited from visiting candidate cities"*.[128] Zu diesem Zeitpunkt steht das IOC noch unter dem Eindruck des Verhaltens von Los Angeles, das in dem Bewußtsein einziger Kandidat zu sein, dem IOC viele Zugeständnisse abnötigt. Ausgehend von diesen Erfahrungen fördert das IOC sogar noch die Rivalität unter den Bewerbern und wird von den massiven Werbeaktivitäten der Bewerber überrascht. Die aktuell gültige Olympische Charta von 1984 enthält auch keine Vorschriften, welche die Tätigkeiten der Bewerber einschränkt.[129] Der Wettbewerb der konkurrierenden Städte eskaliert. Empfänge, Geschenke und das Auftreten der Bewerber werden immer luxuriöser und verschwenderischer.[130] Im Februar 1986 initiiert SAMARANCH unter diesem Eindruck eine interne Kommission. In Zusammenarbeit mit den Bewerbern soll diese prüfen, ob es möglich ist, Ausgabegrenzen für die Städte festzulegen. Auf der Wahlsession für 1992 beschließt das IOC als erste Maßnahme, daß für die Kandidaten der Spiele 1994 und 1996 auf der nächsten Session in Istanbul jede Werbung untersagt ist. Der Exekutivrat erweitert dieses Verbot im Dezember schließlich auf das gesamte Jahr 1987. Darüber hinaus werden den Bewerbern bis 1990 nur noch gemeinsame Empfänge und diese exklusiv bei IOC-Sessionen erlaubt, gleichzeitig wird die maximale Zahl der Ausstellungen pro Bewerber für die drei folgenden Sessionen auf zwei

---

[127] Vgl. LYBERG, 100 Years, S. 153.
[128] Dieser Beschluß erfolgt auf der 90. Session des vom 4. bis 6. Juni 1985 in Berlin. Vgl. [IOC (Hrsg.)]: Intermediary Report of the IOC 2000 Commission. 2 June 1999, [o.O.] 1999, S. 14.
[129] Vgl. C.I.O., Charter 1984/ LANDRY, IOC Vol. III, S. 83.
[130] Vgl. JENNINGS, Geld, 302-304.

begrenzt.[131] Auf der 92. Session des IOC 1987 in Istanbul beschließen die Mitglieder eine weitere Änderung. Die Dauer ihrer Besuche pro Stadt wird auf maximal drei Tage begrenzt, pro Mitglied ist nur eine Begleitung erlaubt und das IOC muß über jeden Besuch informiert sein. Wertvolle Geschenke werden generell verboten. Nachdem festgestellt wird, daß die Ausstellungen der Bewerber besonders teuer sind, untersagt der Exekutivrat im Dezember 1988 diese grundsätzlich. Auf der gleichen Sitzung wird der maximale Wert der Geschenke pro Mitglied und Stadt auf maximal 200 US$ festgesetzt.[132] Das IOC setzt bei dieser Vorgehensweise auf die Kooperation der Städte. Die Formulierungen sind aber recht schwammig, und Sanktionen für deren Nichtbefolgung gibt es nicht. Aus diesem Grund führen die Beschlüsse des IOC auch nicht dazu, daß die Aktivitäten der Bewerber abnehmen. Ersatzweise geben die Botschaften der Bewerberländer Empfänge und Flugtickets werden als Ersatzgeschenke mißbraucht. Der Höhepunkt wird schließlich im Rahmen der Bewerbung für die Spiele 1996 erreicht. Die Kritik in den Medien und der Öffentlichkeit gegen das IOC und die Städte nimmt extrem zu.[133] In diesem Zusammenhang ist es überraschend, daß das IOC nach der Wahl für die Olympischen Spiele 1996 beschließt, *„that members should visit the cities".*[134] Es fordert also nun geradezu von seinen Mitgliedern, daß sie die Bewerber besuchen. Im August 1991 legt nach sechs (!) Jahren Arbeit die von SAMARANCH im Jahr 1986 begründete Kommission einen ersten Entwurf zur Ausgabenbegrenzung für Bewerberstädte vor.[135] Am 7. Februar 1992 werden die Vorschriften schließlich in Kraft gesetzt (vgl. Tab. 2, S. 35).[136] Die Verhaltensregeln unterstützen eher die technisch starken Bewerbungen, da sie die finanziellen Einflußnahmen durch die Bewerber etwas zurückdrängen. Rod McGEOCH, der Geschäftsführer des australischen Bewerbers Sydney um die Olympischen Spiele 2000 begrüßt die neuen Vorschriften:

> *Overall we liked the new guidelines; if anything they favoured us. Anything that cut down the cost of bidding and caused people to vote on the merits of a candidate city helped us. The restriction on spending helped to put a city from a small country like Australia on a more even footing with one from a wealthier country such as Germany* [er bezieht

---

[131] Vgl. LANDRY, IOC Vol. III, S. 85.

[132] Vgl. ebenda.

[133] Vgl. ebenda.

[134] IOC, Intermediary Report 2000, S. 14.

[135] David MILLER behauptet sogar, daß erst eine Beschwerde Torontos bzgl. mangelnder Bewerbungsregularien zu diesem Ergebnis geführt hat. Vgl. MILLER, David: Olympic Revolution. The Biography of Juan Antonio Samaranch, London 1992, S. 222. Tom A. SHERIDAN behauptet, daß die Kommission bereits am 16. Juni 1991 ihr Ergebnis vorlegt. Vgl. dazu SHERIDAN T[om] A.: Sheridan-Report. Review of Records of the Sydney Olympics 2000 Bid Ltd by Independent Examiner, [o.O.] 1999, S. 27f.

[136] Vgl. McGEOCH, Bid, S. 101.

sich auf die konkurrierende Bewerbung Berlins, d. Verf.] *which could easily outspend us.*[137]

Richtlinien zur Ausgabenbegrenzung für IOC-Mitglieder und Bewerberstädte um die Austragung Olympischer Spiele 2000

1. Flugtickets für IOC-Mitglieder werden durch das IOC ausgegeben. Die Kostenerstattung erfolgt durch die Stadt an das IOC.[138]
2. Die Obergrenze für Geschenke wird auf 200 US$ gesetzt.
3. Bei einem Besuch eines IOC-Mitgliedes in der Bewerberstadt sind während des maximal dreitägigen Aufenthalts über den Rahmen der normalen Versorgung keine Empfänge o.ä. gestattet.
4. Für Treffen zwischen Bewerbern und IOC-Mitgliedern sind Suiten, Boote, Restaurant oder Clubs verboten. Es sind nur Einzelräume gestattet.
5. Bei IOC-, IF- oder NOK-Meetings sind keine Ausstellungen oder sonstige Veranstaltungen erlaubt.
6. Die Bewerbungsunterlagen müssen im A4-Format erstellt werden.
7. Die Anzahl der Delegationsmitglieder pro Bewerberstadt wird für die IOC-,IF- und NOK-Meetings auf maximal sechs begrenzt.
8. Ernsthafte oder wiederholte Verstöße führen zur Disqualifikation des Bewerbers.
9. Besuche der Bewerber bei IOC-Mitgliedern, die diese bereits besucht haben, sind verboten.

Tab. 2: Richtlinien zur Ausgabenbegrenzung für die IOC-Mitglieder und die Bewerber um die Olympischen Spiele 2000[139]

Auf der 99. Session des IOC im Rahmen der Olympischen Spiele von Barcelona verbietet das IOC schließlich die Geschenke grundsätzlich und erlaubt nur noch Souvenirs. McGEOCH stört dies nicht: *„Again, we didn't mind.“*[140] Er selbst berichtet, daß er mit Koffern voller Souvenirs zu den IOC-Mitgliedern gereist sei. Der Prüfungsbericht über das Bewerbungsunternehmen Sydneys von Tom SHERIDAN aus dem Jahr 1999 bestätigt, daß die Mehrzahl der Geschenke tatsächlich Souvenirs gewesen seien. Allerdings seien den IOC-Mitgliedern im Zusammenhang mit ihrem Besuch in Sydney auch Photoalben mit einem durchschnittlichen Wert von 1.000 A$ geschenkt worden. Insgesamt kommt SHERIDAN aber abschließend zu einer moderaten Bewertung: *„In my view, the gifts given by the Bid Company were*

---

[137] Ebenda, S. 102.

[138] Damit soll der Umtausch der Flugtickets durch IOC-Mitglieder in Geld verhindert werden.

[139] Vgl. MILLER, Revolution, S. 222. Vgl. dazu auch LANDRY, IOC Vol. III, S. 85/ SHERIDAN, Report, Appendix B, S. 3-8.

[140] Ebenda.

generic and not of a type designed, or likely, to influence the vote of an IOC member."[141]

Erst im Jahr 1999 gibt es im Zusammenhang mit den aufgedeckten Bestechungen bei der Wahl des Austragungsortes für die Winterspiele 2002 wieder maßgebliche Änderungen bei den Verhaltensregeln für die Bewerberstädte.

Vorauswahl

Eine weitere recht junge, aber besonders wichtige Änderung ist die Einführung einer Vorauswahl für den Bewerbungszyklus um die Winterspiele 2002. Die Auswirkungen dieser Neuerung sind für die Kandidaturen der nächsten zwei zur Wahl anstehenden Spiele 2002 und 2004 erheblich und bedingen für das IOC und die Kandidaten eine völlig neue Vorgehensweise. Um diesem gerecht zu werden, wird die Entwicklung hin zur Vorauswahl und ihre Auswirkung auf die Kandidaten und ihre Bewerbungstechnik in dem folgenden Kap. 2.4 eingehender dargestellt.

'Host City Contract'

Eine weitere wichtige Änderung ist die Einführung des sogenannten 'Host City Contracts' im Jahr 1976 unter der Präsidentschaft KILLANINs. Der Vertrag wird eingeführt, da sich die Machtverhältnisse zwischen IOC und Bewerber nach der Wahl zum Austragungsort massiv zuungunsten des IOC verschieben. Je näher das Veranstaltungsdatum rückt, desto weniger wollen die gewählten Austragungsorte von ihren Zusagen, Versprechen und Verpflichtungen wissen, da das IOC außer dem Entzug der Spiele kein Druckmittel mehr besitzt.[142] Doch bei den ersten beiden Verträgen mit Los Angeles und Seoul begeht das IOC den Fehler, den Vertrag nicht mit der Zuteilung der Spiele von dem Bewerber unterzeichnen zu lassen. Los Angeles schickt den vorgelegten Vertrag des IOC sogar zurück und besteht darauf, daß ein von den eigenen Rechtsanwälten formulierter Text verwendet wird.[143] Präsident SAMARANCH ändert das Verfahren und verbindet die Verkündung des Wahlsiegers mit der feierlichen Unterzeichnung des Vertrages.[144] Dies ist natürlich von Nachteil für die Städte, da einerseits in diesem Moment keine Verhandlungen mehr möglich sind, es aber andererseits auch unmöglich ist,

---

[141] Vgl. SHERIDAN, Report, S. 27f.

[142] Schon COUBERTIN beschwerte sich darüber, daß er den Griechen in der Zeit nach der Zuteilung der Spiele von 1896 „jetzt eher lästig" war. Vgl. COUBERTIN, Sportkampagne, S. 101.

[143] Vgl. HILL, Politics, S. 158. LYBERG stützt dies durch eigene Erfahrungen: „The LAOOC officials had always been terribly arrogant and 'snooty' toward us, the visiting NOCs." LYBERG, 100 Years, S. 232.

[144] Vgl. HILL, Politics, S. 68.

die Unterschrift zu verweigern. Die Vorgehensweise des IOC wird verständlich, wenn man die Begründung Christopher R. HILLs heranzieht:

> *The reasoning behind the IOC's firmness is that it has been found that cities have ignored aspects of the contract once the Games have been awarded, or interpreted it in ways unacceptable to the IOC, and the purpose has been to ensure that the IOC's interpretation will prevail in future.*[145]

Das IOC führt 1992 sogar noch einen Vorvertrag ein. Dieser wird notwendig, da sich die Städte nicht an ihre während der Bewerbungszeit gemachten Versprechen halten wollen oder sie in einem für sie genehmen Sinne interpretieren.[146]

Präsentation

Die abschließende Präsentation der Bewerber vor der Wahl erfährt über die Jahre eine starke publizistische Aufwertung. Als im Jahr 1901 als erste Stadt Chicago ihr Konzept zur Ausrichtung der III. Olympischen Spiele präsentiert, hat diese Vorführung noch einen informativen Hintergrund. Seitdem die Bewerber aber schon Monate oder sogar Jahre ihre Wahl vorbereiten, hat die Präsentation ihren ursprünglichen Sinn verloren. LYBERG belegt, daß schon bei der Wahl des Austragungsortes für die Spiele 1960 die IOC-Mitglieder dieser Prozedur überdrüssig sind:

> *The Session appears to have become tired of all the presentations by the candidate cities, because Lewis Luxton* [IOC-Mitglied für Australien, d. Verf.] *took up the question and said that 6-man strong delegations were meaningless. Furthermore, they repeated only what was already in their brochures!*[147]

Präsident SAMARANCH wandelt 1985 die Präsentation von einer Informationsveranstaltung zu einer weltweiten 'Fernsehshow' um.[148] Im Vordergrund steht bei der Vorstellung der Kandidaten nun, daß diese für ihre Stadt und indirekt damit auch für das IOC bzw. die Olympische Bewegung durch die Fernsehübertragung noch einmal kostenfrei Werbung machen können. Der Wettstreit der Kontrahenten um die exklusiven Austragungsrechte kulminiert nun fernsehgerecht in einer dramatischen Entscheidung mit einem Gewinner und vielen Verlierern. Keiner mag sich diese Chance der

---

[145] Ebenda.
[146] Vgl. PREUSS, Implikationen, S. 29.
[147] LYBERG, 100 Years, S. 217.
[148] Vgl. LANDRY, IOC Vol. III, S. 83.

Selbstdarstellung entgehen lassen, so daß mittels dieser Schlußveranstaltung sogar aussichtslose Bewerber motiviert sind, noch bis zur Wahl durchzuhalten.[149] Damit erfüllen sie im Sinne SAMARANCHs auch eine wichtige Funktion. Nach der Erfahrung, die das IOC mit Los Angeles als alleiniger Bewerber gemacht hat, soll eine ähnliche Situation unbedingt vermieden werden.

Abb. 5: Anzahl Jahre der Festlegung des Austragungsortes vor Ausrichtung der Spiele[150]

Abstimmung

Der formale Ablauf der Wahl des Austragungsortes ist seit seiner ersten Durchführung unverändert geblieben. Der mehrfach beantragten Einführung eines elektronischen Wahlsystem widersetzen sich die IOC-Mitglieder standhaft. Es bleibt bis heute bei der herkömmlichen manuellen Wahlauszählung.[151] Am 15. März 1993 bestätigt der Exekutivrat nochmals das traditionelle Wahlverfahren. Er bestimmt aber, daß zukünftig die Ergebnisse der einzelnen Wahlrunden nicht mehr bekanntgegeben werden sollen.[152] Hintergrund dieser Entscheidung ist, daß die IOC-Mitglieder sich von vornherein auf ihren Wunschkandidaten festlegen sollen, um Sympathievoten für schwächere Kandidaten in den ersten Wahlrunden zu verhindern. Eine weitere Änderung der Bewerbungsvorschrift betrifft den Zeitraum der Wahl des Austragungsortes vor dem Veranstaltungstermin. Bedingt durch die Größe der Spiele und dem damit verbundenen organisatorischen Aufwand muß dieser

---

149 Vgl. MILLER, Revolution, S. 223.
150 Eigene Darstellung. Datenquelle: LYBERG, 100 Years, S. 252-260.
151 Vgl. LYBERG, 100 Years, S. 167f und 174f.
152 Vgl. ebenda, S. 175.

38

Zeitraum immer weiter verlängert werden und beträgt nach drei Jahren im Jahr 1921 nun mittlerweile bereits sieben Jahre (vgl. Abb. 5, S. 38).[153]

2.3.2 Änderungen der Durchführungsbestimmungen für Olympische Spiele

Zu diesen Bestimmungen zählen auch allgemeine Regeln, wie z. B. der Vierjahresrhythmus, der von den antiken Spielen übernommen wird und faktisch unveränderlich ist. Andere uns heute vertraute Regeln haben sich erst über die Jahre entwickelt. Das Zeitintervall der ersten Spiele wird zunächst gar nicht explizit festgelegt. In Athen dauern sie zehn Tage, bei den folgenden Spielen von 1900 bis 1928 vier Wochen bis mehrere Monate. Im Jahr 1930 wird schließlich ein Zeitraum von 16 Tagen festgelegt, der sich nach einigen kleineren Änderungen auch dauerhaft etabliert.[154] Der Austragungszeitraum hat wie die nachfolgenden Änderungen schwerwiegende wirtschaftliche Auswirkungen auf den Austragungsort. Die kompakte Durchführung ist zwar für die angereisten Zuschauer interessant, aber die Städte haben nun die Anforderung, für alle Teilnehmer, Betreuer und Zuschauer gleichzeitig eine Infrastruktur vorzuhalten, die häufig noch aufgebaut werden muß. Die Unterbringung der Athleten zu ermäßigten Preisen in einem Olympischen Dorf, nach 1924 ein Wunsch des IOC, wird 1949 zur Pflicht und ist für die Sportler eine kostengünstige Alternative zur teuren Unterbringung in Hotels.[155] In der Informationsschrift für Bewerber im Jahr 1954 wird dann zusätzlich noch der kostenfreie Transport der Wettkämpfer und Offiziellen vom IOC gefordert.[156] Mit dem Anwachsen der Teilnehmerzahlen steigen die Anforderungen für die Städte immens. Schließlich werden sie verpflichtet, die Kosten für Unterkunft und Verpflegung allein zu übernehmen.[157] Neben den wirtschaftlichen wachsen die organisatorischen Anforderungen an den Veranstalter. Da parallel die Anzahl der Sportarten und damit für die Städte die Verpflichtung zur

---

[153] Der Zeitraum entwickelt sich wie folgt: 1921: drei Jahre, 1958: vier Jahre, 1972: sechs Jahre und 1987: sieben Jahre. Vgl. C.I.O. (Hrsg.): Statuts - Règlements et protocole de la célébration des olympiades modernes et des Jeux olympiques quadriennaux - Adresses des membres, [Paris 1921], S. 8/ IOC (Hrsg.): The Olympic Games, Lausanne 1958, S. 31/ C.I.O., Rules 1972, S. 39/ LYBERG, 100 Years, S. 169.

[154] Einen kleinen Überblick über die Entwicklung: 1921: Drei - max. vier Wochen, 1930: 16 Tage, 1972: 15 Tage, 1991: 16 Tage. Vgl. C.I.O., Statuts 1921, S. 8/ C.I.O. (Hrsg.): Charte des Jeux olympiques - Statuts du Conseil International olympique - Règlements et protocole de la célébration des olympiades modernes et des Jeux olympiques quadriennaux - Règles générales applicables à la célébration des Jeux olympiques - Règlements des congrès olympiques, [o.O. 1930], S. 51/ C.I.O., Rules 1972, S. 39/ IOC (Hrsg.): Olympic Charter. In force as from 16th June 1991, [Lausanne] 1991, S. 37.

[155] Vgl. IOC (Hrsg.): Olympic Rules, Lausanne 1949, S. 24. Die Ausgabe von 1946 unterscheidet sich inhaltlich lt. LÄMMER/ VEDDER nur geringfügig von der vorgenannten Version, sie lag aber dem Verfasser als Quelle nicht vor. Eventuell ist diese Vorgabe also bereits in der Ausgabe der Olympischen Charta von 1946 enthalten. Vgl. LÄMMER, Charta, VI.

[156] Vgl. C.I.O., Conditions, S. 11.

[157] Vgl. IOC, Charta 1991, S. 42.

Bereitstellung der entsprechenden Sportstätten zunimmt, ist ein Ende dieser Entwicklung zwingend notwendig. Um diesem Fortgang Einhalt zu gebieten, beschließt das IOC auf der 97. Session in Birmingham 1991 dann für die Spiele in Barcelona eine Begrenzung auf 10.000 Teilnehmer und 5.000 Offizielle.[158] Diese Regelung bleibt auch für die kommenden Spiele bestehen. Eine solche Begrenzung der Spiele kommt aber für manche Städte zu spät. Die Veranstaltung hat eine Größe erreicht, die nur noch für eine Weltstadt zu handhaben ist. Damit hat sich das IOC das Potential der Bewerber selbst stark eingeschränkt.

2.3.3 Kritik und Reformbemühungen

Das unverhältnismäßig aufwendige Bewerbungsverhalten der Städte sowie die für viele unverständlichen Wahlentscheidungen des IOC rufen immer wieder teilweise auch heftige Vorwürfe hervor. Insbesondere beschweren sich manche der verschmähten Bewerber lautstark über unangemessen hohe Kosten der Bewerbung oder unseriöses Verhalten und Ansprüche der sie besuchenden IOC-Mitglieder. Nachdem Los Angeles eindrucksvoll belegt hat, daß mit den Spielen ein Gewinn möglich ist, bewerben sich viele Städte, die in einer Zeit der wirtschaftlichen Rezession durch die Spiele einen wirtschaftlichen Aufschwung erwarten. Der Widerspruch zwischen dem ökonomischen Zustand der Städte und aufwendigen Bewerbungen führt zu einer massiven Kritik in der Öffentlichkeit, und auch das IOC sieht sich heftigen Angriffen ausgesetzt.[159] Eine Reihe von IOC-Mitgliedern nutzen die Angebote der Städte exzessiv aus, und selbst dem IOC freundlich gesinnte Autoren wie MILLER betrachten das Verhalten der Mitglieder kritisch:

> *[...] the vast majority of both IOC members and of senior officials of bidding cities over the ten past years [1983-1992, d. Verf.] have conducted themselves honourably. Equally, I have not the slightest doubt that there are some who have sought improperly to exploit the situation to their own advantage.*[160]

---

[158] Vgl. LYBERG, 100 Years, S. 172.

[159] Vgl. LANDRY, IOC Vol. III, S. 83-86. Die sogenannten 'Investigativjournalisten' Vyv SIMSON und Andrew JENNINGS haben in diesem Zusammenhang seit 1992 mehrere Publikationen veröffentlicht, in denen sie auch die obskursten Verschwörungstheorien aufstellen. Die juristische aber auch wissenschaftliche Verwertbarkeit der Vorwürfe ist jedoch gering, da die Autoren zumeist die verwendeten Quellen nicht oder nur unvollständig angeben und damit die Vorgänge nicht nachvollziehbar sind. In Deutschland vertritt der Journalist Thomas KISTNER aktiv diese Form der 'Berichterstattung'. Vgl. JENNINGS, Geld/ JENNINGS, Andrew: Das Olympia Kartell. Die schäbige Wahrheit hinter den fünf Ringen, Hamburg 1996 sowie KISTNER, Thomas/ Jens WEINREICH: Muskelspiele. Ein Abgesang auf Olympia, Berlin 1996.

[160] MILLER, Revolution, S. 223.

Die Einführung der Vorschriften für Bewerber und IOC-Mitglieder[161] wird allseits als der richtige Ansatz anerkannt. In den folgenden Jahren und Bewerbungszyklen unternimmt das IOC jedoch wenig, um die Regeln auch durchzusetzen.[162] Die schwammig formulierten Vorgaben lassen zudem den Städten die Möglichkeit, über Umwege das etablierte Verhalten beizubehalten.[163] Die Kosten der Bewerbungen steigen deshalb weiter extrem an. Die erfolgreiche Bewerbung Sydneys hat nach dem Bericht der öffentlichen Prüfung 29,3 Millionen A\$ gekostet.[164] Diese Kosten erscheinen auch für viele andere Bewerbungen eine realistische Vergleichsgröße zu sein.[165] Es ist nur eine logische Folge, daß in Anbetracht dieses Aufwandes die Wahlentscheidung des IOC von allen Seiten besonders kritisch betrachtet wird. Es kommt hierbei immer wieder der Vorwurf auf, daß es keine Richtlinien als Grundlage für die Wahl gebe und somit das Abstimmungsergebnis von außen nicht nachvollziehbar sei.[166]

Forderungen nach Reformen

Die o.a. massive Kritik an den Bewerbern, dem IOC und den einzelnen Wahlentscheidungen führt zwingend auch zu Reformforderungen. Schon nach der Wahl Atlantas für die Spiele 1996 erklärt HILL: *„It is widely felt that the IOC's method of making a choice on which billions of dollars hang should in some way or another be made more rational and open.“*[167]

Innerhalb des IOC gibt es immer wieder Ansätze, die Spiele oder das Wahlverfahren neu zu ordnen. In den 70er Jahren sieht das IOC in der Größe der Spiele einen Grund, warum sich nur noch wenig Bewerber finden. KILLANIN setzt deshalb die Änderung durch, daß nicht nur Städte sondern auch Regionen Ausrichter werden können; darüber hinaus schlägt er vor, das Programm zu reduzieren, um die Anzahl potentieller Kandidaten zu

---

[161] Vgl. 'Vorgaben Bewerberverhalten' in Kap. 2.3.1.

[162] Vgl. MILLER, Revolution, S. 222.

[163] Vgl. SHERIDAN, Report, 13. Das Verhalten des NOK des Bewerberlandes ist zum Beispiel überhaupt nicht eingegrenzt, ferner steht es auch den IOC-Mitgliedern frei, eine Bewerbung in beliebiger Form zu unterstützen. Ebenso sind Aktivitäten, welche über die Verantwortlichkeit des Bewerbungskomitees hinaus von dritter Seite durchgeführt werden können, in den Vorschriften nicht berücksichtigt.

[164] Diese Summe setzt sich aus dem Gesamtbudget von 25,2 Millionen A\$ und einer zusätzlichen Sachleistung der Sponsoren von 4,1 Millionen A\$ zusammen. Vgl. SHERIDAN, Report, S. 26.

[165] Die Bewerbung Torontos hat lt. seinem Leiter nur 750.000 US\$ gekostet. Vgl. MILLER, Revolution, S. 222. Solche Zahlen müssen angesichts der belegten Kosten der vergleichbaren Bewerbung Sydneys in Zweifel gezogen werden. Hierbei muß beachtet werden, daß die tatsächlichen Kosten von den meisten Bewerbern aus Sorge vor öffentlicher Kritik nicht publiziert werden.

[166] Vgl. MILLER, Revolution, S. 223.

[167] HILL, Politics, S. 247.

erhöhen.[168] Dieser Vorschlag wird unter Präsident SAMARANCH nicht weiter verfolgt, da er über die Begrenzung der Teilnehmeranzahl die Größe der Spiele regulieren will.[169] Da das IOC aber gleichzeitig immer mehr Sportarten das Prädikat 'olympisch' verliehen hat, ist dieses Prinzip dauerhaft schwerlich einzuhalten, denn damit können damit die klassischen Sportarten immer weniger Teilnehmer stellen. Mit der Anzahl der Sportarten steigen aber auch die Anzahl der Sportstätten und damit die Kosten für die Austragungsorte. Der alte Vorschlag von Lord KILLANIN wird deshalb wieder im IOC diskutiert.[170]

Zur sinnvollen Veränderung des Wahlverfahrens gibt es verschiedene Ansätze innerhalb des IOC. Das kanadische Mitglied POUND schlägt vor, daß die Bewertungskommission die Anzahl der Bewerber auf drei reduzieren soll, bevor dann der Exekutivrat den Austragungsort bestimmt.[171] Ein anderes Mal fordert er, daß die Bewerber eine Vor-Vorauswahl durchlaufen sollten.[172] Der Exekutivrat setzt bereits im Winter 1991/ 1992 ein spezielles Komitee zur Änderung des Wahlverfahrens ein. Dem Vorschlag zur Reduktion auf zwei bis drei Kandidaten vor der letzten Abstimmung durch die Mitglieder und die Integration von NOK- und IF-Repräsentanten steht der Willen der IOC-Mitglieder zur Bewahrung ihrer angestammten Rechte der IOC-Mitglieder entgegen. Auf der Sitzung des Rates im Dezember 1991 kommt es schließlich zu keiner Einigung.[173] Auf der 99. Session des IOC in Barcelona 1992 gibt es wieder mehrere konkrete Vorschläge,[174] doch ein Jahr später wird das gewohnte Wahlverfahren letztendlich wieder bestätigt.[175] Auch Präsident SAMARANCH ist nach Abschluß der Wahlen zu den Sommerspielen 2004 mit dem Verfahren nicht unzufrieden: *„In general the process was much better than some years ago.“*[176] Erst im Rahmen der Aufarbeitung des Skandals um Salt Lake City werden ernsthafte Ansätze zur Änderung des Bewerbungsmodus gemacht und verschiedene Kommissionen eingesetzt. Insbesondere die 'IOC 2000 Commission' soll konkrete Vorschläge machen.[177]

---

[168] Vgl. LYBERG, 100 Years, S. 160. Die unüberhörbare Forderung der IOC-Mitglieder nach kompakten Spielen und einem einzigen gemeinsamen Olympisches Dorf hat diesen Beschluß überdauert und die Wahl einer Region bislang verhindert.

[169] Vgl. LANDRY, IOC Vol. III, S. 80f.

[170] Vgl. TRÖGER, Walther: Perspektiven der Olympischen Bewegung, Auszüge aus einem Vortrag anläßlich des 100jährigen Bestehens der Ruderriege Etuf Essen am 1. Mai 1999, [Essen 1999], (http://www.nok.de/ aktuell/010599.html, 12.05.99).

[171] Vgl. MILLER, Revolution, S. 234.

[172] Vgl. SCHMIDTKE, Dirk: „'Vier plus eins' als Formel für Olympia 2004“, in: NOK-Report 4 (April 1997): S. 5.

[173] Vgl. MILLER, Revolution, S. 219/ LYBERG, 100 Years, S. 92.

[174] Vgl. McGEOCH, Bid, S. 159.

[175] Vgl. LYBERG, 100 Years, S. 175.

[176] SAMARANCH zitiert nach: WARNER, Adrian: „Olympics - Samaranch urges Cape Town to bid for Games again“, in: Reuter (6.09.97).

[177] Vgl. IOC, Intermediary Report 2000, S. 4f.

Die Internationalen Sportverbände sind in ihren Bemühungen um Reformen sehr aktiv. Zum einen liegt dies darin begründet, daß sie zur Zeit nur indirekten Einfluß auf die Wahl nehmen können und dies gern auf ein direktes Wahlrecht ausdehnen würden. Zum anderen ist durch die Vorschläge, welche auf eine Verkleinerung der Spiele zielen, immer wieder die Teilnahme von Sportverbänden an zukünftigen Spielen gefährdet. Dieser Gefahr versuchen die IFs durch eigene Ansätze entgegenzutreten. Auf dem 10. Kongreß in Varna 1973 fordern sie das Wahlrecht für sich und geben verschiedene Empfehlungen, die eine Kostensenkung bezwecken sollen.[178] Acht Jahre später auf dem Folgekongreß in Baden-Baden werden diese Vorschläge im Grundsatz wiederholt.[179] Einen weiteren Vorstoß sollen führende Verbandspräsidenten im Rahmen der IOC-Session in Tokyo 1990 in einem Brief an SAMARANCH unternommen haben. SIMSON berichtet, daß sie darin das Stimmrecht für die Wahl der Austragungsorte sowie die Mitgliedschaft im IOC ex officio fordern.[180] Drei Jahre später ist das IOC immer noch zu keinem Entschluß gekommen; LYBERG faßt den aktuell gültigen Beschluß zusammen: *„The ISF* [IFs, d. Verf.] */ NOCs would be informed that efforts were still being made to find ways in which they could be involved in the voting on host cities."*[181]

Auch außerhalb der festen Organisationen der Olympischen Bewegung gibt es Forderungen nach Reformen. Von den aktiven Bewerberstädten fordert nach einem massiven Anstieg der Kosten allein Toronto vom IOC Änderungen:

> *[...] when a debriefing held in Lausanne among the candidates, Paul Henderson, the leader of Toronto's bid, suggested stringent new regulations to the executive board.*[182]

Aus dem Bedenken heraus, daß sie mit Kritik ihre Wahlchancen beeinträchtigen würden, äußern die meisten Bewerberstädte ihr Mißfallen jedoch erst nach der verlorenen Wahl.[183] Doch dann geht sie als beleidigte Reaktion eines verschmähten Kandidaten unter.

---

[178] Diese umfassen: Vergabe der Spiele an eine Region, Aufteilung in zeitliche Blöcke, regionale Ausscheidungskämpfe, höhere Qualifikationsnormen, Reduzierung der Wettbewerbe und Teilnehmer, Streichung bestimmter Sportarten und Teilnehmerhöchstzahlen pro Sportart. Vgl. MÜLLER, Paris, S. 131f.

[179] Die Aufteilung in zeitliche Blöcke und die höheren Qualifikationsnormen werden nicht mehr erwähnt. Dafür wird die Zulassung neuer Sportarten gefordert. Vgl. MÜLLER, Paris, S. 162.

[180] Vgl. JENNINGS, Geld, S. 336.

[181] LYBERG, 100 Years, S. 175.

[182] MILLER, Revolution, S. 221. Vgl. auch Kap. 2.3.1.

[183] Auch Stockholm macht im Dezember 1997 einige Vorschläge um das Bewerbungsverfahren zu vereinfachen und kostengünstiger zu gestalten. Vgl. [o. Verf.]: „Simplify Olympics bidding process, says Swedish official", in: Reuters (19.12.97): (http://www.nando.net/.../ oly38032.html, 23.12.97).

Es verlangen auch viele Autoren dringend eine Reform des Wahlverfahrens. HILL fordert zum Beispiel die Einführung klarer rationaler Kriterien und Offenheit bei der Wahl. Damit soll taktisches Wählen und Korruption verhindert werden.[184] Diese Forderung vertreten auch technisch starke Bewerber.[185] Sie könnten bei der Einführung solcher Kriterien schon fast ihre Wahl verlangen. Schon das System der Vorauswahl betont extrem die technische Qualität der Bewerber. Bei einer weiteren Betonung der technischen Seite der Bewerbung besteht dann nahezu keine Chance mehr für Bewerber aus der Dritten Welt oder ambitionierte Städte, die aber noch nicht über alle Sportstätten verfügen.[186] Auch ist Offenheit bei der Wahl bekanntermaßen keine Möglichkeit, gegen Korruption vorzugehen. Es wird sogar das Gegenteil erreicht, da der Bestechende nun die Stimmabgabe sogar noch kontrollieren kann. Ein sinnvoller Ansatz könnte die Einrichtung eines Solidaritätsfonds für Städte der Dritten Welt sein, um auch dort die Austragung Olympischer Spiele zu ermöglichen. Doch dieser Plan muß ebenfalls scheitern. Wer sollte in diesen Fond einzahlen und welche Stadt der Dritten Welt sollte der große Nutznießer sein? Es gibt weitere interessante Vorschläge, deren Diskussion aber den Rahmen dieser Arbeit sprengen würden.

2.4 Einrichtung der Vorauswahl-Kommission

Bis zu den Wahlen um die Sommerspiele 1996 werden zur Begutachtung der Bewerberstädte drei unterschiedliche Kommissionen eingesetzt. Das IOC, die IFs und die NOKs mustern die Kandidaten unabhängig voneinander in getrennten Ausschüssen. Diese haben traditionsgemäß dem Exekutivrat des IOC und der IOC-Vollversammlung zu berichten.[187] Grund für die Einsetzung der Kommissionen ist, daß die jeweiligen Organisationen unterschiedliche Anforderungen und Erwartungen an die Städte stellen und unter diesen Aspekten eine sorgfältige Sichtung der Bewerbungsunterlagen vornehmen wollen. Darüber hinaus ist die Prüfung der Dokumente nötig geworden, weil *„nach den Erkenntnissen von Richard POUND, einem führenden Mitglied im*

---

[184] Vgl. HILL, Politics, S. 252.

[185] Vgl. o. Verf., Simplify Olympics, (19.12.97).

[186] In diesem Sinn kritisiert auch schon 1995 der damalige IOC-Vizepräsident Vitali SMIRNOW die Vorauswahl: „Dieses System [die Vorauswahl, d. Verf.] benachteiligt Bewerber, die nicht schon über olympiataugliche Anlagen verfügen". Zitiert nach: FISCHER, Christoph: „Vorauswahl auch für Olympia 2004? Vizepräsident Smirnow sieht Benachteiligung/ 2004 zwölf Bewerbungen", in: sid (24.01.95).

[187] Vgl. LANDRY, IOC Vol. III, S. 86.

Internationalen Olympischen Komitee aus Kanada, [...] nirgends so viel gelogen [wird] wie bei Bewerbungen um Olympische Spiele."[188]

Die Ergebnisse der Kommission werden jeweils in einem eigenen Report zusammengefaßt. Anhand des Berichts der IOC-Prüfungskommission vom Juni 1986 über die Bewerber um die Sommerspiele 1992 zeigt sich augenfällig, daß dieser Ausschuß die Städte nur im Hinblick auf die IOC-spezifischen Kriterien prüft. SAMARANCH mahnt in dem Anschreiben zu diesem streng vertraulichen Dokument seine Kollegen noch einmal, insbesondere diese Punkte zu beachten:

> *I would stress that the IOC study should not be a duplicate of those points examined by the IFs and NOCs. Whilst giving a general and overall outlook of all the problems and possibilities, you should concentrate your attention more particularly on the points which will not and cannot be covered by the IFs and NOCs.*[189]

Daraus folgt, daß dieser Bericht im wesentlichen die Antworten der Städte zu den übergeordneten Interessen des IOC enthalten wird, welche auch ganz besonders das Abstimmungsverhalten der Mitglieder beeinflussen werden.[190] Der Präsident der zehnköpfigen Kommission Gunnar ERICSSON lenkt in seinem dem Bericht beigefügten Anschreiben das Augenmerk der Mitglieder vornehmlich auf folgende Punkte jedes Bewerberlandes:

> *[...] I would ask you to bear in mind the situation in each country: its economic and political stability, for example, and its national security.*
>
> *..*
>
> *Finally, I would draw your attention to the last part of the report on each city where we asked the latter why they wish to host the Games and why they think they are most qualified to do so.*[191]

Leider sind die dem Anschreiben folgenden Fragen und Antworten nicht in Tabellenform aufbereitet, sondern alphabetisch nach Städtenamen sortiert. Insgesamt ist der ganze Bericht dadurch recht unsystematisch, und eine Vergleichbarkeit der stadtspezifischen Daten ist in der aufbereiteten Form

---

[188] [o. Verf.]: „Auf Inspektion für das IOC: Thomas Bach beurteilt die Kandidaten für 2004. Olympische Reise um die Welt in 52 Tagen", in: FAZ (13.09.96).

[189] Anschreiben von SAMARANCH vom 17. Juni 1986 an die IOC-Mitglieder in: [IOC (Hrsg.)]: Rapport. Commission d'étude et d'évaluation pour la préparation des Jeux de la XXVe Olympiade - 1992, [Lausanne 1986].

[190] Nichtsdestotrotz enthält die zehnköpfige Kommission des IOC zwei Mitglieder, die nicht dem IOC angehören (Walther TRÖGER und Howard STUPP). Es ist anzunehmen, daß die beiden stellvertretend für die NOKs und IFs in dem Ausschuß gewesen sind.

[191] Anschreiben Gunnar ERICSSONs vom 12. Juni 1986 an die IOC-Mitglieder in: IOC, Rapport 1992.

nahezu unmöglich. Die Antworten werden zudem von der Kommission nicht bewertet, um die IOC-Mitgliedern nicht in ihrem Urteil zu beeinflussen.

Als Ergebnis der Beratungen mit ehemaligen Bewerberstädten um die Spiele 1996 faßt das IOC im September 1990 zur Verbesserung des Wahlverfahrens die getrennten Ausschüsse des IOC, der IFs und der NOKs zu der ersten 'Drei-Mächte-Kommission' für die Winterspiele 1998 zusammen. Toronto hat bei diesen Gesprächen sogar vorgeschlagen, daß durch diese Kommission nach einer ersten sechsmonatigen Bewerbungsphase die Zahl der Kandidaten auf vier reduziert werden solle. Dieser Vorschlag wird aber zunächst nicht angenommen.[192]

Für die Bewerbung um die Spiele 2000 wird dieser Ausschuß wieder eingerichtet. Ihm gehören jeweils drei Mitglieder der drei Organisationen sowie ein Vertreter der Athletenkommission an. Der Präsident wird wieder vom IOC gestellt. Die Kommission nimmt nun ihre Aufgabe ernster. In kurzer Abfolge besucht sie die sechs Bewerber, erstellt im Anschluß pro Stadt einen individuellen Bericht und führt alle technischen Daten der Städte in Tabellenform nebeneinander auf. Zum ersten Mal werden die Angaben der Bewerber vergleichbar. Das Gremium trägt zwar den Namen 'enquiry-commission', es darf aber nicht nur Erkundigungen einholen, sondern auch Bewertungen abgeben. Im Falle des Bewerbers Brasilia nimmt es dieses Recht auch deutlich wahr: *„The Commission felt that standards in general were currently below what is expected of an Olympic Bid."*[193]

Bei dem nächsten Bewerbungszyklus um die Winterspiele 2002 wird schließlich der o.a. Vorschlag Torontos umgesetzt. Auf der 102. Session des IOC in Lillehammer wird nun neben dem bisherigen Ausschuß ein Wahlkollegium eingesetzt, daß die Anzahl der Kandidaten auf vier reduzieren soll.[194] Die Kompetenz des Prüfungsausschusses wird durch die Umbenennung in 'Evaluation Commission' äußerlich noch einmal aufgewertet. Zum Präsidenten dieses Gremiums bestellt SAMARANCH das deutsche IOC-Mitglied Thomas BACH. Unter seiner Leitung erstellt die Kommission einen Bericht, der eine Entscheidungsgrundlage des Wahlkollegiums zur Bestimmung der vier Finalteilnehmer wird. Volker KLUGE faßt im Februar 1995 die allgemeine Stimmung zusammen:

---

[192] Vgl. LANDRY, IOC Vol. III, S. 86/ Chapter V, Bye-Law to Rule 37, in: IOC, Charter 1991, S. 39.

[193] IOC (Hrsg.): Report IOC Inquiry Commission for the Games of the XXVII Olympiad 2000, [Lausanne 1993], S. 49.

[194] Vgl. FISCHER, Christoph: „Olympische Attraktivität ungebrochen. Geschlagene vor neuem Versuch. '2002 hervorragende Bedingungen'/ Sommer-Bewerber stehen Schlange", in: sid (25.01.95).

Für seine Vorarbeit erntete die von Dr. Thomas Bach geleitete IOC Evaluation Commission viel Anerkennung.

Zur Reduktion der Bewerber durch die Vorauswahl führt er weiter aus:
Eigentlich ist nur zu wünschen, daß dieses von Samaranch als 'Experiment' bezeichnete Verfahren auch bei der Wahl der Stadt für die Spiele der XXVIII. Olympiade, die für die 106. Session 1997 in Lausanne ansteht, angewendet wird.[195]

Aufgrund der überaus positiven Resonanz beläßt es das IOC tatsächlich für die folgende Bewerbung um die Spiele 2004 bei dem eingeführten Verfahren. Allein die Zahl der Finalteilnehmer wird auf maximal fünf heraufgesetzt (vgl. Kap. 3.4). Wiederum übernimmt BACH die Leitung der Kommission.

Die qualitative Verbesserung der Untersuchungskommissionen und die Einführung der Vorauswahl haben dazu geführt, daß die Qualität der Bewerbung mehr und mehr an Gewicht bei der Wahl gewinnt. Zumindest im Rahmen der Vorauswahl werden die technischen Aspekte der Bewerbung nun stark betont. Dafür spricht auch, daß in dem 351-seitigem Bericht für die Bewerbung um die Sommerspiele 2004 das Urteil der Kommission nicht einmal zehn Prozent des gesamten Umfanges ausmacht. Deutlich stehen die technischen Daten der Bewerber in dieser Ausarbeitung im Vordergrund. Die Bewerber reagieren sofort darauf und betonen nun mehr und mehr die technischen Qualitäten ihrer Bewerbung.

Vergleich der Berichte	1992	2000	2004
Mitgliederanzahl Kommission	10	10	ca. 15
Zeitplan	5 Monate/ 8 Städte	2 Monate/ 6 Städte	2 Monate/ 11 Städte
Vergleichstabellen	nein	ja	ja
Individueller Bericht/ Stadt	6 Seiten	4-5 Seiten	3 Seiten
Eigene Fragen	ja	nein	nein
Seitenanzahl	47	67	351
Ausgabekreis	IOC	IOC, IFs, NOKs	freie Ver- öffentlichung

Tab. 3: Vergleich der Berichte 1992, 2000, 2004[196]

---

[195] KLUGE, Volker: „Favoritensiege bei der Vorauswahl für die Winterspiele 2002", in: NOK-Report 2 (Februar 1995): S. 2.

[196] Vgl. IOC, Rapport 1992/ IOC (Hrsg.): Report IOC Inquiry Commission for the Games of the XXVII Olympiad 2000, [Lausanne 1993]/ IOC (Hrsg.): Report of the IOC Evaluation Commission for the Games of the XXVIII Olympiad in 2004, Lausanne 1997.

2.5   Zielsetzungen im Wandel

Es ist offensichtlich, daß sich die modernen Olympischen Spiele im Laufe der ersten hundert Jahre ihres Bestehens enorm verändern. Dies betrifft nicht nur ihre äußere Form, auch die Zielsetzung der Organisatoren und beteiligten Gruppen unterliegt einem ständigen Wandel. Dabei ist schon bei den ersten Spielen festzustellen, daß die Motivation des Initiators COUBERTIN und die der austragenden Stadt zu einem großen Teil different ist. Für COUBERTIN bieten die Spiele die Plattform, um dem Sport ein internationales Ansehen zu geben und damit indirekt seinen Platz im französischen Erziehungssystem zu stärken (vgl. Kap. 2). Die griechischen Gastgeber erwarten von der Wiedereinsetzung 'ihrer' Olympischen Spiele einen sozialpolitischen Effekt. Das Land hat neben kriegerischen Auseinandersetzungen auch große wirtschaftliche Probleme. Mit den traditionsreichen Spielen sollen im Rückgriff auf die ruhmreiche Vergangenheit der Bevölkerung die Zukunftsängste genommen werden.

COUBERTIN entwickelt seine Ziele in kürzester Zeit weiter. Seine nationale pädagogische Zielsetzung wird zu einer internationalen, und zudem tritt der Gedanke der Völkerverständigung in den Vordergrund. Er respektiert aber die Eigenständigkeit der Städte und betont deshalb, daß es nicht die Aufgabe des IOC sei, *„sich in die Einzelheiten der Organisation einzumischen, bei der das zuständige Land natürlicherweise seine Handlungsfreiheit behalten möchte.“*[197] Die Unterschiedlichkeit der Ziele zwischen dem IOC und den Austragungsorten bzw. den Bewerbern liegt auch heute noch vor. Der Einfluß des IOC auf die Durchführung der Spiele nimmt mit der Zahl der Bewerber zu oder ab. Je mehr Städte um die Austragung der Spiele konkurrieren, desto stärker werden sie bei der Konzeption der Spiele den Wunsch ihres möglichen Auftraggebers berücksichtigen. Grundsätzlich sind die Zielsetzungen bei den einzelnen Organisationen oder Gruppen, die an einer Austragung der Spiele interessiert sind, aber fundamental verschieden.

Neben dem IOC und Stadt gibt es noch weitere Gruppen, die ein eigenes Interesse an der Austragung der Spiele haben. Es ist die Gruppe der Sponsoren, die über die Spiele eine Aufwertung ihres Unternehmens erwarten, es sind die Medien, welche durch die Übertragung der Spiele über die Erhöhung der Einschaltquoten höhere Werbeeinnahmen erwarten, weiter sind es die Unternehmen der Bewerberstadt, die eine Umsatzerhöhung durch die Spiele erhoffen. Nach der Vergabe der Spiele kommt als weitere Gruppe das

Organisationskomitee hinzu.[198] Diese Organisation ist neben den Vertretern der Stadt, des NOK, der Sponsoren und weiteren Personen auch mit den IOC-Mitgliedern des Landes besetzt.[199] Die bekannten Konfrontationen innerhalb dieses Komitees belegen die unterschiedlichen Interessen der einzelnen Gruppen.

Im Rahmen der Bewerbung stehen hauptsächlich die Ziele und die Ausrichtung des IOC und der Stadt im Vordergrund. Der Antrieb und die Einflußnahme der anderen o.a. beteiligten Gruppen sind im wesentlichen durch ihr wirtschaftliches Interesse begründet (vgl. Kap. 2.6.1).

Motivation und Ziele der Bewerber

Die Beweggründe der Bewerber sind in der Regel sehr vielschichtig. Dies ist allein schon dadurch bedingt, daß die Anzahl der Einflußfaktoren innerhalb eines Bewerbungskomitees sehr hoch ist. Die Zusammensetzung des Ausschusses bestimmt die Ausrichtung der Bewerbung. Im folgenden soll ein kurzer Überblick über die unterschiedlichen Ziele im allgemeinen gegeben werden. In Kapitel 5 dieser Arbeit werden die Bewerber um die Spiele 2004 kurz analysiert. Dort wird für die einzelnen Städte auch eine Zuweisung ihrer spezifischen, wichtigen Ziele vorgenommen.

Eine erste Motivation für eine Bewerbung ist die positive Konnotation, die Olympischen Spiele weltweit haben.[200] Dazu haben manche besonders erfolgreichen Olympische Spiele beigetragen, die ihren Ruf noch Jahrzehnte nach ihrer Austragung behalten haben. Hierzu zählen in letzter Zeit ganz besonders die Sommerspiele von Barcelona 1992 und die Winterspiele von Lillehammer 1994. Eine weitere Motivation können die Städte aus den notwendigen Machbarkeitsstudien,[201] sowie den vielen vorliegenden Analysen über die ökonomischen Auswirkungen Olympischer Spiele ziehen.[202] Die

---

[197] COUBERTIN, Sportkampagne, S. 119.

[198] Vgl. PREUSS, Implikationen, S. 1.

[199] Vgl. Chapter V, Rule 39 'Organizing Committee', in: IOC, Charter 1996, S. 51.

[200] Vgl. LANDRY, IOC Vol. III, S. 199-204 ('7.5. Olympic marketing and public opinion')

[201] Beispielhaft soll hier auf einige interessante Machbarkeitsstudien verwiesen werden: NATIONAL INSTITUTE OF ECONOMIC AND INDUSTRIAL RESEARCH: The Melbourne 1996 Olympics. An Economic Evaluation. 2 Vol., [o.O.] 1990/ SENAT VON BERLIN (Hrsg.): Olympische Spiele Berlin 2004. Machbarkeitsstudie der Projektgruppe, 2 Bde., Berlin 1990/ MAENNIG, Wolfgang: Kosten und Erlöse Olympischer Spiele in Berlin 2000., Berlin 1992/ STEINER, Michael/ Erich THÖNI: Sport und Ökonomie. Eine Untersuchung am Beispiel der Bewerbung „Olympische Winterspiele Graz 2002", Graz 1995.

[202] Insbesondere die Dissertation von Holger PREUSS ist in diesem Zusammenhang zu erwähnen. PREUSS analysiert umfassend die Olympischen Spiele von 1972 bis 1996 und stellt die ökonomischen Auswirkungen vergleichend nebeneinander. Dabei löst er überzeugend das Problem der Vergleichbarkeit vorliegender Daten. Eine weitere aufschlußreiche Arbeit liegt von Ferrán BRUNET vor. Er durchleuchtet intensiv den Einfluß der Olympischen Spiele 1992 auf die Stadt Barcelona und zeigt präzis einzelne Auswirkungen auf. Vgl. PREUSS, Implikationen/ BRUNET, Ferrán: Economy of the 1992 Barcelona Olympic Games, Lausanne 1993.

daraus zu entnehmenden Ergebnisse zeigen den Städten in aller Regel sehr positive Auswirkungen der geplanten Spiele.

<table>
<tr><td colspan="4">Ziele der Bewerber um Olympische Spiele

Verbesserungen in folgenden Bereichen</td></tr>
<tr><td>wirtschaftlich</td><td>politisch</td><td>ideell</td><td>Stadtentwicklung</td></tr>
<tr>
<td>• Wohnungsbau
• Tourismus
• Arbeitsplätze
• Gewinn
• Einkommen
• Bruttosozial-
  produkt
• Innovationen
• Expansion
  Medienmarkt
• künftige Groß-
  veranstaltungen
• Begründung Ruf
  Sportveranstalter</td>
<td>• Prestige
• innenpolitische
  Integration/
  Stabilität
• außenpolitische
  Anerkennung
• Demonstration
  Überlegenheit</td>
<td>• Förderung des
  Olympismus
• Stärkung des
  Sports
• Völkerver-
  ständigung</td>
<td>• Stadtplanung
• Image
• Infrastruktur
  Verkehr/ Sport
• Lebensqualität
• Beseitigung
  Umweltschäden</td>
</tr>
</table>

Tab. 4: Ziele der Bewerber um Olympische Spiele[203]

Übergeordnet muß bei allen Zielsetzungen der Städte zwischen zwei unterschiedlichen Ansätzen unterschieden werden. Der erste Ansatz ist, daß primär die Austragung der Olympischen Spiele im Mittelpunkt steht. Die mit den Spielen verbundenen Vorteile (vgl. Tab. 4, S. 50) lassen es lohnenswert erscheinen, das unternehmerische Risiko einzugehen. Der zweite Ansatz stellt nicht die Spiele in den Mittelpunkt, sondern das gewünschte Ergebnis. Hierbei werden die Olympischen Spiele nur als Hilfsmittel zur Umsetzung der eigenen Zielvorstellung genutzt. Bei einer geeigneten Alternative mit den erwünschten Begleiteffekten würde auch eine andere Großveranstaltung durchgeführt. Besonders deutlich und offen wird dies in der Untersuchung über die Auswirkungen Olympischer Winterspiele in Graz 2002 erklärt. Die Spiele sollen als Medium die Leitbilder Steiermarks, wie z.B. 'Thermenregion', 'Weinland' oder 'österreichische Autohauptstadt' der Weltöffentlichkeit präsentieren: *„Mittels Olympischer Winterspiele lassen sich solche Leitbilder besser hervorheben und verstärken."*[204] Die Spiele sind deshalb

> *zu einem wichtigen, wenn nicht dem wichtigsten Transporteur verschiedener Werbebotschaften nach 'außen' zur Selbstdarstellung,*

---

[203] Vgl. PREUSS, Implikationen, S. 40-132.

[204] Vgl. STEINER, Graz 2002, V.

50

nach 'innen' zur Impulsgebung, für die wirtschaftliche und gesellschaftliche Entwicklung geworden.[205]

Je nach Bewerber haben die wirtschaftlichen, politischen, ideellen oder Stadtentwicklungsziele einen besonderen Schwerpunkt. Die wirtschaftlichen Erwartungen haben sich seit den Spielen von Los Angeles massiv verändert. Während die vorherigen Spiele zwar alle einen operativen Gewinn ausweisen können, weist das jeweilige Gesamtbudget doch ein kräftiges Minus aus.[206] Die Investitionsgröße für olympiafremde Maßnahmen ist aber laut BRUNET der entscheidende Faktor für einen dauerhaften positiven Einfluß auf die wirtschaftliche Entwicklung der Stadt. Es gilt darüber hinaus, bleibende Werte zu schaffen und die Beteiligung der Privatinvestoren zu erhöhen.[207] Bis 1984 wird der Verlust der Spiele in der Regel durch die Stadt, die Region oder den Staat subventioniert. Dies bedeutet, daß der Großteil der durchgeführten Investitionen inländisch ist und die Stadt auf wenig zusätzliche Impulse setzen kann. Mit Hilfe der neu generierten Einnahmen für Fernsehrechte und Marketing können die Spiele neben den operativen Ausgaben sogar noch einen Großteil der olympiafremden Investitionen abdecken und werden nun 'selbstfinanzierend' genannt.

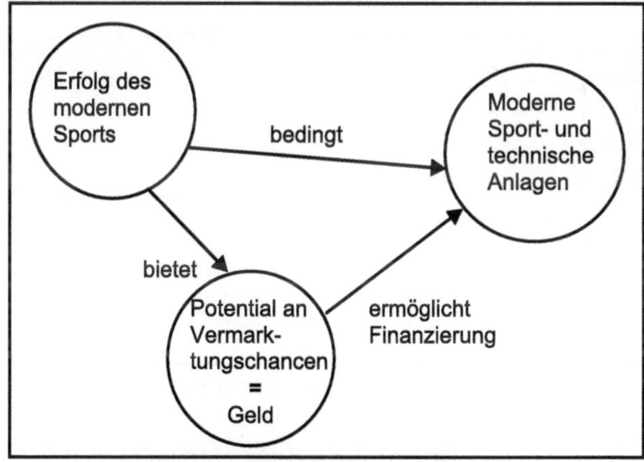

Abb. 6: Selbstfinanzierung Olympischer Spiele[208]

---

[205] Ebenda, S. 15.
[206] Vgl. ebenda, S. 308f.
[207] Vgl. BRUNET, Economy 1992, S. 69.
[208] Eigene Darstellung. Vgl. LANDRY, IOC Vol. III, S. 166.

Die neuen Einnahmen sind aber Gelder, die nun von außen zusätzlich in die Stadt fließen und bei sinnvoller Verwendung einen erheblichen Gewinn garantieren.[209] Über die Investitionen wird die Masse der positiven wirtschaftlichen Effekte der Spiele initiiert. *„Großveranstaltungen lösen vielfach einen Innovations- und Qualifizierungsimpuls aus."*[210] Dies bedeutet, daß alte Anlagen oder Techniken den Anforderungen für die Durchführung der Spiele nicht genügen und durch aktuelle Systeme ersetzt werden müssen. Dabei wird neben neuester Technik auch gleichzeitig das entsprechende Bedienungs- und Verwendungswissen in der Stadt für zukünftige Nutzung geschaffen. Dies gilt im Medien- oder Tourismusbereich genauso wie in anderen Sektionen. Die qualitativ und quantitativ erhöhten Bedürfnisse in diesen beiden Bereichen aber auch bzw. insbesondere in der Bauwirtschaft bewirken einen steigenden Bedarf an Arbeitskräften. Das durchschnittliche Einkommen steigt mit den qualitativen Anforderungen, und die Investitionen und zusätzlichen Arbeitsplätze bewirken einen entsprechenden Anstieg des Bruttosozialproduktes. Durch die Baumaßnahmen zur Unterbringung der Sportler, Funktionäre und Medienvertreter müssen eine Vielzahl neuer Wohnungen errichtet werden, die eine Chance für den Wohnungsbau der Stadt sein können.

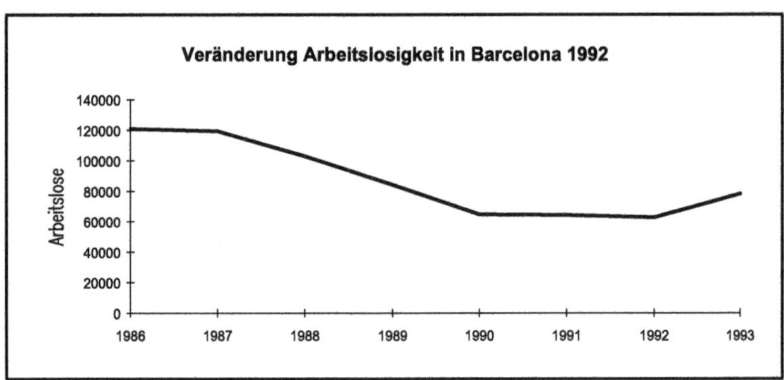

Abb. 7: Änderungen der absoluten Arbeitslosenzahlen in Barcelona 1992[211]

Mit der Durchführung der Olympischen Spiele qualifiziert sich die Stadt nicht nur für weitere Sportfeiern, sondern auch für Großveranstaltungen jeder Art. Damit sind auch in den folgenden Jahren für die Wirtschaft weitere positive

---

[209] In Atlanta werden mit Hilfe der Einnahmen aus Fernseh- und Marketingrechten erhebliche Investitionen gemacht, die im Anschluß an die Spiele der Stadt Atlanta vom OK geschenkt wurden. Darunter auch das neu erbaute Olympiastadion.

[210] STEINER, Graz 2002, S. 136.

[211] Eigene Darstellung: Datenquelle: BRUNET, Barcelona 1992, S. 96.

Impulse möglich bzw. fast schon garantiert. Die aufgeführten wirtschaftlichen Vorteile kommen dabei zu einem Großteil der Stadt oder der Region zugute. Doch selbst bei kleineren Ländern wie Österreich ist die Wirkung der Winterspiele auf die gesamtwirtschaftliche Entwicklung eher unbedeutend.[212]

Weitere stadtbezogene Ziele sind unter der Kategorie 'Stadtentwicklung' zu finden. Grundlage für eine Bewerbung ist eine differenzierte Konzeption zur zukünftigen Entwicklung der Stadt, welche den Stadtplanern eine sonst seltene Gelegenheit zur langfristigen Planung bietet und auch bei einer gescheiterten Bewerbung als positives Vermächtnis bleibt.[213] Im Falle einer erfolgreichen Bewerbung muß die Stadt sich den Anforderungen der Spiele anpassen. Es sind in der Regel erhebliche Investitionen notwendig, die insbesondere den Verkehr, die Unterbringung, Sportstätten und die Telekommunikation betreffen. Viele Städte nutzen dies, um im Rahmen dieser Investitionen 'Altlasten' der Stadt zu entsorgen. Barcelona integrierte den heruntergekommenen Hafen wieder in die Stadt; Sydney wandelt die ehemalige Müllhalde in den Olympiapark um und beseitigt damit auch vorhandene Umweltschäden. In den Jahren vor und während der Spiele wird ein aufwendiges Kulturprogramm durchgeführt, um alle Kreise der Stadt auf das kommende Ereignis einzustimmen. Insgesamt sind alle stadtbezogenen Ansätze darauf ausgerichtet, die Lebensqualität der Bürger zu verbessern.

Einen übergeordneten Charakter haben die ideellen und politischen Ziele. Das ideelle Streben nach Stärkung des Olympischen Gedankens oder der allgemeinen Stellung des Sports in der Gesellschaft sowie die internationale Völkerverständigung sind hehre Absichten. Profaner ist hingegen das Sinnen nach politischem Prestige, innenpolitischer Integration oder Stabilität, außenpoltischer Anerkennung oder Demonstration der Leistungsfähigkeit des eigenen politischen Systems.[214] Bedauerlicherweise sind es aber gerade die letztgenannten Ziele, die immer wieder nicht nur Motivation für eine Bewerbung, sondern auch Leitmotiv für die Feier der Spiele sind.

---

[212] Vgl. ebenda, S. 67.

[213] HILL verweist in diesem Zusammenhang auf das Beispiel Manchesters. „The bid has given impetus of modernization and improvement which were necessary if Manchester was ever to be transformed from a run down post-industrial city [...]". HILL. Politics, S. 116.

[214] Für alle genannten Punkte des politischen Bereichs gibt es plastische Beispiele in der olympischen Geschichte. Insbesondere die Städte Berlin, Mexiko City, Montreal, Seoul und Moskau sind gute Belege für die politische Motivation der Veranstalter.

Ziele des IOC

Oberstes Ziel des IOC ist seit der Gründung der Erfolg des Olympismus, auch wenn er in den ersten Tagen dieser Bewegung noch nicht als solcher benannt wird.[215] Die wesentlichen Grundgedanken des Olympismus faßt COUBERTIN 1936 in seinen 'philosophischen Grundlagen des modernen Olympismus' zusammen. Die Spiele sollen eine Motivation zum allgemeinen Sporttreiben sein und ein soziales Verhalten im Sinne der Ritterlichkeit fördern. Die Achtung der anderen Sportler, das Verständnis für andere Völker *„ist die wahrhafte Grundlage für wahrhaftigen Frieden".*[216] Jeder Sportler tritt zu Ehren und als Vertreter seines Heimatlandes auf und trägt damit zur Völkerverständigung bei. In diesem Sinne ist der Friedensgedanke im Olympismus als Basiselement enthalten. Darüber hinaus sollen die Spiele durch Beteiligung der Kunst den Körperkult ergänzen und den Grundgedanken der wechselseitigen Abhängigkeit von Körper und Geist belegen.[217]

Diese Philosophie hat bis heute Bestand, auch wenn sich die Schwerpunkte geändert haben. Das Prinzip der Völkerverständigung und der Friedensgedanke treten aktuell mehr in den Vordergrund und verdrängen den pädagogischen Ansatz der Spiele.[218] Das IOC hat nur alle vier Jahre Gelegenheit, über die Olympischen Spiele seine Philosophie der Weltöffentlichkeit zu präsentieren. Die ausgewählte Stadt gibt der Feier den Rahmen und ist damit der Träger der olympischen Botschaft. Das IOC muß daher danach streben, die Konzeption der Spiele so stark wie nur möglich in seinem Sinne zu beeinflussen. Die Bereitschaft der Städte, ihre Planungen an den Zielen des IOC auszurichten, wird zu einem großen Teil durch die Anzahl und die damit verbundene Konkurrenz der Bewerber und den zu erwartenden wirtschaftlichen Gewinn bestimmt.[219] Das IOC ist deshalb grundsätzlich an einer Höchstzahl von Bewerbern interessiert, um den Konkurrenzdruck zu erhöhen. Die Anzahl der Bewerber um die Spiele ist aber vom subjektiven Erfolg der letzten Austragungsorte abhängig. Dieser liegt vor, wenn die Spiele die kalkulierten und gewünschten meßbaren Ergebnisse sowie ein insgesamt positives Resümee für die Städte aufweisen. Ein allgemeiner Mißerfolg oder eine Negativbilanz der Stadt, der Medien oder der wichtigen Geldgeber der

---

[215] „The role of the IOC is to lead the promotion of Olympism in accordance to the Olympic Charter." Chapter I, Rule 2, in: IOC, Charter 1996, S. 10.

[216] COUBERTIN, Gedanke, S. 154.

[217] Vgl. ebenda, S. 150-154 und siehe auch die aktuellen 'Fundamental Principles' des IOC in: IOC, Charter 1996, S. 8f..

[218] Vgl. Chapter I, Rule 2, § 1-15, in: IOC, Charter 1996, S. 10f.

[219] PREUSS verwendet in diesem Zusammenhang den Begriff der rationalen Herrschaft des IOC. Das IOC besitzt diese Herrschaft durch sein Recht auf Verteilung der Spiele und des damit verbundenen Geldes. Vgl. PREUSS; Implikationen, S. 315.

Spiele würde die folgenden potentiellen Bewerber zumindest stark verunsichern. Ziel des IOC muß es deshalb auch sein, daß die Austragungsorte und beteiligten Gruppen ihre mit den Spielen verbundenen Ziele erfüllt sehen, um eine rundum positive Bilanz ziehen zu können. Eine weitere Motivation für die Wahl eines Bewerbers ist das potentielle Vermächtnis, daß diese Stadt durch die Olympischen Spiele erhalten kann. Dieses kann, wie im Fall von Atlanta, eine Vielzahl von Sportstätten sein. In diesem Sinn ist aber auch die Wahl Seouls für 1988 zu begreifen, die neben anderen Gründen dem IOC auch die Möglichkeit gegeben hat, über den Sport hinaus für Demokratie und Völkerverständigung in Korea einen offensichtlichen Beitrag zu leisten.

Die Vermarktung der Spiele und die damit verbundenen Einnahmen ermöglichen dem IOC, seine institutionale Struktur aufrechtzuerhalten. Gleichzeitig verschaffen sie der Olympischen Bewegung, dem IOC, den IFs und den NOKs die wirtschaftliche Unabhängigkeit und damit die Möglichkeit, sich ohne politische Einflußnahmen der Förderung des Olympismus zu widmen.[220]

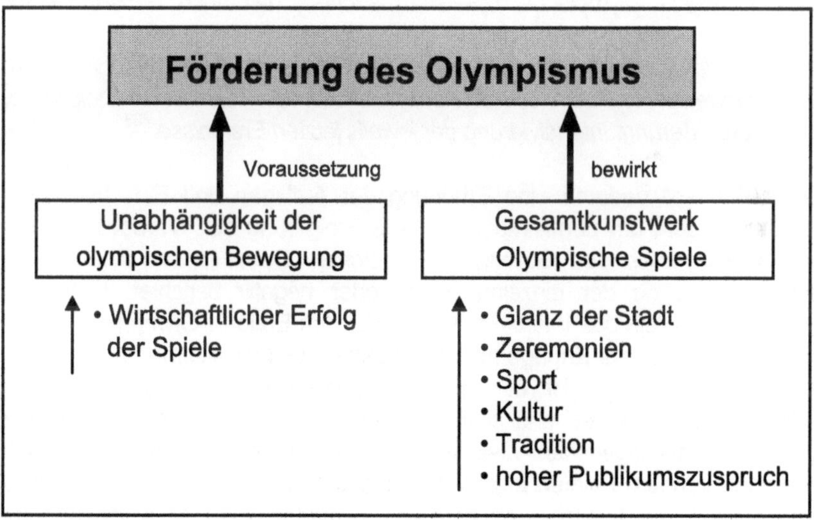

Abb. 8: Aufgabe des Olympismus[221]

---

[220] Vgl. TRÖGER, Walther: „Chancen und Gefahren der Olympischen Spiele aus der Sicht des IOC", in: Helmut DIGEL (Hrsg.): Olympische Spiele in Atlanta - Quo vadis Olympia?, Darmstadt 1996, S. 23f. TRÖGER bezieht sich in diesem Text nur auf die Unabhängigkeit der NOKs.

[221] Eigene Darstellung.

Zusammenfassend ist folglich der wirtschaftliche Erfolg der Spiele aus unterschiedlichen Gründen die Voraussetzung für die Förderung des Olympismus. Auf der anderen Seite kann die Unterstützung der olympischen Philosophie aber nur durch die entsprechende Ausführung der Spiele als Gesamtkunstwerk bewirkt werden.[222] Um das eigene Ziel, die Förderung des Olympismus, zu erreichen, muß das IOC deshalb diese beiden Faktoren massiv unterstützen. Es wird deshalb die Städte bei der Auswahl des Austragungsortes bevorzugen, die in diesem Gesamtzusammenhang die zur Abstimmungszeit beste Lösung anbieten können.

Ziele anderer Gruppen

Die Gruppen, welche eigene Intentionen mit den Olympischen Spielen verbinden, müssen in zwei Kategorien eingeteilt werden. Die erste Kategorie bildet die Gruppe derjenigen, die einen direkten Nutzen aus den Spielen ziehen. Dies sind die Medien und die Sponsoren oder Lizenznehmer.

Das Interesse der Medien an den Olympischen Spielen ist ausschließlich an die Bedeutung des Ereignisses gebunden. Einen tieferen Sinn bei dem 'Medienereignis Olympische Spiele' zu suchen, hält auch GEBAUER für sinnlos. Seiner Meinung nach ist

> *ihr Sinn und Zweck [...] einzig die Erzeugung von Ereignissen im weltweiten Netz der visuellen Kommunikation. Ihr Telos ist die Steigerung, Vergrößerung, Intensivierung der jeweils letzten Ereignisse.*[223]

Schließlich soll dadurch eine Erhöhung der Auflagen und Einschaltquoten bewirkt werden, um damit wiederum eine Steigerung der Werbeeinnahmen und schlußendlich des Gewinns zu erreichen. Dabei ist es situativ nicht entscheidend, ob der einzelne positiv oder negativ berichtet. Langfristig betrachtet ist allein das Interesse der Kunden am Ereignis Olympische Spiele der Maßstab für das Engagement der Medien. Um die Aufmerksamkeit der Kunden zu erhalten, ist der äußere Rahmen und der Showcharakter entscheidend. Entsprechend sind die Änderungswünsche und Ziele dieser Unternehmen ausgerichtet. Zwar ist der Geschmack des Publikums in den einzelnen Ländern unterschiedlich. Die höchsten Einnahmen erzielt das IOC jedoch traditionell aus dem Verkauf von Fernsehrechten an amerikanische

---

[222] ALKEMEYER bezeichnet schon die Konzeption der Spiele durch COUBERTIN treffend als Gesamtkunstwerk. Auch HÖFER verwendet diesen Begriff in Bezug auf die Spiele von Berlin und München. Vgl. ALKEMEYER, Thomas: „Die Wiederbegründung der Olympischen Spiele als Fest einer Bürgerreligion", in: Gunter GEBAUER (Hrsg.): Olympische Spiele - die andere Utopie der Moderne. Olympia zwischen Kult und Droge, Frankfurt a.M. 1996, S. 77/ HÖFER, Friede, S. 112.

[223] Vorwort von GEBAUER in: GEBAUER, Gunter (Hrsg.): Olympische Spiele - die andere Utopie der Moderne. Olympia zwischen Kult und Droge, Frankfurt a.M. 1996, S. 7.

Sender, so daß diese unter den Medien mit Sicherheit den größten Einfluß haben.

Für die Sponsoren oder Lizenznehmer hingegen ist das lokale bzw. weltweite Ansehen der Olympischen Spiele entscheidend. Sie versuchen durch die Kopplung ihres Namens, mit den Symbolen und der Präsentation der Spiele an Bekanntheit zu gewinnen und/ oder ihr eigenes Image aufzuwerten. Mit der Vergabe von Olympischen Spielen in ein Land, in der die Produkte der Sponsoren bzw. Lizenznehmer nicht oder weniger gut verkauft werden, erhoffen sich die Unternehmen eine erfolgreiche Werbekampagne und in Folge erhöhte Absätze und Gewinne. Die wichtigsten Sponsoren des IOC sind in dem Sponsorenprogramm (TOP) des IOC zusammengefaßt.[224] Es sind zur Zeit zehn Unternehmen, die exklusiv eine Produktsparte vertreten und für eine Gebühr von ca. 40 Millionen US$ das Recht haben, die olympischen Symbole in einem vereinbarten Rahmen zu nutzen. Diese Firmen haben im Kreis der Sponsoren den meisten Einfluß und ihre Ziele und Vorgaben im IOC ein besonderes Gewicht.

Überblick über das TOP Marketing Programm

	TOP I 1985-1988	TOP II 1989-1992	TOP III 1993-1996	TOP IV 1997-2000
Anzahl Sponsoren	9	12	10	10
Betrag pro Unternehmen	offen	offen	25-40 M US$	≥ 40 M US$
Erwartete Einnahmen	≥ 80 M US$	140 M US$	350 M US$	≥ 350 M US$
Erzielte Einnahmen	94 M US$	175 M US$	> 350 M US$	TBA

Tab. 5: Überblick über das TOP Marketing Programm[225]

Neben den Medien und Sponsoren gibt es keine weitere Gruppe, deren Ziele und Erwartungen das Verhalten des IOC bei der Auswahl der Austragungsorte nachhaltig beeinflussen können. Zwar gibt noch einen Kreis von Personen,

---

[224] Im Jahr 1985 überträgt das IOC der Firma ISL das weltweite Marketinggeschäft. Es entwickelt ein Marketingprodukt mit dem Namen 'TOP' (The Olympic Program) das 45 verschiedene Produktsparten umfaßt. In jeder Produktsparte werden die Rechte nur an eine Firma verkauft. Es ist nicht das Ziel, alle Sparten zu besetzen. Vgl. HILL, Politics, S. 74.

[225] LANDRY, IOC Vol. III, S. 197.

zumeist Wissenschaftler, die sich mit Idealismus für die Förderung des Olympismus einsetzen, aber ihr Wirkungskreis ist in der Regel auf Kongresse und Symposien begrenzt und hat höchstens langfristige Effekte. Nur die wenigsten haben die Möglichkeit, als Berater von IOC-Entscheidungsträgern signifikanten Einfluß auszuüben.

2.6 Wahlverhalten der IOC Mitglieder

Neben der Förderung des Olympismus ist die Hauptaufgabe des IOC *„the regular celebration of the Olympic Games"*.[226] *„The election of any host city is the prerogative of the IOC alone."*[227] Aus diesem Grund ist die Struktur und Zusammensetzung des IOC sowie die Zugehörigkeit der Mitglieder zu einzelnen Gruppen die entscheidende Grundlage für die Analyse einer Abstimmung oder einer Wahlprognose.

Organisatorisch betrachtet ist das IOC in internationalen Beziehungen eine 'Internationale Nichtregierungsorganisation' und juristisch eine 'private Organisation nach Schweizer Recht mit exterritorialem Charakter', die sich ihre Mitglieder selbst erwählt.[228] Grundsätzlich kann es für jedes Land nur ein Mitglied geben, es sei denn, dieses Land hat schon Olympische Sommer- oder Winterspiele ausgerichtet. In diesem Fall ist die Wahl eines zweiten Mitglieds gestattet.[229] Darüber hinaus kann der Präsident bis zu zehn neue Mitglieder vorschlagen, die sich durch ihre Funktion oder besondere Fähigkeiten qualifizieren. Diese Regel wird unter Präsident SAMARANCH eingeführt, um unabhängig von der zahlenmäßigen Begrenzung pro Nation den wichtigen Funktionsträgern der Internationalen Verbände die Mitgliedschaft im IOC zu ermöglichen. Die Beschränkung des Vorschlagrechts auf den Präsidenten betont dessen Sonderstellung in der Bewegung. Diese Maßnahme erweitert seinen Einfluß auf die Zusammensetzung des IOC und damit auf die Entwicklung der Olympischen Bewegung. Die besonderen Mitglieder haben eingeschränkte Abstimmungsrechte, sobald über Angelegenheiten entschieden wird, die das Land betreffen, deren Angehörige sie sind. Dies gilt insbesondere für die Wahl des Austragungsortes für Olympische Sommer- oder Winterspiele.[230]

---

[226] Chapter I, Rule 2, § 3, in: IOC, Charter 1996, S. 10.

[227] Chapter V, Rule 37, § 1, in: IOC, Charter 1996, S. 48.

[228] Vgl. Chapter II, Rule 19, § 1, in: IOC, Charter 1996, S. 20. Vgl. auch RITTBERGER, Volker/ Henning BOEKLE: „Das Internationale Olympische Komitee - eine Weltregierung des Sports?", in: Ommo GRUPE (Hrsg.): Olympischer Sport. Rückblick und Perspektiven, Schorndorf 1997, S. 137f.

[229] Vgl. Chapter I, Rule 20, § 1.2, in: IOC, Charter 1996, S. 24.

[230] Alle Einschränkungen der Abstimmungsrechte sind dem folgenden Paragraphen zu entnehmen: Chapter I, Rule 20, § 1.3, in: IOC, Charter 1996, S. 25.

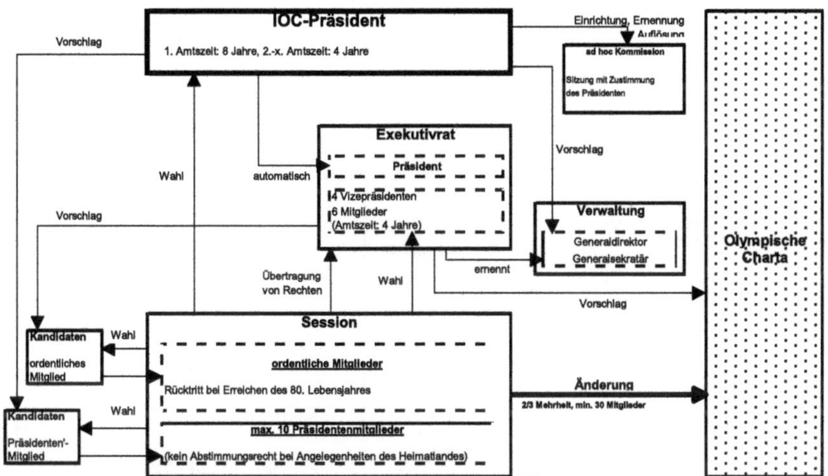

Abb. 9: Organisationsstruktur des IOC nach IOC-Charta 1996[231]

Das IOC ist der Kopf der Olympischen Bewegung, in welcher die IOC-Vollversammlung das höchste Entscheidungsorgan ist. Es tritt regulär einmal im Jahr und im Jahr der Austragung Olympischer Spiele einmal zusätzlich zusammen. Der Aufbau und die Statuten des IOC sowie interne Abhängigkeiten sind in dem Modell der Abb. 9 (S. 59) dargestellt. In der Tab. 6 (S. 60) sind die übergreifenden Rechte der Institutionen und Organisationen innerhalb der Olympischen Bewegung aufgeführt. Anhand der Struktur und der Rechteverteilung wird deutlich, daß der IOC-Präsident und jeweils abgestuft der Exekutivrat und die Vollversammlung die entscheidenden Kräfte in der Olympischen Bewegung sind. Die IFs und NOKs haben ihre Stellung zwar verbessern können, nach den Statuten haben sie aber immer noch eine rein beratende Funktion.

Bezogen auf die Wahl des Austragungsortes bestätigt sich dies eindeutig. Erst bei der Zusammensetzung des für die Winterspiele 2002 eingeführten Wahlkollegiums haben die IFs und NOKs jeweils einen Vertreter entsenden dürfen, die dann auch volles Stimmrecht haben.[232] Die endgültige Wahl des Austragungsortes bleibt aber weiterhin der IOC-Session und damit ausschließlich den IOC-Mitgliedern vorbehalten.

---

[231] Eigene Darstellung.
[232] Vgl. [o. Verf.]: „The Candidate Cities for the Games of the XXVIII Olympiad in 2004", in: Olympic Review XXVI-14 (April-Mai 1997): S. 34.

	NOKs	IFs	NOK/ OK	Olympische Spiele
Rechte des IOC-Exekutivrats	- Entzug des Rechtes Teilnehmer für Olympische Spiele zu melden - Suspendierung von NOKs	- Zulassung/Ausschluß einer Disziplin aus Programm der Spiele - Zulassung/Ausschluß eines Wettbewerbes aus dem Programm der Spiele		- Nichtzulassung oder Ausschluß auf Zeit oder Dauer von Teilnehmern, Offiziellen, akkreditierten Personen
Rechte der IOC-Session	- Entzug der Anerkennung - Entzug des Rechtes eine Session oder Kongreß zu organisieren	- Zulassung/Ausschluß einer Sportart aus dem Programm der Spiele - Entzug der Anerkennung - Entzug der Anerkennung einer Vereinigung der IFs	- Entzug des Rechtes O.S. auszurichten	
Rechte der Organisationen	- Vorschläge an IOC für Änderungen an Olympic Charta, Olympischer Bewegung, Ausrichtung und Ablauf O.S. - Stellungnahme zu Bewerbungen für Ausrichtung O.S. - Mitwirkung an den Vorbereitungen für olympische Kongresse - auf Bitte des IOC Teilnahme an Kommissionen	- Vorschläge an IOC für Änderungen an Olympic Charta, Olympischer Bewegung, Ausrichtung und Ablauf O.S. - Stellungnahme zu Bewerbungen für Ausrichtung O.S. - Mitwirkung an den Vorbereitungen für olympische Kongresse - auf Bitte des IOC Teilnahme an Kommissionen		

Tab. 6: Verteilung der Rechte in der Olympischen Bewegung[233]

2.6.1 Einflußnahmen

Nachdem der Ost-West-Konflikt über Jahrzehnte hinaus polarisierend gewirkt hat, gewinnen nach dem Auseinanderbrechen des Ostblocks andere Kriterien für die IOC-Mitglieder an Bedeutung. Nach den Statuten vertritt das einzelne Mitglied grundsätzlich das IOC in seinem Heimatland und ist ausschließlich den Interessen des IOC verpflichtet.[234] In der Realität versuchen die Mitglieder aber auch, im IOC die Interessen der Gruppen zu vertreten, der sie sich zugehörig fühlen. Daraus bilden sich Fraktionen, die sich aus der gemeinsamen Zugehörigkeit zu einem Kontinent, einer Sprache, einer Religion oder einer politischen Vereinigung ergeben. Darüber hinaus können noch besondere Führungspersönlichkeiten innerhalb wie auch außerhalb des IOC oder auch Wirtschaftsunternehmen einige Mitglieder des IOC an sich binden, meinungsbildend wirken und damit Abstimmungen beeinflussen.

Es wird häufig davon gesprochen, daß die Fraktionen eine geschlossene Gruppe sind, die immer einheitlich abstimmen. Um einschätzen zu können, welchen Einfluß einzelne Gruppierungen im IOC nehmen können, läßt sich bei verschiedenen die Anzahl der zugehörigen Mitglieder feststellen. Im folgenden

---

[233] Eigene Darstellung. Basiert auf den Angaben in: IOC, Charter 1996.
[234] Vgl. Chapter II, Rule 20, § 1.5, in: IOC, Charter 1996, S. 26.

60

soll kurz auf die Einwirkung der in der Literatur am häufigsten genannten Gruppen eingegangen werden.

Kontinente

Die Zusammensetzung des IOC ist stark durch seine Entwicklung geprägt. COUBERTIN besetzt das Komitee zwar von Anfang an international. Die Mitglieder gehören jedoch unabhängig von ihrem Wohnort alle dem abendländischen Kulturkreis an. Der Bezug auf die antiken Olympischen Spiele in Griechenland, das klassische Land der europäischen Kultur, belegt zudem diese Ausrichtung. Olympische Spiele

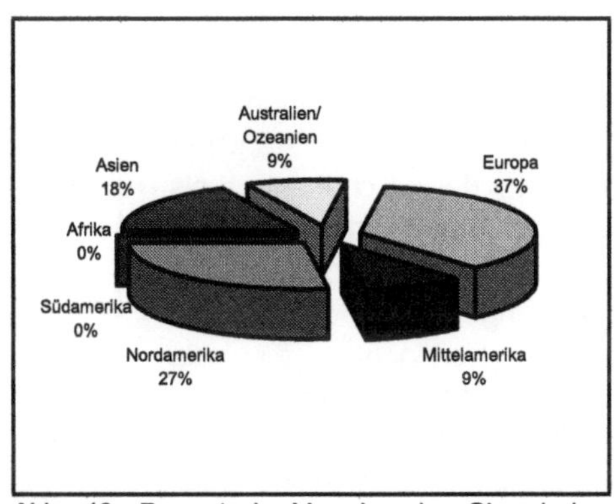

Abb. 10: Prozentuale Vergabe der Olympischen Spiele nach Kontinenten. Elf Wahlen von 1955 bis 1993.[235]

sind von Anfang an *„ein Ausdruck der westlichen, der europäischen Kultur, die heute die Welt beherrscht."*[236] Die Olympische Bewegung öffnet sich in ihrer Geschichte zwar mehr und mehr anderen Kulturen, die Dominanz der Europäer ist aber auch heute noch gegeben.[237] Die Struktur des IOC ist im Hinblick auf die Zugehörigkeit ihrer Mitglieder zu den einzelnen Kontinenten und Kulturen immer noch deutlich unproportional. Dieser Status wird auch dadurch bewahrt, daß die Länder, welche bereits Sommer- oder Winterspiele ausgerichtet haben, ein zweites Mitglied stellen dürfen.

Die geographische Verteilung der Spiele ist zumindest in der ersten Hälfte dieses Jahrhunderts unausgeglichen. Erst für das Jahr 1940 sind die ersten Spiele in Asien vorgesehen. Der Ausbruch des II. Weltkrieg zwingt Tokyo aber, die Spiele zurückzugeben. Schließlich werden im Jahr 1956 zum ersten Mal Olympische Spiele außerhalb Europas und USA veranstaltet. Doch auch Melbourne ist eher eine westeuropäisch orientierte Großstadt. Die ersten Spiele in einem anderen Kulturkreis finden erst 1964 in Tokyo statt. Bis in die 70er Jahre haben die Europäer im IOC traditionell die Mehrheit. Erst unter der

---

[235] Eigene Darstellung.
[236] Aussage DIEMs in einem Aufsatz „Vom Sinn der modernen Spiele" im Jahr 1933; in: DIEM, Carl (Hrsg.): Der Olympische Gedanke. Reden und Aufsätze, hrsg. vom CDI, Schorndorf 1967, S. 6.
[237] Vgl. ALKEMEYER, Thomas: Körper, Kult und Politik. Von der Muskelreligion Pierre de Coubertins zur Inszenierung von Macht in den Olympischen Spielen von 1936, Frankfurt a.M., New York 1996, S. 208.

Präsidentschaft von Lord KILLANIN sinkt der Anteil auf etwas mehr als 40% ab. Ab jetzt kann kein Kontinent mehr entscheidenden Einfluß auf die Wahl des Austragungsortes nehmen. Zu diesem Zeitpunkt hat sich auch bereits ein ständiger Wechsel der Kontinente als Austragungsort der Spiele etabliert.[238] Dies bedeutet, daß Bewerbungen des zuletzt ge-wählten Kontinents für die nächsten Wahlen aller Voraus-

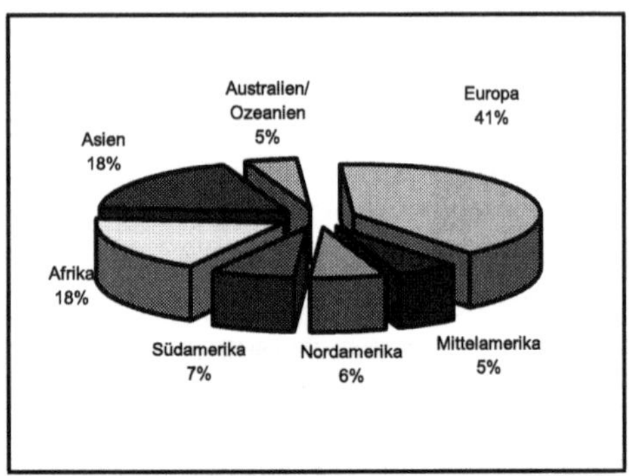

Abb. 11: Prozentuale Zuordnung der IOC-Mitglieder zu Kontinenten im Jahr 1998.[239]

sicht nach erfolglos sein werden. Aus diesem Grund treten die europäischen IOC-Mitglieder auch nicht geschlossen als Vertreter ihres Kontinents auf, sondern versuchen durch eine taktische Abstimmung, ihre jeweiligen zukünftigen nationalen Bewerbungen in eine günstige Ausgangssituation zu bringen. In diesem Sinne äußert sich auch Alain LUNZENFICHTER, wobei er allerdings hervorhebt, daß sie sich damit von den anderen Mitgliedern unterscheiden:

> *Europe [...] has the largest number of members in the International Olympic Committee. Yet these gentlemen, contrary to their colleagues from the other continents usually do not play groups*
>
> ....
>
> *There are even some Europeans who do not desire the victory of their own continent as they are dreaming of more grandiose projects closer to their satisfaction.[240]*

Die Wahlen um die Olympischen Spiele 1976 sind ein Beispiel für die Unterstützung eines Bewerbers durch die IOC-Mitglieder des Kontinents. Nach der ersten Wahlrunde liegt Moskau mit 28 Stimmen vor Montreal mit 25 Stimmen. Der dritte Bewerber Los Angeles hat nur 17 Stimmen bekommen und scheidet als schwächster Kandidat in dieser Runde aus. Von diesen 17 Stimmen gehen in der zweiten Wahlrunde 16 an Montreal.[241] Zwar liegt auch hier eine politische Blockwahl nahe, aber trotzdem haben wahrscheinlich

---

[238] Die Olympischen Spiele sind seit Helsinki 1952 nicht mehr zweimal hintereinander auf dem gleichen Kontinent ausgetragen worden.

[239] Eigene Darstellung: Datenquelle: Mitgliederstand des IOC 1997. Vgl. IOC, Movement 1997.

[240] LUNZENFICHTER, Alain: „The race at the Summer Games 2004", in: International Sport A.I.P.S. (Mai 1997).

[241] Vgl. LYBERG, 100 Years, S. 258.

nahezu alle Mitglieder des amerikanischen Kontinents nun für Montreal gestimmt, obwohl dies die Chancen für eine Folgekandidatur Los Angeles' erheblich mindert. Auch bei der Wahl von Barcelona für 1992 wird vermutet, daß Zentral- und Südamerika aufgrund der gewachsenen Verbindungen geschlossen für die Spanier gestimmt haben.[242]

Während in diesem Falle geschichtliche Bindungen von Vorteil sind, propagieren die Australier bei den Wahlen um die Spiele im Jahr 2000, daß sie weder europäisch noch britisch sind. Damit wollen sie sich klar von dem Konkurrenten Manchester absetzen und sich die Sympathien der Mitglieder sichern, die nicht für Europa stimmen wollen.[243] Im Vorfeld der Wahlen um die Spiele im Jahr 2000 analysiert McGEOCH, der Geschäftsführer der Bewerbung Sydneys, inwieweit es ein kontinentales Wahlverhalten gibt. Im Falle von Ozeanien ist er sich der Zustimmung aller vier Stimmen sicher. Kein Land außer Australien ist in dieser Region in der Lage, die Spiele auszurichten.[244] Auch bei Lateinamerika erwartet er, daß es traditionsgemäß zur Wahrung seiner Interessen als Block abstimmt, um mit einer erhofften Wahl Pekings die Chancen für Brasilia bei der Bewerbung um die Spiele 2004 zu verbessern.[245] Zur Einschätzung der afrikanischen Stimmen holt sich McGEOCH bei zwei Mitgliedern des erfolgreichen Atlanta-Bewerbungsteams Rat ein: „*I asked Charlie* [Charlie Battle, d. Verf.] *if all the black Africans voted together. He said, 'Absolutely not. You've got the English speaking and the French-speaking countries.*" Auf die gleiche Frage erhält er von dem Afrikaspezialisten Bobby Reardon die Antwort: *„Absolutely, they do.*"[246]

Selbst die Kapstädter sind sich bei den Wahlen um die Spiele 2004 nicht sicher, wie die afrikanischen IOC-Mitglieder abstimmen werden.[247] Der deutsche Journalist KISTNER meint mehr zu wissen: *„Sie [...] werden in der inoffiziellen Sprachregelung meist als der afrikanische Block zusammengefaßt. Denn so pflegen sie abzustimmen: blockweise.*"[248]

Sprache und Politik
Über die Landes- und Kontinentalgrenzen hinweg gibt es die Sprache, die

---

[242] HILL gibt sogar an, daß ein peruanisches Mitglied von einem wachsenden Druck auf die lateinamerikanischen Mitglieder gesprochen hat, Barcelona zu unterstützen. Vgl. HILL, Politics, S. 100 und S. 228-230.

[243] Vgl. McGEOCH, Bid, S. 73.

[244] Vgl. ebenda, S. 238.

[245] Vgl. ebenda, S. 61 und 218f.

[246] Ebenda, S. 83.

[247] Vgl. DREW, Julian: „The Olympics' chosen few", in: Mail&Guardian (11.01.96): (http://www.mg.co.za/g/ews/96jan/11jan-olymicsbid.html, 31.12.97).

[248] KISTNER, Muskelspiele, S. 140.

Religion sowie politische Organisationen, die einzelne Nationen zusammenführen. Diese unterschiedlichen Gruppen wollen auch im Rahmen des Weltsports ihren Einfluß geltend machen und sich ihrer Bedeutung gemäß präsentieren.

Die Vertreter der einzelnen Sprachen sehen in der Veranstaltung der Olympischen Spiele eine Möglichkeit, ihrer Sprache zu mehr Weltgeltung zu verhelfen. Gleichzeitig sind die Länder, welche eine gleiche Sprache haben, in der Regel durch eine gemeinsame Geschichte stark verbunden und versuchen, die befreundeten Länder zu unterstützen. Für die Wahl zu den Winterspielen 2006 fordert die Internationale Organisation der französisch sprechenden Länder (OIF) zur Wahl Sions auf.[250] Anhand der Abb. 12 (S. 64) ist zu erkennen, daß aber aufgrund der Sprachverteilung im IOC darüber keine Mehrheit zu erlangen ist. Schließlich unterliegt Sion auch dem italienischen Vertreter Turin recht deutlich.

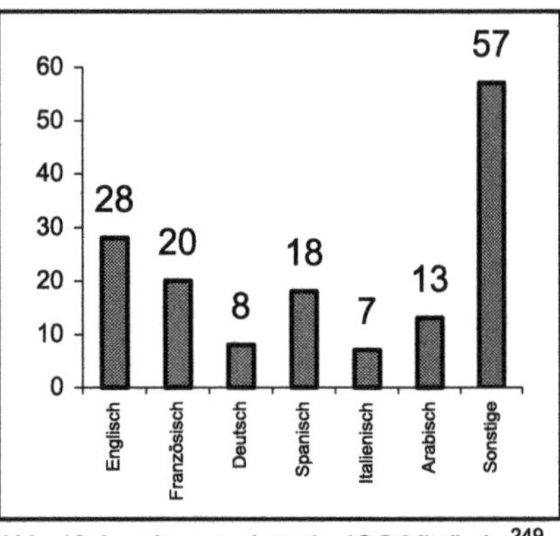

Abb. 12: Landessprachen der IOC-Mitglieder[249]

Diese Wahlentscheidung könnte aber auf den 'lateinamerikanische Block' zurückzuführen sein. Eine Gruppe, von der viel gesprochen wird, die aber nicht organisiert ist. Zu ihr zählt man in diesem Zusammenhang nicht nur den südamerikanischen Kontinent, sondern auch die europäischen Südländer Italien, Spanien und Portugal. Ein Beleg für die Existenz des 'lateinamerikanischen Blocks' ist laut McGEOCH die erste Abstimmungsrunde um die Winterspiele 1998:

> *The power of the Latin votes meant that in the first ballot Aosta from Italy got 15 votes - the same as Salt Lake City, the city with by far the best technical bid. Aosta has no facilities but obviously the Latins has decided to vote for their Italian friends.*[251]

JENNINGS und SIMSON sprechen sogar davon, daß es nach einer angelsächsischen nun eine lateinamerikanische Dominanz im Weltsport

---

²⁴⁹ Eigene Darstellung: Datenquelle: Mitgliederstand des IOC 1997. Vgl. IOC, Movement 1997.
²⁵⁰ Vgl. [o. Verf.]: „Frankophone Länder unterstützen Sion", in: [COMITE DE CANDIDATURE SION 2006 SWITZERLAND (Hrsg.)]: Web Site ([1999]): (http://www.sion2006.ch/suite.htm, 7.07.99).
²⁵¹ McGEOCH, Bid, S. 62.

gäbe.[252]

Eine ähnliche aber organisierte und weniger emotionale Gruppierung ist das britische Commonwealth. Die Kandidaten aus diesen Ländern versuchen immer wieder, die Stimmen der IOC-Mitglieder aus den Commonwealth-Ländern zu bekommen. Auch wenn sich Sydney als nicht englisch und nicht europäisch darstellt, so versteht es sich doch als Vertreter des Commonwealth. Bei der Abstimmung scheidet der englische Mitkonkurrent Manchester in der dritten Runde mit elf Stimmen aus. In der folgenden Runde stimmen nun acht dieser elf Mitglieder für Sydney, den anderen Vertreter des Commonwealth.[253]

Neben dem Commonwealth versuchen natürlich auch andere politische Organisationen oder Staaten, bei der Vergabe der Spiele einzuwirken. Bei der gleichen Wahl soll auch Peking massiv seinen politischen Einfluß geltend gemacht haben. Insbesondere die Länder, die Empfänger der chinesischen Aus-landshilfe sind, sollen massiv unter Druck gesetzt worden sein, die Bewerbung Pekings zu unter-stützen.[255]

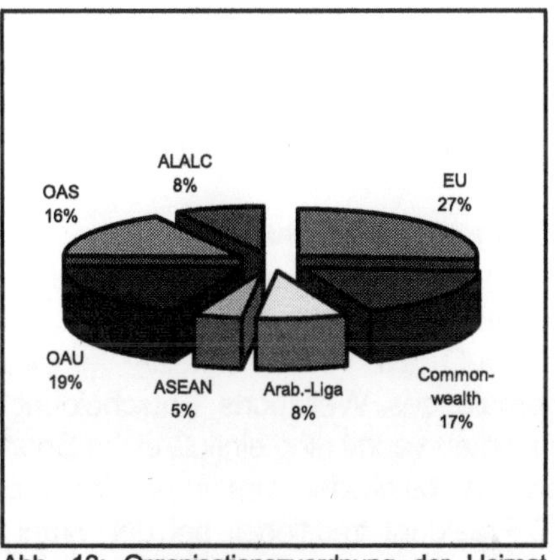

Abb. 13: Organisationszuordnung der Heimat-länder der IOC-Mitglieder.[254]

[Es] waren immer wieder Gerüchte zu hören, die französische Regierung habe zur Kompensation einer Lieferung von Mirage-Kampfflugzeugen an Taiwan die Olympiakandidatur Pekings unterstützt. [...] Einige afrikanische IOC-Mitglieder sollen von den Regierungen ihrer Heimatländer zur Wahl Pekings angehalten worden sein.[256]

Auf der anderen Seite ist diese Bewerbung auch ein gutes Beispiel für das Engagement von politischen und nichtstaatlichen Organisationen gegen die

[252] Vgl. JENNINGS, Geld, S. 55.
[253] Vgl. KNECHT, Willi Ph.: „Berlin chancenlos zwischen den neuen Blöcken", in: NOK-Report 10 (Oktober 1993): S. 6.
[254] Eigene Darstellung: Datenquelle: Mitgliederstand des IOC 1997. Vgl. IOC, Movement 1997.
[255] Vgl. McGEOCH, Bid, S. 219.
[256] REINSCH, Michael: „Abschied von der Berliner Olympia GmbH: Brigitte Schmitz über Korruption und politischen Druck. Die IOC-Regeln sind gut, ihre Kontrolle ist es aber noch nicht", in: FAZ (28.12.93).

Bewerbung einer Stadt. Im Sommer 1993 spricht sich das amerikanische Repräsentantenhaus mit großer Mehrheit gegen Olympische Spiele in Peking aus, und in der Folge schreiben 60 US-Senatoren an alle IOC-Mitglieder und warnen vor den politischen Folgen der Wahl Pekings. Parallel dazu gibt es Resolutionen und Aktionen der 'International Campaign for Tibet' und der amerikanischen Menschenrechtsorganisation 'Human Rights Watch'.[257]

Die Vertreter der Dritten Welt, die bei dieser Wahl sich zum Teil für Peking engagieren, sind ebenfalls eine gewichtige Gruppe. HILL spricht ihrem Einfluß auch die Entscheidung für Seoul 1988 zu.[258] In ihrer Studie über die Bedeutung der Dritten Welt in der Olympischen Bewegung erwartet LIU schlußfolgernd, daß

> *die Dritte Welt im zweiten Jahrhundert der olympischen Geschichte als eine gleichberechtigte Partei gemeinsam mit den traditionellen Sportnationen Europas und Nordamerikas die Olympische Bewegung und ihre Spiele [...] gestalten kann.*[259]

Führungspersönlichkeiten

Übereinstimmend werden in der Literatur die Funktionäre Juan Antonio SAMARANCH, João HAVELANGE, Mario VÁZQUEZ RAÑA und Primo NEBIOLO als Persönlichkeiten (sogenannte 'Powerbroker') genannt, die innerhalb des Weltsports Entscheidungen beeinflussen können. Jeder der genannten vertritt eine einflußreiche Sportorganisation, und ihre Meinung ist für viele IOC-Mitglieder zumindest eine wichtige Orientierung. Zwar stimmt der IOC-Präsident traditionell bei der Wahl des Austragungsortes nicht mit ab, aber durch die von ihm vorgeschlagenen 'Präsidentenmitglieder' des IOC und seine Bedeutung als Präsident kann sein Urteil richtungsweisend sein.[260] Das gleiche gilt für die weiteren o. g. Persönlichkeiten. In der Folge gibt es immer wieder Aussagen, daß Wahlen durch den einen oder anderen in seinem Sinne beeinflußt werden. Für SIMSON ist es ohne jeden Zweifel, daß die Wahl Barcelonas HAVELANGE zu verdanken ist und dieser durch seinen Rückhalt in Süd- und Mittelamerika innerhalb des IOC Mehrheiten schaffen kann.[261] Doch wenn man den Analysten folgt, hat die Wahl Barcelonas scheinbar mehrere Väter. HILL führt aus, daß M. VÁZQUEZ RAÑA (der Präsident der

---

[257] Vgl. McGEOCH, Bid, S. 234f.

[258] Vgl. HILL, Politics, S. 197.

[259] LIU, Weg der Dritten Welt, S. 176.

[260] MILLER berichtet, vor der Wahl um die Spiele 1996 habe es das Gerücht gegeben habe, daß SAMARANCH Athen unterstütze. Er gibt die Reaktion des Leiters der Bewerbung Atlantas wieder, die zeigt, das in der Tat der Einfluß SAMARANCHs gefürchtet wurde: „The same news reached Billy Payne, who a month before the election observed to Samaranch: 'If you are supporting Athens, then we withdraw.'" MILLER, Revolution, S. 227.

[261] Vgl. JENNINGS, Geld, S. 17 und S. 54.

ANOC) die Spiele 1992 angesichts seines Engagement für Barcelona als 'seine Spiele' bezeichnet habe.[262] JENNINGS vertritt hingegen die Auffassung, daß SAMARANCH für die Vergabe der Spiele an Barcelona und darüber hinaus für weitere Wahlen verantwortlich ist: *„Samaranch hatte eine Glückssträhne. Hintereinander hatte er jenen Städten die Olympischen Spiele zugeschanzt, die ihm genehm waren: Barcelona, Lillehammer, Atlanta und Nagano."*[263] Auch bei der Wahl um die Winterspiele 1992 unterstellt JENNINGS dem IOC-Präsidenten eine Wahlmanipulation: *„Die Mitglieder hatten sich dem Willen Samaranchs gebeugt, der beste Kandidat für die Winterspiele war über Bord geworfen worden."*[264] Darüber hinaus soll SAMARANCH auch den Chinesen die Wahl Pekings 'garantiert' haben.[265] Dem Präsidenten des IAAF Primo NEBIOLO wird ebenfalls ein erhebliche Wirkung auf das Wahlverhalten der IOC-Mitglieder bescheinigt. Die afrikanischen Leichtathletikverbände sollen nicht nur im IAAF seine Macht stützen, sondern auch in seinem Sinne die afrikanischen IOC-Mitglieder beeinflussen.[266]

Wirtschaftsunternehmen

Das erste Wirtschaftsunternehmen, dem man erhebliches Gewicht bei den Entscheidungen des IOC zumißt, ist die Firma Adidas. In diesem Zusammenhang kommen auch die ersten Verdächtigungen auf, daß Adidas die Wahlen um die Austragungsorte in seinem Sinne manipulieren kann.[267] Die Wahl Seouls ist nach der Meinung JENNINGs/ SIMSONs auf den entscheidenden Einfluß des Firmeninhaber von Adidas Horst DASSLER zurückzuführen.[268] Weiter gibt es Gerüchte, daß er für die Wahl Barcelonas 30 Stimmen habe garantieren können.[269] Mit dem Tod DASSLERs verschwindet scheinbar auch der Einfluß der Fa. Adidas. Diesen Platz nehmen nun Coca-Cola und die amerikanischen Fernsehsender ein. KISTNER sieht in dem Ausmaß des finanziellen Engagements von Coca-Cola beim IOC eine Verpflichtung der Mitglieder zur Wahl Atlantas für 1996.[270] Der Spiegel spricht sogar von einem *„Diktat des größten Sponsors im Weltsport"*, dem sich das

---

[262] Gegen Mario VÁZQUEZ RAÑA spricht aber, daß er bei seiner Wahl zur Aufnahme in das IOC nur 13 Stimmen bekam. Eine Unterstützung RAÑAs innerhalb des IOC ist deshalb nahezu auszuschließen. Vgl. HILL, Politics, S. 228/ McGEOCH, Bid, S. 65.

[263] JENNINGS, Kartell, S. 198.

[264] Ebenda, S. 133.

[265] Vgl. ebenda, S. 205.

[266] Vgl. McGEOCH, Bid, S. 248.

[267] Vgl. HILL, Politics, S. 61 und 70..

[268] Vgl. JENNINGS, Geld, S. 183/ HILL, Politics, S. 86.

[269] Vgl. HILL, Politics, S. 86.

[270] Vgl. KISTNER, Muskelspiele, S. 13-23.

IOC beugen muß.[271] Auch bei den folgenden Wahlen werden wieder Mutmaßungen über den Einfluß von Coca-Cola und den Fernsehsendern bei der Vergabe angestellt.[272]

Bestechung

Nicht erst seit der Aufdeckung der Bestechungen im Zusammenhang mit der Vergabe der Olympischen Winterspiele 2002 an Salt Lake City wird von Korruption im IOC geredet. Bereits bei der Wahl um die Spiele des Jahres 1992 soll ein IOC-Mitglied um Geld nachgefragt haben.[273] Es gibt immer wieder Gerüchte um Vorteilnahmen: *„Bidding committees have been said to offer jobs to relations of undecided members, or to hold out such inducements as free surgical operations."*[274] Auch der Rücktausch von Flugtickets, welche die Bewerber den IOC-Mitgliedern kostenfrei zur Verfügung gestellt haben, gegen Geld, wird immer wieder angeprangert.[275] Insbesondere die Afrikaner werden pauschal angegriffen: *„Sie zählen, wie erfahrene Olympiabewerber bestätigen, zu den Empfänglichsten [...]."*[276] Erst im Zusammenhang mit den Wahlen um 2002 liegen konkrete Beweise vor. In dem Bericht der 'IOC - ad hoc Kommission' wird detailliert das korrupte Verhalten einzelner IOC-Mitglieder protokolliert.[277] Die entsprechenden Mitglieder werden bei der außerordentlichen Sitzung des IOC im März 1999 entweder aus dem IOC ausgeschlossen oder verwarnt.[278]

2.6.2 Wahlkritik

Das Wahlverhalten der IOC-Mitglieder ist sicherlich nicht nur von dem Bestreben geleitet, das Interesse des IOC zu wahren. Es gibt verschiedene Gruppen, die versuchen, massiv Einfluß zu nehmen und die Entscheidungen einzelner in ihrem Sinne beeinflussen. Folgt man der Auffassung der o.a. Autoren, so scheint es, daß die IOC-Mitglieder aus homogenen Gruppen besteht, die sich beliebig von den unterschiedlichsten Kräften lenken lassen. Je nach Blickwinkel des Kritikers sind die Entscheidungen politisch oder

---

[271] Vgl. [o. Verf.]: „'Olympia ist Coca-Colarisiert'. Das Internationale Olympische Komitee beugte sich dem Diktat des größten Sponsors im Weltsport", in: Der Spiegel 39 (1990): S. 250.

[272] Vgl. McGEOCH, Bid, S. 218 und 231f.

[273] Vgl. JENNINGS, Geld, S. 304.

[274] HILL, Politics, S. 61.

[275] Vgl. JENNINGS, Kartell, S. 124.

[276] KISTNER, Muskelspiele, S. 140.

[277] Vgl. [IOC (Hrsg.)]: Report of the IOC ad hoc Commission to Investigate the Conduct of Certain IOC Members and to Consider Possible Changes in the Procedures for the Allocation of the Games of the Olympiad and Olympic Winter Games, Lausanne 1999. Diesem Bericht folgt im März 1999 noch ein weiterer.

[278] Außerordentliche IOC-Session am 17./ 18.03.1999 in Lausanne. Vgl. [IOC (Hrsg.)]: Highlights - Number 359 (19.03.99): (.../olynews359_e.html, 1999).

wirtschaftlich motiviert oder einfach fremdbestimmt. Alle Entscheidungen sind jeweils auf den determinierten Hintergrund zurückzuführen.

Das Wahlverhalten dieser Gruppen, die zumeist aus Menschen der verschiedensten Kulturen und sozialen Verhältnisse besteht, kann aber nicht so einfach eingeordnet werden. In der Regel sind die Mitglieder in ihren Heimatländern geachtete Persönlichkeiten. Natürlich sind auch diese beeinflußbar, und wie der Bestechungsskandal des IOC beweist, sind tatsächlich manche Mitglieder bestechlich. Insgesamt läßt sich aber feststellen, daß die Mitglieder des IOC durch die internationale und gewachsene Zusammensetzung eine heterogene Menge bilden. Aufgrund der Vielzahl der o.g. Theorien zum Wahlverhalten müßte das einzelne IOC-Mitglied gleichzeitig mehreren Gruppen zugeordnet werden. Da jedes Mitglied nur eine Stimme hat, ist dies jedoch schwerlich möglich. Den Grund für seine Wahlentscheidung allein auf die Zugehörigkeit zu einer Gruppe zu reduzieren, ist ein stark vereinfachender Ansatz. Die Beweggründe für die Entscheidung des einzelnen Mitgliedes sind wesentlich komplexer. Zusammenfassend läßt sich feststellen, daß es sich die genannten Autoren bei ihren Analysen doch recht einfach machen.

Die Bewerber um die Olympischen Spiele stehen bei der Einschätzung der IOC-Mitglieder vor dem gleichen Problem. Derjenige, der den Schlüssel zu dem Wahlverhalten der Mitglieder gefunden hat, wird der Gewinner sein. Interessant ist in diesem Zusammenhang, welchen Ansatz die Gewinner der letzten Wahlen gewählt haben. Atlanta und Sydney haben nach der Analyse des Wahlverhaltens der IOC-Mitglieder die gleiche Herangehensweise gewählt. Für beide Städte ist klar, daß es Meinungsführer beim IOC oder im Weltsport gibt, die in der Lage sind, Stimmen zu bewegen. Auch gibt es darüber hinaus Gruppen, die Einfluß auf die einzelnen Mitglieder ausüben können. Im Endeffekt ist aber jedes Mitglied bei der geheimen Wahl nur für sich verantwortlich. Keiner kann seine Wahl zu diesem Zeitpunkt mehr beeinflussen. Dies wird auch dadurch belegt, daß es nach der Wahl immer wieder die Aussagen enttäuschter Bewerber gibt, daß sie wesentlich mehr Wahlzusagen als tatsächlich Stimmen gehabt haben.[279] Phillip Walter COLES und John COATES analysieren für Sydney nach der Wahl Atlantas deren Vorgehen.[280] McGEOCH faßt das Ergebnis der Analyse griffig zusammen:

> *[...] the key to winning was to get the kind of lobbyteam that gets on well*

---

[279] Vgl. JENNINGS, Geld, S. 313/ McGEOCH, Bid, S. 303/ REINSCH, Abschied, (28.12.93).
[280] Phillip Walter COLES ist seit 1982 IOC-Mitglied für Australien. John COATES ist Präsident des AOC. Vgl. IOC, Movement 1997, S. 11 und 82.

with IOC members - people who were hospitable and friendly, able and successful.[281]

Das einzelne Mitglied persönlich anzusprechen und für sich zu gewinnen, ist das Erfolgsrezept der letzten Wahlsieger.

---

[281] McGEOCH, Bid, S. 79.

3. BEWERBUNGSMODUS FÜR DIE OLYMPIADE 2004

Die Vereinbarungen zwischen dem IOC und den Organisationskomitees der Spiele sind bis in die 70er Jahre wenig präzis. Als das IOC 1978 Los Angeles den Zuschlag für die Spiele 1984 gibt und erst danach mit dem Organisationskomitee über einen Vertrag verhandelt, macht es schlechte Erfahrungen. Das Komitee von Los Angeles weiß sich der Spiele sicher und besteht darauf, daß der Vertrag über die Austragung der Spiele von den eigenen Rechtsanwälten verfaßt und in vielen Punkten ihren Vorgaben angepaßt wird. Das IOC will eine Verlegung der Spiele auf jeden Fall vermeiden und setzt sich damit selbst unter Druck. Schließlich stimmt es den Bedingungen des Organisationskomitees in vielen Punkten zu.[282] Das IOC lernt daraus, und Barcelona ist die erste Stadt, die den Vertrag sofort nach ihrer Wahl unterzeichnen muß. Aber auch mit Barcelona macht das IOC wieder schlechte Erfahrungen. HILL gibt in diesem Zusammenhang eine allgemeine Beschwerde des Präsidenten der ANOC, M. VÁZQUEZ RAÑAs, über das Verhalten der OKs wieder: *„Rãna [...] remarked bitterly on the humility with which candidate cities approached the IOC and the arrogance with which they behaved once the Games were in the bag."*[283]

Mit dem Anstieg der Bewerberzahlen in den 80er Jahren und auch im Zusammenhang mit der völligen Neugestaltung der Olympischen Charta 1990 werden die Vorschriften und Verträge immer differenzierter und komplexer. Vor dem Hintergrund zunehmender Kommerzialisierung der Olympischen Spiele verbessert das IOC die Grundlagen seiner traditionellen Vermarktungstechnik. Die von COUBERTIN gewählte bipolare Struktur mit dem IOC und einem wechselnden, abhängigen aber finanziell eigenverantwortlichen Veranstalter der Spiele weist die Grundzüge eines Franchisesystems auf.[284] Das IOC tritt dabei als Franchisegeber auf, der sein Produkt 'Olympische Spiele' über die Veranstalter, d.h. den Franchisenehmer vermarktet. Am Anfang der Olympischen Bewegung wird das Franchising nur in seinen Grundprinzipien angelegt. Erst langsam entwickelt sich eine wirtschaftliche Nutzung des Konzepts. Das IOC sichert sich im Laufe der Zeit

---

[282] Das Organisationskomitee erreicht unter anderem, daß das IOC auf eine finanzielle Garantie der Stadt Los Angeles verzichtet und alle erzielten Gewinne in den USA verbleiben dürfen. Vgl. LYBERG, 100 Years, S. 231/ HILL, Politics, S. 158f.

[283] Allerdings forderten die NOKs in diesem Zusammenhang von dem spanischen OK über den vertraglich vereinbarten Rahmen hinaus zusätzliche Leistungen. HILL, Politics, S. 68f.

[284] Vgl. PREUSS, Implikationen, S. 31 und S. 315f/ KRÜGER, Arnd: „100 Jahre und kein Ende? - Postmoderne Anmerkungen zu den Olympischen Spielen", in: Irene DIEKMANN/ Joachim H. TEICHLER (Hrsg.): Körper, Kultur und Ideologie. Sport und Zeitgeist im 19. und 20. Jahrhundert, Studien zur Geistesgeschichte, Bd. 19, hrsg. von Julius H. SCHOEPS, Mainz 1997, S. 282-285.

mit seinen nationalen Verbänden weltweit den Markenschutz für die olympischen Symbole und die Olympischen Spiele. Die Austragungsorte werden durch Verträge streng an die Vorgaben des IOC gebunden. Die Verwendung der olympischen Symbole und der Spiele werden scharfen Vorschriften unterworfen, die dem IOC schließlich auch umsatzabhängige Gebühren sichern. Das IOC übernimmt letztendlich auch das Recht, die Verträge zur Vermarktung seines Produktes mit den Fernsehsendern und Sponsoren direkt auszuhandeln. Den potentiellen Austragungsorten (Franchisenehmern) wird ein festgelegter Anteil zugesichert, mit dem ihnen die Finanzierung erleichtert werden soll. Das unternehmerische Risiko liegt jedoch allein bei dem Veranstalter, da das IOC vertraglich jegliche Haftung für sich ausschließt (vgl. Kap. 3.1).

Unter dem Präsidenten SAMARANCH werden die wirtschaftlichen Möglichkeiten des Systems voll ausgeschöpft. Laut KRÜGER habe er nur einer ehrlichen privatwirtschaftlichen Vermarktung zum Durchbruch verholfen.[285] In diesem Sinne sei auch die Entscheidung des IOC zu verstehen, *„den Rhythmus der Winterspiele von denen der Sommerspiele abzukoppeln".*[286] Die gleichzeitige Veranstaltung führe *„zu einer überschäumenden Nachfrage in jedem vierten Jahr"*, eine Trennung sei *„wirtschaftlich nur konsequent, da so die Nachfrage besser verteilt werden und auch die Zuschauereinnahmen gesteigert werden können".*[287] In diesem ökonomisch geprägten Verständnis wird bei KRÜGER der Olympische Gedanke zur Unternehmensphilosophie und zum Markenimage des IOC. Der Exekutivrat übernimmt die Funktion eines geschäftsführenden Vorstands und die Mitglieder der Olympischen Bewegung werden zu den Aktionären des Unternehmens IOC.[288]

Exkurs: Franchising

Das Franchising ist ein spezifische Form eines Vertriebssystems. Es zeichnet sich durch eine besonders enge Vertragsbindung zwischen einem Hersteller oder Großhändler eines Produktes (Franchisegeber) und den Einzelhändlern (Franchisenehmer) aus.[289] Der Franchisegeber bietet ein einheitliches Marketingkonzept an. Er stellt das Warensortiment zusammen, organisiert eine überregionale, einheitliche Werbung, stellt Dekorationsmaterialen zur

---

[285] Vgl. KRÜGER, 100 Jahre, S. 279.
[286] Ebenda, S. 283.
[287] Ebenda.
[288] Vgl. ebenda, S. 284f.
[289] Vgl. BECKER, Jochen: Marketing - Konzeption: Grundlagen des strategischen und operativen Managements, 6. vollst. und erw. Aufl., München 1998, S. 534.

72

Verfügung und weist die Händler durch Schulungen in sein Programm ein. Der **rechtlich selbständige** Franchisenehmer erhält gegen ein Entgelt (i.d.R. eine einmalige und eine laufende Gebühr) das Recht, die Produkte des Franchisegebers unter Nutzung des Namens und der Marktingkonzeption anzubieten. Er verpflichtet *„sich zur konsequenten Einhaltung der durch den Hersteller definierten Qualitätsansprüche. Diese können sich auf alle mit dem Verkauf der Produkte zu erfüllenden Aufgaben beziehen.“*[290] Das finanzielle Risiko des Franchisegebers ist begrenzt, da der Franchisenehmer in dieser Hinsicht eigenständig und eigenverantwortlich handelt. Eine Haftung für eventuell auftretende Schulden wird vertraglich ausgeschlossen.[291]

Das Franchisesystem bietet für beide Vertragspartner große Vorteile. Der besondere Nutzen des Franchisegebers ist, daß ihm beim Verkauf seiner Produkte nahezu keine Vertriebskosten entstehen und die Kapitalbindung verhältnismäßig gering ist. Das Absatzrisiko wird vollständig auf den Franchisenehmer verlagert. Damit ist für den Franchisegeber eine hohe Motivation seines Vertragspartners gesichert. Für den Franchisenehmer bietet das System ebenfalls verschiedenen Vorteile. Für viele ist diese besondere Vertragsform häufig der einzig mögliche Weg zur Selbständigkeit. Der Franchisegeber bietet i.d.R. seinem Partner Finanzierungshilfen an, so daß der Einstieg erleichtert wird und das Geschäftsrisiko überschaubar und relativ gering bleibt. Der Franchisegeber ist darüber hinaus dauerhaft an dem Erfolg der einzelnen Partner interessiert, da dies indirekt die Bewerberanzahl für seine Marketingkonzeption beeinflußt.[292]

Neben den Vorteilen gibt es aber auch eine Reihe von Nachteilen. Das System funktioniert nur, solange der Hersteller eine starke Marktstellung besitzt. Der Franchisegeber muß zur Wahrung der Unverwechselbarkeit seiner Konzeption die Umsetzung ständig und aufwendig kontrollieren und auch durchsetzen. Aufgrund der Eigenständigkeit seiner Partner ist er aber häufig gezwungen, eine direkte Mitbestimmung bei Einzelentscheidungen und strategischen Planungen zuzulassen. Insgesamt stellt dies besondere Anforderungen an die Qualität und Effizienz des Managements der Vertragspartner. Ein klarer Nachteil für den Franchisenehmer ist die vertragliche Regel, daß er sich dispositorisch abhängig macht, aber gleichzeitig das volle finanzielle Risiko übernehmen muß. Durch die übergreifende Marketingkonzeption ist der einzelne Partner nur Teil einer Gruppe. Das

---

[290] SCHARF, Andreas/ Bernd SCHUBERT: Marketing: Einführung in Theorie und Praxis, 2. akt. Ausg., Stuttgart 1997, S. 308
[291] Vgl. ebenda, S. 310.
[292] Vgl. ebenda, S. 309.

Ansehen der Gruppe und der Wert der Produkte auf dem Markt ist damit durch den einzelnen Partner nur begrenzt beeinflußbar.[293]

Einige Beispiel für bekannte und erfolgreiche Franchisesysteme in Deutschland sind die Unternehmen Wienerwald, McDonald's, Obi, Cosy wash, und Eismann.

3.1 Vorschriften und Verträge des IOC

Den interessierten Städten, die eine Bewerbung für die Olympischen Spiele des Jahres 2004 planen, wird von dem IOC im Januar 1996 jeweils ein großer schwarzer 'Bewerberkoffer' mit der Aufschrift 'Manual For Candidate Cities For The Games Of The XXVIII Olympiad 2004' übergeben.[294] Darin sind für die potentiellen Bewerber alle Dokumente enthalten, welche einerseits die Vorschriften des IOC bezüglich ihrer Bewerbung enthalten und andererseits das juristische Verhältnis zwischen künftigen Austragungsort und IOC festschreiben. Die in dem Koffer enthaltene Olympische Charta ist vom Juni 1995,[295] so daß daraus zu schließen ist, daß dieser 'Bewerberkoffer' auch nicht vor dem Spätsommer 1995 verfügbar gewesen sein kann.

Die Unterlagen des 'Bewerbungskoffers' sind formal zu einem Handbuch für die Bewerber zusammengefaßt. Dieses Manual trägt den gleichen o.a. Titel wie der Koffer.[296] In der Einführung zu dem Handbuch faßt das IOC die gewählte Struktur zusammen:

The Manual consists of three parts:

Part I - Guide

....

Part II - Candidature File

....

Part III - Annexes[297]

Der erste Teil ist ein Leitfaden, der die erwartete Vorgehensweise der Städte innerhalb einer Bewerbung beschreibt. Der zweite Abschnitt enthält alle

---

²⁹³ Vgl. ebenda, S. 309f.
²⁹⁴ Vgl. IOC, Report 2004, S. 9.
²⁹⁵ IOC (Hrsg.): Olympic Charter. In force as from 15th June 1995, [Lausanne] 1995.
²⁹⁶ Im folgenden ist unter dem Titel 'Manual For Candidate Cities For The Games Of The XXVIII Olympiad 2004' jeweils das Handbuch und nicht der Bewerbungskoffer gemeint.
²⁹⁷ IOC, Manual 2004, Introduction.

74

Vorgaben zur Erstellung der Bewerbungsunterlagen. In dem Anhang ('Part III') sind eine Vielzahl von Dokumenten aufgeführt, die als eigenständige Bücher oder Hefte dem Handbuch beigefügt sind.

Übergeordnet betrachtet enthält der Koffer jedoch drei wichtige Unterlagen. Das erste und wichtigste Dokument, die Olympische Charta, bildet die Grundlage für die beiden anderen. Das nächste wichtige Schriftstück ist der Vertrag zwischen dem IOC und dem gewählten Austragungsort, und das letzte ist der Leitfaden für Bewerber. Im folgenden wird zur Erläuterung der Bewerbungsvorgaben nach dieser logischen Struktur vorgegangen, da dadurch die Grundlagen und daraus resultierende Anforderungen deutlicher herausgestellt werden können.

<table>
<tr><td>

Manual for Candidate Cities for the Games of the XXVIII Olympiad 2004

III. ANNEXES
    1.   Olympic Charter
    2.   Untertaking (original - to be signed)
    3.   Host City Contract
    4.   Recommendations by the International Summer Sports Federations
    5.   General Information
        5.1   Olympic Movement Directory
        5.2   Olympic Biographies
        5.3   IOC Graphic Standards/ Pictograms
        5.4   IOC Factsheets

</td></tr>
</table>

Tab. 7: Gekürzte Wiedergabe des Anhangs im Inhaltsverzeichnis des Manuals für Bewerberstädte[298]

3.1.1 Olympische Charta

Die in den Unterlagen enthaltene Olympische Charta ist die zu diesem Zeitpunkt gültige Version aus dem Jahre 1995. Für die weitere Bewerbung ist aber die Version vom Juli 1996 relevant.[299] Deshalb wird in dieser Arbeit im Zusammenhang mit den Bewerbungen um die Spiele 2004 nur die letztere Version verwendet.

---

[298] Ebenda, Contents.

[299] Die Veränderungen zu der Version aus dem Jahr 1995 sind in der Charta von 1996 explizit angegeben. Vgl. IOC, Charter 1996, S. 7. In dem 'Host City Contract' wird festgelegt, daß für den Vertrag die Olympische Charta gültig ist, welche zum Abschluß der 106. IOC Session in Kraft ist. Darüber hinaus gelten für den Vertrag aber auch alle zukünftigen Änderungen der Charta, wenn das OK nicht belegen kann, daß „such changes have materially adversely affected the financial or obligations of the OCOG hereunder". Vgl. Chapter XI, § 60, in: [IOC (Hrsg.)]: Host City Contract for the Games of the XXVIII Olympiad in Year 2004, [Lausanne 1995], S. 28f.

Für die Bewerberstädte ist die gesamte Olympische Charta wichtig, da sie einerseits ein allgemeines Verständnis der Olympischen Bewegung vermittelt und andererseits die Zuständigkeiten und Verantwortlichkeiten sowie das organisatorische Grundgerüst für die Spiele vorgibt. Vor dem eigentlichen Kapitel, das speziell der Organisation und dem Ablauf der Olympischen Spiele gewidmet ist, stehen in der Charta die 'Fundamental principles' und die Kapitel I bis IV 'The Olympic Movement', 'The International Olympic Committee (IOC)', 'The International Federation (IFs)' und 'The National Olympic Committees (NOCs)'.[300] Zum Teil enthalten diese Abschnitte schon Punkte, welche die Ausrichtung der Olympischen Spiele betreffen.

Besondere Bedeutung haben hierbei die ihrem Namen entsprechenden 'Fundamental principles'. Für die Bewerber ist insbesondere die Regel 11 ('Rights over the Olympic Games') wichtig. In dieser wird die Autorität des IOC bezüglich der Olympischen Spiele deutlich herausgestellt:

> *The Olympic Games are the exclusive property of the IOC which owns all rights relating thereto, in particular, and without limitation, the rights relating to their organization, exploitation, broadcasting and reproduction by any means whatsoever.*[301]

Bedeutsam sind weiterhin die Regeln und Durchführungsbestimmungen, welche die olympischen Kennzeichen (Symbol, Flagge, Wahlspruch und Hymne) betreffen. Die Verwendung der olympischen Zeichen wird dabei allgemein und damit auch für die Bewerberstädte reglementiert.[302]

In Kapitel II sind alle besonderen Rechte des IOC aufgeführt. Verschiedene Regeln betreffen die Bewerber direkt. Dies gilt zum einen für das Wahlrecht. In Regel 26 wird die grundsätzliche Verfahrensweise für Wahlen festgelegt, diese gelten aber ausdrücklich auch für die Wahlen der Gastgeberstadt. Die Wahl des Austragungsortes wird durch die Session durchgeführt, und das dafür benötigte Quorum „*is half the membership of the IOC, plus one*".[303] „*Decisions are taken by a majority of the votes cast*".[304] „*However, when there are (or remain) only two candidates, the candidate obtaining the greater number of votes is declared elected*".[305] In diesem Kapitel ist auch die Verteilung der Erträge aus den Fernsehrechten, der wichtigste Punkt für die Finanzierung der

---

[300] IOC, Charter 1996, Index.
[301] Chapter I, Rule 11 'Rights over the Olympic Games', in: IOC, Charter 1996, S. 16.
[302] Vgl. Fundamental principles, Rule 12 - 17, Bye-Laws to Rules 12 - 17, IOC, Charter 1996, S. 17 - 23/ IOC, Manual 2004, S. 5.
[303] Chapter II, Rule 26, § 1.2, in: IOC, Charter 1996, S. 35.
[304] Chapter II, Rule 26, § 1.3, in: IOC, Charter 1996, S. 35.
[305] Chapter II, Rule 26, § 1.5, in: IOC, Charter 1996, S. 36.

Spiele, enthalten. Dazu heißt es aber nur lapidar: *„The IOC may grant part of the revenues derived from the exploitation of television rights to the IFs, NOCs including Olympic Solidarity, and the OCOGs".* [306]

In den folgenden Kapiteln werden die Rechte der IFs und der NOKs festgelegt. Die Regel 30 definiert die Aufgaben der IFs in der Olympischen Bewegung. Unter anderem ist dort ihr Einfluß auf die Bewerbung um die Olympischen Spiele festgelegt. Die IFs haben das Recht, eine Stellungnahme zu den technischen Möglichkeiten der Bewerber abzugeben.[307] Das gleiche Recht besitzen auch die NOKs, deren Aufgaben diesbezüglich in Regel 31 fixiert sind.[308] Allein diese zwei Regeln belegen schon die Bedeutung der beiden Organisationen, die diese bei der Auswahl des Austragungsortes besitzen.

Entscheidende Bedeutung hat für die Bewerber das Kapitel V. Dieses enthält in vier Abschnitten alle Regeln, welche die Organisation und Durchführung der Spiele betreffen. Der erste Abschnitt 'I Organization and Administration of the Olympic Games' enthält alle Vorgaben zur Wahl der Gastgeberstadt, zu dem Zeitpunkt und der Dauer der Spiele sowie zu dem Austragungsort. Ferner wird der Aufbau, die Zusammensetzung und die Verantwortlichkeiten innerhalb eines zukünftigen OK und einer kontrollierenden Koordinierungskommission festgelegt.[309] In diesem Abschnitt sind des weiteren noch Regeln über die Bereitstellung von Räumlichkeiten für die IFs, das Olympische Dorf und das Kulturprogramm enthalten.[310] Die Anforderungen des IOC zum Olympischen Dorf sind allerdings so umfassend, daß in der Charta nur die elementaren Rahmenbedingungen aufgeführt sind. Darüber hinaus gehende Bedingungen sind in dem speziellen 'Olympic Village Guide' festgelegt. Die Organisation eines Kulturprogramms ist für den Veranstalter zwar ebenso verpflichtend, der Umfang und die Gestaltung ist ihm aber weitestgehend freigestellt. Von elementarer Wichtigkeit sind für den Bewerber in diesem Abschnitt die nachfolgend erläuterten Regeln 37 und 40.

In der Regel 37 wird zunächst noch einmal aufgeführt, daß allein das IOC den Austragungsort bestimmen darf.[311] Im Anschluß werden alle wesentlichen formalen Voraussetzungen dargelegt, die ein Bewerber grundsätzlich erfüllen muß. Im einzelnen sind dies: die Genehmigung der Kandidatur durch das

---

[306] Chapter II, Rule 28, § 2, in: IOC, Charter 1996, S. 37.

[307] Vgl. Chapter III, Rule 30, § 2.2, in: IOC, Charter 1996, S. 39.

[308] Vgl. Chapter IV, Rule 31, § 6.2, in: IOC, Charter 1996, S. 41.

[309] Vgl. Chapter V, Rule 39 und Rule 41, in: IOC, Charter 1996, S. 51-54.

[310] Vgl. dazu und zum folgenden: Chapter V, Rule 42-44, in: IOC, Charter 1996, S. 55f.

[311] Vgl. dazu und zum folgenden: Chapter V, Rule 37, in: IOC, Charter 1996, S. 48-50.

zuständige NOK, eine Garantie der Landesregierung für die Respektierung der Olympischen Charta, die Verpflichtung zur Einhaltung der technischen Normen der IFs und finanzielle Garantien *„as considered satisfactory* [sic] *by the IOC Executive Board"*. Weiter wird der Einsatz und die Besetzung der Prüfungskommission ('Evaluation Commission') für die Bewertung der Bewerbungen fixiert. Ebenfalls ist in diesem Punkt der Wahltermin festgelegt. Er soll grundsätzlich sieben Jahre vor den Spielen erfolgen. Der letzte Paragraph regelt den Zeitpunkt der Vertragsunterzeichnung zwischen dem IOC und der gewählten Stadt: *„Such agreement is signed immediately upon the election of the host city"*.[312]

Die Regel 40 fixiert die Haftung für die aus der Ausrichtung und Durchführung der Olympischen Spiele entstandenen Verpflichtungen. Das IOC stellt sich von jeglicher Mithaftung frei und weist, unbeschadet der Haftung Dritter durch Garantien, jegliche Verantwortung dem NOK, dem OK und der Gastgeberstadt zu:

> *The NOC, the OCOG and the host city are jointly and severally liable for all commitments*
>
> ....
>
> *without prejudice to any liability of any other party, particularly as may result from any given guarantee [...] The IOC shall have no financial responsibility whatsoever in respect thereof.*[313]

Der folgende Abschnitt 'II Participation in the Olympic Games' betrifft hauptsächlich die NOKs, IFs und das OK der Spiele. Es handelt sich um die Definition der ordnungsgemäßen Meldung und Zulassung der Teilnehmer sowie möglicher Sanktionen gegen akkreditierte Personen.[314] Insbesondere die Begrenzung der Athleten und Offiziellen auf zehn- bzw. fünftausend ist zur Planung des Olympischen Dorfs und der anhängigen Infrastruktur für die Städte eminent wichtig.[315]

Dies trifft auch für die Regeln 51 bis 58 des Abschnitts 'III Programme of the Olympic Games' zu. Diese Regeln legen fest, welche Sportarten olympisch sind und dementsprechend an den Spielen teilnehmen dürfen. Die Zahl der zugelassen olympischen Sportarten hat direkten Einfluß auf die Anzahl notwendiger Sportstätten. Die IFs sind in den technischen Angelegenheiten die entscheidende Kraft für die Bewerberstädte und haben die Aufgabe *„to*

---

[312] Chapter V, Rule 37, § 7, in: IOC, Charter 1996, S. 50.

[313] Chapter V, Rule 40, in: IOC, Charter 1996, S. 52.

[314] Vgl. Chapter V, Rule 45-50, in: IOC, Charter 1996, S. 57-63.

prepare and revise the «technical questionnaires» for the candidate cities".[316]
Weitere wichtige Regeln dieses Abschnittes betreffen die Berichterstattung über die Spiele sowie die Werbung. Die Vorgaben zur Organisation der Berichterstattung sind aufgrund ihres Umfangs wieder in einem eigenständiges Dokument, dem 'Media Guide' festgelegt.[317] In bezug auf die Werbung ist für die Bewerber relevant, daß

> *up to the start of a period of two years preceding the opening of the Olympic Games for which it is responsible, all physical or juridical persons with whom it executes contracts shall abstain from all forms of advertising relating to such Olympic Games.*[318]

Im letzten Abschnitt 'IV Protokoll' des fünften Kapitels wird hauptsächlich das Zeremoniell der Spiele festgelegt.[319] Diese Regeln müssen zwar in Form und Inhalt auch ihre Berücksichtigung finden, sie stellen aber die Bewerber weder finanziell noch inhaltlich vor besondere Schwierigkeiten.[320]

3.1.2 'Host City Contract'

Das zweite wichtige Dokument in dem 'Bewerberkoffer' ist der 'Host City Contract'. Der erste Vertrag mit einer Gastgeberstadt wird vom IOC mit dem OK von Los Angeles im März 1979 unterzeichnet. Die Unterzeichnung des Vertrages direkt nach der Abstimmung über den Austragungsort wird erst 1986 bei der Wahl zu den Spielen 1992 eingeführt.[321] Die feierliche Unterzeichnung des Vertrages vor laufenden Kameras nimmt der gewählten Stadt jede Möglichkeit zur Veränderung des Inhaltes. Das IOC erhofft sich durch einen sorgfältig ausgearbeiteten Vertrag eine Verbesserung seiner Stellung gegenüber dem Austragungsort.

Grundsätzlich bietet die Olympische Charta das Grundgerüst für das Verhältnis zwischen dem IOC und der Gastgeberstadt. Es ist aber offensichtlich, daß in der Charta nur die Rahmenbedingungen verankert sind. Dies läßt sich auf die Entwicklung der Olympischen Bewegung zurückführen.

---

[315] Vgl. Chapter V, Rule 49, Bye-Law 8, in: IOC, Charter 1996, S. 63.

[316] Chapter V, Rule 57, Bye-Law 1.8, in: IOC, Charter 1996, S. 72.

[317] Vgl. Chapter V, Rule 59, in: IOC, Charter 1996, S. 74f/ IOC (Hrsg.): Guide de la Radio-Television. Broadcasting Guide, Lausanne 1993/ IOC (Hrsg.): Guide de la presse écrite et photographique. Guide for written and photographic press, Lausanne 1993.

[318] Chapter V, Rule 63, in: IOC, Charter 1996, S. 80.

[319] Die Regel 74 'Arbitration' ist ebenfalls in diesem Abschnitt 'IV Protocol' enthalten. Zum Teil ist die Gliederung der Charta trotz ihrer Neustrukturierung Anfang der 90er Jahre schwer nachzuvollziehen. Vgl. Chapter V, Rule 74, in: IOC, Charter 1996, S. 91.

[320] Vgl. Chapter V, Rule 64-74, in: IOC, Charter 1996, S. 81-91.

[321] Vgl. HILL, Politics, S. 68/ LYBERG, 100 Years, S. 161.

Zu Beginn spricht das IOC den Veranstaltern das Recht zu bzw. es wird sogar von ihnen erwartet, daß sie den Spielen einen besonderen nationalen Impuls geben.[322] Die Olympische Charta soll dieses Recht der Veranstalter nicht einengen. Erst mit den Spielen von Berlin 1936 ist die Determination des olympischen Protokolls weitgehendst abgeschlossen. Die organisatorischen Vorgaben entwickeln sich mit der zunehmenden Größe der Spiele und den wachsenden Erfahrungen weiter. Der Exekutivrat ergänzt die Ausführungen der Charta sukzessive durch *„codes, rulings, norms, guidelines, guides, instructions [...] to ensure the proper implementation of the Olympic Charter and the organization of the Olympic Games".*[323] Dementsprechend sind die Vorschriften der Charta und die vorgenannten Ergänzungen und Ausführungsbestimmungen die Grundlage für den 'Host City Contract'.

Der Kontrakt wird mit 13 feierlichen Erklärungen (Präamblen) eingeleitet. Diese umfassen im wesentlichen eine Bestätigung der exklusiven Rechte des IOC an den Olympischen Spielen und eine Anerkennung aller am Bewerbungsprozeß beteiligten Parteien sowie die besondere Verpflichtung der Parteien, mittels einer optimalen Durchführung der zugesprochenen Spiele zur Stärkung des Olympismus beizutragen. In der letzten Präambel werden die vorherigen ausdrücklich zu einem Bestandteil des Vertrages gemacht. Dies hat zur Folge, daß die Interpretation der folgenden Vertragspunkte grundsätzlich unter diesen in den Präambeln gemeinsam erklärten Zielen zu erfolgen hat.[324]

Der Vertrag besteht neben der o.a. Einleitung aus elf Hauptpunkten und elf Anlagen, die zum Teil eigenständige Dokumente und ausdrücklicher Bestandteil des Kontraktes sind.[325] Im weiteren werden insbesondere die Punkte des Vertrages herausgestellt, welche spezielle Anforderungen an die Stadt stellen und/ oder einen direkten Einfluß auf die Ein- und Ausgaben der Austragung Olympischer Spiele haben und damit eine besondere Berücksichtigung bei der Planung der Bewerber finden müssen.

---

[322] „Jedes Land soll seiner eigenen Feier seine nationale Eigenart aufprägen, so daß jede Olympiade durch den Geist, [...] die Sitten und die Kultur des ausrichtenden Volkes gekennzeichnet sei." [C.I.O. (?)]: „A Standard Organisation for the Olympiad", in: Revue Olympique (1911). Zitiert nach: LENK, Werte, S. 31. Vgl. auch DIEM, Carl: Olympische Flamme, Bd. 1, Berlin 1942, S. 293.

[323] Chapter II, Rule 23, § 6.11, in: IOC, Charter 1996, S. 32.

[324] Vgl. ebenda, S. 1f.

[325] Vgl. Chapter XI, § 53 und 64, in: IOC, HCC 2004, S. 26 und 28.

Hauptpunkte des 'Host City Contracts' zwischen dem IOC und der 'Host city'

		Seite
Preambles		
I.	Basic Principles	2
II.	Principles of Organization	6
III.	Organization of Accomodation	10
IV.	Organization of Sports Programme	12
V.	Organization of Cultural Programme	13
VI.	Ceremonies, Olympic Flame and Torch-Relay	13
VII.	Financial and Commercial Obligations	14
VIII.	Media Coverage of the Games	21
IX.	Other Obligations	24
X.	Termination	25
XI.	Miscellaneous	26
Appendices		
A	IOC Entries for Sports Competitions and Accreditation Guide*	
B	IOC Guidelines Regarding the Organization of Meetings	
C	Provisions Regarding Transportation for the Olympic Family	
D	IOC Olympic Village Guidelines*	
E	IOC Media Guide (consisting of the Broadcasting Guide and the Guide for the Written and Photographic Press)*	
F	IOC Guidelines Regarding Accomodation	
G	IOC Marketing Guidelines	
H	IOC Information Systems Guidelines	
I	Provisions Regarding the IOC Medical Commission	
J	Provisions Regarding the Insurance for the Olympic Family	
K	Provisions Regarding Olympic Protocol	

(* contained in a separate document)

Tab. 8: Hauptpunkte des 'Host City Contracts'[326]

Anforderungen

Jeder einzelne Punkt dieses Vertrages beinhaltet Anforderungen und Verpflichtungen für die beteiligten Parteien. Einige sind allgemeiner Art und haben nur indirekt Auswirkungen auf die Ein- oder Ausgaben des OK. Sie sind aber bereits für die erste Planung und damit für die Bewerbung wichtig. Dies gilt insbesondere für den § 18 'Environmental Protection'. Dieser legt fest, daß sich die Stadt und das NOK verpflichten, alle Aufgaben des Vertrages in einer Weise durchzuführen,

> *which embraces the concept of sustainable development that comply with applicable environmental legislation and, whenever and wherever is possible, serve to promote the protection of the environment.*[327]

---

[326] Vgl. IOC, HCC 2004.
[327] Chapter II, § 18, in: IOC, HCC 2004, S. 8.

Andere Paragraphen betreffen eine allgemeine Preiskontrolle für Unterkünfte, die Unterbringung der Olympischen Familie, der Sponsoren und der Vertreter von Presse, Rundfunk und Fernsehen sowie verschiedene Tätigkeiten für diese Medien.[328] Bei diesen Positionen fallen zwar keine direkten Kosten für das OK an, es sind aber eine Vielzahl organisatorische und planerische Arbeiten zu erbringen.[329]

Einnahmen

Bei den Einnahmen sind zwei Typen zu unterscheiden. Zur ersten Kategorie gehören alle Erlöse, die das IOC erzielt und dem OK davon einen prozentualen Anteil zugesteht. Die zweite Kategorie bilden allen Einnahmen, die das OK selbst generiert. In § 8 'Rights and Benefits Granted by the IOC to OGOC [sic] and NOC' des Kontraktes werden alle Rechte und Hilfen, die das IOC dem Veranstalter (Stadt, OK und NOK) der Spiele gewährt, zusammengefaßt.[330] Die ausführliche Definition einzelner Bestimmungen wird teilweise in eigenen Paragraphen vorgenommen.

Das IOC unterstützt den Aufbau des Organisationssystems durch Computer und Software der Organisatoren vorheriger Spiele und die Vermittlung der Erfahrungswerte der speziellen IOC-Koordinierungskommission für Olympische Spiele.[331] Darüber hinaus werden dem OK Anteile aus den Erlösen zugesprochen, die das IOC aus der Verwertung der XXVIII. Olympischen Spielen erhält. Aus den Erträgen der Fernsehrechte tritt das IOC vorbehaltlich einer möglichen Änderung 49% der Gesamtsumme ab,[332] die Erlöse aus dem Ticketverkauf dürfen zu 95% beim OK verbleiben.[333] Weitere Einnahmen werden aus dem Marketing Programm des IOC resultieren, die

---

[328] Vgl. Chapter III, § 27 'Media Accommodation' § 28 'Accommodation for Olympic Family', § 30 'General Price Control', und Chapter VIII 'Media Coverage of the Games' und Appendix G, § 2 'Marketing Hospitality Programmes', in: IOC, HCC 2004, S. 10-12, 21-24 und 43.

[329] Die Olympische Familie benötigt ca. 1.000, die Sponsoren ca. 3.000 und die Medien ungefähr 10.800 Hotelräume. Die Hotelräume der Olympischen Familie dürfen unter Berücksichtigung aller Preisvorteile durch Mengenrabatt oder Förderungen pro Einzelzimmer max. 150 US$ und pro Doppelzimmer höchstens 200 US$ kosten. Dies gilt auch ab dem Zeitpunkt der Unterzeichnung des Vertrages für alle kommenden IOC-Treffen in der Stadt. Vgl. Appendix F und G, in: IOC, HCC 2004, S. 40f und 43. Der resultierende Organisationsaufwand aus den vorgenannten Vorgaben führt aber zwangsläufig zu Kosten bei dem OK.

[330] Vgl. Chapter I, § 8, in: IOC, HCC 2004, S. 4f.

[331] Vgl. Chapter I, § 8.g und 8.h, in: IOC, HCC 2004, S. 4f. Die sogenannte 'Coordination Commission' wird von dem IOC gemäß der Olympischen Charta eingesetzt, um die Koordination zwischen OK, IOC, IFs und NOKs zu verbessern. In dieser Kommission sind Mitglieder des IOC, der IFs und der NOKs vertreten, welche die Arbeit des OK überwachen und unterstützen. Im Falle einer Auseinandersetzung zwischen OK und Exekutivrat fällt die Kommission eine endgültige Entscheidung. Vgl. Chapter V, Rule 41, § 3, in: IOC, Charter 1996, S. 53.

[332] Vgl. Chapter VIII, § 46.b und 46.d, in: IOC, HCC 2004, S. 22. Das OK muß diese Einnahmen aber „inter alia" für die Gewährleistung der „basic technical services for the media" verwenden. Chapter VIII, § 46.c, in: IOC, HCC 2004, S. 22.

Nachfolge des 'TOP IV' ist aber zu diesem Zeitpunkt noch nicht unterzeichnet. Das IOC behält sich zudem noch die Entscheidung über die Einteilung der Anteile für einen späteren Zeitpunkt vor.[334] Einen geringen Ertrag darf das OK aus den Einnahmen des offiziellen Olympiafilms erwarten, zu dessen Herstellung es verpflichtet ist. Das OK und/ oder das NOK besitzt für eine Dauer von vier Jahren ein nicht näher definiertes Anrecht auf einen Teil der Erlöse.[335]

Von dem Gesamtgewinn der Spiele gesteht das IOC dem OK 60% zu. Für die Finanzierung der Spiele kann diese Beteiligung jedoch nicht eingesetzt werden, da der anteilige Überschuß des OK für die Förderung des Sports im Gastgeberland verwendet werden muß. In dem entsprechenden Paragraphen schränkt dieser Vertrag auch die Verwendung der gesamten Einnahmen der ersten Kategorie drastisch ein:

> *In principle, revenues granted by the IOC to the OCOG from the sale of Olympic television rights, sponsorships and similar sources shall not be used to provide infrastructures.*[336]

Die Verwendung der Einnahmen, die das OK selbst akquiriert hat, ist nicht eingegrenzt. Allerdings ist das IOC auch an diesen Erträgen beteiligt. In enger Abstimmung mit dem Marketingprogramm des IOC darf das OK ein eigenes organisieren. Es dürfen allerdings keine Überschneidungen bei den einzelnen Produktkategorien auftreten, und der Beginn ist frühestens der Folgetag der Schlußfeier von den Spielen im Jahr 2000.[337] Der Ertrag aus diesem Programm und auch der kommerziellen Nutzung des speziellen Emblems der Spiele und des/ der Maskottchen(s) wird zu 95% dem OK gehören.[338] An den Umsätzen mit Banknoten, Münzen und Medaillen partizipiert das IOC mit 3%. Falls das OK mit dem Staat einen Mindesterlös vereinbart, hat das IOC ein Anrecht auf 10% dieser Summe, oder falls der Betrag höher ist als die o.a. 3%. Gleichzeitig behält sich das IOC das Recht vor, in Abstimmung mit dem NOK

---

[333] Vgl. Chapter VII, § 45.d, in: IOC, HCC 2004, S. 20. Die Einnahmen aus TOP IV werden zu 50% an die OKs der Olympiade ausgeschüttet. Die folgende Teilung zwischen Sommer- und Winterspielen wird in Abhängigkeit von der ökonomischen Größe des Gastgeberlandes durchgeführt. Vgl. IOC, Manual 2004, S. 107.

[334] Vgl. Chapter VII, § 45.e und Appendix G, in: IOC, HCC 2004, S. 20 und 42f. Die Einnahmen aus TOP IV wurden zu 50% an die OKs der Olympiade ausgeschüttet. Die folgende Teilung zwischen Sommer- und Winterspielen wird in Abhängigkeit von der ökonomischen Größe des Gastgeberlandes durchgeführt. Vgl. IOC, Manual 2004, S. 107.

[335] Vgl. Chapter I, § 8.i, in: IOC, HCC 2004, S. 5.

[336] Chapter VII, § 42, in: IOC, HCC 2004, S. 17f.

[337] Vgl. Chapter VII, § 45.b und 45.e, in: IOC, HCC 2004, S. 19f.

[338] Vgl. Chapter VII, § 45.d, in: IOC, HCC 2004, S. 20.

und dem OK ein eigenes Programm (Münzen und Medaillen) zu entwickeln und dieses auch in dem Gastgeberland zu vertreiben.[339]

Ausgaben

Die Ausgaben sind definiert durch die technischen Anforderungen, die das IOC an das OK stellt. Den größten Teil nehmen dabei die Bereitstellung und die operativen Aufwendungen für das Olympischen Dorf, das Sende- (IBC) und Pressezentrum (MBC) und die Sportstätten ein. Das Olympische Dorf muß wenigstens 15.000 Personen aufnehmen können und nicht später als zwei Wochen vor der Eröffnung und bis mindestens drei Tage nach der Schlußfeier verfügbar sein.[340] Die Ausrüstung und der Betrieb des Sende- und Pressezentrum ist in einem speziellen 'IOC Media Guide' festgehalten. Die Nutzung der Einrichtungen ist für die ca. 12.000 Medienvertreter kostenfrei. Die Anmietung von Räumen und die Nutzung besonderer Leistungen durch die Medien kann aber berechnet werden.[341] Die Sport- und Trainingsstätten müssen in Anzahl und Qualität dem Mindestmaß der technischen Anforderungen der IFs entsprechen. Die Planung der Wettkampfstätten sollte sorgfältig erfolgen, da eine spätere Verlegung nur noch mit Zustimmung des Exekutivrates und des zuständigen IFs möglich ist.[342]

Neben diesen Positionen ist das OK zu weiteren kostenfreien Leistungen verpflichtet. Dazu gehören die Versorgung der Bewohner des Olympischen Dorfes, der Transport der Athleten und die Bereitstellung eines Fahrzeugparks für die Funktionäre der Olympischen Familie.[343] Weiterhin muß das OK die Kosten für die Anreise, Unterbringung und Versorgung der Schieds- und Kampfrichter,[344] einen medizinischen Dienst *„free of charge to all accredited persons"*[345] und die Bereitstellung eines *„sponsor hospitality village available for Olympic sponsors, suppliers and broadcasters, under the direction of the IOC Executive Board"*[346] übernehmen.

---

[339] Vgl. Chapter VII, § 45.e und f, in: IOC, HCC 2004, S. 20f.

[340] Vgl. Chapter III, § 26 'Olympic Village' und Appendix D (separates Dokument: IOC (Hrsg.): Olympic Village Guidelines. IOC Guidelines concerning the construction of the Olympic Village and Minimum Requirements for Olympic Teams, Lausanne 1994), in: IOC, HCC 2004, S. 10.

[341] Vgl. Chapter VIII, § 47, 48 und Appendix E (separates Dokument, besteht aus: IOC (Hrsg.): Guide de la Radio-Television. Broadcasting Guide, Lausanne 1993 und IOC (Hrsg.): Guide de la presse écrite et photographique. Guide for written and photographic press, Lausanne 1993), in: IOC, HCC 2004, S. 22f. Die Miet- und Dienstleistungspreise müssen dem IOC zur Genehmigung vorgelegt werden und sollten „because of the importance of the worldwide coverage of the Games, be kept as low as possible and shall not necessarily result in full cost-recovery". Chapter VIII, § 49, in: IOC, HCC 2004, S. 24.

[342] Vgl. Chapter VII, § 32 und 33, in: IOC, HCC 2004, S. 12f.

[343] Vgl. Chapter II, § 26.c, 17 und Appendix C, in: IOC, HCC 2004, S. 8, 10 und 36f.

[344] Vgl. Appendix F, § 2, in: IOC, HCC 2004, S. 41.

[345] Chapter II, § 21, in: IOC, HCC 2004, S. 9.

[346] Appendix G, in: IOC, HCC 2004, S. 43.

Über diese Positionen hinaus muß das OK noch die Zeremonien und ein Kulturprogramm veranstalten sowie die Sicherheit bei den Spielen gewährleisten. Einen besonderen Punkt nimmt die Hinterlegung einer Garantiesumme ein. Innerhalb von zehn Tagen nach Unterzeichnung des Vertrages muß die von der Stadt noch als Bewerber geleistete Sicherheit von 100.000 auf nun 1.000.000 US$ erhöht werden. Diese Summe muß nach Vereinbarung mit dem IOC durch das OK schrittweise auf 5.000.000 US$ aufgestockt werden. Dieser Garantiebetrag wird im Falle einer durch die Stadt verschuldeten Absage ohne weiteres Vorgehen Eigentum des IOC. Nach Austragung der Spiele wird der hinterlegte Betrag an das OK zurückgezahlt. Dazu heißt es ergänzend im Vertrag:

> Should there be any outstanding dispute between the IOC and the OCOG, this sum (and any interest thereon) may be used as agreed between the parties or in accordance with a decision reached by arbitration.[347]

3.1.3 Bewerbungsleitfaden

Der Leitfaden nimmt im 'Manual For Candidate Cities For The Games Of The XXVIII Olympiad 2004' das erste Kapitel ein. *„It outlines what is required of a city considering a potential Olympic candidature and the procedures [...] to be followed"*.[348] In sich ist dieses Kapitel in zwei Abschnitte unterteilt, welche den Ablauf der Bewerbung verdeutlichen sollen. Den ersten Abschnitt bilden die 'Preliminary stages', den zweiten die 'Stages of the Candidature'.

Preliminary stages

Die einleitende Phase einer Bewerbung wird von dem IOC nicht weiter spezifiziert. Die Grundstruktur der Olympischen Bewegung wird kurz umrissen und in diesem Zusammenhang die Notwendigkeit einer engen Beziehung zwischen zuständigem NOK und der Stadt betont:

> In the past, when the candidature committee, the NOC and the National Federations have co-operated closely, the quality of the files submitted to the IOC has been excellent.[349]

Das IOC hält sich in dieser Phase noch völlig zurück. Einen direkten Kontakt zwischen dem IOC und potentiellen Bewerberstädten soll es nicht geben. Das IOC verweist aber darauf, daß es innerhalb seiner Verwaltung in dem 'Sports

---

[347] Chapter VII, § 41 'Guarantee Deposit', in: IOC, HCC 2004, S. 17.
[348] IOC, Manual 2004, S. 1.
[349] Ebenda, S. 4.

Department' eine eigene Unterabteilung mit dem Namen 'Department for Relations with the Candidate Cities' für die spätere Zusammenarbeit eingerichtet hat.[350] In diesem Zusammenhang wird auch herausgestellt, daß allein das NOK des Landes entscheidet, ob es überhaupt eine Bewerbung unterstützt und wenn mehrere Städte sich bewerben, welche es für eine offizielle Bewerbung auswählt. Grundvoraussetzung einer Kandidatur sei auch die allgemeine Unterstützung der Bewerbung. Dies sicherzustellen sei eine Hauptaufgabe der Stadt:

> *The support of all public and private investment groups concerned, and that of the local community, will be most easily obtained through a well-thought-out campaign. [...] Should a referendum for holding the Olympic Games be envisaged, it is recommended that this take place in the early stages of the bid process. It will also be essential to maintain public support during the preparation of the candidature file [...].*[351]

Um die Auswirkungen von Olympischen Spielen auf die Stadt einschätzen zu können, fordert das IOC die möglichen Bewerber zu umfassenden Studien auf. Daneben wird die Stadt auf die finanziellen Anforderungen einer Bewerbung verwiesen. Hierbei werden vier elementare Positionen aufgeführt: vorbereitende Studien, operative Kosten des Bewerbungskomitees, Werbekampagne incl. Erstellung der Bewerbungsbücher und die Hinterlegung der Garantiesumme.[352]

Zum Abschluß verweist das IOC darauf, daß ein Werbeemblem mit den Olympischen Ringen in dieser Phase noch nicht erlaubt ist. Erst nach seiner offiziellen Registrierung als Kandidat und nach der Zustimmung durch den Exekutivrat darf ein Emblem verwendet werden.[353] Die offizielle Registrierung ist dann erfolgt, wenn das IOC das von der Stadt und dem zuständigen NOK unterzeichnete Bewerbungsschreiben anerkannt hat.[354]

Stages of the Candidature

Die offizielle Bewerbungsphase gliedert das IOC nach seiner eigenen Prioritätensetzung. In der 'Summary of main landmarks' sind die einzelnen Punkte aufgeführt. Es beginnt mit einer ersten Einweisung der Kandidaten durch das IOC bei einem gemeinsamen Treffen und endet mit der Wahl des

---

[350] Vgl. ebenda, S. 5. Die Leitung dieser Abteilung hat Jacqueline BARRETT. Vgl. o. Verf., Candidate 2004, S. 30.

[351] IOC, Manual 2004, S. 5.

[352] Vgl. ebenda.

[353] Die Bedingungen für die Nutzung des olympischen Symbols sind in der Anlage B 'Conditions governing the use of the Olympic symbol by candidate cities for an Olympic Games', des zweiten Kapitels ausgeführt. Vgl. ebenda, S. 27f.

[354] Vgl. ebenda, S. 5f.

Austragungsortes (vgl. Tab. 9, S. 89). Die Vorauswahl teilt den Zeitraum in zwei Bereiche. Der erste Bereich gilt für alle Kandidaten, der zweite nur für die ausgewählten Finalteilnehmer.

Damit die Werbekampagne der Bewerberstädte nicht zu exzessiv betrieben wird, hat das IOC für die Bewerber um die Spiele 2000 zum ersten mal Anweisungen zur Ausgabenbegrenzung der Bewerberstädte herausgegeben (vgl. Tab. 2, S. 35). Diese werden auf der 104. Session in leicht veränderter Form für den neuen Bewerbungszyklus um die Spiele 2004 bestätigt. Die Veränderungen beziehen sich hauptsächlich auf die Berücksichtigung der neu eingeführten Vorauswahl. Sie beschränken die Aktivitäten der Städte und Besuche der IOC-Mitglieder exclusiv auf die Finalteilnehmer, um damit zu einer Eingrenzung der Bewerbungskosten beizutragen.[355] Der Wert der Geschenke pro Mitglied wird auf die beiden Bewerbungsabschnitte aufgeteilt. In der ersten Phase dürfen nun für jedes Mitglied maximal 50 US$ ausgegeben werden. In der zweiten Phase 150 US$, so daß wieder ein Gesamtbetrag von 200 US$ möglich ist. Die 'Instructions to cities bidding [...]' (nachfolgend 'Richtlinien 2004' genannt) sind in dem 'Manual' als Anlage A des zweiten Kapitels beigefügt.[356] Laut der Vorgaben ist jede Ausstellung der Bewerberstädte auf allen offiziellen Versammlungen der Olympischen untersagt. Das IOC bietet den Kandidaten aber die Möglichkeit einer Exposition in dem Olympischen Museum.[357] In diesem Gesamtzusammenhang weist das IOC deutlich (fettgedruckt) daraufhin, daß:

> *All the declarations, guarantees and agreements contained in the candidature file have the force of obligations, as do all the other commitments made by the candidature committee, the city or the NOC, and all declarations made at the presentations during the promotion campaign.*[358]

Neben den 'Richtlinien 2004' liegen diesem Kapitel noch zwei weitere Anlagen bei. Die erste (Anlage B) betrifft die Bedingungen zur Verwendung der Olympischen Ringe in dem Emblem der Bewerberstadt. Die zweite und letzte Anlage ist eine 'Verpflichtung', die von der Stadt und dem NOK mit den vollständigen Bewerbungsbüchern eingereicht werden muß. In diesem Dokument erklären beide Parteien, daß sie die zwei o.g. Anlagen kennen und

---

[355] Deshalb darf jedes Mitglied die einzelnen Bewerber ausschließlich in der zweiten Phase und nur einmal besuchen. Vgl. IOC, Manual 2004, S. 23f.

[356] Sie umfassen 8 Hauptpunkte und knapp 7 Seiten. Vgl. Appendix A 'Instructions to cities bidding to host the Games of the XXVIII Olympiad in 2004 on limitation of expenditure', Ebenda, S. 20-26.

[357] Vgl. IOC, Ebenda, S. 8 und 22.

[358] Ebenda.

einhalten werden. Weiter erklären sie, daß sie über den Inhalt des 'Host City Contract' unterrichtet sind und ihn ohne Einschränkung im Falle einer Wahl unterzeichnen werden.[359] Zusätzlich zu dieser Verpflichtung müssen die Bewerber zum Übergabezeitpunkt dem IOC die bereits erwähnte Garantiesumme von 100.000 US$ verfügbar machen. Ein Teil (25.000 US$) muß bar hinterlegt werden und wird im Fall der Rücknahme der Bewerbung Eigentum des IOC.[360]

Weitere Teile des zweiten Kapitels sind eine Einführung in die Aufbereitung und Präsentation der Bewerbungsbücher, der offizielle Zeitplan der Bewerbung und eine Vorschau auf die Maßnahmen zur Konstitution des OK bei erfolgter Wahl.[361] Die für die Bewerbungsphase wesentlichen Punkte werden in den nächsten Kapiteln ausgeführt.

3.2 Offizieller Zeitplan

Der Bewerbungszyklus des IOC für die Bewerbungen um die XXVIII. Olympischen Spiele beginnt bereits ca. zehn Jahre vor den Spielen. In einem Rundschreiben lädt das IOC die NOKs ein, Bewerber für die Spiele 2004 zu melden.[362] Der letzte Termin in dem Zyklus wird durch die Olympische Charta definiert: *„Save in exceptional circumstances, such election* [die Wahl des Austragungsortes, d. Verf.] *must take place seven years before the holding of the Olympic Games.“*[363]

In diesem Intervall gibt es einige wichtige Daten, die für die Bewerber entscheidende Bedeutung haben. Der erste Termin ist am 10. Januar 1996, er markiert den letzten Tag zur offiziellen Anmeldung eines Bewerbers durch das zuständige NOK. Grundsätzlich ist das IOC aber in seiner Zeitplanung eher flexibel. Die für September 1996 bis Januar 1997 geplanten Besuche der 'Evaluation Commission' werden später auf die Zeit von September bis Dezember 1996 verschoben. Der Termin für die Vorauswahl ist zunächst für Ende März/ Anfang April 1997 geplant, tatsächlich wird sie aber am 7. März 1997 durchgeführt.

---

[359] In der Anlage C ist die 'Verpflichtung' nur nochmals abgedruckt. Dem Manual ist das zu unterzeichnende Original als eigenständiges Dokument beigefügt. Vgl. ebenda, S. 1 und Appendix C 'Undertaking', in: Ebenda, S. 29f.

[360] Vgl. ebenda, S. 7.

[361] Vgl. ebenda, S. 9-18.

[362] Vgl. ebenda, S. 4.

[363] Chapter V, Rule 37, § 6, in: IOC, Charter 1996, S. 50.

Deadlines for cities applying to host the Games of the XXVIII Olympiad	
PHASE 1 - SELECTION	**Deadlines and dates**
NOCs to inform IOC of those cities submitting a candidature	10th January 1996
1st meeting between the candidate cities and the IOC	late January 1996
Candidate cities to submit seventy (70) copies of the candidature file to the IOC by the candidate cities, signature of the Undertaking and payment of the US$ 100.000 guarantee deposit	15th August 1996
After verification by the IOC administration, **dispatch of candidature files by the candidate cities** to the following persons and organisations: • IOC members • Honorary IOC members • IFs concerned and ASOIF • ANOC and NOC continental associations	30th August 1996
Ten-minute presentation to the IOC Executive Board	to be decided (summer/ autumn 1996)
Visits to candidate cities by the Evaluation Commission	15th September 1996 to 25th January 1997
Meeting of the Evaluation Commission in Lausanne	early February 1997
Dispatch of report by the Evaluation Commission to the following persons and organisations: • Candidate cities (for any written comments to be sent to the IOC by 15th March 1997) • IOC members • Honorary IOC members • Members of the Evaluation Commission and Selection College • IFs concerned and ASOIF • ANOC and NOC continental associations • Olympic Museum • Media	28th February 1997
Submission to the IOC of written comments by candidate cities	15th March 1997
Selection by the Selection College of finalist cities	late March - early April 1997
PHASE 2 - ELECTION	
Visits to the finalist cities by the IOC members in accordance with the procedure described under point 2.4.1 of the present guide.	April, May, June, July, August 1997
Election of the host city of the Games of the XXVIII Olympiad at the 106th Session in Lausanne.	September 1997
The IOC reserves the right to modify the above deadlines and dates.	

Tab. 9: Deadline for candidate cities[364]

---

[364] Abschrift aus: IOC, Manual 2004, S. 16f.

Aus der Sicht des IOC ist die Bewerbung in zwei Phasen geteilt. Die erste beginnt mit der offiziellen Anmeldung der Stadt. In diesem Abschnitt erstellen die Städte ihre Bewerbungsunterlagen und präsentieren sich erstmals dem Exekutivrat. Danach besucht die 'Evaluation Commission' die Städte und erstellt einen abschließenden Bericht. Auf dieser Basis wählt das Auswahlkollegium vier bzw. maximal fünf Finalteilnehmer. Nach der Wahl beginnt die zweite Phase. Nun sind gemäß der 'Richtlinien 2004' für die Bewerberstädte Besuche bei den IOC-Mitgliedern und die Darstellung der Bewerbung bei den Treffen der Olympischen Bewegung erlaubt. Diese Phase schließt mit der Wahlsession des IOC ab. Auf dieser Versammlung dürfen die Städte ihre Bewerbung abschließend präsentieren und müssen sich den Fragen der Versammlung stellen. Mit der anschließenden geheimen Wahl des Austragungsortes wird der Bewerbungszyklus beendet (vgl. Tab. 9, S. 89).

3.3 Bewerbungsbücher

Inhaltlich werden die Bewerbungsunterlagen durch die o.a Anforderungen aus der Olympischen Charta, dem 'Host City Contract', den Anlagen der IFs zum 'Manual' und dem Fragenkatalog geprägt.[365] Der Katalog enthält 19 Themenkreise und besteht aus insgesamt 532 Fragen. Die Ausführung der Bewerbungsunterlagen wird durch die 'Richtlinien 2004' allgemein und speziell durch das Kapitel 'Candidature File' im 'Manual' festgelegt.[366] Damit eine Vergleichbarkeit der Antworten für die Prüfungskommission erreichbar ist, müssen die Aussagen zu den Fragen so präzis wie möglich sein:

> *It should be remembered that the candidature files provide the basis for a technical analysis of the candidacies presented to the IOC. They should present the facts in as clear and concise a manner as possible.*[367]

Allgemein werden für die Bewerbungsunterlagen verschiedene technische Vorgaben gemacht. Das Format ist A4, die Ausführung einfach und mit mäßigen Aufwand, eine ungebundene, geklebte Ausgabe ohne lose Blätter oder Ordner. Eine maschinengeschriebene, photokopierte Fassung ist völlig ausreichend. Farben sind für die Darstellung technischer Informationen und als Hilfsmittel zur besseren Verständlichkeit erlaubt. Es ist ausschließlich Papier als Trägermedium zugelassen (keine Datenträger, Audio-/ Videocassetten).

---

[365] Hier sind die Anlagen 4 'Recommendations by the International Summer Sports Federations' gemeint. Vgl. ebenda.

[366] Vgl. Appendix A, § 1 'Candidature file and other material' und Part II, 2. 'Model candidature file', in: Ebenda, S. 20f und 113-126.

[367] Ebenda, S. 31.

Photos dürfen zur Veranschaulichung von Orten oder technischen Anlagen verwendet werden. Die Texte der Bewerbungsbücher müssen in Englisch und Französisch erstellt werden. Es dürfen zur vereinfachten Darstellung die Piktogramme der Spiele von Barcelona 1992 verwendet werden.[368]

Themes [sic]	Max. Pages
VOLUME I	
Introduction	16
1 National, regional and candidate city characteristics	30
2 Legal aspects	14
3 Customs and immigration formalities	8
4 Environmental protection	16
5 Meteorological and environmental conditions	10
6 Security	10
7 Medical/ Health services	16
	max. 120
VOLUME II	
Introduction	6
8 Programme of the Games of the XXVIII Olympiad	8
9 General sports organisation	16
10 Sports	296
	max. 326
VOLUME III	
Introduction	6
11 Olympism and culture	16
12 Olympic Village	26
13 Accommodation	14
14 Transport	18
15 Technology	18
16 Media	16
17 Finance	10
18 Marketing	8
19 Guarantees	6
Conclusion	6
	max. 144
	TOTAL (max.) 590

Tab. 10: Themenkreise und Aufteilung der Bewerbungsbücher[369]

Die Antworten können in Textform oder, soweit sinnvoll, in graphischer Form (Tabellen, Graphiken u.s.w.) erfolgen. Die gesammelten Original-Garantien müssen in durchsichtigen und gekennzeichneten Umschlägen in einem

---

[368] Vgl. ebenda, S. 113.
[369] Abschrift aus: Ebenda, S. 115.

Ordner übergeben werden. In dem Bewerbungsbuch darf unter dem Thema 19 (Garantien) auf jede Frage nur mit 'ja' oder 'nein' geantwortet werden.[370]

Abschließend werden die Bewerber nochmals dringend ermahnt *„to show moderation with regard to expenditure on the presentation of the file"*, und es wird erneut versichert, daß *„the form and presentation of the file are not evaluation criteria [...] A costly, deluxe presentation therefore serves no purpose."*[371]

Die festgelegten Themen werden in drei Bände eingeteilt (vgl. Tab. 10, S. 91). Um kurze prägnante Antworten zu erzwingen, determiniert das IOC pro Thema eine maximale Seitenanzahl.[372]

Für die Abgabe der Bewerbungsbücher gibt das IOC feste Termine und auch Mengen vor. Am 15. August 1997 müssen die drei Bände in 70facher Ausfertigung dem IOC vorliegen. Eine Veröffentlichung ist erst nach Freigabe durch das IOC erlaubt. Danach müssen allen IOC-Mitgliedern, den einzelnen IFs und NOKs sowie den entsprechenden Dachverbänden kostenfrei jeweils ein Exemplar zur Verfügung gestellt werden.[373]

3.4 Vorauswahl

Die Vorauswahl wird nach dem Erfolg bei der Wahl zu den Winterspielen 2002 auch für die Wahl um die Sommerspiele 2004 eingeführt.[374] Ziel der Vorauswahl ist es, daß die Kosten der Bewerbung für die ausscheidenden Städte erheblich gemindert werden sollen und die IOC-Mitglieder eine überschaubare Kandidatenzahl und Wahl haben. Die Kosten für die Anreise der Prüfungskommission zu den Bewerberstädten übernimmt das IOC, Unterkunft und Verpflegung müssen durch das jeweilige Bewerbungskomitee getragen werden.[375]

3.4.1 Prüfungskommission

In der Olympischen Charta ist die Zusammensetzung der 'Evaluation

---

[370] Vgl. ebenda, S. 116.
[371] Ebenda, S. 113.
[372] Vgl. ebenda, S. 114.
[373] Vgl. ebenda, S. 9f.
[374] Vgl. Chapter V, Bye-Law to Rule 37, in: IOC, Charter 1996, S. 50.
[375] Vgl. IOC, Manual 2004, S. 11.

Commission' vorgegeben. Verantwortlich für die personelle Besetzung ist der IOC-Präsident. Er bestimmt vier IOC-Mitglieder, drei Vertreter der IFs, drei Vertreter der NOKs, ein Mitglied der Athletenkommission und so viele Fachleute, wie es sinnvoll erscheint. Keines der Kommissionsmitglieder darf Angehöriger eines Landes sein, das einen Bewerbers stellt.[376] Zum Vorsitzenden der Kommission ernennt SAMARANCH wiederum Thomas BACH, der auch schon die Prüfungskommission der XIX. Winterspiele 2002 angeführt hat.[377]

Termine der 'Evaluation Commission' und Auswahlkollegium

19.01.96 (ca.)	Abstimmung SAMARANCH/ BACH
26.01.96 (ca.)	Präsident SAMARANCH bestimmt Mitglieder
29.07.96	Erste Sitzung in Atlanta
16.09.96 - 20.09.96	St. Petersburg
20.09.96 - 24.09.96	Stockholm
24.09.96 - 28.09.96	Lille
12.10.96 - 16.10.96	Sevilla
16.10.96 - 20.10.96	Rom
20.10.96 - 24.10.96	Istanbul
24.10.96 - 28.10.96	Athen
16.11.96 - 20.11.96	San Juan
21.11.96 - 25.11.96	Rio de Janeiro
25.11.96 - 29.11.96	Buenos Aires
06.12.96 - 10.12.96	Kapstadt
16.01.97 - 20.01.97	Entwurf Schlußbericht in Lausanne (mit F. CARRARD)
06.03.97	Präsentation der Städte
07.03.97	Beratung und Wahl durch Kollegium

Tab. 11: Termine der 'Evaluation Commission' [378]

---

[376] Vgl. Chapter V, Bye-Law to Rule 37, in: IOC, Charter 1996, S. 50. Die Kommission wird im einzelnen aus folgenden Personen zusammengesetzt: Thomas BACH (IOC-Mitglied und Vorsitzender), Chiharu IGAYA, Henry Edmund Olufemi ADEFOPE, Fernando Ferreira LIMA BELLO (alle IOC-Mitglieder), Mark TEWKSBURY (Vertreter der Athletenkommssion), Denis OSWALD, Hein VERBRUGGEN, Els VAN BREDA VRIESMAN (alle Vertreter der IFs), Caraol Anne LETHEREN, Julio Cesar MAGLIONE, Mingde TU (alle Vertreter der NOKs), Francisco ELIZALDE (Spezialist für Finanzen), Charles H. BATTLE, Petter RONNINGEN (ehem. Mitglieder vorheriger OKs), Olav MYRHOLT (Spezialist für Umweltschutz). Erweitert wurde die Kommission noch um die Verwaltungsmitglieder des IOC: Gilbert FELLI (Sportdirektor), Pere MIRÓ (Direktor, 'NOC-Relations'), Jacqueline BARRETT (Leitung der Abteilung 'Candidate City Relations'), Lyanne MILLHOUSE (Sekretär) und Anders RONNINGEN (Assistent). Vgl. IOC, Report 2004, S. 13.

[377] Thomas BACH (*29.12.53) ist Olympiasieger im Florett (Mannschaft) der Spiele von 1972. Bei dem Olympischen Kongreß von 1981 fungierte er als Athletensprecher. Er erreichte es, ohne Funktionärskarriere 1991 in das IOC aufgenommen zu werden. Seit 1996 ist er Mitglied des Exekutivrates. In den Jahren 1994/ 95 war er Vorsitzender der 'Evaluation Commission' für die XIX. Winterspiele. Beruflich ist er Rechtsanwalt und Seniorchef einer Kanzlei. Vgl. IOC (Hrsg.): Biographies Olympique. Membres du C.I.O. en activité ou honoraire 1995. Olympic Biographies, Active or honorary members 1995, Lausanne 1995, S. 76.

[378] Vgl. [IOC (Hrsg.)]: Week's Olympic News - Number 195 (19.01.96): (http:// www.olympic.org/news/ehcio195.html, 13.12.97)/ [IOC (Hrsg.)]: Week's Olympic News - Number 196 (26.01.96): (http://www.olympic.org/news/ ehcio196.html, 13.12.97)/ [IOC (Hrsg.)]: Week's Olympic News - Number 254 (7.03.97): (http://www.olympic.org/ news/ehcio254.html, 30.12.97)/ IOC, Report 2004, S. 9f.

Die Tätigkeiten und die Vorgehensweise der 'Evaluation Commission' werden durch die Regel 37 der Olympischen Charta grob umrissen:

> *The[se] commission[s] shall study the candidatures of all candidate cities, inspect all sites and submit a written report on all candidatures to the IOC not later than two months before the opening date of the session which shall select the host city of the Olympic Games.*[379]

Damit ist auch der Kompetenzrahmen der Kommission festgelegt. Das eigentliche Ziel dieses Gremiums ist aber festzustellen, ob die technischen Daten der Bewerbungsunterlagen der Realität entsprechen.[380] Darüber hinaus sollen Informationen eingeholt werden über Bereiche, die in der Bewerbungsschrift unklar oder nur unzureichend beschrieben sind.

Die Arbeit des Gremiums wird von ihrem Vorsitzenden und der IOC-Verwaltung in einer Anzahl von Sitzungen vorbereitet. Organisatorisch werden die Bewerber in Gruppen eingeteilt. Diese sind geographisch bedingt, damit die Reisezeiten und Zeitumstellung so gering wie möglich sind. Für jede Stadt sind drei Arbeitstage eingeplant (vgl. Tab. 11, S. 93). Insgesamt werden in knapp drei Monaten alle elf Städte besucht. Jedes der Mitglieder übernimmt eine besondere Verantwortung für einige der 19 Themenkreise und der 28 Sportarten sowie für den gesamten Abschlußbericht. Für diese Aufgaben müssen sich die Angehörigen der Kommission zunächst in die Bewerbungsunterlagen einlesen.[381] Der Ablauf einer Prüfung ist für jede Stadt gleich.

> *The visits followed a similar format of a combination of detailed briefings on the 19 themes, site visits and individual meetings between the members of the commission and their expert counterparts on the bid committees. Each city was subjected to the same questioning procedure and all themes were dealt with an identical manner.*[382]

---

[379] Chapter V, Bye-Law to Rule 37, in: IOC, Charter 1996, S. 50. In den Ausführungs-bestimmung wird die Aufgabenstellung der Kommissionen für die Sommer- und Winterspiele festgelegt. Daraus resultiert auch der Plural am Zitatanfang.

[380] McGEOCH bestätigt diese Funktion aus der Sicht der Bewerbung Sydneys: „[...] the Evaluation Commission's role was to check out the truth of what candidate cities had put in their bid books." McGEOCH, Bid, S. 206. Laut der Angabe von Pieter de LANGE hat z.B. das Bewerbungskomitee von Atlanta die durchschnittliche Temperatur von 24 Stunden als Tagestemperatur angegeben, um in der Bewerbung die unangenehme Sommerhitze verbergen zu können. Vgl. LANGE, Pieter de: The Games Cities Play. The staging of the greatest socio-economic event in the world - The Olympic Games. From Athens 1896 to Athens 2004, Pretoria 1998, S. 184.

[381] Vgl. IOC. Report 2004, S. 9f.

[382] Ebenda, S. 10.

Nach dem Ende des Besuchs verbleibt den Bewerbern noch genau ein Kalendermonat, um der Prüfungskommission Klarstellungen oder weitere Informationen zukommen zu lassen. [383]

In dem Anschlußbericht der Kommission werden die einzelnen Daten der Städte in tabellarischer Form zusammengefaßt. Zur besseren Vergleichbarkeit sind themenbezogen die Angaben aller Städte jeweils in einzelnen Spalten nebeneinander aufgeführt. Dabei sind alle Änderungen zu den Bewerbungsbüchern kenntlich gemacht, die sich entweder durch zusätzliche oder neue Information des Bewerbungskomitees oder durch die Ermittlung des Prüfungsausschusses ergeben haben.[384] Die Inhalte des Abschlußberichtes und damit auch die Beurteilung der Bewerberstädte werden von den Mitgliedern der Kommission einstimmig abgenommen.[385]

3.4.2 Auswahlkollegium

Die Auswahl der Finalteilnehmer soll laut offiziellem Zeitplan Ende März/ Anfang April 1997 stattfinden. Aufgrund dessen, daß die Stadt Sevilla aus Spanien als Bewerber an dieser Auswahl teilnimmt, hat der spanische Präsident den Vorsitz der Auswahlkommission an den IOC-Vizepräsidenten Marc HODLER übertragen. Der Kommission gehören laut dem Beschluß der 104. Session in Budapest alle Mitglieder des Exekutivrates an, soweit sie nicht einem Land zugehören, die einen Bewerber stellen. Des weiteren gehören zur Kommission der IOC-Nestor, der Vorsitzende der 'Evaluation Commission' und jeweils ein durch den IOC-Präsidenten benannter Repräsentant der IFs und der NOKs an.[386] Jede Stadt darf zu der Vorauswahl sechs offizielle Delegierte und die IOC-Mitglieder des Landes entsenden.[387] Vor der Wahl haben die Bewerber Gelegenheit zu einer Präsentation von 20 Minuten Länge. Diese Darstellung darf ein Video von maximal 5 Minuten beinhalten und durch einen eigenen Techniker unterstützt werden. Im Anschluß kann das Kollegium Fragen an die Delegation stellen. Nach der Präsentation aller Städte wird sich

---

[383] Vgl. ebenda, S. 10.

[384] Vgl. ebenda, S. 11.

[385] Vgl. PALACIOS, Pedro: „Thomas Bach. 'Olympic athletes have a common language beyond generations'", in: Olympic Magazine (June 1997): S. 8.

[386] Vgl. IOC, Manual 2004, S. 12. Die Kommission bestand dann aus folgenden Personen: Alexandre de MERODE, Pál SCHMITT, Richard W. POUND, Anita DEFRANTZ, Kéba MBAYE, Zhenliang HE, Kevan GOSPER, Chiharu IGAYA (alle Mitglieder des Exekutivrates), Jean de LUXEMBOURG (IOC-Nestor), Thomas BACH (Vorsitzender der 'Evaluation Commission'), Erwin LANC (Präsident des Int. Handball Verbandes, Repräsentant der IFs), Hironoshin FURUHASHI (Präsident des japanischen NOKs, Repräsentant der NOKs) und Kipjoge KEINO (Repräsentant der Athleten [!]). Vgl. o. Verf., Candidate 2004, S. 34.

[387] Die Zusammensetzung der Delegationen kann ebenfalls der Olympic Review vom April/ Mai 1997 entnommen werden. Vgl. ebenda, S. 31-33.

das Kollegium beraten und eine Wahl treffen.[388] Im Unterschied zur Vorauswahl um die Spiele 2002 dürfen nun maximal fünf Finalteilnehmer bestimmt werden:

> *In principle, according to the rules, the Selection college has to designate four finalist cities. It may, subject to unanimity, raise this figure to five provided that there are at least seven cities.*[389]

Hintergrund dieser Erweiterung ist, daß einer größtmöglichen Anzahl Kandidaten die Gelegenheit gegeben werden soll, ihre Bewerbung den Mitgliedern auf der Session vorzustellen. Begründet wird dies vom IOC mit der hohen Qualität der Bewerbungen.[390]

3.5 Wahl des Austragungsortes

Die Wahl der Gastgeberstadt für die Olympischen Spiele 2004 findet auf der 106. Session des IOC vom 2. - 6. September 1997 in Lausanne statt. Jeder Stadt wird in dem Konferenzgebäude ein Ausstellungsplatz, ein Presse- und ein Verwaltungsbüro zugewiesen.[391] Zusätzlich wird der Stadt noch ein Ausstellungsraum in dem Hotel zugesprochen, in welchem auch die Teilnehmer der Versammlung wohnen.[392]

Auf der Session haben die Städte noch einmal Gelegenheit, ihre Bewerbung der Versammlung zu präsentieren. Jeder Stadt wird dazu incl. möglicher Fragen des Plenums ungefähr eine Stunde zur Verfügung gestellt. Die Bewerber sind in der Gestaltung dieses Zeitraumes frei. Es wird ihnen die Verwendung beliebiger audiovisueller Mittel freigestellt. Die Städte werden aufgefordert, mit der Verwaltung des IOC zu kooperieren, um den technischen Ablauf der Präsentationen besser koordinieren zu können. Jede Abordnung der Bewerber darf wie bei allen olympischen Versammlungen aus sechs offiziellen Delegierten bestehen. Zusätzlich erlaubt das IOC den Städten vier

---

[388] Vgl. IOC, Manual 2004, S. 12f/ [o. Verf.]: „IOC-Exekutive in Lausanne. Wie das IOC die Olympiastadt 2004 auswählt", in: sid (6.03.97).

[389] [HODLER, Marc]: „The Candidate Cities for the Games of the XXVIII Olympiad in 2004. Speech by Marc Hodler", in: Olympic Review XXVI-14 (April-Mai 1997): S. 34. Diese Entscheidung traf der Exekutivrat am 12.06.1995 in Budapest. Vgl. [o. Verf.]: „IOC-Exekutivkomitee entscheidet: Fünf Bewerber für die Spiele 2004 möglich", in: FAZ (13.06.95).

[390] Vgl. HODLER, Candidate 2004, S. 34.

[391] Vgl. [IOC (Hrsg.)]: 106ᵉ Session CIO. Guide d'accueil. Welcome Guide. Lausanne 2-6 Septembre 1997, [Lausanne 1997], S. 32-35.

[392] Vgl. IOC, Manual 2004, S. 22.

weitere Berater, zwei Techniker und eine Anzahl von Beobachtern.[393] Zur Präsentation der Bewerbung bekommen aber nur die sechs offiziellen Delegationsmitglieder, die vier Berater und die nationalen IOC-Mitglieder einen Platz auf dem Podium und ein Rederecht. Alle Ausführungen der Städte werden protokolliert, und das IOC behält sich eine Genehmigung für die Fernsehübertragung der Präsentationen vor.[394]

Nach der abschließenden Vorstellung der Bewerbungskonzepte durch die Städte, legt die 'Evaluation Commission' in Abwesenheit der Bewerber der Vollversammlung ihren Bericht vor und beantwortet Fragen. Danach folgt die geheime Wahl des Austragungsortes. Diese hat so viele Wahldurchgänge wie nötig sind, damit eine Stadt die absolute Mehrheit erlangt. Bis dahin scheidet pro Runde der Kandidat mit der geringsten Stimmenanzahl aus. Sind nur noch zwei Bewerber übrig, reicht die einfache Mehrheit zur Wahl aus. Im Falle der Stimmengleichheit entscheidet der Sitzungspräsident.[395] Im Anschluß an die Wahl erfolgt eine Zeremonie, die live im Fernsehen übertragen werden darf. Im Rahmen dieser Zeremonie wird das Wahlergebnis vom Präsidenten bekanntgegeben und der 'Host City Contract' vom IOC, der Gastgeberstadt und dem entsprechenden NOK unterzeichnet.[396]

3.6 Verfahrenskritik

Das größte Problem des Wahlverfahrens ist zunächst, daß es Verlierer gibt. Jeder Bewerber sucht in der Bevölkerung nach Unterstützung für seine Kandidatur und täuscht dazu eventuell sogar Wahlchancen vor. Im Falle einer Ablehnung durch das IOC, kommt es von seiten der unterlegenen Städte zum Teil zu bösen Vorwürfen, um von eigenen Mängeln abzulenken.[397] Nur wenige Bewerber kalkulieren das eigene Ausscheiden mit ein und verhalten sich in diesem Moment fair. Dies relativiert auch die anfallende Kritik an dem Wahlverfahren. Bei der Vorauswahl um die Finalteilnehmer äußern sich insbesondere Vertreter von Istanbul und St. Petersburg lautstark und mit harscher Kritik an der Arbeit der Prüfungskommission.[398] Dies überrascht den

---

[393] Die Anzahl der Beobachter ist im 'Manual' nicht weiter spezifiziert: „a number of observers, as specified by the IOC and according to the capacity of the room". Ebenda, S. 14.

[394] Vgl. ebenda, S. 13f.

[395] Vgl. Chapter II, Rule 26 'Procedures', § 1.3, § 1.4 und § 1.5, in: IOC, Charter 1996, S. 35f/ IOC, Manual 2004, S. 14.

[396] Vgl. IOC, Manual 2004, S. 14.

[397] LUNZENFICHTER, Race, (Mai 1997).

[398] Die Kritik des türkischen IOC-Mitgliedes Sinan ERDEM an dem Bericht der Kommission soll dieser lt. WALDBRÖL in einem Gespräch mit Thomas BACH zurückgenommen und diese damit entschuldigt haben, daß sie die Reaktion für die heimische Bevölkerung gewesen sei. WALDBRÖL, Hans-Joachim: „Die Bewerber für

Vorsitzenden der 'Evaluation Commission' Thomas BACH nicht: *„Ich habe immer die Ansicht vertreten, daß wir bei der Vorauswahl Prügel beziehen.“*[399] Bis auf Athen, Buenos Aires, Rio und Sevilla geben alle Bewerber schriftlich *„mehr oder minder freundliche Widerworte“* ab.[400] BACH besteht in diesem Zusammenhang darauf, daß die Wiedergabe der technischen Daten bis auf einen Übertragungsfehler korrekt sei.[401] Das System der Vorauswahl sei besonders gut, da es für die Städte und die weltweite Öffentlichkeit die Entscheidung des Auswahlkollegium verständlich mache. Er führt weiter an, daß auch die Wahlentscheidung der Vollversammlung auf der Basis Prüfungsberichts erfolgen werde.[402] Doch in dem Anschreiben zu dem Bericht bestätigt BACH <u>allen</u> Städten grundsätzlich die Fähigkeit zur Ausrichtung der Olympischen Spiele. Er fügt zwar an, daß die Spiele für die eine oder andere Stadt zu früh kämen, aber die Beurteilung der fünf Finalteilnehmer ist vom Tenor durchweg positiv.[403] Für die IOC-Mitglieder ist daher gewährleistet, daß nur noch technisch machbare, hochwertige Bewerbungen in der Endauswahl stehen und diese auch gleichrangig wählbar sind. Im Gegensatz zu früheren Wahlentscheidungen müssen die Wahlmänner nun nicht mehr die technischen Qualitäten und die mit den Städten verbundenen Risiken abwägen. Die Gefahr, daß eine qualitativ gute Bewerbung mangels Unterstützung ausscheidet, ist nicht mehr gegeben. Nach der Wahl zum Finalteilnehmer müssen die Bewerber ihre technischen Qualitäten nicht mehr beweisen. Die Mitglieder können nun eine rein emotionale oder auch politische Wahl treffen. Es ist fraglich, ob dies positiv oder negativ ist. Verschiedene Kritiker fordern mehr Transparenz bei der Wahlentscheidung und die Wahl aufgrund der erwiesenen Qualitäten der Städte.[404] Damit würden aber mittelfristig die Städte der Dritten Welt als Austragungsort ausgeschlossen.

Einen anderen kritischen Ansatz zeigt LUNZENFICHTER auf. Grundziel sei es gewesen, durch die Einführung der Vorauswahl unnötige Kosten für die Städte zu vermeiden. Tatsächlich, sei aber in dieser Hinsicht kaum etwas passiert, da bis zur Vorauswahl bereits ein Großteil der Ausgaben angefallen sei (*„70% in some cases“*). Im weiteren verweist er darauf, daß die Vorauswahl in der nun

---

    2004 bieten vor der olympischen Vorauswahl große Namen gegen kleingedruckte Daten. Aus elf mach vier, Punkt 13.29 Uhr und 45 Sekunden", in: FAZ (7.03.97).

[399] FISCHER gibt diese Aussage BACHs als Reaktion auf die Kritik Istanbuls wieder. FISCHER, Christoph: „IOC-Exekutive in Lausanne. Bach-Kommission unter massivem Druck. Scharfer Protest Istanbuls/ Thomas Bach: 'Werden Prügel beziehen'", in: sid (4.03.97).

[400] Vgl. WALDBRÖL, Vorauswahl, (7.03.97).

[401] Vgl. ebenda.

[402] Vgl. [o. Verf.]: „Basics Decision. The choice depends on technical merit, says the chair of the IOC Evaluation Commission", in: SporTVision 119 (Juni 1997).

[403] Vgl. IOC, Manual 2004, S. 7f und 17-79.

[404] Vgl. RITTBERGER, Komitee, S. 143/ HILL, Politics, S. 247.

zweimalig durchgeführten Form bereits jetzt an ihre Grenzen gestoßen sei. Bedingt durch die hohe Zahl der Bewerber hat die Prüfungskommission in *„more than 100 days"* elf Städte besuchen und mehr als 10.000 Seiten Informationen bearbeiten müssen.[405] Jeder Stadt habe man einen Besuch von drei Tagen zugestanden. *„Indeed how could a delegation consisting of people who know nothing about the habits and customs of the visited city form its view about its Olympic potentials in just three days."*[406] LUNZENFICHTER unterstellt, daß sich in Zukunft mehr Städte an dem Auswahlverfahren beteiligen werden, die nur an dem Werbeeffekt und gar nicht an der Austragung der Olympischen Spiele interessiert sind. Deshalb werde sich, so schätzt er, die Anzahl der Bewerber um die Spiele 2008 massiv erhöhen. Bei einer angenommenen Anzahl von 15 oder 20 Bewerbern bedeute dies, daß sich der Aufwand für die Kommission auf mehr als 200 Tage erhöhen werde. Er fordert deshalb eine Änderung des Verfahrens:

> *Therefore a solution must be found to refuse entry to cities which unfortunately, do not have a chance to pursue the bid. There should be qualification criteria which could apply even before putting together the candidature file.*[407]

Auch Richard W. POUND, Vizepräsident des IOC *„kann sich eine Modusänderung vorstellen: 'Wir machen neue Erfahrungen und orientieren uns daran. [...] Ich hätte keine Zeit, elf Olympiabewerber in sechs Monaten zu besuchen."*[408]

---

[405] Hier übertreibt er etwas. Es sind insgesamt vom 16.09.96 (St. Petersburg) bis zum 10.12.96 (Kapstadt) genau 86 Tage. Vgl. LUNZENFICHTER, Race, (Mai 1997).

[406] Ebenda. Auch BACH erkennt durchaus Probleme bei der Vorauswahl. Er sieht die Kommission in der Prognose der Entwicklungen von elf unterschiedlichen Volkswirtschaften stark gefordert und versucht dem auszuweichen, indem er sich auf nachprüfbare technische Daten stützen will. Vgl. [o. Verf.]: „Auf Inspektion für das IOC: Thomas Bach beurteilt die Kandidaten für 2004. Olympische Reise um die Welt in 52 Tagen", in: FAZ (13.09.96).

[407] Vgl. LUNZENFICHTER, Race, (Mai 1997).

[408] Diese Aussage POUNDs zu dem System der Vorauswahl wird von FISCHER als Beitrag zur Diskussion um die Vorauswahl wiedergegeben. FISCHER, Christoph: „IOC-Auswahlkommission in Lausanne. Fünf Städte kämpfen um Olympia 2004. Großer Erfolg für Bach-Kommission/ Afrika winkt erstmals Olympia", in: sid (7.03.97).

4.　MUSTERBEWERBUNG SYDNEY

Anhand der Bewerbung Sydneys um die Olympischen Spiele 2000 soll in diesem Kapitel aufgezeigt werden, durch welche Vorgehensweise eine erfolgreiche Bewerbung in dem vorgenannten Wahlmodus der 90er Jahre charakterisiert ist. Es soll gezeigt werden, daß Sydneys Bewerbung gewissermaßen das Musterbeispiel für die Kandidaturen der 90er Jahre ist. Sogar das IOC empfiehlt den Bewerbern Sydney als Musterbeispiel. Damit hat diese Bewerbung zwangsläufig eine Vorbildfunktion für die Bewerbungen um die Spiele 2004. Es ist ein glücklicher Umstand, daß gerade für die Kandidatur Sydneys eine

Abb. 14: Emblem der XXVII. Olympischen Spiele in Sydney

ausführliche und sachliche Beschreibung des Ablaufs und der Organisation durch das Buch 'Bid' von Rod McGEOCH, dem ehemaligen CEO des Bewerbungskomitees vorliegt. Dieses Dokument ist die Basis für die folgende Untersuchung. Eine Kontrolle der Angaben McGEOCHs ist aufgrund der begrenzten Quellenlage nur beschränkt möglich. In diesem Rahmen ist aber hauptsächlich die allgemeine Konzeption der Bewerbung und ihre Umsetzung wichtig, für die McGEOCH verantwortlich gewesen ist. Damit kann die Quelle als wertvoll und zuverlässig gelten. Darüber hinaus bestätigen die Ergebnisse der Untersuchung des 'Independent Examiner for SOCOG' eine Reihe der Angaben, die McGEOCH in seinem Buch macht.[409] Wegen der zum Teil aber mangelnden Überprüfbarkeit muß die Verwendung der Quelle demnach besonders vorsichtig erfolgen.

Die Bewerbungen haben sich seit den Olympischen Spielen 1984 drastisch verändert (vgl. auch Kap. 2.2.4). Mit der Erkenntnis, daß man durch die Ausrichtung der Spiele auch Geld verdienen kann, vermehrt sich die Anzahl der Kandidaten enorm. In einer Phase der weltweiten Rezension bieten die Spiele den Städten eine Option auf wirtschaftlichen Aufschwung. Unter diesen Bedingungen verschärft sich die Rivalität zwischen den Konkurrenten, und es wird auch bereits von einem 'bidding war' gesprochen.[410] Die Städte lassen sich von Marketingunternehmen beraten und verbessern ihre Bewerbungstechniken von Wahl zu Wahl. Die Stadt Atlanta erarbeitet als erste eine

---

[409] Vgl. SHERIDAN, Report und McGEOCH, Bid.
[410] Vgl. LANDRY, IOC Vol. III, S. 83.

passende Vorgehensweise für die veränderten Bewerbungsbedingungen. Der Schlüssel zum Sieg in dem harten Konkurrenzkampf der Städte ist der persönliche Kontakt sowie das Vertrauen zwischen dem 'Lobbyteam' eines Kandidaten und den einzelnen IOC-Mitgliedern.[411] Der Sieg Atlantas über den scheinbar übermächtigen Konkurrenten Athen basiert schließlich auf der konsequenten Umsetzung dieser Strategie. Die Wandlung des IOC zu einem Franchisegeber, der sein Produkt über einen Vertragspartner vermarkten will (vgl. Kap. 3), macht die Kommunikation zwischen den Partnern zu einem essentiellen Faktor. Von nun an wird es zur Hauptaufgabe der Bewerbungskomitees, die Olympischen Spiele als einen wirtschaftlichen und organisatorischen Großauftrag zu akquirieren. McGEOCH bemerkt zu den dafür notwendigen unternehmerischen Aktivitäten:

> *You can't run a business [...] and stay at your desk from nine to five with your head down. You don't just hire a public relations company and an advertising agency and hope for the best. You'll come second. You have to do it yourself, you have to set about making genuine, long-term friendships. It make sense. People do want to do business with people they like.*[412]

Das Verständnis, daß die Bewerbung um die Spiele eine wirtschaftliche Unternehmung ist, prägt die entschiedene Vorgehensweise Sydneys.

Es ist offensichtlich, daß Sydney dabei die erfolgreiche Bewerbungsmethode Atlantas weiterentwickelt und optimiert hat: *„The Sydney team, like any sensible people in business, studied how the experts had done it before us.“*[413] Nach der erfolgreichen Bewerbung Sydneys um die Spiele 2000 wird die australische Kandidatur zum Modell für alle folgenden Bewerbungen. McGEOCH berichtet: *„After we won it became obvious that we were the case study for every new city wishing to bid for <u>any Games</u>, indeed, I was even consulted by Christchurch for a Winter Bid by New Zealand!“*[414] Auch das IOC erkennt in der Bewerbung Sydneys und in ihren Vorbereitungen auf die Spiele ein Modell für die nachfolgenden Kandidaten. Im Bericht der 'Evaluation Commission' über die Bewerber um die Spiele 2004 werden neben den Budgetplanungen der elf Kandidaten noch zusätzlich die Angaben Sydneys für die Spiele 2000 als Referenz ausgegeben. Im April 1997 lobt der Vorsitzender der 'Coordination Commission for the Games of the XXVII Olympiad in Sydney', Jacques ROGGE, die Vorbereitungen der Stadt als vorbildlich für

---

[411] Vgl. McGEOCH, Bid, S. 79.
[412] Ebenda, S. 80.
[413] Ebenda, S. 79.

zukünftige Gastgeberstädte. Insbesondere die intensive Unterstützung der Regierung wird von ROGGE hervorgehoben:

> *The Sydney blueprint we see is the close association between governmental support financially and what I call value in kind ... everything the government can offer to have good Games.* [415]

Im folgenden wird ein Überblick über den Bewerbungsverlauf Sydneys gegeben, um die Vorbildhaftigkeit der australischen Bewerbung an konkreten Vorgehensweisen zu belegen.

4.1 Vorbewerbungsphase

Bereits in den 70er Jahren gibt es konkrete Gedanken für eine Bewerbung Sydneys um die Sommerspiele 1988. Eine Kandidatur wird aber schließlich nicht unternommen, da die Infrastruktur der Stadt zu diesem Zeitpunkt nicht den Anforderungen Olympischer Spiele genügt hätte.[416] Die Idee Austragungsort zu werden, wird aber in der Folgezeit weiterverfolgt, und es wird geprüft, welche Voraussetzungen für eine Kandidatur notwendig sind. Nachdem die beiden australischen Bewerbungen um die Olympischen Spiele 1992 (Brisbane) und 1996 (Melbourne) scheitern, wird Sydney aktiv und kann dabei auf die eigenen früheren Planungen zurückgreifen. Einen Monat nach der Wahlniederlage Melbournes gegen Atlanta wird in Sydney bereits eine Machbarkeitsstudie für Olympische Spiele im Jahr 2000 erstellt.[417] In dem Bericht der Prüfungskommission wird vorgeschlagen, daß Sydney zur Unterstreichung der Ernsthaftigkeit seines Interesses sofort mit dem Bau von zwei Sportstätten beginnen sollte.[418] Am 16. November 1990 entscheidet sich das australische NOK (AOC) in einer vorläufigen Entscheidung für die Bewerbung Sydneys.[419]

Im Hinblick auf eine mögliche Kandidatur bemüht sich die Stadt bereits zu diesem Zeitpunkt um die Ausrichtung internationaler Veranstaltungen im Rahmen der Olympischen Bewegung. Im Jahr 1990 erhält Sydney den

---

[414] McGEOCH, Stellungnahme, S. 1.

[415] Zitiert nach: [IOC (Hrsg.)]: Week's Olympic News - Number 261 (25.04.96): (http://www.olympic.org/news/ehcio261.html, 30.12.97).

[416] Vgl. McGEOCH, Bid, S. 30.

[417] Es handelt sich dabei um die 'Feasibility study' des sogenannten 'Bruce Baird's committee'. Bruce BAIRD war der damalige Verkehrsminister der Regierung von South New Wales. Die Studie sagte einen Gewinn von 53 Mio. A$ voraus. Vgl. McGEOCH, Bid, S. 33.

[418] Vgl. ebenda, S. 34.

[419] Vgl. ebenda/ SHERIDAN, Report, 7.

Zuschlag für die Ausrichtung des 'Annual meeting of GAISF' im Oktober 1991. Diese Konferenz wird im Durchschnitt von ungefähr 20 IOC-Mitgliedern besucht und bietet der Stadt die erste Möglichkeit, seine Kandidatur zu präsentieren.[420]

Die Bewerbung beginnt damit bereits zehn Jahre vor der möglichen Austragung der Spiele. Frühzeitig koordinieren das AOC, die Stadt und das Land ihre Vorgehensweise und können im zehnten und neunten Jahr vor den Spielen die Zeit zur Vorarbeit für die offizielle Bewerbung nutzen.

4.2 Offizieller Bewerber des australischen NOK

Am 1. Mai 1991 schließen das AOC, die Stadt Sydney und das Land New South Wales (NSW) einen 'Endorsement Contract', der die Pflichten, Rechte und Zuständigkeiten der drei Parteien während der Bewerbungsphase und für den Fall einer erfolgreichen Kandidatur festschreibt.[421] Knapp ein Jahr später (15. April 1992) wird die Kandidatur Sydneys offiziell beim IOC registriert. Ab diesem Zeitpunkt beginnt die formelle Bewerbungsphase, welche mit der Wahl des Austragungsortes am 23. September 1993 in Monte Carlo endet.[422] Neben Sydney bewerben sich noch Berlin, Brasilia, Istanbul, Mailand, Manchester, Peking und Taschkent.[423]

4.2.1 Aufbau Bewerbungskomitee

Im Juni 1991 wird die 'Sydney Olympics 2000 Bid Ltd' (nachfolgend 'Bid Company' genannt) als 'public company' ins Handelsregister eingetragen.
The primary functions of the Bid Company were to:
- *'prepare, submit, prosecute and promote a bid to the International Olympic Committee [...],'*
- *'promote and enhance the reputation of, and the interest of the citizens of Sydney, the rest of New South Wales and the rest of Australia with a view to improving and supporting the chances of the right to host the Games of the XXVIIth Olympiad in Sydney, [...]'[424]*

---

[420] Vgl. McGEOCH, Bid, S. 52.
[421] Vgl. SHERIDAN, Report, S. 7.
[422] Vgl. LYBERG, 100 Years, S. 260.
[423] Brasilia, Mailand und Taschkent ziehen allerdings ihre Bewerbung noch vor der Abstimmung wieder zurück. Vgl. McGEOCH, Bid, S. 196 und 271/ IOC, Report 2000, S. 3.
[424] SHERIDAN, Report, S. 8.

Mit der Zuweisung der Aufgaben zeigt sich deutlich, daß die 'Bid Company' zwei Ziele verfolgen soll. Zum einen soll es die Bewerbung erfolgreich beim IOC durchsetzen und zum anderen soll es speziell die Interessen Sydneys und allgemein die Australiens vertreten. Von der Wahrung oder gar Förderung der olympischen Ideale ist bezeichnenderweise noch keine Rede.

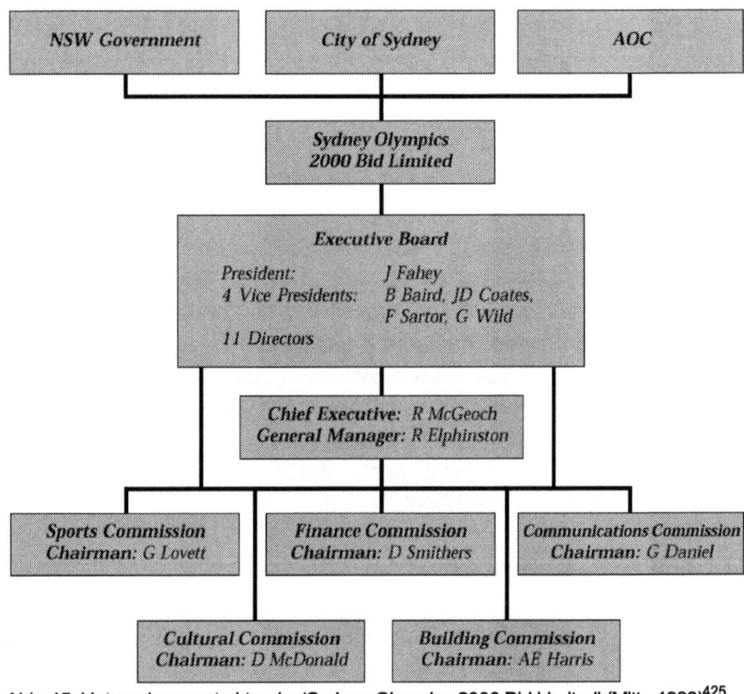

Abb. 15: Unternehmensstruktur der 'Sydney Olympics 2000 Bid Limited' (Mitte 1993)[425]

In bezug auf die Managementstruktur (vgl. Abb. 15, S. 104) wird festgelegt, daß der jeweilige Premierminister des Staates New South Wales grundsätzlich Präsident der 'Bid Company' und später auch des Unternehmensvorstandes wird.[426] Dies zeigt, daß der Premierminister eine bedeutende Rolle in der Kandidatur Sydneys spielt. Die Geschäftsführung wird öffentlich ausgeschrieben. Ausgewählt wird schließlich der Rechtsanwalt Rod McGEOCH, der sich für den Zeitraum der Bewerbung um die Spiele aus seiner Sozietät zurückzieht.[427] Insgesamt achten die drei Partner (AOC, Sydney und NSW)

---

[425] Entnommen aus: SHERIDAN, Report, Appendix D, S. 9.
[426] Vgl. ebenda/ McGEOCH, Bid, S. 45.
[427] Vgl. ebenda, S. 23.

auf Kontinuität in der Führung des Unternehmens, da dies beim IOC hoch geschätzt wird: *„The Olympic family likes continuity in the people they deal with in a city which is going to host a Games."*[428]

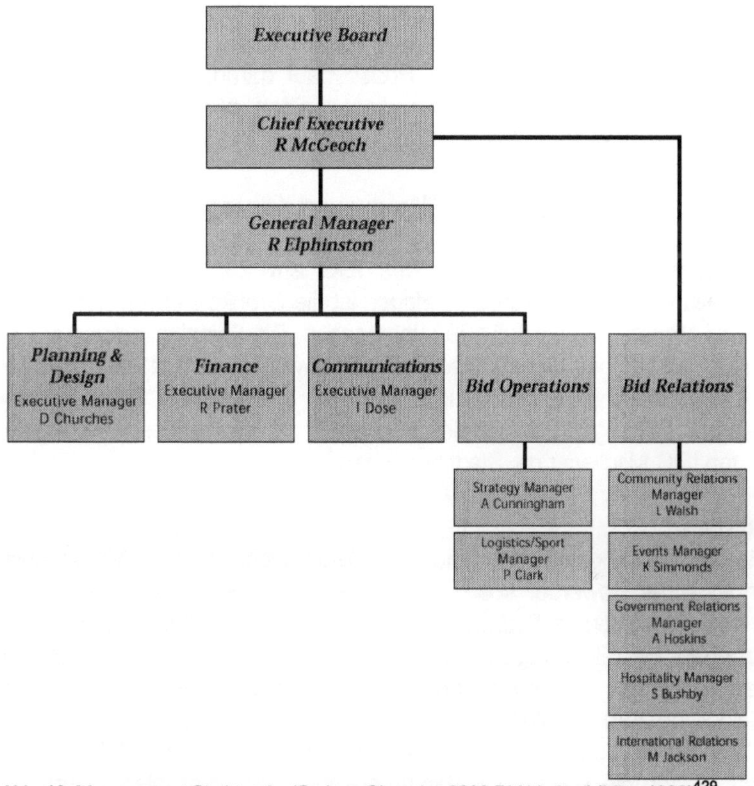

Abb. 16: Management-Struktur der 'Sydney Olympics 2000 Bid Limited' (Mitte 1993)[429]

Bei der Zusammenstellung des Bewerbungsteams (vgl. Abb. 16, S. 105) setzt McGEOCH konsequent auf Fähigkeit statt auf Empfehlungen von Regierungsmitgliedern und vermeidet damit, daß die Qualität der Besetzung abgemindert wird.[430] Dazu versucht er, die Bürokratie einer öffentlichen Behörde zu vermeiden: *„We had to create a whole structure in the office. My*

---

[428] Vgl. ebenda, S. 45 und 182.
[429] Entnommen aus: SHERIDAN, Report, Appendix D, S. 10.
[430] Vgl. McGEOCH, Bid, S. 41.

philosophy was keep things small and enthusiastic. I was determined that we were not going to get bureaucratic."[431]

Die Planungen Sydneys bauen auf einem Strategiepapier 'Outline for Sydney Strategic Plan' des AOC Präsidenten John COATES vom April 1991 auf.[432] Die Bewerbung der Stadt läßt sich in zwei Abschnitte unterteilen. Die erste Phase besteht aus der Planung und der Erstellung eines Konzeptes für die weitere Bewerbung. Die zweite Phase baut darauf auf und beinhaltet die Umsetzung. Im folgenden sollen diese beiden Abschnitte der Bewerbung differenziert dargestellt werden.

4.2.2 Bewerbungsphase 1: Planung und Konzeption

Ausgehend von dem Briefing des IOC am 23. Mai 1992 betreffs der Gestaltung der Bewerbungsunterlagen ist die Grobkonzeption der Bewerbung für die Monate Mai bis Juli 1992 vorgesehen. Die Feinabstimmung soll bereits im September beendet sein, so daß die Bewerbungsunterlagen anschließend ins Französische übersetzt und noch vor Weihnachten (Abgabetermin ist Februar 1993) gedruckt werden können.[433] Ab November 1992 werden die ersten IOC-Mitglieder die Stadt besuchen.[434]

Studien

Eine Machbarkeitsstudie und die Untersuchung der Vorgehensweise erfolgreicher Bewerber sowie die Erstellung resultierender Studien sind die ersten Aktivitäten in Sydney (vgl. Kap. 4.2.1). Das Bewerbungsteam kann dabei auf die reichhaltigen Erfahrungen der australischen IOC-Mitglieder und des AOC bei den beiden gescheiterten Kandidaturen von Brisbane und Melbourne zurückgreifen.[435] Daneben werden aber auch Besprechungen mit führenden Vertretern der Bewerbung Atlantas geführt.[436] McGEOCH führt aus, daß gerade die Bewerbung der amerikanischen Stadt interessant gewesen sei, da sich diese bei den IOC-Mitgliedern gegen den offensichtlichen Wunsch der sogenannten 'Powerbroker' (vgl. Kap. 2.6.1) durchgesetzt habe: *„There was no doubt that the leadership of the movement wanted Athens to have those Games.*"[437] Daraus folgt für ihn, *„a skilful lobby team could beat the*

---

[431] Ebenda, S. 46.
[432] Vgl. SHERIDAN, Report, S. 8.
[433] Vgl. McGEOCH, Bid, S. 134f. Obwohl die gesetzten Fristen extrem kurz gewählt sind, berichtet McGEOCH, daß von den meisten der so frühzeitig erstellten Planungen nicht mehr abgewichen werden mußte. Vgl. ebenda, S. 50.
[434] Vgl. SHERIDAN, Report, S. 9.
[435] Vgl. McGEOCH, Bid, S. 301.
[436] Vgl. ebenda, S. 81 und 83.
[437] Ebenda, S. 34.

power brokers of the Olympic movement."[438] Die Marketingkampagne Atlantas wird damit als entscheidender Faktor für den Erfolg der Bewerbung erkannt. Da die herausragenden Abschlußpräsentationen den australischen Städten bei ihren Kandidaturen nicht den erhofften Nutzen erbracht haben, wird daraus gefolgert, daß es notwendig ist, die Zustimmung der IOC-Mitglieder bereits während der Bewerbungszeit zu gewinnen.[439] Auch das Team und seine Zusammensetzung hat auf den Wahlausgang eine besondere Bedeutung.

> *The Atlanta bid and Sydney's success confirmed the importance of having the right team. This will be critical for any city wanting to host the Games. The bid team has to be young enough so that the IOC members believe the bidders will still be around for the Games themselves - but they can't be so young that they are inexperienced. They have to be good presenters - basically in their field, the cream of the city's business, cultural and sporting communities.*[440]

Des weiteren ist es wichtig, daß die Stadt die Ernsthaftigkeit ihrer Kandidatur durch eine ständige Präsenz bei allen wichtigen Veranstaltungen der Olympischen Bewegungen unterstreicht. Die Fähigkeit der Stadt zur Austragung Olympischer Spiele muß durch die technische Qualität der Konzeption belegt werden. Darüber hinaus sollten die IOC-Mitglieder durch die Gastfreundlichkeit der Bewerberstadt beeindruckt werden und für sich selbst den Wunsch entwickeln, zu den geplanten Spielen wieder in die Stadt zu kommen.[441]

Neben den Untersuchungen der Vorgehensweise ehemaliger Bewerber stellt das Bewerbungsteam Sydneys in einer weiteren Analyse auch die besonderen Vor- und Nachteile der eigenen Stadt fest.[442]

Erstellung Strategie

Aus den vorgenannten Punkten erarbeitet nun das Bewerbungskomitee ein Konzept, das die besonderen Eigenschaften der vorherigen erfolgreichen Bewerber mit den Spezifika Sydneys verbindet. Diese Arbeit basiert auf dem Verständnis der Komiteemitglieder, daß die Bewerbung eine *„sophisticated international marketing exercise"* ist.[443] McGEOCH faßt die resultierende Strategie des Bewerbungsunternehmens in kurzen Worten zusammen: *„Our*

---

[438] Ebenda, S. 35.
[439] Vgl. ebenda
[440] Ebenda, S. 302.
[441] Vgl. ebenda, S. 49.
[442] Vgl. ebenda, S. 50.
[443] Ebenda, S. 66.

strategy had two major arms - preparing our Olympic plan and selling the bid.“[444]

Die Ausarbeitung eines 'Olympic plan', das heißt eines Konzepts zur Veranstaltung Olympischer Spiele in Sydney, wird damit zur Grundvoraussetzung für die 'Verkaufswerbung' des Komitees.[445] Der 'Olympic plan' Sydneys wird zum Verkaufsprodukt und die IOC-Mitglieder der primäre Zielmarkt, da sie letztendlich die einzigen potentiellen 'Käufer' sind.[446] Daneben definiert das Komitee zwei weitere Zielmärkte. Der erste wird durch die IFs, die 'olympischen Medien', die Athleten und die anderen Mitglieder der Olympischen Bewegung gebildet. Diese können die IOC-Mitglieder stark in ihrer Wahl beeinflussen. Der zweite Markt ist die politische und wirtschaftliche Gesellschaft Sydneys und Australiens, der Staat New South Wales und die nationalen Sportverbände. Dieser Bereich muß die Bewerbung befürworten und finanziell unterstützen.[447]

Das Marketingkonzept Sydneys besteht aus drei wesentlichen Elementen. Dies sind die Vermittlung der Fähigkeit Sydneys zur Austragung der Spiele, die Vermittlung der Verbundenheit mit dem Olympismus und ein Bündel von Werbemaßnahmen mit innovativen Anreizen (*„such as travel subsidisation“*).[448]

McGEOCH sieht Sydney und die Mitbewerber um die Spiele 2000 zunächst als grundsätzlich gleichwertig. Wenn die Produkte aber eine gleiche Qualität haben, folgert McGEOCH, muß sich das eigene Werk anderweitig von den anderen unterscheiden, um gekauft zu werden. Für diesen Zweck wird das Produkt mit einem hehrem Ziel verbunden. Es liegt dann in der Fähigkeit des Verkäufers, den Kunden zu überzeugen, daß der Produzent nicht nur verkaufen will, sondern mit seinem Werk auch für eine Vision steht.[449]

> *The modern marketing edge is gained by trying to convince the customer that your product and the company behind it stands for something more than just a consumer item - that the company has a higher mission than just putting its hands in customers' pockets.*[450]

---

[444] Ebenda, S. 49. Der Strategieplan des Unternehmens wurde am 16. September vom Vorstand genehmigt. Vgl. SHERIDAN, Report, S. 8.

[445] McGEOCH unterstreicht den eigenen Anspruch an anderer Stelle noch: „Our first goal was to submit to the IOC what would be the best bid proposal of all competitive cities.“ McGEOCH, Bid, S. 49.

[446] Vgl. ebenda, S. 50.

[447] Vgl. ebenda.

[448] Vgl. ebenda, S. 50.

[449] Vgl. ebenda, S. 67.

[450] Ebenda.

Aufgrund der Verantwortlichkeit der IOC-Mitglieder zur Aufrechterhaltung der Ideale und Traditionen der Olympischen Charta, verknüpft McGEOCH deshalb das Image der Bewerbung mit den olympischen Idealen.[451]

Zur Umsetzung der von McGEOCH formulierten Vorgabe muß das gesamte Marketingteam eine klare Vorstellung von dem Image des Produktes haben und es auch dem Kunden vermitteln können. Durch die gleiche Darstellung wird zudem im Team eine gemeinschaftliche Identität (Corporate Identity) erzeugt. Damit grenzt man sich auch von den anderen Bewerbern ab. Dabei sind Stil und Ton des Auftretens ganz wichtig. Den Aufbau der Corporate Identity unterstützen auch äußerliche Merkmale. Dazu gehört der Bewerbungsslogan ('Share the spirit') und das Logo (vgl. Abb. 17, S. 109), welches idealerweise die Vision der Bewerbung graphisch darstellen soll.[452]

> I [McGEOCH, d. Verf.] *wanted people to go away thinking that whenever they saw the Sydney bid it was not just about saying Sydney's best - we were all there for a greater cause.*[453]

4.2.3   Bewerbungsphase 2: Verkauf der Bewerbung

Nachdem das Produkt, die Bewerbung Sydneys, den Wünschen der IOC-Mitglieder angepaßt worden ist, beginnt nach Planungsabschluß im September 1991 der Verkauf der Bewerbung.

Eine grundsätzliche Voraussetzung für eine Kandidatur ist eine allgemeine Zustimmung für das Projekt in der

Abb. 17: Emblem 'Sydney 2000'

Bevölkerung. Die Opposition zu der Kandidatur sucht die 'Bid Company' durch direkte Gespräche abzuschwächen.[454] Da die Kandidatur zu einem Großteil privat finanziert werden soll, ist es wichtig, Sponsoren zu gewinnen und ihnen auch für ihr finanzielles Engagement einen Gegenwert zu bieten.[455] Im Grunde gibt es nichts, das die Sponsoren als Objekt kaufen. Es ist daher notwendig, die Sponsoren über den Fortgang der Bewerbung zu informieren und einen guten Kontakt mit ihnen zu halten. Damit soll den Spendern das Gefühl

---

[451] Vgl. ebenda.

[452] Vgl. ebenda, S. 66f. Ob das Logo die Vision der Bewerbung umsetzt, mag angezweifelt werden.

[453] Ebenda, S. 72.

[454] Vgl. ebenda, S. 146f. Auch die Einbeziehung von Greenpeace als gestaltende Gruppe in der Bewerbung unterstreicht diese Herangehensweise. Vgl. ebenda, S. 140.

[455] Vgl. ebenda, S. 123 und SHERIDAN, Report, S. 25.

vermittelt werden, daß ihr Geld sinnvoll verwendet wird.[456] Dies ist insbesondere deshalb wichtig, da es neben einmaligen auch dauerhafte Sponsoren gibt, die ebenfalls die Verwendung ihrer Zuwendungen überprüfen möchten. Für alle vorgenannten Kreise werden immer wieder spezielle Werbe- und Informationsveranstaltungen durchgeführt.[457]

Vermittlung technische Qualitäten

Die technischen Inhalte und die Qualität einer Kandidatur werden zunächst über die Bewerbungsunterlagen und im weiteren durch die folgende Bewertung der IOC-Prüfungskommission an die IOC-Mitglieder vermittelt. Insbesondere die Ausarbeitung der Dossiers sind deshalb von entscheidender Bedeutung für die Kandidatur, da sie die wichtigste Information für den Kunden ist und die Bewerbung repräsentiert: *„This books represents our application.“*[458] Obwohl die äußere Form und der Inhalt der Dossiers durch die Richtlinien des IOC festgeschrieben ist, fordert McGEOCH von seinen Mitarbeitern, *„there was no way we were going to be beaten on either the look or the content of our books.“*[459] Wieder sind die Unterlagen Atlantas der Maßstab für Sydney.[460] Für das Design des Dossiers wird eine eigene Ausschreibung gemacht und die Kosten der drei Bände belaufen sich schließlich auf 600.000 A$.[461] Bei den Olympischen Spiele 1992 in Barcelona vergleicht ein 56-köpfiges Team das Konzept Sydneys mit der Organisation und den Sportstätten des Veranstalters Barcelona. Ein Athletenbeirat unterstützt die Spezialisten und bringt die notwendige Praxisnähe.[462] Um die besondere Qualität der Sportstätten und Planungen zu demonstrieren, versucht das Komitee noch vor dem Druck des Dossiers, die Zustimmung aller 25 IFs zu bekommen.[463]

Neben dem Sportkonzept kann auch das Finanzkonzept der Kandidaten ein mögliches disqualifizierendes Kriterium sein. Die größte Sorge des IOC ist die finanzielle Fehlplanung eines gewählten Austragungsortes. Damit die Finanzplanung Sydneys bei den IOC-Mitgliedern Vertrauen genießt, gleicht die

---

[456] Vgl. McGEOCH, Bid, S. 113.
[457] Vgl. ebenda, S. 48.
[458] Ebenda, S. 204.
[459] Ebenda, S. 192.
[460] Bei der Erstellung läßt sich das Team Sydneys durch den ehemals Verantwortlichen für die Bewerbungsbücher Atlantas Jack PINKERTON beraten. Vgl. ebenda, S. 133.
[461] Interessanterweise gibt McGEOCH die Kosten für die Bewerbungsbücher Melbournes mit 1,0 Millionen A$ an. Scheinbar haben die Richtlinien des IOC doch eine erhebliche Kostenreduktion bewirken können. Vgl. ebenda, S. 192.
[462] Vgl. ebenda, S. 150.
[463] Vgl. ebenda, S. 93.

Finanzkommission ihre Planungen mit der Marketingabteilung des IOC und dem kanadischen IOC-Mitglied Richard W. POUND ab.[464]

Um fehlerhafte oder taktisch ungünstige Aussagen zu vermeiden, werden alle Entwürfe für die Bewerbungsbücher dem AOC zur Kontrolle übergeben. Erst nach dessen Zustimmung werden die einzelnen Passagen zum Druck freigegeben.[465] Die 'Enquiry Commission' des IOC konstatiert schließlich in ihrer Bewertung der Kandidatur Sydneys besondere Qualitäten:

> *The Commission's visit was well organized reflecting a professional team with much experience and well thought-out planning. [...] The bid offers conditions over and above what is required by the IOC.*[466]

Auftreten

Einer der ersten Punkte, die laut McGEOCH bei der Olympischen Bewegung aufgefallen seien, ist der Grad an Formalitäten und Zeremonien gewesen, welche die bedeutenden IOC-Meetings umgeben. *„The IOC takes them very seriously and everything is organised - down to the last detail."*[467]

Für das Auftreten bei diesen Veranstaltungen und den Inhalt der Reden definiert McGEOCH verschiedene Verhaltensregeln: *„There were certain rules of conduct when speaking at these events. You never criticised the other bids. You never said, 'We're the best."*[468] Statt dessen gelte es einen erhabenen, idealistischen Standpunkt zu olympischen Fragen, der Olympischen Familie, dem olympischen Geist und den Wettbewerb um die Olympischen Spiele zu vertreten.

McGEOCH ist überzeugt, daß unfaires Verhalten gegenüber einem Mitbewerber auf den Verursacher negativ zurückfalle. *„Bidding is a very secret affair with all sorts of long standing conventions."*[469] Niemals dürfe eine Konkurrent öffentlich kritisiert werden, auch sei vergleichende Bewerbung untersagt und die Aussage, daß man gewinnen werde, verboten. Das Team müsse dagegen ein besonderes Image der Bewerbung transportieren. Er faßt die gewünschten und unerwünschten Attribute zusammen:

---

[464] Da es zu diesem Zeitpunkt noch keine Verträge mit den Fernsehanstalten für die Spiele 2000 gegeben hat, stimmt sich die Finanzkommission Sydneys mit Dick POUND, ein Experte im IOC für diesen Bereich, ab. In der Marketingabteilung des IOC ist hauptsächlich Michael PAYNE Ansprechpartner der Australier. Vgl. ebenda, S. 186f.
[465] Vgl. ebenda, S. 191.
[466] IOC, Report 2000, S. 63.
[467] McGEOCH, Bid, S. 57.
[468] Ebenda, S. 71.
[469] Ebenda, S. 220.

I [McGEOCH, d. Verf.] *wrote that we were:*
• *organised (as to venues, our office, the city and the government)*
• *youthful*
• *vibrant*
• *business-like but fun*
• *friendly to both visitors and new settlers*
• *casual*
• *proud and independent*
• *fair-minded*
• *aware of the Olympic ideal and the honor* [sic] *of hosting the Games*
• *prepared to share the spirit*

We were not:
• *European or British*
• *aggressive*
• *manipulative*
• *xenophobic*
• *impatient for the Games*
• *unaware of the importance of the Games* [470]

Auch das Verhalten des Lobbyteams im direkten Kontakt mit den IOC-Mitgliedern schreibt McGEOCH bzw. das Komitee explizit fest. So reisen die Vertreter der Bewerbung immer dann mit ihren Ehepartnern, wenn auch die IOC-Mitglieder zu dem jeweiligen Anlaß mit ihren Partnern erscheinen.[471] Die Hauptaufgabe des Lobbyteams besteht darin, darauf zu warten, daß es Kontakte zu den IOC-Mitgliedern knüpfen kann. Dabei besteht die Gefahr, daß die Lobbyisten zu aufdringlich werden oder zumindest wirken. Deshalb gilt im australischen Team, daß man kein Mitglied beim Frühstück, im Lift, oder quer über die Hotellobby ansprechen darf.[472]

Zwar verordnet McGEOCH der Bewerbung das Attribut der Fairneß und will mit Aggressivität und Manipulation nicht in Verbindung gebracht werden, um dem Verhaltenskodex des IOC zu entsprechen, doch intern gibt es auch andere Bestrebungen. Als sich die Bewerbung Pekings bei den IOC-Mitgliedern durchzusetzen scheint, gibt der CEO Mitte 1992 eine Analyse über die Stärken und Schwächen der Bewerbung Pekings in Auftrag.[473] Auf der

---

[470] Ebenda, S. 73.
[471] Vgl. ebenda, S. 125.
[472] Vgl. ebenda, S. 92 und 129.
[473] Vgl. ebenda, S. 223.

Basis dieser Untersuchung plant McGEOCH eine PR-Aktion, welche die ökonomischen, ökologischen und menschenrechtlichen Probleme der Bewerbung Chinas offenlegen sollte. Damit die Kampagne nicht auf Sydney zurückgeführt werden kann, soll sie von London oder New York aus geführt werden. Konkret wird Ende 1992 die Gründung einer Menschenrechtsgruppe geplant. Des weiteren soll ein Buch mit dem Titel 'The So-called Suitable Candidate' einen Monat vor der Abstimmung im September 1993 herausgegeben werden.[474] Nach einer Besprechung mit dem australischen IOC-Mitglied Kevan GOSPER und dessen Rücksprache mit dem Premierminister von NSW muß McGEOCH aufgrund eines Beschlusses des Exekutivrats seine Pläne aufgeben.[475] McGEOCH reagiert verärgert:

> *I got very firm at the meeting because I didn't agree with them* [der Exekutivrat, d. Verf.]. *I argued that we had millions of dollars in corporate money riding on our performance. Our supporters all wanted to win. [...] Look out if we lose, because if there's one or two votes in it, we'll all have to bear the responsibility of not doing everything we could.*[476]

An dieser Stellungnahme McGEOCH bestätigt sich, daß der Verhaltenskodex des IOC nur als verkaufsförderndes Argument eingesetzt wird. Die Beachtung dieser Regeln gerät aber sofort ins Wanken, wenn der Kodex dem eigentlichen und alleinigen Ziel der 'Bid Company', das heißt dem Verkauf der Bewerbung, im Wege steht.[477]

'Indirektes Lobbying'

Das Bewerbungskomitee bemüht sich nicht nur um die Zustimmung der IOC-Mitglieder zu der Bewerbung. In der Olympischen Bewegung haben auch die IFs und NOKs eine wichtige Bedeutung. Deren Unterstützung oder Ablehnung kann die Aussichten einer Kandidatur bedeutend beeinflussen. Ein weiterer wichtiger Faktor in der Bewerbungsphase sind die nationalen und internationalen Medien. Die Berichterstattungen über die Kandidaten werden von den Mitgliedern des IOC aufmerksam verfolgt und nehmen damit auch Einfluß auf die Einschätzung einer Bewerbung.

---

[474] Vgl. ebenda, S. 227f.

[475] Der Premierminister befürchtet ernsthafteste Konsequenzen für die Beziehungen zwischen Australien und China, wenn diese Kampagne publik werden würde. Außerdem riskiere man damit auch die Chancen der Bewerbung Sydneys. Vgl. ebenda, S. 233.

[476] Ebenda.

[477] Die Menschenrechtsverletzungen Chinas werden aber trotzdem noch zu einem Thema. Im Juni und Juli 1993 bezieht das amerikanische Repräsentantenhaus und einzelne Senatoren öffentlich Stellung gegen eine Wahl Pekings zum Austragungsort der Olympischen Spiele im Jahr 2000. Vgl. ebenda, S. 234 und Kap. 2.6 dieser Arbeit.

Bei den Kontakten mit den IFs steht bei Sydney die technische Seite der Bewerbung im Vordergrund. In den letzten fünf Monaten des Bewerbungszyklus werden fünf Magazine veröffentlicht, die darstellen sollen, wie die einzelnen Sportarten durchgeführt werden. Unterstützt wird diese Darstellung durch ein besonderes computergestütztes Graphikprogramm, daß den Vertretern der IFs die vorhandenen oder geplanten Sportstätten zeigt und auf Wunsch zusätzliche Informationen zur Verfügung stellen kann.[478]

Durch die großen Entfernungen zu den anderen Kontinenten der Erde sind die Transportkosten für Mensch und Gerät nach Sydney besonders hoch. Bereits in den Bewerbungsbücher kündigt Sydney an, daß die Transportkosten für die Geräte (Kanus, Yachten, Pferde u.s.w.) der IFs durch das spätere OK übernommen werden sollen. Damit bieten die Australier den Sportverbänden eine finanzielle Unterstützung in Höhe von 7 Millionen A$ an.[479] Des weiteren offerieren die Australier, daß sie im Falle der Wahl Sydneys auch Kostenanteile der turnusmäßigen Sitzungen der Verbände im Rahmen der Spiele 2000 finanzieren wollen.[480] Auf der Sitzung der ANOC in Acapulco im November 1992 macht Sydney den anwesenden NOKs das Angebot, für die Transportkosten von allen Athleten und Offiziellen aufzukommen, wenn Sydney Austragungsort der Spiele im Jahr 2000 wird.[481] Mit diesen beiden Angeboten wird das wirtschaftliche Gegenargument innerhalb der beiden Organisationen gegen die Wahl Sydneys entschärft.[482] Gleichzeitig haben die IFs und NOKs sogar noch den Vorteil, daß bei der Wahl Sydneys nun gar keine Kosten entstehen werden.

Anfang 1993 beschließt das Bewerbungskomitee ein besonderes Sporthilfeprogramm für Entwicklungsländer in Afrika. Im Juli und August besucht eine Delegation elf afrikanische Länder. Dabei schließt das AOC mit den NOKs der entsprechenden Länder Kooperationsabkommen zur *„assistance in training athletes".*[483] Zum Teil sind die Vereinbarungen abhängig von dem Erfolg der Bewerbung Sydneys. Die anfallenden Kosten der Verträge

---

[478] Diese Technik wird bereits von dem Team Atlantas eingesetzt. Überraschenderweise hat aber niemand außer Sydney diese Technik bei der Bewerbung um die Spiele 2000 sonst noch verwendet. Zunächst wird das Programm nur auf den Bürocomputern installiert. Später wird es aber auch auf Laptops eingerichtet und mit auf die Werbereisen genommen. Die Informationen sind in den Sprachen Englisch, Französisch und Spanisch verfügbar. Vgl. McGEOCH, Bid, S. 264f.

[479] Vgl. ebenda, S. 212.

[480] Vgl. ebenda.

[481] Vgl. ebenda, S. 165.

[482] Aufgrund der hohen Entfernung der meisten Länder zu Australien und der damit verbundenen enormen Reisekosten, haben viele IFs und NOKs finanzielle Vorbehalte gegen die Wahl Sydneys. Vgl. McGEOCH, Bid, S. 213.

[483] Vgl. SHERIDAN, Report, S. 41f.

übernimmt das Bewerbungskomitee.[484] Besonders prekär sind in diesem Zusammenhang zwei weitere Vereinbarungen, die mit den NOKs von Kenia und Uganda in Monte Carlo kurz vor der Abstimmung abgeschlossen worden sind.[485] Vor allem bei diesen Verträgen drängt sich allein schon durch die zeitliche Nähe der Verdacht der Wahlbeeinflussung massiv auf.[486]

Für die besondere Betreuung der Journalisten wird bei dem Bewerbungskomitee ein eigener Mitarbeiter eingestellt. Seine Aufgabe ist die Weitergabe von Informationsmaterial an die Medien und dabei insbesondere an die 'Olympic media'.[487] Bis zur Wahl Sydneys empfängt er über 400 ausländische Medienvertreter, die das Bewerbungsbüro in Sydney besuchen.

Ein weiteres Element in der 'Lobbying Strategie' ist die Integration der Regierung, des australischen diplomatischen Chors und der Geschäftswelt Australiens. An alle ergeht die Aufforderung, die Bewerbung bei Auslandsbesuchen aktiv zu unterstützen. Dabei soll aber ausdrücklich kein aktives Lobbying bei den IOC-Mitglieder betrieben werden.[488]

'Direktes Lobbying' - Kontakte zu IOC-Mitgliedern

Grundlage des Lobbying Sydneys ist zum einen der Erfolg des Lobbyteams von Atlanta und zum anderen die Überzeugung McGEOCHs: *„People do want to do business with people they like."*[489]

Die Eigenschaften der Lobbyisten sind deshalb besonders wichtig. Sie sollen *„hospitable and friendly, able and successful"* sein.[490] Dazu gilt, daß die Mitglieder des Lobbyteams nicht unbedingt dem Bewerbungskomitee angehören müssen.[491] Vor allem bei dem primären Zielmarkt, den IOC-Mitgliedern, wird eine besondere Auswahl der Lobbyisten vorgenommen und

---

[484] Mit Beschluß vom 20. Dezember 1993 übernimmt die 'Bid Company' die Kosten dieser Verträge in Höhe von 1,842 Millionen A$. Vgl. ebenda, S. 43f.

[485] Vgl. ebenda, S. 42.

[486] Vgl. [o. Verf.]: „Pound greift Sydney an. IOC-Vize spricht fast unverhohlen von Bestechung beim Bewerb", in: SZ (18.05.99).

[487] McGEOCH benennt hierbei „David Miller of The Times, Ian Macleod of the Daily Telegraph, and John Rodda of the Guardian all of whom were in London, and Karl Heinz Huber, the editor of sport intern." McGEOCH, Bid, S. 135.

[488] Die Botschaften sollen das Bewerbungskomitee zudem mit Zeitungsausschnitten und Informationen aus den jeweiligen Ländern versorgen und damit auch ein internationales Feedback auf die Aktionen des Komitees geben. Darüber hinaus sollen die Diplomaten auch Kontakte für das Bewerbungskomitee vermitteln. Vgl. ebenda, S. 103f und 143. Der Premierminister Paul KEATING sendet Anfang 1993 Briefe an die Staatsführer der Länder im südpazifischen Raum und bittet um Unterstützung. Vgl. ebenda, S. 228.

[489] Ebenda, S. 80.

[490] Ebenda.

[491] Vgl. ebenda, S. 36.

die Zahl auf etwas mehr als zehn bechränkt.[492] Zunächst unterteilt das Komitee die Erde in regionale 'Lobbyzonen' und weist diesen dann jeweils einen Lobbyisten zu, der ein besonderes Wissen über die entsprechende Region besitzt.[493] Die Lobbyisten werden alle zwei Monate über den Verlauf der Bewerbung unterrichtet. Zusätzlich werden diese auch zu den größeren Meetings der Olympischen Bewegung mitgenommen.[494] Grundsätzlich ist die Maßgabe, daß bei jeder Gelegenheit, zu der sich mehr als drei IOC-Mitglieder treffen, auch ein Vertreter des Lobbyteams anwesend sein soll.[495] Für die letzten vier Monate wird in Paris ein Lobbybüro für Europa eingerichtet, um die 38 europäischen IOC-Mitglieder besser betreuen zu können.[496]

Nach der Abgabe der Bewerbungsbücher wird im Bewerbungskomitee ein Team eingesetzt, daß die Kommunikation zu den IOC-Mitgliedern ständig kontrolliert. Wer betreut das Mitglied? Wann war der letzte Kontakt? Was ist geplant? Werden dem Mitglied aktuelle Informationen zugesendet? Für jedes Mitglied werden individuell ausgesuchte Aktionen geplant.[497]

Es ist eine 'olympische Weisheit', daß die Mitglieder, die eine Bewerberstadt nicht besuchen, vermutlich auch nicht für sie stimmen werden.[498] Entsprechend ist es ein Hauptanliegen der 'Bid Company', die IOC-Mitglieder zu einem Besuch Sydneys zu bewegen. Schließlich können die Australier 77 von 90 Vertretern des IOC zu einem Besuch bewegen.[499] Vor Ort werden diese von einem fest zugeordneten, persönlichen Betreuer empfangen. Dieser kümmert sich während des gesamten Aufenthalts um das Mitglied und hält auch danach noch den Kontakt aufrecht.[500]

Um ihre Verbundenheit mit dem Olympismus zu demonstrieren, hat das Bewerbungskomitee eine Unterrichtsreihe über Olympismus in den Schulen NSWs initiiert. Dabei ist jedem IOC-Mitglied eine Schule zugeordnet worden, die sich besonders mit dessen Heimatland beschäftigen soll. Für ein portugiesisches Mitglied ist eine Schule mit einem großen Anteil Portugiesen

[492] Vgl. ebenda, S. 242f.
[493] Das Bewerbungskomitee in Sydney teilte die Erde in die Regionen Ost-Europa, Europa, Afrika, Arabien, Südamerika und Nordamerika ein. Vgl. ebenda, S. 85-88.
[494] Vgl. ebenda, S. 85.
[495] Vgl. ebenda, S. 90.
[496] Allein die Lobbytätigkeiten von Phillip Walter COLES und Doug DONOGHUE in Paris haben in den vier Monaten 160.000 A$ verursacht. Vgl. SHERIDAN, Report, S. 36.
[497] Vgl. McGEOCH, Bid, S. 242.
[498] Vgl. ebenda, S. 36.
[499] Vgl. ebenda, S. 214.
[500] Die Betreuer haben den Mitgliedern noch Briefe und Weihnachtsgrüße geschrieben und es soll einige Freundschaften gegeben haben. Vgl. ebenda, S. 200.

ausgewählt worden, für ein arabisches Mitglied... Für den Besuch des IOC-Mitglieds in Sydney ist auch ein Treffen mit 'seiner' Schule geplant, um die Verbundenheit der Schüler zum Olympismus aufzuzeigen.[501]

All diese Aktionen haben nur den Zweck, das Vertrauen des IOC-Mitgliedes zu gewinnen und ihn an die Bewerbung Sydneys zu binden. Trotzdem ist das Wahlverhalten der Mitglieder ungewiß. Um dieser Problematik entgegenzutreten, entscheiden sich die Lobbyisten, die IOC-Mitglieder kurz vor der Wahl zu ihrem Votum zu befragen.[502] Falls ein Mitglied nicht Sydney bevorzugt, wird die Frage erweitert, für welche Stadt das Mitglied nach einem eventuellen Ausscheiden seines Favoriten stimmen wolle.[503] Basierend auf den Antworten ist sich McGEOCH sicher: *„By then John Coates and I estimated we had over 50 first and second preference votes which gave us a clear win."*[504]

Präsentation auf dem Wahlkonvent

McGEOCH schränkt ein, daß man nicht mittels einer guten Präsentation auf dem Wahlkonvent die Abstimmung gewinnen könne. Die Entscheidung der IOC-Mitglieder für einen Bewerber sei schon vorher gefallen.[505] Eine schlechtes Auftreten könne hingegen zu Stimmenverlusten führen.[506] *„In the conventional wisdom of the Olympic movement, a candidate city couldn't expect to win the Games in the final week but it sure could lose them."*[507]

In diesem Sinne beginnt das Bewerbungskomitee bereits ein Jahr vor der entscheidenden IOC-Session mit der Organisation, um einen fehlerfreien Ablauf sicherzustellen.[508] Schon die Auswahl der Teilnehmer gestaltet sich schwierig, da dabei die Reaktion der Öffentlichkeit eingeplant werden muß und es politisch gefährlich ist, die falschen Leute oder zu viele mitzunehmen.[509] Schließlich vertreten 70 Personen das Komitee in Monte Carlo.[510] Dafür

---

[501] Vgl. ebenda, S. 142.

[502] Vgl. ebenda, S. 241.

[503] Vgl. ebenda, S. 241. Auch die Einschätzungen der Lobbyisten werden zusätzlich noch berücksichtigt. Zur Auswertung wird sogar ein eigenes Computerprogramm erstellt, um auch die Verteilung der vakanten Stimmen bei dem Ausscheiden der unterschiedlichen Mitbewerber berücksichtigen zu können. Vgl. ebenda, S. 254.

[504] Ebenda, S. 254. An anderer Stelle stimmt McGEOCH der Auffassung zu, daß man von allen Zusagen noch 30% abziehen müsse. Vgl. ebenda, S. 239. Dies würde bedeuten, daß sich gegenüber dem australischen Bewerbungskomitee mehr als 70 (!) IOC-Mitglieder für Sydney als Erst- oder Zweitwahl bekannt haben müßten.

[505] Vgl. ebenda, S. 35.

[506] Schwächen in der Organisation bei der letzten Präsentation lassen Zweifel an der Fähigkeit der Stadt aufkommen, daß sie Olympische Spiele ausrichten kann. Vgl. ebenda, S. 275.

[507] Ebenda, S. 272.

[508] Vgl. ebenda, S. 274.

[509] Vgl. ebenda, S. 280.

[510] Vgl. ebenda.

müssen frühzeitig Unterkünfte, Flüge und Mietwagen gebucht sowie ein entsprechendes Programm festgelegt werden.[511] Für die Integration der zusätzlich anreisenden Sponsoren wird ein eigenes Unterhaltungsprogramm erstellt und eine sogenannte 'corporate support suite' eingerichtet.[512] Ein beliebtes Restaurant in der Stadt wird zum zentralen Treffpunkt der Sydney-Anhänger erklärt. Dort gibt es Informationen und Werbeprodukte. In der Stadt sind australische Straßenkünstler unterwegs, für die eine entsprechende Arbeitserlaubnis besorgt worden ist.

In dem Hotel, welches die IOC-Mitglieder bewohnen, ist den Bewerberstädten jeweils eine gleich große Suite, allerdings auf unterschiedlichen Etagen, vom IOC zugewiesen worden. Der Raum Sydneys wird von einem Messeausstatter mit Bildern und Einrichtung so gestaltet, daß der Besucher sich in die Skyline der Stadt Sydney versetzt fühlt.[513] Jedem IOC-Mitglied wird in einem australischen Korb eine Einladung für die 'hospitality suite' überbracht.[514] Zusätzlich bekommt jedes IOC-Mitglied und der Ehepartner jeweils ein kleines Geschenk.[515]

Insgesamt werden von australischer Seite Geschenke, Ausrüstung und sonstige Materialien mit einem Gewicht von 39 (!) Tonnen nach Monte Carlo gebracht.[516]

Das Bewerbungskomitee legt Wert auf eine intensive Betreuung der Presse. Eine positive Darstellung in den Medien wird auch von IOC-Mitgliedern wahrgenommen und ist deshalb besonders wichtig. Täglich werden zwei Pressekonferenzen abgehalten.[517] Um die Presse eine Woche lang immer wieder mit neuen Informationen versorgen zu können, hat das

---

[511] Für die offiziellen Vertreter der Bewerbung wird extra eine eigene Broschüre erstellt. Dieser beinhaltet detaillierte Anweisungen, einen Plan mit Details von den Hotels, Veranstaltungen und Einrichtungen für die Woche in Monte Carlo. Jeder hat damit einen ganz speziellen Reiseführer für den Aufenthalt. Vgl. ebenda, S. 281. Die frühe Anmietung von Mietwagen ist in Monte Carlo von besonderer Bedeutung gewesen, da in der Stadt nur eine kleine begrenzte Anzahl verfügbar ist. Vgl. ebenda, S. 274.

[512] Vgl. ebenda, S. 280.

[513] Vgl. ebenda, S. 284.

[514] Vgl. ebenda, S. 285.

[515] Vgl. ebenda, S. 283. SHERIDAN hat festgestellt, daß während der Bewerbungszeit Geschenke in der Gesamtsumme von 386.000 A$ gemacht worden sind. Er kommt zu dem Schluß, daß zwar mehrfach gegen die 'Richtlinien 2000' verstoßen worden ist, die Geschenke aber nicht für eine Wahlbeeinflussung eingesetzt worden sind: „In my view, the gifts given by the Bid Company were generic and not of a type designed, or likely, to influence the vote of an IOC member." SHERIDAN, Report, S. 27f.

[516] Vgl. McGEOCH, Bid, S. 283.

[517] Aus Australien sind insgesamt 120 Medienvertreter mitgereist. Vgl. ebenda, S. 281. Aufgrund der Zeitverschiebung gibt es eine Pressekonferenz vormittags um 7:00 Uhr, damit die australischen Medien in ihren Abendsendungen berichten können. Eine zweite Pressekonferenz gibt es um 17:00 Uhr für die europäischen Pressevertreter. Vgl. ebenda, S. 286.

Bewerbungskomitee bereits die jeweiligen Inhalte schon vorab geplant.[518] Eine aufsehenerregende PR-Aktion startet Sydney am vorletzten Tag vor der Abstimmung. Mit einer doppelseitigen Anzeige wirbt die Stadt auf der Frontseite der lokalen Ausgabe des 'International Herald Tribune' für ihre Wahl: *„Sydney Australia. The place to be!"*[519]

Das Lobbying wird in dieser Woche auf einen kleinen Kreis der mitreisenden Vertreter Sydneys beschränkt. Alle Mittagessen oder gesellschaftlichen Veranstaltungen werden weit im voraus geplant und mit den IOC-Mitgliedern fest vereinbart.[520]

Auch die abschließende Präsentation der Kandidatur vor den IOC-Mitgliedern wird frühzeitig geplant. Für die Inszenierung wird eigens ein Produzent eingestellt, der Bilder und Videosequenzen zusammenstellt, um den Ansprachen der Redner einen jeweils passenden Hintergrund zu geben.[521] Der Auftritt wird noch in Monte Carlo dreimal von den Mitgliedern des Präsentationsteams geprobt. Vorab sind alle Reden bis ins Detail festgelegt worden und es gibt die Order, strikt den vorgegebenen Text einzuhalten.[522] Mittels der Präsentation sollen nochmals die Stärken der Bewerbung hervorgehoben werden. McGEOCH faßt den Ton der Darstellung zusammen: *„We were not saying 'Sydney is the best', we were saying what we were planning would be wonderful for the whole Olympic movement."*[523]

Selbst die der Präsentation folgenden Fragezeit für die IOC-Mitglieder wird von dem Bewerbungskomitee vorbereitet. Es ist zu diesem Anlaß ein eigenes Handbuch erstellt worden, daß mit einem besonderen Index versehen ist, der die Reaktionszeit auf schwierige Fragen verkürzen soll.[524]

---

[518] Im übrigen hält keiner der anderen Bewerber eine Pressekonferenz in den ersten Tagen ab, so daß alleinig Sydney Informationen an die Presse gibt. Vgl. ebenda, S. 286.

[519] Diese Zeitung wird dann allen IOC-Mitgliedern unter die Zimmertür geschoben. Um die Einzigartigkeit dieser PR-Aktion zu gewährleisten, reserviert das Komitee für den Folgetag an dieser Stelle eine Leerseite. Vgl. ebenda, S. 290 und Bildteil.

[520] Hintergrund für eine frühe Terminvereinbarung ist das Wissen, daß sich in Monte Carlo auch die anderen Bewerberstädte um Treffen mit den IOC-Mitglieder bemühen würden und es dort schwierig werden würde, noch Termine zu bekommen. Ebenda, S. 288.

[521] Vgl. ebenda, S. 277 und 295.

[522] Vgl. ebenda, S. 293. McGEOCH gibt an, daß er seine Ansprache über 60 mal geprobt habe. Vgl. ebenda, S. 277.

[523] Ebenda, S. 295.

[524] Vgl. ebenda, S. 296.

5. BEWERBUNGSSTÄDTE FÜR OLYMPIA 2004

Die Zahl der Bewerber um die Olympischen Spiele hat sich in den letzten zwanzig Jahren drastisch verändert. Um die Spiele von 1988 bewerben sich zwei Städte, bei den beiden darauffolgenden Olympiaden jeweils sechs und um die Sommerspiele 2000 sogar acht Städte.[525] Die Beweggründe für eine Bewerbung sind vielschichtig. Durch die Einnahmen aus den Übertragungsrechten und dem Bereich Marketing gelten die Spiele aber gemeinhin als finanziell gesichert, so daß eine Bewerbung risikolos erscheint. Damit ist klar, daß die Zahl der Kandidaten weiter ansteigen wird. Zum Anmeldeschluß am 10. Januar 1996 liegen dem IOC, als vorläufiger Höhepunkt dieser Entwicklung, elf offizielle Bewerbungen vor. In alphabetischer Reihenfolge sind dies Athen, Buenos Aires, Kapstadt, Istanbul, Lille, Rio de Janeiro, Rom, San Juan, Sevilla, Stockholm und St. Petersburg.

5.1 Interessierte Städte ohne Bewerbung

Es ist schon fast Tradition, daß sich ein Teil der Bewerberschar wieder aus den Verlierern der letzten Wahl rekrutiert. Dies ist auch verständlich, da sich diese Städte in einem anschließenden Versuch aufgrund ihrer erworbenen Erfahrungen größere Chancen versprechen. Von den vier unterlegenen Städten zeigt Berlin nach seinem enttäuschenden Abschneiden allerdings keinerlei Interesse, einen zweiten Versuch zu wagen, und Manchester bewirbt sich nach zwei gescheiterten Kandidaturen ebenfalls nicht mehr. Istanbul hat von vornherein eine weitere Bewerbung um die Spiele 2004 geplant. Die den Australiern knapp unterlegenen Chinesen sind sich unsicher. Zu tief sitzt noch die Enttäuschung über die unerwartete Niederlage und das Risiko eines zweiten Fehlschlags ist nicht auszuschließen. Nachdem SAMARANCH noch im August die Bewerbung Pekings als unwahrscheinlich dargestellt hat, scheint es dann aber doch noch einen chinesischen Kandidaten zu geben.[526] Für den 'sid' steht schon fest: *„China bewirbt sich mit Kanton“*.[527] Doch am 3. Januar 1996, eine Woche vor Anmeldeschluß, teilt das chinesische NOK dem IOC mit, daß es keine Bewerbung einreichen werde.[528] Auch die drei Städte,

---

[525] Vgl. Abb. 1 (S. 15). Zusätzlich zu den fünf Städten, die schließlich bei der 101. Session in Monte Carlo zur Wahl standen bewarben sich ursprünglich auch noch die Städte Brasilia, Mailand und Taschkent. Diese zogen aber bis zur Abstimmung ihre Bewerbung zurück. Vgl. McGEOCH, Bid, S. 159.

[526] Vgl. [o. Verf.]: „Beijing unlikely to bid for 2004 Olympics“, in: RIS (3.01.96): http:// www1.nando.net/.../oly33122.html, 31.12.97.

[527] Vgl. [o. Verf.]: „Laut NOK-Vizepräsident Zhang. Olympia 2004: China bewirbt sich mit Kanton“, in: sid (26.10.95).

[528] Vgl. [IOC (Hrsg.)]: Week's Olympic News - Number 193 (5.01.96): (http:// www.olympic.org/news/ehcio193.html, 12.12.97).

welche bei dem Rennen um die Spiele 2000 bereits vorzeitig ausgeschieden sind, reichen keine Bewerbung ein. In Brasilien erhält Brasilia in der entscheidenden Abstimmung gegen Rio de Janeiro nicht eine Stimme, und das italienische NOK ignoriert das erneute Interesse Mailands.[529] Taschkent, das bei seinem Rückzug eine weitere Kandidatur ankündigt, hat seine Pläne zunächst aufgegeben.

Aufgrund der geographischen Verteilung der Olympischen Spiele in den letzten Olympiaden ist klar, daß bei der Wahl um die Spiele 2004 Europa besonders gute Chancen besitzt. Seit Barcelona 1992 hat das IOC die Spiele nicht mehr nach Europa vergeben. Entsprechend ist das Interesse europäischer Städte besonders groß. In Frankreich melden neben Lille auch Paris und Lyon ihr Interesse an.[530] Die Stadt Dublin in Irland überdenkt eine Bewerbung und Brüssel überlegt ebenso, ob es eine Kandidatur angehen soll.[531] Auch in Kopenhagen gibt es bereits Initiativen. *„Kritiker geben der Bewerbung aber keine große Chance, da mit Stockholm eine weitere skandinavische Stadt ihre Kandidatur angekündigt hat."*[532] Schließlich verzichten die Dänen auf eine Teilnahme.

Inwieweit die o.a. Städte tatsächlich ernsthaftes Interesse an einer Bewerbung oder gar der Austragung Olympischer Spiele haben, bleibt offen. Selten sind die Absichten der Städte so klar, wie die der Stadt Hackensack im US-Bundesstaat New Jersey. Obwohl die letzte Vergabe der Spiele an eine amerikanische Stadt (Atlanta 1996) gerade erst drei Jahre zurückliegt, fragt die Wirtschaftskammer der Region offiziell bei dem USOC an, welche Bedingungen für eine Bewerbung um die Spiele 2004 zu erfüllen seien. In diesem Zusammenhang erklärt der Kammersprecher, *„daß selbst die Vorbereitungen für eine Olympia-Bewerbung sich schon spürbar positiv auf die Wirtschaftssituation niederschlagen würden".*[533]

---

[529] Vgl. [o. Verf.]: „Rio will Olympia 2004 ausrichten", in: sid (24.08.94)/ o. Verf., CONI backs Rome, (31.10.95).

[530] Vgl. [o. Verf.]: „Lyon bewirbt sich um Olympia 2004", in: sid (19.09.95)/ [o. Verf.]: „Fourteen cities in field for 2004 Games", in: The News & Observer Publishing Co. (6.12.95): http://www.nando.net/newsroom/sports/oly/feat/ 06129551915.html, 31.12.97.

[531] Vgl. [o. Verf.]: „Für Spiele 2004. Dublin denkt über Olympia-Bewerbung nach", in: sid (18.02.93)/ o. Verf., Fourteen cities, (6.12.95).

[532] Vgl. [o. Verf.]: „Olympia-Bewerbung Kopenhagens wahrscheinlich", in: sid (4.12.95).

[533] Vgl. [o. Verf.]: „Meadowland erwägt Olympia-Bewerbung für 2004", in: sid (23./ 24.01.93).

5.2 In der Vorauswahl ausgeschiedene Bewerber

Aufgrund des gültigen Wahlverfahrens muß die Anzahl der Bewerber auf vier, maximal fünf Finalteilnehmer reduziert werden. Basierend auf den vorliegenden Bewerbungsunterlagen und nach der letzten Präsentation der Bewerber vor dem Auswahlkollegium am 6. März 1997 in Lausanne bestimmt dieses am folgenden Tag, welche Städte an der zweiten Bewerbungsphase teilnehmen dürfen. Für Istanbul, Lille, Rio de Janeiro, San Juan, Sevilla und St. Petersburg ist damit die Bewerbung um die Spiele 2004 beendet.[534]

5.2.1 Istanbul

Die türkische Hauptstadt bewirbt sich 1993 zum ersten Mal um die Austragung Olympischer Spiele. Das Ergebnis ist recht ernüchternd, da Istanbul bereits in der ersten Runde mit nur sieben Stimmen ausscheiden muß.[535] Doch die Stadt und das türkische NOK planen schon weiter und rechnen sich bei einer weiteren Bewerbung gute Chancen

Abb. 18: Emblem 'Istanbul 2004'

aus.[536] Der Leiter beider Kandidaturen, Yalcin AKSOY, hat das Wahlergebnis analysiert und glaubt, daß er die Gründe nun kennt: *„We looked at all the reasons the bid was not approved last time and we believe we have solved those problems now.“*[537] Zumindest für das Bewerbungskomitee sind die Bedingungen ideal. Im Jahr 1992 hat das türkische Parlament ein 'Olympisches Gesetz' verabschiedet, das Einnahmen aus der Wettsteuer und der staatlichen Lotterie und damit finanzielle Sicherheit garantiert.[538] Das türkische IOC-Mitglied ERDEM sieht durch das Gesetz alle Sorgen beseitigt, daß sich Istanbul übernimmt:

> *Without the law, I would not have associated my name with the bid. But once I saw the Law was in place, that it guaranteed the financial and the legal structure, that it gave the IOC Charter itself the* <u>*force of law*</u> [Hervorhebung durch den Verf.] *in Turkey in all matters related to the*

---

[534] Vgl. [IOC (Hrsg.)]: Week's Olympic News - Number 254 (7.03.97): (http:// www.olympic.org/news/ehcio254.html, 30.12.97).

[535] Vgl. LYBERG, 100 Years, S. 260.

[536] Vgl. [o. Verf.]: „Istanbul plant Olympia 2004. Die Bosporus-Metropole braucht die Spiele. Massive Luft- und Verkehrsprobleme/ Ziel: Imagewerbung vor der Welt", in: sid (5.12.94).

[537] Zitiert nach: HEMMING, Jon: „Olympics - Historical setting remains Istanbul's strongest card", in: Reuters (25.02.97).

[538] Das Gesetz passiert das Parlament ohne Gegenstimme und mit einer Enthaltung. Vgl. HEMMING, Settings, (25.02.97)/: THE ISTANBUL OLYMPIC BIDDING COMMITTEE (Hrsg.): „Twenty Questions about the Turkish Olympic Law", in: The Olympist (Dezember 1996): S. 2 [nach eigener Zählung].

122

Games, and that it had the support of all political parties, I never had a moment's doubt that we could do the job.[539]

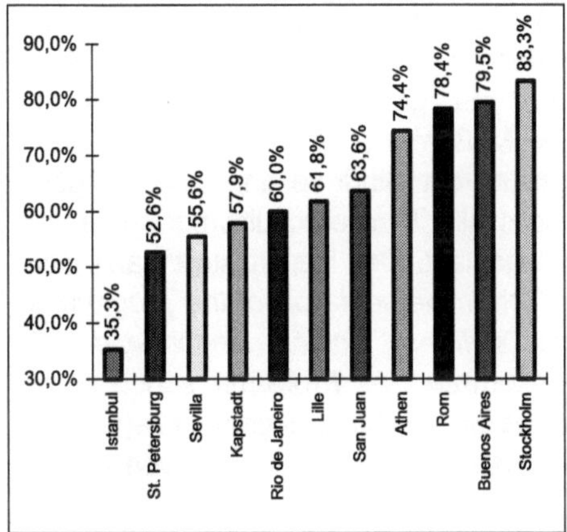

Abb. 19: Übersicht über aktuellen Verfügungsgrad Sportstätten.[543]

Der Slogan der Bewerbung ist *„The meeting of continents"*. Die Lage Istanbuls, dessen nördlichen Stadtteile auf dem europäischen und deren südlichen auf dem asiatischen Kontinent liegen, gibt der Stadt eine Brückenfunktion zwischen den Kulturen.[540] Dies symbolisiert auch das Emblem (vgl. Abb. 18, S. 122), das zwei ineinandergreifende Kreissegmente zeigt. Um darüber hinaus die besondere Verbindung zwischen Istanbul und dem Olympischen Gedanken aufzuzeigen, ist die Bewerbung mit dem Kunstwort 'Olympist' überschrieben. Das Wort setzt sich aus den Anfangssilben von '<u>Olymp</u>ism' und '<u>Ist</u>anbul' zusammen und meint *„the Istanbulite who unites the love of Olympics and the love of Istanbul"*.[541]

Die äußere Form der Bewerbungsunterlagen ist sehr gut. Das Bewerbungskomitee hat sich eng an die 'Richtlinien 2004' gehalten und eine sehr einfache, informative Ausgabe erstellt. Es sind im Vergleich zu den Unterlagen der anderen Städte wenig große Photos und Graphiken enthalten. Die Überprüfung der technischen Daten durch die Prüfungskommission lassen mit sieben Korrekturen (vgl. Abb. 23, S. 131) auch keinen besonderen Mangel erkennen. Auch das Auftreten der Delegation vor dem Auswahlkollegium in einer einheitlichen Kleidung belegt, daß die Bewerbung sehr sorgfältig vorbereitet ist.[542]

---

[539] Sinan ERDEM in einem Interview mit 'The Olympist', in: THE ISTANBUL OLYMPIC BIDDING COMMITTEE (Hrsg.): „Istanbul will do its part", in: The Olympist (Februar 1997): S. 4-5 [nach eigener Zählung].

[540] Vgl. [THE ISTANBUL OLYMPIC BIDDING COMMITTEE (Hrsg.)]: Olympist. Istanbul 2004, Volume III, [Istanbul 1996], S. 6 [nach eigener Zählung].

[541] Ebenda, S. 1 [nach eigener Zählung].

[542] Die Delegationen der Bewerber sind in der Ausgabe April/ Mai der Olympic Review abgebildet. Vgl. o. Verf., Candidate 2004, S. 31.

[543] Datenquelle: IOC, Manual 2004, S. 134f.

123

Inhaltlich zeigt die Bewerbung allerdings schwere Probleme auf. Von den geplanten 34 Sportstätten müssen noch 22 neu gebaut werden (vgl. Abb. 19, S. 123). Dies würde der Stadt zwar anerkannterweise ein bedeutendes olympisches Erbe geben, aber die angegebenen Konstruktionskosten sind nach Ansicht der 'Evaluation Commission' zu niedrig kalkuliert.[544] In der Stadt gibt es massive Transportprobleme. Es gibt aber keine detaillierten Lösungsansätze, sondern nur einzelne Maßnahmen (z.B. eine neue Metro). Das außergewöhnlich schnelle Wachstum der Stadt verlangt aber dringend eine Regelung. Weiter sind anspruchsvolle Umweltschutzprogramme zur Steigerung des Umweltbewußtsein eingeplant. Der Report stellt dazu nicht ohne Hintergedanken fest: *„However the implementation of the programme depends on a financial plan and sufficient political endorsement.“*[545] Grundsätzlich sind dem Bewerbungskomitee alle Probleme schon vorab bekannt, da sie in der spezifischen Situation der Stadt begründet liegen. Die massiven Schwierigkeiten der Stadt werden auch durch AKSOY von Anfang an offen eingestanden:

> *Istanbul needs a lot of betterment. Environmentally the city is in shambles. [...] The existing infrastructure is not pleasing at all, and the situation is not going in a hopeful way. You see [...] we are losing Istanbul. Winning the Games will be like winning Istanbul back.*[546]

Die Vision, die Stadt Istanbul an den Olympischen Spielen genesen zu lassen und damit den Ruhm des Olympismus zu mehren, soll das IOC trotz aller Widrigkeiten überzeugen. Es gibt auch einige positive Elemente in der Bewerbung: die beeindruckende Unterstützung in der Bevölkerung (vgl. Abb. 36, S. 188) oder der Anspruch, die junge türkische Bevölkerung für den Olympismus gewinnen zu wollen. Außerdem hat man bereits mit Hilfe der Gelder aus dem 'Olympischen Gesetz' ein ambitioniertes Bauprogramm für Sportstätten begonnen.[547] Trotz alledem überwiegt bei der Kommission das Mißtrauen in die Glaubwürdigkeit der Versprechen. Die resultierende negative Konotation der Bewertung bedeutet schließlich das Ende der türkischen Hoffnungen. Das IOC-Mitglied ERDEM greift das System der Vorauswahl als Ursache für das Ausscheiden an: *„Bei einem falschen Auswahlsystem kann niemals ein richtiges Resultat herauskommen“*[548] und AKSOY bemerkt resignierend: *„Wir können keine bessere Bewerbung vorlegen.“*[549]

---

[544] Vgl. IOC, Report 2004, S. 35 und 37.

[545] IOC, Report 2004, S. 36.

[546] Zitiert nach: THOMSEN, Ian: „Istanbul Gives IOC a Civic Duty“, in: International Herald Tribune (4.01.97).

[547] Vgl. HEMMING, Settings, (25.02.97).

[548] Zitiert nach: FISCHER, Scharfer Protest, (4.03.97).

[549] Ebenda.

Nichtsdestotrotz kündigt Präsident Suleyman DEMIREL nach dem Ausscheiden Istanbuls sofort eine neue Bewerbung um die Spiele 2008 an: *„He* [der Präsident, d. Verf.] *wanted the work [...] not to go waste and to continue with the same eagerness for the 2008 Olympics."*[550] Es ist jedoch höchst unwahrscheinlich, daß das IOC nach der Wahl Athens für 2004 die Spiele wieder in diese Region geben wird, zumal andere Kandidaten bereitstehen. Unter dem Aspekt, daß die türkische Regierung mit aller Macht eine Aufnahme in die europäische Gemeinschaft anstrebt, die ihr bislang aufgrund ihrer 'Kurden- und Menschenrechtspolitik' verwehrt blieb, liegt der Schluß nahe, daß der türkische Staat die Olympiabewerbungen auch dazu einsetzt, um damit sein internationales Ansehen zu verbessern.

5.2.2 Lille

Die Kandidatur Lilles wird im Jahr 1993 durch die Vereinigung 'Lille Europe Olympique 2004' (LEO 2004) eingeleitet. Der Verband geht aus dem 'Comité Grand Lille' hervor, in welchem sich 200 führende Personen des Großraum Lilles aus Wirtschaft, Industrie und Wissenschaft versammelt haben.[551] Im Juni 1995 kündigt der Oberbürgermeister und ehemalige Minister-präsident Frankreichs Pierre MAUROY die Bewerbung der Stadt für die Sommerspiele 2004

Abb. 20: Emblem 'Lille 2004'

an.[552] Innerhalb von zwei Monaten können 117.000 Unterschriften für die Bewerbung gesammelt werden, und im November setzt sich Lille gegen den zweiten französischen Bewerber Lyon knapp mit 15:12 Stimmen bei der notwendigen NOK-Entscheidung durch.[553] Diese Entscheidung wird von manchen als Ausgleich für den industriellen Norden gesehen, nachdem die Rhone-Alpenregion bereits 1968 und 1992 Olympische Winterspiele hat ausrichten dürfen. Dazu paßt auch eine kritische Aussage des französischen Sportministers und IOC-Mitgliedes Guy DRUIT, der die Bewerbung Lilles im Vergleich zu anderen Städten als schwach ausgestattet bezeichnet.[554] Es ist

---

[550] Stellungnahme DEMIRELs zum Ausscheiden Istanbuls. Hrsg. vom Büro des türkischen Präsidenten. Zitiert nach: [o. Verf.]: „Olympics - Turk President hopes Istanbul will try again", in: Reuter (7.03.97).

[551] Vgl. [COMITE DE CANDIDATURE DE LILLE 2004 (Hrsg.)]: Lille. Bid for the 2004 Olympic Games. Press Release. June 1996, [Lille] 1996, S. 4.

[552] Vgl. [o. Verf.]: „Region um Lille kündigt Olympia-Bewerbung an", in: sid (24./ 25.06.95).

[553] Vgl. COMITE [...] LILLE, Press Release, S. 4.

[554] Er nimmt dabei Bezug auf die aktuelle Verfügbarkeit von Sportstätten, die bei Lille mit etwas mehr als 60 Prozent etwas schlechter als bei anderen Städten ist (vgl. Abb. 19, S. 123).Vgl. [o. Verf.]: „Olympics - Lille fails to convince French minister", in: Reuter (25.02.97).

bemerkenswert, wenn das eigene IOC-Mitglied sich nicht kritischer Aussagen zu der eigenen Bewerbung enthält. Dazu paßt, daß es auch das Gerücht gibt, Paris wolle sich eventuell für die Sommerspiele 2008 bewerben. Somit könnte Lille für das französische NOK nur mehr ein Probelauf für seinen Wunschkandidaten gewesen sein.[555]

Fünf Monate nachdem Lille offiziell als Bewerber registriert ist, wird mit 'People Games' der Slogan für die erhofften Spiele festgelegt. Das Logo besteht aus zwei Strichmännchen, deren durch zwei übergroße, verpflochtene Herzen dargestellte Körper den Geist der Spiele darstellen sollen, *„which is determined above all to be about people and about sharing".*[556] Die tatsächlichen Beweggründe der Bewerbung Lilles sind jedoch eher darin begründet, daß die wirtschaftlich orientierten Mitglieder des 'Comité Grand Lille' sich von den Spielen eine Belebung der lokalen Wirtschaft und die Stadt eine Neuverwendung brachliegender, alter Industrieflächen versprechen.[557]

Das technische Konzept der Bewerbung bietet einige interessante Ansätze. Die Stadt Lille hat nur einen kleinen Charterflughafen, und die Hotelkapazitäten sind für die Olympische Familie und die zu erwartenden Zuschauermengen völlig unzureichend. Durch die Anbindung an das französische Hochgeschwindigkeitsnetz bietet Lille aber direkte Verbindungen nach Paris, Brüssel, London und Köln sowie deren Flughäfen. Innerhalb von maximal 90 Minuten können damit 100 Millionen Einwohner und alle Flugreisenden die Olympischen Spiele in Lille erreichen.[558] Augenfällig ist das interessante und zum Teil kühne Design der neu zu errichtenden Sportstätten. Auch das Umweltschutzprogramm der Stadt wird von der Prüfungskommission gewürdigt.

In der Bewertung der Kommission überwiegen allerdings die Mängel deutlich. Insbesondere die Streuung der Anlagen über die Stadt, mit einem Hauptdorf, zwei Subdörfern und zusätzlichen Tagesunterkünften sowie die dezentrale Unterbringung der Olympischen Familie in Paris, Brüssel und Südengland fallen negativ auf. Dieses Vorhaben wird als besondere Herausforderung bezeichnet.[559] Die Einnahmeplanungen bei Eintrittskarten und Lizenzen werden ebenfalls kritisch betrachtet: „

---

[555] Vgl. HEIMERZHEIM, Peter: „Mandela kämpft für Kapstadt und vor allem gegen Rom. Erstmals Sommerspiele in Afrika? - Italiens Hauptstadt Favorit bei der Wahl der Olympiastadt 2004, Buenos Aires Außenseiter", in: Die Welt (5.09.97): http://www.welt.de/achiv/1997/09/05/0905sp03.html, 24.04.99.

[556] Vgl. COMITE [...] LILLE, Press Release, S. 9.

[557] Vgl. [COMITE DE CANDIDATURE DE LILLE 2004 (Hrsg.)]: Lille 2004, Volume III, [Lille 1996], S. 70.

[558] Vgl. COMITE [...] LILLE, Press Release, S. 4/ COMITE [...] LILLE, Vol. III, S. 64-66.

[559] Vgl. IOC, Report 2004, S. 41 und 43.

126

The figures [...] appear to be ambitious but could be achieved through a sophisticated sales operation. The budget for ticket sales should be reconsidered given the relatively high average price of US$ 42 per ticket.[560]

Obwohl das Ausscheiden in der Vorrunde absehbar gewesen ist, gibt man sich in Lille enttäuscht. Die schlechten Umfragewerte in Stockholm haben in Lille vor der Wahl noch Hoffnung gemacht, als fünfter in das Finale zu kommen: *„We thought we were strongly in contention with Stockholm for the fifth place."*[561]

5.2.3 Rio de Janeiro

Nach der Bewerbung um die sogenannten Reiterspiele des Jahres 1956 ist dies die erste Bewerbung der Stadt um Olympische Spiele. Bereits im August 1994 muß sich Rio gegen Brasilia dem brasilianischen NOK zur Wahl stellen. Hierbei setzt sich Rio de Janeiro klar

Abb. 21: Emblem 'Rio 2004'

gegen Brasilia durch. Doch Brasilia hat als Bewerber um die Sommerspiele 2000 durch sein Auftreten beim IOC einen denkbar schlechten Eindruck hinterlassen. Die damals zuständige IOC-Prüfungskommission unter Gunnar ERICSSON faßt ihre Einschätzung zu Brasilia offen zusammen: *„The commission felt that standards in general were currently below what is expected of an Olympic Bid."*[562] Das Bewerbungskomitee Rios ist sich bewußt, daß es als brasilianischer Bewerber damit vorbelastet ist und versucht, besonders seriös aufzutreten. Die technische Qualität der Vorschläge soll besonders betont werden und sich nicht von der anderer Konkurrenten unterscheiden, so daß die bekannten Vorzüge der Stadt den Ausschlag für die Wahl Rios geben können.[563] Zusätzlich muß sich die Stadt gegen den Eindruck wehren, daß in Rio das Chaos herrsche und kommende Olympiabesucher um Geld und Leben fürchten müßten.

Entgegen der Bewerbung Brasilias gelingt es Rio, alle wesentlichen Kräfte des Landes für eine Unterstützung zu gewinnen. Der Sportminister Edson Arantes Do NASCIMENTO (Pelé) setzt sich persönlich ein und die Kampagne erreicht

---

[560] Ebenda, S. 44.

[561] Vgl. KABAN, Elif: „Olympics - End of dream for six Games hopefuls", in: Reuter (7.03.97).

[562] IOC, Report 2000, S. 49.

[563] Vgl. HOMEWOOD, Brian: „Olympics - Rio try to project serious image in 2004 bid", in: Reuter (28.02.97).

bei Umfragen in der Bevölkerung schließlich einen hohen Grad an Zustimmung (84%, vgl. Abb. 36, S. 188). Als Zeichen der Verbundenheit mit der Bewerbung und dem Olympischen Gedanken wird am Zuckerhut ein 'ewiges Feuer' entzündet, das bis zur Wahl Rios im September 1997 brennen soll.[564] Einen besonderen Beistand findet das Komitee in dem einflußreichen, brasilianischen IOC-Mitglied João HAVELANGE (vgl. Kap. 2.6.1). Dieser versucht offen, seine Kollegen für eine Unterstützung der Bewerbung Rios zu gewinnen und erinnert an seinen Einsatz, den er für sie und die Olympische Bewegung erbracht habe, um sie in der auch von COUBERTIN bekannten Art und Weise moralisch zu verpflichten.[565]

Das Bewerbungskomitee ist in der Zusammenstellung der Daten für die Unterlagen äußerst sorgfältig. Die IOC-Prüfungskommission nimmt bei der Übertragung der Informationen in den Bericht nur eine Korrektur vor (vgl. Abb. 23, S. 131). Trotz aller Bemühungen kann aber die Bewerbung Rios den selbst gesteckten Anforderungen nicht gerecht werden. Das Konzept beinhaltet zu viele Probleme und läßt zu viele Zweifel bestehen. Teile der Bevölkerung leben in den berüchtigten Barackenvierteln (Favelas) unter sehr schlechten Bedingungen. Das Komitee weiß, daß sie dies nicht verbergen kann: *„We've made no secret of our shortcomings. We actually took the IOC members into a favela."*[566] Das Olympische Dorf soll mit dem neu zu erstellenden Stadium auf einer der Stadt vorgelagerten Insel errichtet werden, die direkt an solche Siedlungen grenzt. In dem Bericht heißt es dazu skeptisch:

> *The contrast between living conditions within the Olympic Village and the nearby underprivileged housing areas (favelas) could have both positive and negative implications and should be addressed.*[567]

Auch in anderer Hinsicht wird diese Lokalität kritisch betrachtet. Die Stadt leitet ihre Abwässer in die umliegende Guanabara-Bucht, so daß die Umweltverschmutzung und der Gestank zur Zeit extrem sind.[568] In der Bewerbung ist ein umfangreiches Umweltschutzprogramm enthalten, der neben Abwasser- und Müllentsorgung auch die Reinigung der Bucht vorsieht. Die Kommission sieht aufgrund des Umfangs der Arbeiten eine gute Koordination und aufwendige Studien als zwingend notwendig an. Es bleibt offen, ob die Kommission dies der Stadt Rio, angesichts derer jahrelangen

---

[564] Vgl. [o. Verf.]: „Rio officials present video tape of burning pyre", in: RIS (24.01.96): http://www.nando.net/.../oly50855.html, 31.12.97.

[565] [o. Verf.]: „Havelange dominates Rio press conference in unusual fashion", in: Associated Press (6.03.97).

[566] Vgl. HOMEWOOD, Rio, (28.02.97).

[567] IOC, Report 2004, S. 48.

[568] Vgl. HOMEWOOD, Rio, (28.02.97).

128

Nachlässigkeit zutraut. Natürlich greift der Bericht auch die aktuelle Kriminalitätsrate auf. Es wird zwar eine Verbesserung der Situation zugestanden, aber *„nevertheless, the city still faces a difficult situation in these areas"*.[569] Andere Probleme gibt es im Bereich der Infrastruktur. Hier müssen mit dem Ausbau und der Verbesserung des öffentlichen Nahverkehrs und der Telekommunikationsanlagen noch Grundvoraussetzungen geschaffen werden. Das Ausmaß der Arbeiten ist so groß, daß der Planungszeitraum bis 2003 reicht. Dies gibt bei den verbundenen Unwägbarkeiten Anlaß zur Sorge, zumal damit kaum Zeit für Tests verbleibt. Die finanzielle Konzeption des Bewerbungskomitees findet bei den Prüfern auch keine Zustimmung. Es wird zwar noch höflich betont, daß das Zahlenwerk nachvollziehbar sei, anschließend folgt jedoch harte Kritik. Die erwarteten Einnahmen im Bereich der lokalen Sponsoren sei wesentlich zu hoch. Dagegen seien die Investitionen für die Wettkampfstätten, die Dörfer der Athleten, die Presse und die Schiedsrichter zu niedrig angesetzt. Die Konsequenzen dieser Fehlplanung läßt der Bericht offen.[570]

Die gesamte Bewerbung wird nicht von einer olympischen Vision getragen. Noch stärker als bei anderen Bewerbern will Rio die Spiele als Katalysator für eine Verbesserung der städtischen, sozialen und umwelttechnischen Probleme einsetzen.[571] Für eine ernst zunehmende Bewerbung muß Rio aber zwingend seine Infrastruktur verbessern und belegen, daß es zu einer planmäßigen Umsetzung fähig ist.

5.2.4 San Juan

Puerto Rico ist nach seiner Entdeckung mehrere hundert Jahre eine spanische Kolonie. Die Amerikaner besetzen 1898 den zwischenzeitlich autonomen Staat und geben ihm 1917 eine beschränkte Selbstverwaltung. In einer Volksabstimmung

Abb. 22: Emblem 'San Juan 2004'

im Jahr 1967 sprechen sich 60% der Puerto Ricaner für die Beibehaltung des Status und gegen die vollständige Aufnahme in die Vereinigten Staaten aus. Zur Zeit der Kandidatur ist eine erneute Volksabstimmung wieder in der Diskussion. Wirtschaftlich hat sich Puerto Rico in der Zeit von 1940 bis 1960 von einer Agrar- zu einer Industriegesellschaft gewandelt und einen massiven

---

[569] Vgl. IOC, Report 2004, S. 49.
[570] Vgl. ebenda, S. 50.
[571] Vgl. ebenda, S. 47.

Aufschwung genommen. Seit 1948 nimmt Puerto Rico mit einem eigenständigen NOK ununterbrochen an den Olympischen Spielen teil.[572] Initiator der Bewerbung San Juans ist das IOC-Ehrenmitglied Germán RIECKEHOFF.[573] Bereits seit 1987 wird eine Kandidatur San Juans systematisch vorbereitet. Es wird eine Studie ausgearbeitet, die dann 1996 aktualisiert wird und die Grundlage der Bewerbungsdaten stellt.[574]

Ihre enge Verbindung mit den USA und die Olympischen Spiele 1996 in Amerika schmälern die Erfolgsaussichten San Juans von vornherein erheblich. Die Prüfungskommission hat erhebliche Zweifel, ob die abgegebenen Garantien angesichts der Hoheitsrechte der USA überhaupt Gültigkeit besitzen. Auch ist das Votum einer angestrebten Volksabstimmung über die Aufnahme Puerto Ricos als 51. Bundesstaat der Vereinigten Staaten ungewiß, und eine Zustimmung würde neue gesetzliche Problematiken und Unwägbarkeiten nach sich ziehen. Die Austragung der Spiele 2004 in einem mit den USA assoziiertem Land würde Nordamerika nach Atlanta 1996 zumindest indirekt zum dritten Mal innerhalb von acht Jahren zu einem Gastgeberland Olympischer Spiele (1996 Atlanta, 2002 Salt Lake City, 2004 San Juan) machen. San Juan sieht aber sich selbst als Vertreter Lateinamerikas und führt sogar die Notwendigkeit des Wechsel zwischen den Regionen der Welt als Argument für ihre Kandidatur an:

> *Since 1968 Mexico Games, the first and only time the Olympics have been held in a Latin American nation, North America has hosted four Olympics – 1968, 1976, 1984 and 1996 – and Europe three – 1972, 1980 and 1992.*[575]

Für die Finanzierung der Spiele müssen und wollen die Puerto Ricaner allerdings die Amerikaner einbeziehen. Ihre geplanten Einnahmen von Sponsoren und offiziellen Lieferanten sind nach Meinung der 'Evaluation Commission' auf der Insel nur durch eine Integration des amerikanischen Marktes zu erreichen. Die Präsidentin des Bewerbungskomitees Marimer

---

[572] Vgl. [SAN JUAN 2004 OLYMPIC BID COMMITTEE (Hrsg.)]: ?Por qué San Juan 2004? Why San Juan 2004, San Juan 1996, S. 4f.

[573] Germán RIECKEHOFF war von 1977 an Mitglied im IOC. Er war 14 Jahre lang Präsident des NOK von Puerto Rico und acht Jahre der Zentralamerikanischen und Karibischen Sport Organisation. Er verstarb 1997 in Puerto Rico. Vgl. [SAN JUAN 2004 OLYMPIC BID COMMITTEE (Hrsg.)]: San Juan 2004, Volume I, San Juan 1996, Anschreiben RIECKEHOFFs an die Mitglieder der Olympischen Bewegung/ [IOC (Hrsg.)]: Week's Olympic News - Number 281 (12.09.97): (http:// www.olympic.org/news/ehcio281.html, 31.12.97).

[574] Vgl. SAN JUAN 2004 [...]: Por qué San Juan, S. 11 und 14.

[575] [o. Verf.]: „Puerto Rico vying for Olympics in 2004", in: canoe.ca (8.04.96): (http://www.canoe.ca/OlympicsApril/ apr8_puerto_rico.html, 31.12.97).

OLAZAGASTI weiß um den besonderen Vorteil: *„It is an advantage that we are so close to the United States, the world's largest media market."*[576]

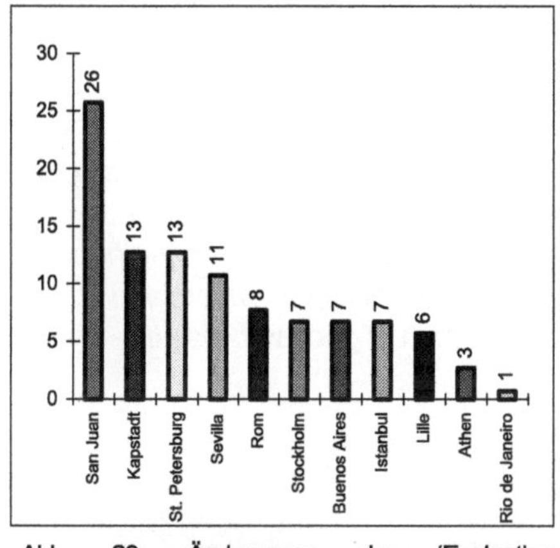

Abb. 23: Änderungen der 'Evaluation Commission' zu Bewerbungsunterlagen[577]

Die lange Vorbereitungszeit der Kandidatur läßt erwarten, daß die technische Konzeption fehlerfrei und plausibel ist. Tatsächlich wird die Planung von der IOC-Kommission punktuell auch für ihre Kreativität gelobt. Der Einfallsreichtum der Planer zeigt sich in alternativen Vorschlägen, mit denen man Schwächen in der Unterbringung kompensieren will.[578] Anderseits weist die Bewerbung der Stadt eine Vielzahl von Schwächen auf. Bei verschiedenen Sportarten stellt das Bewerbungskomitee schon zur Zeit des Besuches der 'Evaluation Commission' eine Reihe von Verbesserungen und Änderungen fest. Doch darüber hinaus muß nach Meinung des Prüfungsteams der Bau verschiedener Wettkampfstätten noch weiter durchdacht und die Umwelteinwirkungen der Spiele müssen stärker untersucht werden. Auch der Entwurf des Olympischen Dorfes sei noch verbesserungswürdig. Insgesamt läßt sich resümieren, daß die Qualität der Bewerbungsdaten angesichts der langen Vorlaufzeit überraschend schlecht ist. Die IOC-Kommission stellt bei ihr zahlreiche Fehler fest und muß bei San Juan im Vergleich zu den anderen Städten die weitaus meisten Korrekturen (vgl. Abb. 23, S. 131) vornehmen.

Der Hauptsponsor der Bewerbung ist die 'Tourism Company of Puerto Rico'.[579] Es drängt sich deshalb der Verdacht auf, daß die Kandidatur eine große Werbekampagne der Stadt ist. Andere Argumente sprechen für eine besondere Sportbegeisterung der 3,7 Millionen Einwohner. Bereits 1966

---

[576] Zitiert nach: ZENGERLE, Patricia: „Olympics - Commercialism and culture combine in San Juan", in: Reuter (27.02.97).

[577] Datenquelle: IOC, Report 2004, S. 82-349.

[578] Vgl. IOC, Report 2004, S. 61.

[579] Bei der Angabe der Sponsoren im April 1996 ist das Tourismusunternehmen der einzige Sponsor in der sogenannten 'Platinum' - Klasse, während in den niedrigeren Klassen 'Gold, Silber und Bronze' eine Reihe von Unternehmen aufgeführt sind. Vgl. [SAN JUAN 2004 OLYMPIC BID COMMITTEE (Hrsg.)]: „Sponsors", in: San Juan 2004. The Official Newsletter of the 2004 San Juan Olympic Bid, (April 1996): S. 4 [nach eigener Zählung].

übernimmt San Juan zum erstenmal die 'Zentralamerikanischen und karibischen Spiele' und 1979 die Panamerikanischen Spiele. Im Jahr 1993 richtet Puerto Rico in Ponce, der zweitgrößten Stadt der Insel, ein zweites Mal die 'Zentralamerikanischen und karibischen Spiele' aus. An diesen Spielen nehmen über 5.000 Athleten aus 31 Ländern teil und das Land zeigt, daß es in der Lage ist, Veranstaltungen dieser Größenordnung durchzuführen. Die Zustimmung in der Bevölkerung für die Olympischen Spiele 2004 ist überwältigend und beträgt 94,4%.[580] Die Präsidentin des Bewerbungs-komitees faßt die Einstellung der Bevölkerung emphatisch zusammen:

> *It is our fervent wish that that this preeminent sports event bring humanity closer, and help it pursue its efforts to achieve understanding and enduring peace among all women and men of good will. May the Olympic spirit live forever.*[581]

5.2.5 Sevilla

Die Stadt Sevilla wird im Jahr 1992 als Ausrichter der Weltausstellung EXPO '92 über seine Grenzen hinaus bekannt. In diesem Zusammenhang werden 7 Mrd. US$ in die dafür notwendige Infrastruktur investiert, und 42 Millionen Menschen besuchen die Stadt innerhalb der halbjährigen Ausstellungszeit. Das IOC ist mit einem eigenen Pavillon auf der

Abb. 24: Emblem 'Sevilla 2004'

Messe vertreten, und viele seiner Mitglieder besuchen die Exposition im Anschluß an die Olympischen Spiele von Barcelona 1992.[582] Ob diese die Verantwortlichen in Sevilla zu einer Bewerbung ermuntert haben, ist nicht bekannt. Die Sachkenntnisse und die Hinterlassenschaften der Weltausstellung prädestinieren Sevilla ab diesem Zeitpunkt grundsätzlich für ähnliche Großveranstaltungen. Schon im Februar 1993 verkündigt der Bürgermeister die Absichten Sevillas für eine Bewerbung um die Sommerspiele des Jahres 2004.[583] Dies ist außergewöhnlich, da der zeitliche Abstand zu den Spielen in Barcelona so kurz ist, daß angesichts der großen Bewerberauswahl für das IOC eine erneute spanische Kandidatur sinnlos

---

[580] Der Bericht der 'Evaluation Commission' weist nur 81% aus. In den Bewerbungs-unterlagen San Juans heißt es aber unter Punkt 1.12: „In several surveys carried out from 1990 on, some 94 per cent of those surveyed have expressed their full support." SAN JUAN 2004 [...], San Juan Vol. I, S. 22/ IOC, Report 2004, S. 91.

[581] SAN JUAN 2004 [...]: Por qué San Juan, S. 1. Diese Äußerung der Präsidentin OLAZAGASTI erfolgt im Zusammenhang mit den Olympischen Spielen 1996 in Atlanta.

[582] Vgl. BASTIN, Richard: „Olympics - Seville hopes Expo legacy overcomes Barcelona memory", in: Reuter (26.02.97).

[583] Vgl. Anschreiben des damaligen Bürgermeisters Alejandro ROJAS-MARCOS zu den Bewerbungsbüchern Sevillas. [SEVILLA 2004 CANDIDATE CITY (Hrsg.)]: Sevilla 2004. Candidature File, Volume I, [Sevilla 1996], S. 4.

132

erscheint. Das frühe Ausscheiden der Stadt kommt dann auch nicht unerwartet. Die Bürgermeisterin der Stadt sieht in der zeitlichen Nähe zu den Spielen 1992 ebenfalls die Ursache für das Scheitern der Bewerbung.[584] Es ist überraschend, daß die Stadt Sevilla nach ihrem Ausscheiden trotzdem sofort eine weitere Kandidatur ankündigt und diese sogar nach der Wahl Athens für 2004 nochmals bestätigt.[585] Angesichts der weltweiten Forderungen nach geographischer Ausgewogenheit bei der Vergabe der Spiele ist es nahezu ausgeschlossen, daß das IOC diese 2008 wieder nach Europa und dann auch nochmals in die mediterrane Region vergibt. Es ist offenkundig, daß sich die Investitionen für die EXPO '92 nur bei mehrfacher Nutzung rentieren. Es scheint so, daß es die Strategie Sevillas ist, die Werbekampagne um die Austragung Olympischer Spiele als kostengünstiges Mittel einzusetzen, um die Aufmerksamkeit der Weltöffentlichkeit und das Interesse der Großveranstalter zu sichern. Für diese These spricht, daß sich Sevilla ohne eine eigene olympische Vision um die Spiele bewirbt. Die Stadt wirbt für sich als Veranstaltungsort, und die Bewerbungsunterlagen, die an alle IFs verteilt werden, bieten der Stadt eine hervorragende Möglichkeit dazu. Die Bücher enthalten eine Menge ausgezeichneter Photos, welche einen guten Eindruck über das vielfältige Angebot der technischen Einrichtungen vermittelt. In diesem Zusammenhang ist erwähnenswert, daß sich Sevilla parallel zu der Kandidatur um die Spiele 2004 um die Leichtathletik-WM 1999 und die Ruder-WM 2001 bewirbt. Kurz nach der Vorauswahl bekommt die Stadt im März 1997 dann auch den Zuschlag für die Leichtathletik-WM.[586]

Die Bewerbung der Stadt Sevilla um die Spiele 2004 findet nahezu vollständige Unterstützung. Die Zentralregierung Spaniens, die Regionalregierung Andalusiens, die Politiker der Stadt und 92,3% der Bevölkerung (vgl. Abb. 36, S. 188) stimmen einer Kandidatur zu.[587] Dies ist auch eine besondere Stärke der Bewerbung, die zusätzlich basierend auf die Einrichtungen der EXPO natürlich hervorragende infrastrukturelle Rahmenbedingungen bieten kann. Dies wird auch in dem Bericht der 'Evaluation Commission' gewürdigt.[588] Obwohl die Bürgermeisterin der Stadt, Soledad Becerril BUSTAMANTE, sich über deren Bewertung erfreut zeigt, weist die Bewerbung bei näherer

---

[584] Vgl. [o. Verf.]: „Olympics - Rejected Seville vows to try again", in: Reuter (7.03.97).

[585] Vgl. [o. Verf.]: „Seville launches 2008 Olympic bid", in: Nando Media/ Agence France-Press (4.05.99): (http://www.sportserver.com/generi...1673,45283-73063-527703-0,00.html, 6.05.99).

[586] Am 20.03.1997 wählt das IAAF in Turin die Stadt Sevilla als Austragungsort der VII. Leichtathletik-WM 1999. Vgl. [IOC (Hrsg.)]: Week's Olympic News - Number 256 (21.03.97): (http:// www.olympic.org/news/ehclo256.html, 30.12.97).

[587] Vgl. SEVILLA 2004 [...], Sevilla 2004 Vol. I, S. 28 und 42.

[588] Vgl. IOC, Report 2004, S. 65 und 67.

Betrachtung doch einige unerwartete Schwächen auf.[589] Aufgrund der Erfahrungen mit der Organisation der Weltausstellung sollten die organisatorischen und planerischen Aspekte der Bewerbung geradezu eine Stärke der Stadt sein. Statt dessen kritisiert die IOC-Prüfungskommission immer wieder Mängel in den Detailplanungen:

> *„[...] the overall sports programme as well as the specific plans for certain sports venues require greater detail and participation from sport experts."*
>
> *„[...] modern and attractive Convention Centre [...] but detailed plans are required."*
>
> *„The revised village plans meet NOC and athletes needs in general [...] but continued consultation with the sports authorities should be considered in further detailed planning."[590]*

Dies sind nur einige Beispiele für die von der Kommission beanstandete Oberflächlichkeit der Bewerbungsunterlagen. Anlaß zu ernsthafter Sorge gibt dem Prüfungsteam aber der Finanzierungsplan der Spiele. Teilweise seien die Kosten zu niedrig und die Einnahmen zu hoch angesetzt. Dies wird aber dadurch abgemindert, daß das Budget durch die eingereichten Garantien ausreichend abgedeckt ist.

5.2.6 St. Petersburg

Das von Zar PETER dem Großen 1703 als 'Fenster zum Westen' gegründete St. Petersburg ist mit fünf Millionen Einwohnern die zweitgrößte Stadt Rußlands. Im Jahr 2003 ist eine glanzvolle 300-Jahrfeier geplant. In diesem Rahmen sollen die Infrastruktur der Stadt völlig überholt und mehrere Projekte realisiert werden, die auch für die Olympischen Spiele

Abb. 25: Emblem 'St. Petersburg 2004'

2004 eine unbedingte Voraussetzung gewesen wären. Die desolate politische und wirtschaftliche Lage der Stadt und des Landes lassen aber überall in der Welt erhebliche Zweifel an der Umsetzung aufkommen.[591] Dieses Umstandes ist sich die Stadt bewußt und versucht von vornherein, jenen Mangel durch eine besonders starke politische Unterstützung wettzumachen. Der russische Präsident Boris JELZIN stellt sich persönlich hinter die Bewerbung und

---

[589] Vgl. [o. Verf.]: „Olympics - Seville happy with Olympic report", in: Reuter (21.02.97).
[590] IOC, Report 2004, S. 65f.
[591] Vgl. MacDONALD, Alastair: „Olympics - Baroque grande dame seeks 2004 Olympics", in: Reuter (26.02.97).

versucht, seine internationale Kontakte für die Wahl der Stadt einzusetzen. Bereits im Oktober 1996 berichtet die FAZ, daß JELZIN den deutschen Bundeskanzler Helmut KOHL um Unterstützung für die russische Bewerbung gebeten habe.[592] Kurz vor der Wahl schickt JELZIN dem IOC-Präsidenten einen Brief und bekräftigt seine Unterstützung: *„Die Bewerbung von St. Petersburg ist eine Bewerbung von allen Russen.“*[593] Der russische Premierminister Viktor TSCHERNOMYRDIN wird von JELZIN mit der Förderung der Bewerbung beauftragt und wirkt aktiv in der Bewerbungskampagne mit.[594] Im Januar 1997 empfängt er den IOC-Präsidenten in Moskau. Eindringlich versucht die russische Regierung dem IOC klar zu machen, welche politische und wirtschaftliche Bedeutung die Vergabe der Olympischen Spiele für Rußland und die Welt haben würde. Die Demokratie könnte gestärkt und die Kräfte eines friedliebenden Rußland unterstützt werden.[595] Zur Vorauswahl in Lausanne wird die Delegation durch den ersten stellvertretenden Premierminister Viktor ILJUSCHIN aufgewertet, um der Bewerbung ein entsprechendes Gewicht zu geben. Auch die Presse wird zur Förderung der Bewerbung eingesetzt. Die Agentur TASS veröffentlicht einige Artikel, in denen der internationalen Kritik an der Bewerbung der Stadt mit positiven Berichten begegnet wird.[596]

Trotz dieses Einsatzes gelingt es aber nicht, das Auswahlkollegium für sich zu gewinnen. Die Bewerbung genügt zwar in der äußeren Form den Ansprüchen. Die Konzeption zur Durchführung weist jedoch zu viele Mängel auf, und die Einschätzung St. Petersburgs durch die internationale Sportwelt ist nach den Erfahrungen mit der Stadt als Schauplatz der 'Goodwill Games' im Jahr 1994 relativ schlecht.[597] Auch in der Bewerbung finden nur 23 der 28 Sportstätten die Zustimmung der IFs (vgl. Abb. 26, S. 136), und die Prüfungskommission

---

[592] „Kohl versicherte in dem Telefonat, er werde Jelzin in naher Zukunft mitteilen, ob er der Bitte nachkommen werde.“ [o. Verf.]: „Kurze Meldungen", in: FAZ (5.10.96).

[593] Zitiert nach: FISCHER, Christoph: „IOC-Exekutive in Lausanne. Minister Pele trommelt für Rio de Janeiro. Stockholm: 59 Prozent Zustimmung/ Kritik an Vorauswahl erneuert", in: sid (6.03.97).

[594] JELZIN erläßt in diesem Zusammenhang ein Dekret zur Unterstützung St. Petersburgs. Vgl. [o. Verf.]: „Drängelei um Olympische Spiele 2004. Elf Städte kandidieren - IOC-Mitglied Bach: Attraktiver denn je und begehrt wegen der Botschaft", in: Die Welt (11.01.96): (http://www.welt.de/archiv/1996/01/11/ 0111sp03.html, 24.04.99).

[595] Vgl. BRZEZINSKI, Matthew: „St. Petersburg Prays for 2004 Olympic, and it should. Crumbling City Is Having Hard Time Drumming Up Sponsors' Interest", in: The Wall Street Journal Europe (24.02.97)/ [o. Verf.]: „IOC-Exekutive in Lausanne. Russische Regierung kämpft für Olympia 2004", in: sid (24.02.97). Der Vizepräsident des russischen NOKs wird sogar von BRZEZINSKI mit folgendem Satz zitiert: "If the world is interested in a peaceful Russia [...] then it will press the International Olympic Committee to give us the Games".

[596] Vgl. LENKIN, Igor: „Olympic facilities in St Petersburg to be build in time", in: TASS (24.01.97)/ LENKIN, Igor: „St. Petersburg competes for hosting 2004 Olympic Games", in: TASS (24.02.97).

[597] Schwedische Schwimmer verließen sogar die 'Goodwill Games' aus Sorge um ihre Gesundheit, nachdem die Filteranlage des Schwimmbeckens ausgefallen war und sich bereits Schlamm auf dem Boden gebildet hatte. Vgl. BRZEZINSKI, St. Petersburg, (24.02.97).

mahnt Detailplanungen für die Sportstätten an.[598] Kritisch sieht die Kommission auch die Planung für das Olympische Dorf. Es soll direkt am Wasser, auf einem zum Teil noch trockenzulegenden Areal, errichtet werden. Aufgrund des Platzmangels sollen zur Unterbringung der Teilnehmer mehrere 24 stöckige Gebäude gebaut und die Restaurants aus den Wohnbereichen ausgegliedert werden. Die Garantie der Stadt zur Errichtung des Dorfes wird ohne Kommentar in dem Bericht zitiert. Diese Form und der Inhalt zeigen, daß die Garantie nicht den Anforderungen genügt:

> *The city 'guarantees the assignments of appropriate lots for the construction of the Olympic Village', and the conclusion of 'proper contracts for the construction of Olympic Village venues which will foresee the dates of putting them into commission'.*[599]

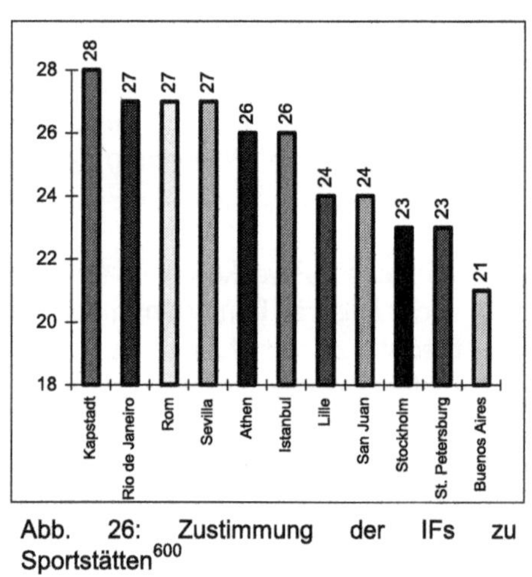

Abb. 26: Zustimmung der IFs zu Sportstätten[600]

Die Infrastruktur ist insbesondere im Verkehrswesen zur Zeit sehr schlecht. In der Bewerbung sind deshalb einige essentielle Verbesserungen vorgesehen. Die wichtigste ist eine zentrale Verbindungsstraße, die 40 km lange 'Western Highspeed Diameter'. Von der Fertigstellung der Straße hängen die in den Bewerbungsunterlagen gemachten Zeit- und Entfernungsangaben ab. Der zeitgerechte Abschluß der Bautätigkeiten bedingt einen Baubeginn im Jahr 1997 oder spätestens Anfang 1998. Doch zum Zeitpunkt der Erstellung des IOC-Berichts prüft die russische Regierung gerade erst die Möglichkeit, ob in dem Budget 1998 Gelder für das Projekt zugewiesen werden können.[601] Sorge bereitet der Kommission auch die Planungen für die Unterbringung der Olympischen Familie:

---

[598] Vgl. IOC, Report 2004, S. 78.
[599] Ebenda.
[600] Vgl. IOC, Report 2004, S. 136f.
[601] Vgl. ebenda, S. 77.

136

Of the 21.100 rooms required for the Olympic Family approximately 7.000 3 to 5 star hotel rooms are in place today.[...] Investors have been found for two of the 23 planned new hotels.[602]

Die Finanzierung der Olympischen Spiele ist ein weiterer großer Schwachpunkt der Bewerbung. Inclusive der Investitionen aus dem 'NON-OCOG'-Bereich beträgt das gesamte Budget 9,6 Mrd. US$. Die Kommission hat große Bedenken an diesem Finanzierungsplan. Zum einen ist er abhängig von der dauerhaften Unterstützung und Beteiligung der Regierung, und zum anderen hat St. Petersburg einige Positionen auf seiner Einnahmenseite, deren Erlösgrößen sehr optimistisch sind. Insbesondere die Erlöse aus dem Verkauf von Gütern aus dem Besitz des OK nach Abschluß der Spiele erscheinen unrealistisch. Es ist ein Ertrag von 705,4 Millionen US$ geplant, welcher damit ein Drittel der gesamten Einnahmen im OK-Haushalt einnimmt.[603] Bei diesem Gesamtvolumen der Bewerbung ist die weitere Kritik der Kommission an der Kostenkalkulation für den Neu- und Umbau der Sportstätten schon fast unwesentlich.

Die Reaktion der Russen auf den Bericht ist sehr negativ. Es seien in ihm viele Fehler und Ungenauigkeiten enthalten.[604] Die Investitionen würden auch keine 9,6 Mrd. US$ betragen, sondern lediglich 2,1 Mrd. US$, da die Kommission die Investitionen für die 300-Jahrfeier nicht berücksichtigt habe.[605] Diese sind aber auch nicht in den Bewerbungsbüchern kenntlich gemacht und der Vorsitzende der Untersuchungskommission Thomas BACH entgegnet: *„Wir haben nur die Zahlen verwendet, die uns zur Verfügung gestellt wurden."*[606] St. Petersburg protestiert gegen den Abschlußbericht und in einer schriftlichen Stellungnahme versucht das Bewerbungskomitee, die Darstellung des Prüfungsausschusses in seinem Sinne richtigzustellen.[607]

Die Stadt kann das Auswahlkollegium nicht überzeugen. Auch das Engagement JELZINs und TSCHERNOMYRDINs wenige Tage vor der Vorauswahl können das Ausscheiden der Stadt nicht mehr verhindern.[608] Es ist offensichtlich, daß die Bewerbung von St. Petersburg nur den wirtschaft-

---

[602] Ebenda, S. 78.
[603] Vgl. ebenda, S. 79.
[604] Vgl. YEZHOV, Gennady: „Ilyushin to lead Russian delegation to 2004 Olympics contest", in: TASS (3.03.97).
[605] Vgl. o. Verf., Russische Regierung, (24.02.97).
[606] Zitiert nach: [o. Verf.]: „IOC-Auswahlkommission in Lausanne. Iljuschin: Kritik an St. Petersburg 'kurzsichtig'", in: sid (6.03.97). Vgl. auch [THE FOUNDATION „ST. PETERSBURG" (Hrsg.)]: St Petersburg 2004, Candidate City for the Games of the XXVIII Olympiad, (Volume I - III), [St. Petersburg 1996].
[607] Vgl. FISCHER, Christoph, Scharfer Protest, (4.03.97).
[608] Vgl. MÄDLER, Hans-Hermann: „Fünfkampf um Olympia 2004: Athen, Buenos Aires, Kapstadt, Rom und Stockholm - St. Petersburg der groSe [sic] Verlierer der Vorausscheidung", in: dpa (7.03.97).

lichen Impuls der Spiele für die eigene Entwicklung nutzen will. Der Mangel an 'olympischer Inspiration' desavouiert die Stadt beim IOC, und der Versuch der russischen Politiker, Einfluß auf die Entscheidung zu nehmen, ist beim IOC erfahrungsgemäß eher kontraproduktiv. Grundsätzlich hat St. Petersburg das Potential, Olympische Spiele auszurichten. Der Termin 2004 kommt aber für die Stadt wesentlich zu früh.

5.3 Gewinner der Vorauswahl

Der Bericht der Prüfungskommission hat zu einem großen Teil das Ergebnis der Vorauswahl bestimmt. Deutlich hat sich das Auswahlkollegium hinter die Bewertung des Ausschusses gestellt und mit den Städten Athen, Buenos Aires, Rom und Stockholm die Bewerber ausgewählt, welche auch die beste Kritik bekommen haben. Die zusätzliche Aufnahme Kapstadts als fünften Finalteilnehmer ist wohl eine politische Wahl, die der technischen Qualität der Kandidatur und wohl mehr noch der ersten afrikanischen Bewerbung Rechnung trägt.

Im Gegensatz zu vorherigen Wahlen gibt es nun Bewerber erster und zweiter Klasse. Vor der Einführung der Vorauswahl hat sich jeder Bewerber dem Plenum der IOC-Vollversammlung stellen können. Da es immer nur einen Gewinner geben kann, ist die Niederlage, mag sie auch noch so deprimierend sein, für die Stadt ehrenhaft. Das System der Vorauswahl weist aber einen Teil der Bewerber vorzeitig ab. Obwohl das IOC versucht, den Gesichtsverlust der Städte zu begrenzen, in dem es verkündet, daß alle Städte in der Lage wären, Olympische Spiele auszurichten,[609] können die Städte diese Form der Zurücksetzung nur schwerlich der Bevölkerung und den Sponsoren plausibel machen. Dies erklärt sicherlich zum Teil die harten Vorwürfe gegen die 'Evaluation Commission' und das Auswahlsystem.

Neben den Verlierern schafft das neue System aber auch eine neue Klasse. Es sind die Gewinner. Eine Reihe von Städten kann nun über Monate mit dem Renommee werben, unter den fünf Auserwählten des IOC zu sein. Dies spricht für die Qualität ihrer Vorarbeit, schafft damit wertvolles, internationales Ansehen und den erhofften Langzeitwerbeeffekt. Raffaele RANUCCI, der Generaldirektor der Bewerbung Roms, faßt dies prägnant zusammen:

---

[609] Anschreiben von Thomas BACH zum Bericht der 'Evaluation Commission'. Vgl. IOC, Report 2004, S. 7

The new system of choosing a shortlist is good in that being named to the shortlist means we've been rewarded, for a few months anyway! It's an acknowledgement of our project - and it's very encouraging.[610]

5.3.1 Athen

Abb. 27: Emblem 'Athen 2004'

Die Geschichte der Olympischen Spiele der Neuzeit ist natürlich unauflöslich mit dem Namen Athens verbunden. Ohne den großen Erfolg der ersten Spiele in Athen würde es die Olympische Bewegung in der uns bekannten Form aller Wahrscheinlichkeit gar nicht geben. Nur die Griechen haben eine solche Begeisterung für ihr Nationalfest aufbringen und den für die Entwicklung so dringend benötigten würdigen Rahmen bieten können. Die nachfolgenden Spiele in Paris (1900) und St. Louis (1904) sind ein Anhängsel der Weltausstellungen und deshalb nicht in der Lage gewesen, ein eigenes Flair zu verbreiten. Erst die von COUBERTIN so heftig bekämpften Athener 'Zwischenspiele' im Jahr 1906 haben den Olympischen Spielen wieder einen Impuls geben können.[611] Damit hat sich Athen unschätzbare Verdienste in der Olympischen Bewegung erworben.

In dem Verständnis, daß die modernen Spiele eine 'Wiedereinsetzung' der antiken Spiele sind, empfinden die Griechen eine besondere Verantwortung für die Olympischen Spiele.[612] Als die Spiele von den Boykotten der 70er und 80er Jahre ernsthaft bedroht scheinen, bietet der griechische Staat die dauerhafte Ausrichtung der Spiele in Griechenland an. Im Rahmen dieses Angebotes bewirbt sich Athen auch zunächst um die Olympischen Spiele 1988. Diese Bewerbung ist aber mit der Annahme des Vorschlages zur dauerhaften Austragung der Spiele in Griechenland verknüpft, so daß es schließlich seine Kandidatur zurückzieht, da sich für diesen Vorschlag keine Mehrheit findet.[613] Das IOC dankt in einer Resolution den Griechen für ihr großzügiges Angebot, verweist aber auf die vorliegenden Kandidaturen für die nächsten Spiele und drückt seine Hoffnung aus, daß sich Athen für die

---

[610] Zitiert nach: O. Verf., Basics Decision, (Juni 1997).

[611] Vgl. BOULONGNE, Yves-Pierre/ Karl LENNARTZ: The International Olympic Committee - One Hundred Years. The Idea - The Presidents - The Achievements. Volume I, hrsg. vom IOC, Lausanne 1996, S. 127.

[612] Vgl. Kap. 2.1.

[613] Vgl. HILL, Politics, S. 196.

Olympischen Spiele 1996 zur Verfügung stelle.[614] Das IOC entzieht sich mit dieser Erklärung, die gleichzeitig und faktisch ein Angebot beinhaltet, diplomatisch der Offerte Griechenlands.

Bewerbung um 'Athens '96 - The Golden Olympics'
Die Athener vergessen diese Aussage nicht.
Als die Bewerbung um die Spiele 1996 ansteht, sind sie sich sicher, daß sie einen moralischen Anspruch auf die Austragung haben. Die griechische Kultur als Ausgangspunkt der Olympischen Bewegung und der sentimentale Faktor der hundertjährigen Wiederkehr der I. Olympischen Spiele von 1896 sowie die Resolution von 1981 lassen ihnen die Vergabe nach Athen als zwingend erscheinen:

Abb. 28: Emblem 'Athen 1996'

> *Greece believes it has every right to claim the privilege of being host to the Olympic Games of 1996 in order to celebrate with the rest of the world, the hundredth anniversary of this great institution, in the place where it was revived.*[615]

Der Slogan der Bewerbung 'Zurück zu den Wurzeln' soll nicht nur für die Griechen, sondern auch für die Olympische Bewegung gelten und eine Aufforderung zur Selbstbesinnung an dem Ort sein, an dem alles angefangen hat. Es soll nach dem Showcharakter der letzten Spiele eine neue Verbindung zwischen den Spielen und der Kultur geschaffen werden, um den ursprünglichen Charakter der Spiele zu stärken.[616] Die Griechen empfinden aufgrund ihrer traditionellen Verbindung zu den Spielen eine besondere Verantwortung und versuchen deshalb, die Entwicklung der Olympischen Bewegung in ihrem Sinne zu beeinflussen.

Eigentlich wäre unter diesem Aspekt eine perfekte Bewerbung zu erwarten gewesen. Die Kandidatur weist jedoch eine Vielzahl Schwächen auf. Schon 1986 weist das HOC auf die Mängel der Bewerbung hin:

---

[614] Vgl. Olympic Review 169 (1981), S. 641.

[615] Lambis NIKOLAOU (IOC-Mitglied und Präsident des HOC) in: EXECUTIVE COMMITTEE FOR THE CANDIDACY OF ATHENS FOR THE 1996 OLYMPIC GAMES (Hrsg.): Athens '96. The Golden Olympics, [Athen o.J.], S. 9.

[616] Vgl. SCHERER, Karl Adolf: „Athens Umgang mit Geschichte und Gegenwart", in: NOK-Report 8 (August 1990): S. 19.

Es ist ein Fehler zu glauben, daß man die Geschichte respektiert, und daß man uns die Olympiade gibt. Wir haben uns bereits verspätet und wenn wir noch mehr in Verzug geraten, verlieren wir die Spiele.[617]

Doch die meisten Griechen sind sich der Spiele sicher, und auch die internationale Sportwelt erwartet die Wahl von Athen für 1996. Ein Wendepunkt in der Bewerbung ist der Bericht der 'Study and Evaluation Commission' des IOC. Es gibt zwar auch zuvor Kritik an der griechischen Bewerbung, sie bezieht sich aber jeweils auf einzelne Aspekte. Es zeichnet diesen Bericht aus, daß nun erstmalig alle Probleme Griechenlands und der Stadt Athens zusammengestellt sind. Der Kommentar der Kommission zu den einzelnen Punkten erzeugt in der Olympischen Bewegung schwere Bedenken ob der Fähigkeit der Griechen, die Organisation der Spiele zu gewährleisten.[618] Insbesondere wird die instabile politische Situation, die durch häufige Regierungswechsel gekennzeichnet ist, die hohe Luftverschmutzung und die großen Mängel in der Infrastruktur des Telekommunikations- und des Verkehrswesens in dem Bericht hervorgehoben.[619] Dazu kommt, daß die ehrgeizigen Investitionspläne angesichts der hohen Auslandsverschuldung des Landes und knapper öffentlicher Mittel fraglich erscheinen.[620] Zwar sind mehr als 70% der Sportanlagen schon zum Bewerbungszeitpunkt verfügbar und das Kulturprogramm findet begeisterten Zuspruch der Kommission, aber diese Stärken Athens können die Sorgen nicht kompensieren. In dem gleichen Bericht glänzen dagegen die Städte Toronto, Melbourne und Atlanta mit ihren technischen Qualitäten und werden nun zu einer wirklichen Alternative für die Olympischen Bewegung. Während das Lobbyteam Atlantas die Kontakte zu den einzelnen IOC-Mitgliedern pflegt und versucht persönliche Beziehungen aufzubauen, um damit deren Stimme zu sichern, disqualifizieren sich die Athener durch ihr arrogantes Auftreten bei vielen IOC-Mitgliedern. Die Bedeutung der Prüfungskommission wird von den Athenern scheinbar unterschätzt. Es kommt nicht einmal zu einem Treffen mit dem Präsidenten

---

[617] [o. Verf.]: „Das wahre Bild unserer Vorbereitung für die Olympischen Spiele 1996", in: HOC. Bulletin 4 (Oktober-Dezember 1986): S. 8. Übersetzt aus dem Griechischen in: ETERIDIS, Christomos: Die Vergabe der Olympischen Spiele 1996 im Spiegel der griechischen Presse, Diplomarbeit DSHS, Köln 1994, S. 8.

[618] Vgl. McGEOCH, Bid, S. 262.

[619] Vgl. Kapitel 'Report of the IOC Study & Evaluation Commission (Messrs. Gunnar Ericsson, Chairman, Major General Henry Adefope, Peter Tallberg, Pal Schmitt and Maurice Herzog) on its visit to Athens, Candidate City for the Games of the XXVIth Olympiad - 18th to 22nd March 1990', in: [IOC (Hrsg.)]: Study and Evaluation Commission for the Preparation of the Games of the XXVIth Olympiad - 1996, [Lausanne 1990], S. 1-10 [nach eigener Zählung].

[620] Vgl. McGEOCH, Bid, S. 262/ ETERIDIS, Vergabe 1996, S. 33/ [o. Verf.]: „Olympia-bewerber im Portrait: Athen. Nostalgie-Favorit voller Kultur und Geschichte. Provinznest wuchs zur Weltstadt/ Nach 100 Jahren erneut Gastgeber?", in: sid (14.09.90).

des Bewerbungskomitees Spyros METAXA.[621] Der Präsident des griechischen NOK Lambis NIKOLAOU droht sogar, daß sich die Stadt nie wieder bewerben würde, wenn die IOC-Mitglieder nicht Athen wählen würden.[622] Einen letzten faux pas erlaubt sich die griechische Delegation, als sie die abschließende Präsentation in griechischer Sprache macht und nicht Englisch oder Französisch, einer der offiziellen Sprachen des IOC wählt.[623] Nach der Wahl Atlantas für 1996 faßt das schweizer IOC-Mitglied Marc HODLER abschließend die Empfindungen zusammen: *„Die Griechen traten überheblich auf, unfreundlich gegen die Konkurrenten und unkorrekt gegen das IOC. Das Vertrauen hat gefehlt."*[624]

Das Entsetzen der Griechen ist groß. Zu unwahrscheinlich schien es, daß sich das IOC entgegen aller moralischer Rechte und Traditionen gegen die griechische Hauptstadt entscheiden könnte. Wütend wird gedroht, die traditionelle Entzündung des Olympischen Feuers in Olympia für die Spiele in Atlanta zu verweigern.[625] Es gibt sogar die Forderung nach einer Gegenolympiade, und das griechische NOK lehnt zunächst die Teilnahme an den offiziellen Feiern des IOC zum hundertjährigen Jubiläum der Spiele ab.[626] Damit verschaffen sich die Griechen zu allem Unglück auch noch das Renommee eines unfaires Verlierers.

Der Gedanke, sich nie wieder für die Ausrichtung Olympischer Spiele bewerben zu wollen, wird nicht von allen Griechen mitgetragen. Die Kultusministerin Melina MERCURI, welche eine der führenden Kräfte der Bewerbung gewesen ist, kündigt schon im September 1990 für den Fall ihrer Wahl zur Bürgermeisterin von Athen eine neue Kandidatur der Stadt an.[627] In der nachfolgenden Zeit bemühen sich das IOC und das HOC, die Gräben nicht zu tief werden zu lassen. Auf Vorschlag des HOCs findet schließlich auch am 6. April 1996 eine festliche Veranstaltung zur 100-Jahrfeier des IOC im

---

[621] Vgl. Kommentar der Bewertungskommission zum Punkt 2 'Candidate City' des Berichts: „Commission did not meet Mr. Metaxa." In: IOC, Report 1996 - Athen, S. 1f.

[622] Vgl. WALDBRÖL, Hans-Joachim: „Die Bewerber für die Olympischen Spiele 2004 (2): Aus griechischen Lehrmeistern sind Athener Musterschüler geworden", in: FAZ (8.07.97).

[623] Vgl. WATTERSON, Johnny: „Big wigs pile in for the final push", in: The Irish Times (5.09.97): (http://www.irish-time.com/irish-times/paper/1997/0905/spo12.html, 31.12.97).

[624] Zitiert nach: TRUST, Oliver: „Athens neuer Start aus dem Schmerz der Niederlage. Bewerbung um die Olympischen Spiele 2004, bei der nicht nur auf Tradition von 1896 gesetzt wird - 96,4 Prozent der Griechen unterstützen zweiten Anlauf", in: Die Welt (17.12.96): (http://www.welt.de/archiv/1996/12/17/1217sp01.htm, 24.04.99).

[625] Vgl. HÖFER, Friede, S. 117/ ETERIDIS, Vergabe 1996, S. 74.

[626] Vgl. ETERIDIS, Vergabe 1996, S. 78.

[627] Melina MERCURI war Mitglied im Präsidium des 'Executive Committee of the Candidacy of Athens for 1996 Olympic Games'. Vgl. ebenda, S. 79.

Panathinaikon Stadion in Athen statt.[628] Der IOC-Präsident verkündet in diesem Zusammenhang: *„die Wunden sind geschlossen".*[629]

Bewerbung um die XXVIII. Olympischen Spiele 2004

Schon Monate vorher hat sich die griechische Regierung für eine erneute Bewerbung Athens um die Olympischen Spiele entschieden. Am 9. November 1995 treffen sich der griechische Premierminister Andreas PAPANDREOU und der IOC-Präsident SAMARANCH.[630] Am folgenden Tag, wenige Wochen vor Anmeldeschluß läßt die griechische Regierung durch ihren Pressesprecher Tylemachos HYRTIRIS die Bewerbung Athens um die Olympischen Spiele verkünden: *„The government will effort to have them [...] in Athens. We believe that it is essential for the Olympic Games to be staged in Athens at long last".*[631] Inwieweit der IOC-Präsident diesen Entschluß beeinflußt hat, bleibt offen. HYRTIRIS führt weiter aus, daß die griechische Regierung zunächst um eine Vergabe ehrenhalber nachsuchen werde. Falls dem nicht stattgegeben werde, wolle man sich bewerben. Einen Monat später am 14. Dezember wird bekanntgegeben, daß sich das HOC mit Zustimmung der Stadt Athen und der Unterstützung der Regierung einstimmig für eine Bewerbung entschieden habe. Noch hofft man in Griechenland auf die Zuteilung der Spiele, doch die internationale Sportwelt teilt nicht die Meinung der Griechen, daß ihnen ein spezielles Recht zustehe: *„International sport officials have scoffed at Greece's insistence that it be given an Olympics free, without submitting to the same rigorous and expensive competition as everyone else."*[632] Schließlich muß Athen sich mit den zehn Mitkonkurrenten regulär um die Spiele bewerben.

Dadurch, daß es in Athen keine jahrelangen Vorbereitungen auf die Bewerbung gegeben hat, muß nun eiligst eine Organisationsstruktur aufgebaut werden. Das Bewerbungskomitee findet seinen Sitz im repräsentativen Zappeion Megaro.[633] Im April 1996 wird Gianna ANGELOPOULOS-

---

[628] Vgl. [IOC (Hrsg.)]: Week's Olympic News - Number 193 (5.01.99): (http:// www.olympic.org/news/ehcio193.html, 12.12.97).

[629] Vgl. [o. Verf.]: „Viel Nostalgie und Hoffnung. Olympiajubiläum gefeiert - Samaranch macht Athen Mut für 2004", in: Die Welt (9.04.96): (http://www.welt.de/archiv/ 1996/04/09/0409sp09.htm, 24.04.99).

[630] Vgl. o. Verf., Athens seek, (10.11.95)/ [o. Verf.]: „Griechenlands Regierung für Olympia 2004 in Athen", in: sid (10.11.95).

[631] Zitiert nach: [o. Verf.]: „Athens will seek 2004 summer Olympics", in: RIS (10.11.95): http://www1.nando.net/.../oly 7541.html, 18.11.97.

[632] [o. Verf.]: „Tardy Athens wants 2004 summer Olympics", in: RIS (14.12.95): (http://www1.nando.net/.../oly 30958.html, 31.12.97).

[633] Der Innenhof des Zappeion dient bei den I. Olympischen Spielen als Austragungsort für die Fechtwettkämpfe. Das Zappeion wird 1888 als Ausstellungshalle erbaut und nach seinem Stifter Evangelis ZAPPAS benannt. Dieser hatte dem griechischen Staat Mitte des 19. Jahrhunderts eine Stiftung zur Wiedereinführung der Olympien überlassen. Vgl. DECKER, Wolfgang: „Die Olympien des Evangelis ZAPPAS", in: DECKER, Wolfgang/ Georgios

DASKALAKI (nachfolgend nur ANGELOPOULOS) zur Präsidentin des Bewerbungskomitees bestimmt.[634] Der Personalstamm des Komitees wächst bis zur Abgabe der Bewerbungsbücher im August des Jahres auf 40 und ein Jahr später auf 70 Mitarbeiter an.[635] Trotzdem ist die Zeit für die Erstellung der Bewerbungsunterlagen sehr knapp. Athen kann aber auf die Bewerbungskonzeption des Jahres 1996 zurückgreifen, so daß viele Planungen aufgegriffen und in den neuen Entwurf integriert werden können.

Die zur Präsidentin gewählte ANGELOPOULOS wird als Tochter des Handelsunternehmers Frixos DASKALAKI 1955 auf Kreta geboren. Ihre Ausbildung schließt sie als Rechtsanwalt ab. In den Jahren 1989 und 1990 zieht sie für die Konservative Partei in das Griechische Parlament ein, nachdem sie bereits zuvor Abgeordnete im Athener Stadtrat gewesen ist. Kurze Zeit später heiratet sie den Reeder und Industriellen Theodore ANGELOPOULOS, und zieht sich aus der Politik zurück. Sie arbeitet als Partner im Unternehmen ihres Mannes, unterrichtet in Harvard und wird Mutter von drei Kindern.[636] Das Ehepaar besitzt Wohnsitze in Athen, London, der Schweiz und den USA. ANGELOPOULOS spricht fünf Sprachen, hat Erfahrung in der Politik und im Management, besitzt Charme sowie die notwendige Empathie, um die richtigen Worte zu finden, mit denen sie ihre Zuhörerschaft ansprechen kann. Ihre Fähigkeiten prädestinieren sie für die Leitung der Bewerbung.[637]

Die Wahl von ANGELOPOULOS zur Präsidentin ist aus verschiedenen Gründen bemerkenswert. Viele sehen in ihrer Persönlichkeit einen Grund für die Wahl Athens. Die Regierung wird zur Zeit der Bewerbung von der sozialistischen Partei Griechenlands (PASOK) gestellt. Trotzdem wird ANGELOPOULOS als Vertreter der führenden Oppositionspartei vom Premierminister gefragt, ob sie die Präsidentschaft des Bewerbungskomitees übernehmen wolle. Obwohl sie im Bereich Sport keinerlei Erfahrungen hat,[638] nimmt sie das Angebot an. ANGELOPOULOS erklärt dies mit der besonderen Bedeutung der Olympischen Spiele für die Griechen: *„campaigning for the*

DOLIANITIS/ Karl LENNARTZ (Hrsg.): 100 Jahre Olympische Spiele. Der neugriechische Ursprung, Würzburg 1996, S. 43.

[634] Vgl. HUGHES, Rob: „Flaming passion that brought the Games back to Greece", in: The Independent (16.12.97).

[635] Vgl. DUNCAN, John: „2004 - a place odyssey", in: Mail&Guardian (1.11.96): (http://www.mg.co.za/mg/news/96nov1/1no-olym.htm, 12.12.97)/ HUGHES, Passion, (16.12.97).

[636] Laut HUGHES gab sie ihren Abgeordnetenplatz im Parlament auf, um sich der Leitung der Bewerbung widmen zu können. Vgl. HUGHES, Passion, (16.12.97).

[637] Vgl. ebenda/ BACIA, Horst: „Im Mutterland der Spiele wird mit Genugtuung gefeiert. Die Athener versprechen die Rückkehr zum olympischen Ideal", in: FAZ (8.09.97)./ HUBBARD, Alan: „First lady gets a grip on the Games. No holds barred in Greco-Roman war", in: The Observer (10.08.97).

[638] Vgl. THOMSEN, Ian: „Gift-Bearing Greeks? Rome Cautions IOC", in: Herald Tribune (21.05.97).

144

Olympic Games is something in the Greek soul."[639] Danach verschreibt sie sich gänzlich ihrer neuen Aufgabe: *„From April 1996 to September 1997, I practically left my family behind, [...] because the campaign filled my life.*"[640]

Eine der drängendsten Aufgaben des Komitees ist die Sicherstellung der Bewerbungsfinanzierung. Die Werbekampagne Athens kostet insgesamt ca. 20 Millionen US$.[641] Das Ehepaar ANGELOPOULOS unterstützt die Bewerbung Athens massiv mit Sponsorengeldern in Höhe von ungefähr 3,5 Millionen DM. Zusätzlich nutzt Gianna ANGELOPOULOS für ihre Flüge im Rahmen der Kandidatur Athens ein eigenes Flugzeug.[642] Faktisch ist sie damit auch gleichzeitig der Vertreter eines der größten Sponsoren, wird dadurch indirekt in ihrer Position gestärkt und ist nahezu unangreifbar.

Ihr uneingeschränkter Einsatz für die Bewerbung Athens ist an den unbedingten Willen geknüpft, die Wahl gewinnen zu wollen. Die Vorgehensweise des Bewerbungsunternehmens wird dazu professionell organisiert. Die Entwicklung der Marketingkonzeption wird von einer international operierenden Agentur mit Niederlassungen in London, New York, Athen und Hongkong unterstützt.[643] Es wird die Methodik der siegreichen Städte der letzten Bewerbungszyklen untersucht, und zur fachlichen Beratung wird der Geschäftsführer des Bewerbungskomitees von 'Sydney 2000' McGEOCH engagiert.[644] Weiterhin analysiert man die überraschende Wahl-niederlage um die Spiele von 1996. Dabei wird klar erkannt, daß Athen zwar eine besondere Tradition in der Olympischen Bewegung hat, aber daraus keine besonderen Rechte ableiten kann. Anhand der Kommentare einzelner IOC-Mitglieder zu dem Wahlausgang um die Spiele von 1996 ist zu erkennen, daß mit der Wahl von Atlanta auch der von Athen formulierte Anspruch auf die Spiele und ihr überhebliches Auftreten gegenüber den IOC-Mitgliedern und den Konkurrenten zurückgewiesen werden soll.[645] Auch haben die technischen Schwächen der vorherigen Bewerbung das Mißtrauen erzeugt, ob die Griechen überhaupt fähig sind, Olympische Spiele zu organisieren. Die nach der Wahl von Atlanta folgenden Drohungen der griechischen Regierung

---

[639] Zitiert nach: HUGHES, Passion, (16.12.97).

[640] Zitiert nach: Ebenda.

[641] Vgl. EISFELD, Henning/ Andreas MORBACH: „Leichathletik-WM in Athen. WM soll Tor zu Olympia aufstoßen. 48 IOC-Mitglieder in Athen/ 20 Mio. für WM, 1,6 Mrd. Für Olympia", in: sid (31.07.97).

[642] Vgl. BACIA, Mutterland, (8.09.97). „In der griechischen Presse kursieren Spekulationen, denen zufolge Familie Angelopoulos zwischen 700 Millionen und vier Milliarden Drachmen (4,5 bis 24 Millionen Mark) aus ihrem Privatvermögen in die Bewerbung investiert habe." HÜLSENBECK, Janna Angelopoulos-Daskalaki, (8.09.97).

[643] Vgl. TRUST, Athens Start, (17.12.96).

[644] Vgl. McGEOCH, Roderick H.: „Stellungnahme von R. McGeoch zu Bewerbungen um Olympia 2004. Brief an Peter Schollmeier", Sydney 29. Januar 1998, (unveröffentlicht), S. 1.

[645] Vgl. TRUST, Athens Start, (17.12.96).

und des HOC haben zusätzlich dem Ansehen Griechenlands im IOC schwer geschädigt.

Anhand des Auftretens und der Aussagen des Athener Bewerbungsausschusses wird offensichtlich, daß man aus diesen Erkenntnissen Konsequenzen gezogen hat. ANGELOPOULOS distanziert sich und das Komitee klar und deutlich von dem ehemaligen Bewerbungsteam: *„Es war wohl die falsche Attitüde, so zu tun, als stünden uns die Spiele zu. Doch ich hatte mit der Bewerbung für 1996 nichts zu tun."*[646] Die Wahl von Atlanta wird akzeptiert und die Schuld nicht mehr bei dem IOC gesucht: *„Wir haben unsere Lektion gelernt. Heute [...] versuchen wir uns nicht nur auf unsere Geschichte zu verlassen. Sie ist nur ein Teil."*[647] ANGELOPOULOS weiß, daß die technische Qualität der Bewerbung kritisch betrachtet werden wird: *„The big challenge for Athens is to show how the city can control the Games."*[648] Die positive Entwicklung der letzten Jahre und die darüber hinaus initiierten Veränderungen in Athen sollen Vertrauen erwecken. In diesem Sinne benötige Athen, anders als noch bei der letzten Kandidatur, die Spiele nicht mehr als Impuls für einen Wandel, und ANGELOPOULOS weist auf den daraus folgenden neuen Ansatz hin: *„Wir fragen nicht, was uns die Spiele bringen, sondern was wir für die Spiele tun können."*[649] Schließlich kehrt sie kurz vor der Wahl in Lausanne den Ansatz der vorherigen Bewerbung sogar um und lehnt eine Wahl Athens aus Sentimentalität ab: *„[...] we are not seeking a sympathy vote. We have the organisational skill, the facilities and the desire. We want to win on merit [...]."*[650]

Am Verhalten des Bewerbungskomitees und auch am Slogan der Kandidatur ist wiederum gegensätzlich zur vorherigen Bewerbung eine dezente Zurückhaltung festzustellen. Das Motto basiert auf der o.a. Konzeption und ist auch als Gliederung in den Reden von ANGELOPOULOS wiederzufinden: *„Athens is... eager able unique and good for the Games".*[651] Mit der Aussage 'Athens is eager' soll die umfassende Unterstützung der Bewerbung ausgedrückt werden. Die Erklärung 'Athens is able' bezieht sich darauf, daß

---

[646] Zitiert nach: WALDBRÖL, Lehrmeister, (8.07.97).

[647] Zitiert nach: TRUST, Athens Start, (17.12.96).

[648] THOMSEN, Ian: „Athens Re-enters the Olympic Beauty Contest", in: International Herald Tribune, (4.11.96): (http://www.iht.com/IHT/IT/96/it110496.html, 12.12.97).

[649] Zitiert nach: RINGHOFER, Dieter: „Die Weltmeisterschaften als Teil der Olympiakampagne", in: SonntagsZeitung (27.07.97): (http://www.sonntagszeitung.ch/sz30/ 148374.html, 31.12..97).

[650] Zitiert nach: HUBBARD, Lady, (10.08.97).

[651] ANGELOPOULOS-DASKALAKI, Gianna: Ansprache zur Präsentation der Bewerbung „Athen 2004" bei der Generalversammlung der ONOC in Guam vom 26.-28.04.1997, [Guam 1997], (http://www.athens2004.gr:80/en/ news/970501.html, 5.04.99)/ ANGELOPOULOS-DASKALAKI, Gianna: Presentation of „Athens 2004" Olympic Games Bid Committee. 5.09.97, [o.O. 1997].

die Stadt über die technische Leistungsfähigkeit zur Ausrichtung der Spiele verfügt. Erst nach diesen beiden Attributen, die auch eine andere Stadt bieten kann, bezieht sich Athen mit 'Athens is unique' nahezu bescheiden auf seine olympische Tradition und die Verankerung in der griechischen Kultur. Aus diesen drei Elementen folgt dann: 'Athens is good for the Games'.[652]

Neben der Konzeption und dem Motto zählt noch das Emblem der Bewerbung zu den wichtigen Elementen. Es stellt eine Flammenschale dar, in der das Olympische Feuer in Form eines 'A', stellvertretend für Athen brennt (vgl. Abb. 27, S. 139). Ein einfaches und eingängiges Symbol, das durch seine Farbgebung auffällig, freundlich und auf unterschiedlichem Hintergrund verwendbar ist.

Die Bewerbungsunterlagen entsprechen nicht ganz den Vorgaben des IOC. Laut den Vorgaben sind Photos nur für technische Zwecke erlaubt.[653] Die drei Bände weisen aber eine Vielzahl von Photos auf, die allein Werbezwecken dienen.[654] Dies wird durch die IOC-Prüfungskommission jedoch nicht bemängelt. Insgesamt ist die Kritik der 'Evaluation Commission' zurückhaltend. Zwar wird wieder die Luftverschmutzung, die geringe Kapazität des alten Flughafens und des öffentlichen Nahverkehrs gerügt. Gleichzeitig wird aber anerkannt, daß mit der Erweiterung der Metro, dem Bau eines neuen Flughafens und der Budgetierung eines Innenstadtringes bereits Maßnahmen ergriffen worden sind.[655] Am Budget der Spiele tadelt die Kommission, daß auf der Einnahmenseite die eingesetzten Sponsorenerträge ungewöhnlich hoch seien und die geplanten Investitionskosten für den Sportkomplex 'Faliron' zu niedrig erscheinen.[656] Die nach Meinung der Kommission hohen Preise der Eintrittskarten sollten noch einmal überdacht werden. Grundsätzlich erscheint aber die Finanzplanung der Spiele gut aufbereitet und machbar. Die technischen Elemente der Bewerbung werden durchweg positiv dargestellt. Die Sportstätten am 'Olympic Sports Complex' sind exzellent. Die Verbesserungen im Bereich Telekommunikation, Verkehrswesen und Umweltschutz werden gelobt.[657] Hervorgehoben wird auch die außergewöhnliche Unterstützung der Bewerbung auf allen Ebenen. Nicht nur in der

---

[652] Vgl. [THE „] ATHENS 2004 ['OLYMPIC] BID COMMITTEE (Hrsg.): Fact sheets. Athens is... Eager Able Unique and Good for the Games, [o.O. 1997].

[653] Vgl. IOC, Manual 2004, S. 113.

[654] Vgl. THE „ATHENS 2004" OLYMPIC BID COMMITTEE (Hrsg.): Athens 2004, Candidate City (Volume I - III), [Athen 1996].

[655] Vgl. IOC, Report 2004, S. 18f.

[656] „The Commission was advised that these figures [Einnahmen von lokalen Sponsoren und Lieferanten, d. Verf.] include anticipated contributions from the international Greek community." IOC, Report 2004, S. 20.

[657] Vgl. ebenda, S. 18f.

Bevölkerung (96,4% Zustimmung, vgl. Abb. 36, S. 188) sondern auch in den Bereichen der Kultur, der Wirtschaft und der Regierung wird die Bewerbung gefördert.

Die Bewertung der Bewerbungsdokumente erfolgt ganz im Sinne des Bewerbungskomitees. Im Gegensatz zur Bewerbung um die Spiele 1996 wird diesmal die technische Qualität der Kandidatur positiv gewertet. Auch die internationale Presse nimmt die Veränderungen auf: *„Athens worked hard to transform its image"*.[658] Die Wertung der Kommission wird für Athen positiv interpretiert:

> *Athen [...] wurde von der Bewertungskommission ein ausgewogener Finanzhaushalt, hervorragende Wettkampfstätten und eine technologische Infrastruktur auf hohem Niveau bescheinigt.*[659]

Nach der Veröffentlichung des Kommissionsbericht gilt Athen neben Rom als Favorit.

Trotz nationaler und internationaler Unterstützung gibt es auch Widerstand gegen die Bewerbung. Im September 1996 erscheint ein Artikel in der 'Washington Times', der die Verbindung zwischen der PKK und dem griechischen Geheimdienst scharf kritisiert und in der Titelzeile fragt: *„Olympic Games in the year 2004 in Athens? Why should a city which hosts terrorist training camps host an event which calls for peace and harmony?"*[660] Dieser Ansatz findet aber in der Presse keine weitere Beachtung und hat auch keine Auswirkung auf die Bewerbung. Ende Februar, kurz bevor das Auswahlkollegium die fünf Finalteilnehmer bestimmt, gibt es ein Bürgerrechts- und Umweltschutzgruppentreffen in Athen. Sie protestieren gegen die Bewerbung und fordern die Rücknahme, da ihrer Meinung nach die Olympischen Spiele *„die Situation in Athen noch weiter verschlimmern"* würden.[661] Im August erregt die 'Bürgerinitiative gegen Olympia 2004 in Athen' Aufsehen mit der Ankündigung, daß sie im Falle eines Zuschlages an Athen, gegen die Austragung gerichtlich vorgehen wolle. In einem Schreiben an die IOC-Mitglieder äußert die Gruppe die Sorge: *„Olympia 2004 werde für Athen*

---

[658] Vgl. KEATING, Steve: „Olympics - Rome and Athens emerge as frontrunners", in: Reuter (20.02.97).

[659] Vgl. MÄDLER, Fünfkampf, (7.03.97).

[660] Dieser Artikel wird unter der Internetadresse 'turkishnews.com' ausgegeben. Inwieweit der Artikel gekürzt oder geändert worden ist, ist nicht zu erkennen. GERTZ, Bill: „Olympic Games in the year 2004 in Athens? Why should a city which hosts terrorist training camps host an event which calls for peace and harmony?", in: The Washington Times, (10.09.96): (http://www.turkishnews.com/NewsNetwork/greek-pkk.html, 30.11.97).

[661] Vgl. [o. Verf.]: „Bach-Kommission legt IOC-Prüfberichte über Bewerber vor/ Chance für Kapstadt. Olympische Spiele in europäischer Stadt? Rom, Athen, Istanbul und Stockholm favorisiert", in: FAZ (21.02.97).

ein umweltpolitisches, städteplanerisches und finanzielles Desaster."[662] Die Initiative wird in ihrer Kritik durch das 'Bündnis der Linken' unterstützt. Die Partei ist mit neun Sitzen im 300-köpfigen Parlament vertreten.[663] Zwar hat die Opposition keinen Rückhalt in der Bevölkerung, aber bei den Leichtathletik-Weltmeisterschaften im August werden 14.000 Sicherheitsbeamte in Athen eingesetzt, und nach einem Bombenanschlag auf das Olympiastadion in Stockholm läßt der Athener Bürgermeister das Panathinaikon-Stadion aus Sicherheitsgründen zeitweise schließen.[664] Wenige Tage vor der Abstimmung in Lausanne werden schließlich zwei Sprengstoffanschläge von einer linksextremistischen Gruppe 'Anti Establishment Kampfguerilla' gegen das Fahrzeug eines zypriotischen Vizekonsuls und gegen den Sitz des HOC verübt. Von der Polizei werden diese Anschläge als Amateurtaten abgetan.[665] Letztendlich hat die Opposition gegen die Bewerbung mangels Unterstützung in der Bevölkerung keine Einwirkung auf die Bewerbung nehmen können.

Abb. 29: Emblem der Leichathletik-WM '97

In der zweite Phase der Bewerbung, von der Vorauswahl im März bis zur Abstimmung im September, knüpft das Athener Bewerbungsteam persönliche Kontakte und versucht im Rahmen des Lobbying, die IOC-Mitglieder zu einem Besuch in Athen zu bewegen. Mitte 1995 übernimmt Athen die von Mexiko City zurückgegebenen Leichtathletik-Weltmeisterschaften 1997.[666] Zu diesem Zeitpunkt ist eine Bewerbung Athens noch nicht geplant. Diese Veranstaltung wird für die Athener zum Glücksfall. Damit hat Athen die Möglichkeit, die skeptischen Mitglieder der Olympischen Bewegung von seiner Potenz als Großveranstalter zu überzeugen. Athen investiert viel in die Weltmeisterschaften.[667] Die Eröffnungsfeier im Panathinaikon-Stadion wird ein durchschlagender Erfolg. Um negative Schlagzeilen über Staus und Verkehrschaos zu vermeiden, wird für die Mitglieder der Olympischen Bewegung und die Sportler ein Fahrtdienst vom Hotel zum Stadion eingesetzt und bedingen angenehme Temperaturen. Damit die verzugsfreie Fahrt

---

[662] [o. Verf.]: „Bewerbung um Olympia 2004. Opposition in Athen will vor Gericht ziehen", in: sid (27.08.97).

[663] Vgl. ebenda/ TSAFOS, Takis: „Athen hofft noch immer", in: Tages Anzeiger (3.09.97): (http://www.tages-anzeiger.ch/970903/115112.html, 12.12.97).

[664] Vgl. HUBBARD, Lady, (10.08.97).

[665] Vgl. ANTONAROS, Evangelos: „Anschlag auf Athens Kandidatur. Zwei Attentate schmälern Olympia-Hoffnungen in Griechenland - 'Vergleich mit Stockholm hinkt'", in: Die Welt (5.09.97): (http://www.welt.de/archiv/1997/09/05/0905au01.htm, 24.04.99).

[666] Vgl. RINGHOFER, Weltmeisterschaften, (27.07.97).

[667] EISFELD/ MORBACH berichten, daß die Aufwendungen für die Weltmeisterschaft zwanzig Millionen US$ gekostet haben sollen. Vgl. EISFELD, Leichtathletik-WM, (31.07.97).

gewährleistet ist, werden jeweils die Verbindungsstraßen durch Polizeieinsatz gesperrt. Zusätzlich haben die Veranstalter auch noch Glück mit dem Wetter. Obwohl es normalerweise Anfang August noch sehr heiß ist, haben überraschend die üblicherweise im Spätaugust anzutreffenden kühlen Winde (Meltemia) bereits eingesetzt. Allein in den ersten Tagen sind die Veranstaltungen recht spärlich besucht. Dies ist darauf zurückzuführen, daß die Athener noch nicht ihre sommerliche 'Stadtflucht' beendet haben und die Stadt relativ leer ist. In der zweiten Hälfte der Weltmeisterschaft ist das Stadion aber sehr gut gefüllt. Für das Bewerbungskomitee wird die Veranstaltung ein Erfolg. Zum einen belegt die Veranstaltung, daß Athen ein Großereignis professionell und ohne größere Mängel organisieren kann.[668] Zum anderen besteht die Chance, die 48 IOC-Mitglieder, welche zu diesem Anlaß nach Athen gekommen sind, direkt anzusprechen und vor Ort das Bewerbungskonzept vorzustellen.[669]

Parallel zu dieser Sonderveranstaltung betreiben die Athener, vertreten durch ANGELOPOULOS, das seit der Bewerbung um die Spiele 1992 übliche Lobbying. Im Mai 1997 gibt es Probleme, als Athen entgegen der Vorschriften einen unerlaubten Empfang für IOC-Mitglieder bei den Ostasien-Spielen in Pusan gegeben hat. Rom und die anderen Finalteilnehmer protestieren lautstark gegen diesen Verstoß.[670] Es bleibt aber für Athen folgenlos. Eine originelle Idee hat das Bewerbungskomitee, als es einen 'IOC members' Park einrichtet. Jedes IOC-Mitglied, daß Griechenland besucht, soll in dem Park einen Olivenbaum pflanzen, der dann seinen Namen trägt. Im Falle der Wahl Athens für 2004, sollen die Sieger der XXVIII. Olympiade mit Zweigen dieser Bäume bekränzt werden.[671] Auf Einladung von ANGELOPOULOS weiht Mitte Juli sogar der IOC-Präsident den Park ein.[672]

Die zweite Phase der Bewerbung findet ihren Abschluß mit der 106. Session des IOC in Lausanne. Vor der Abstimmung hat Athen Gelegenheit zu einer letzten Präsentation. Im Gegensatz zu der Selbstdarstellung vor dem

---

[668] Vgl. WENIG, Jörg: „Tradition kontra Kommerz. Athen setzt auf kulturelle und historische Argumente/ Kandidaten für Olympia 2004", in: Der Tagesspiegel (3.09.97): (http://www.tagesspiegel-berlin.de/archiv/97-09/aktuell/spo-970903.html, 31.12.97).

[669] EISFELD/ MORBACH schildern in diesem Zusammenhang, daß Präsident SAMARANCH während der Weltmeisterschaft in dem gleichen Zimmer vom 'Hotel Grand Bretagne' gewohnt hat, wie einst COUBERTIN. Vgl. EISFELD, Leichtathletik-WM, (31.07.97).

[670] „When the other candidates cities [...] got wind of it - they booked themselves a table nearby, like chaperones at a teenagers' gin party." THOMSEN, Gift, (21.05.97).

[671] Vgl. [THE] „ATHENS 2004" [OLYMPIC] BID COMMITTEE (Hrsg.): A Legacy For Olympism, Athen [1997], S. 45 [nach eigener Zählung].

[672] Vgl. [IOC (Hrsg.)]: Week's Olympic News - Number 272 (11.07.97): (http:// www.olympic.org/news/ehcio272.html, 31.12.97).

150

Vorauswahlkollegium dürfen nun verschiedene Medien eingesetzt werden. Die Präsentation wird fast ausschließlich von ANGELOPOULOS geleitet. In ihrer Einleitung betont sie, daß Athen nach der Ablehnung seiner Kandidatur um die Spiele 1996 sich selbstkritisch betrachtet habe.[673] Dabei habe man festgestellt, daß die Mängel der Stadt behoben werden müßten. Nun seien Änderungen gemacht worden und sie präsentiere das Ergebnis: *„This is a new bid for a new city, a better candidacy."* Athen habe gelernt, daß es nicht darum gehe, welche Vorteile die Olympischen Spiele für die Stadt bringen können, sondern was die Stadt den Spielen bieten könne. Nach einem kurzen Grußwort des griechischen Ministerpräsidenten Kostas SIMITIS mittels eines Filmausschnittes kommt der Athener Bürgermeister Dimitris AVRAMOPOULOS zu Wort. Er geht auf die wichtigen infrastrukturellen Maßnahmen der Stadt ein und gibt den aktuellen Status und den weiteren Zeitplan bekannt. ANGELOPOULOS führt diesen Bericht weiter aus. Sie bezieht sich auf den Umweltschutz, die Finanzplanung und die Sportstätten. Dabei erwähnt sie, daß die dem IOC für 1996 zugesagten Sportstätten allesamt realisiert worden seien und die Stadt damit Wort gehalten habe. Grundsätzlich wird jede Aussage durch Zahlen belegt, welche zusätzlich auf dem Großbildschirm im Saal als Tabelle angezeigt werden. Dadurch entsteht der Eindruck, daß hintereinander nur Fakten aufbereitet werden. Die gesamte Präsentation ist äußerst informativ gehalten. Zum Abschluß wird noch ein Filmausschnitt über die Entzündung des Olympischen Feuers für Atlanta 1996 eingespielt und ANGELOPOULOS erklärt, daß Athen loyal zu den Olympischen Spielen stehe und schließt mit den Worten: *„We are here because we are not discouraged, yes we have been before. We acted to rectify our mistakes. We improved all aspects of our candidacy [...].*"[674]

Es scheint so, als ob Präsident SAMARANCH die Athener Bewerbung zumindest sehr wohlwollend begleitet hat. Daß die Athener im Anschluß an seinem Besuch im November 1995 ihre Kandidatur verkünden, ist noch kein Beleg. Es steht außer Frage, daß Athen immer eine wichtige Stadt für die Olympische Bewegung gewesen und ihre Reintegration nach der Wahlniederlage gegen Atlanta für SAMARANCH sportpolitisch bedeutend ist. Außerdem versucht der IOC-Präsident mit Blick auf die Stärke des IOC, jede bedeutende Stadt zu einer Kandidatur zu bewegen. Im Rahmen der 100-Jahrfeier des IOC in Athen kritisieren die Vertreter des Mitbewerbers San Juan jedoch öffentlich, es sei augenscheinlich, daß SAMARANCH die Athener

---

[673] Vgl. dazu und zum folgenden 106e Session CIO - Lausanne 1997. „Présentation finale d'Athènes 2004". Videocassette PAL INTER, Durée: 58'47", The Olympic Museum (Lausanne) V02.2698, 5. September 1997.
[674] Ebenda.

unterstütze.[675] Auf diesen Vorwurf reagiert das IOC nicht. Im Juli 1997 mahnt SAMARANCH in Athen zweideutig: *„Wir haben gegenüber Griechenland eine historische Schuld."*[676] Diese Aussage des IOC-Präsidenten läßt noch Interpretationsspielraum, doch nach der Wahl Athens zum Austragungsortes wird SAMARANCH eindeutig: *„Die IOK-Mitglieder haben eine historische Schuld beglichen".*[677] Zweifelsfrei zeigt SAMARANCH deutliche Sympathien für die Wahl Athens. Inwieweit dies das Abstimmungsverhalten der IOC-Mitglieder beeinflußt hat, läßt sich natürlich nicht feststellen.

5.3.2 Buenos Aires

Abb. 30: Emblem 'Buenos Aires 2004'

Über Jahrzehnte, nur unterbrochen durch kürzere demokratische Phasen, wird Argentinien von einer Militärdiktatur geführt. Erst 1983 übernimmt wieder ein zivil gewählter Präsident die Macht. Die politische Instabilität schlägt sich in häufigen wirtschaftspolitischen Richtungswechseln nieder, die das Land trotz guter Voraussetzungen in seiner Entwicklung stark behindern. Eine letzte Militärrevolte im Jahr 1990 kann der 1989 zum Präsidenten gewählte Carlos Saùl MENEM niederschlagen. Mit MENEM beginnt ein positiver Aufschwung des Landes. Im Jahr seines Machtantritts befindet sich Argentinien auf dem Höhepunkt der Inflation (4.923 %). Nach einer Währungsreform gelingt es ihm, in wenigen Jahren die Wirtschaft zu stabilisieren. Die Inflationsrate sinkt von 17,5% (1992), auf 1,2% im Jahr 1995 und das Pro-Kopf-Einkommen steigt von 2.404 US$ (1989) über 6.780 US$ (1992) auf 8.217 US$ (1995). Der allgemeine wirtschaftliche Aufschwung bringt dem Land aber auch ungewohnt hohe Arbeitslosigkeit (1995: 16,4%), die zu starken sozialen Spannungen führt.[678]

Über ein Drittel der Gesamtbevölkerung Argentiniens lebt in Buenos Aires, welches mit 12,5 Millionen Einwohnern eine der größten Städte der südlichen Hemisphäre ist. Trotzdem bietet die Stadt noch lateinamerikanischen Charme, den Eleganz der 'Alten Welt' und nahezu mediterranes Flair. Neben beeindruckender europäischer Architektur mischen sich moderne

---

[675] Vgl. [o. Verf.]: Puerto Rico, (8.04.96)

[676] Zitiert nach: EISFELD, Leichtathletik-WM, (31.07.97).

[677] Zitiert nach: RINGHOFER, Dieter: „Gianna Angelopoulos, Athens neue Heldin. Die 42jährige Juristin hat mit der erfolgreichen Olympiabewerbung die griechische Ehre wiederhergestellt", in: SonntagsZeitung (7.09.97): (http://www.sonntagszeitung.ch/ sz36/157574.html, 12.12.97).

[678] Vgl. [COMISIÓN PRO SEDE BUENOS AIRES 2004 (Hrsg.)]: Buenos Aires 2004. Candidate, Volume I, [Buenos Aires 1996], S. 20 und 28/ LENNERTZ, Michael: „Buenos Aires baut auf Toleranz und Tradition. Bewerber für die Olympischen Spiele 2004", in: FAZ (13.08.97).

Wolkenkratzer in das Gesamtbild der Stadt.[679] Der Sport nimmt einen großen Teil im Leben der Argentinier ein. Insbesondere Fußball und Polo erhalten starken Zuspruch, während die anderen Sportarten eher ein Schattendasein führen.[680] Im Bereich des Olympismus können die Argentinier darauf verweisen, daß José Benjamin ZUBIAUR, einer der treibenden Kräfte in der Sporterziehung seines Landes, eines der dreizehn Gründungsmitglieder des IOC gewesen ist. In der Bewerbung um die Spiele 2004 wird ZUBIAUR zum Leitträger einer frühen argentinischen Leidenschaft für den Olympismus stilisiert: *„Our history began more than 100 years ago, in 1894, when the Argentine educationalist José B. Zubiaur shared with his friend Baron de Coubertin the dream of recreating the Olympic Games in modern times."*[681] ZUBIAUR hat jedoch an dem Gründungskongreß des IOC gar nicht teilgenommen, und im IOC fällt er nach seiner ruhmreichen Nennung als Mitbegründer nicht weiter auf.[682] Er versäumt alle Sessionen und wird deshalb 1907 aus dem IOC ausgeschlossen.[683] Es muß allerdings dazu bemerkt werden, daß zu der damaligen Zeit die Fahrt von Südamerika zu den Orten der IOC-Vollversammlungen eine langwierige und kostenaufwendige Angelegenheit gewesen ist. Eventuell hat ihn dies von einem stärkeren internationalen Engagement abgehalten, zumal er sich selbst auch als Vertreter des IOC in Argentinien versteht und sich energisch gegen seinen Ausschluß zur Wehr setzt.[684] Insgesamt hat das IOC wenig Glück mit seinen argentinischen IOC-Mitgliedern. Der Nachfolger ZUBIAURs wird 1910 aus dem IOC ausgeschlossen, da er den Terminus 'Olympische Spiele' für seine eigene persönliche Werbung verwendet.[685] Die anderen vier Mitglieder, die sukzessive für Argentinien im IOC sind, besuchen bis 1960 nur 9 von 48 Sitzungen.[686] Schon COUBERTIN ist sich bewußt, daß die Entwicklung des Olympischen Gedankens in Südamerika noch einige Zeit benötigt und

---

[679] Vgl. [...] BUENOS AIRES 2004, Buenos Aires 2004 Vol. I, S. 10 und 28/ FAIOLA, Anthony: „Skeptical Buenos Aires Awaits Word on Its Olympic Bid", in: Herald Tribune (22.08.97).

[680] Vgl. [o. Verf.]: „Olympics - Buenos Aires bids for Latin recognition", in: Reuter (7.03.97).

[681] Vgl. COMISIÓN PRO SEDE BUENOS AIRES 2004 (Hrsg.): Welcoming the Games, Buenos Aires [1997?], S. 5 [nach eigener Zählung].

[682] Vgl. MÜLLER, Paris, S. 30.

[683] Vgl. LYBERG, 100 Years, S. 26.

[684] Einen kurzen Abriß über ZUBIAUR liefern KRAYER und MÜLLER im Rahmen einer Sammlung von Kurzbiographien der dreizehn Gründungsmitglieder des IOC. Vgl. KRAYER, Albert/ Norbert MÜLLER: „The members of the first International Olympic Committee", in: LENNARTZ, Karl/ Otto SCHANTZ: The International Olympic Committee - One Hundred Years. The Idea - The Presidents - The Achievements. Volume II, hrsg. vom IOC, Lausanne 1996, S. 279f.

[685] Dabei handelt es sich um Manuel QUINTANA (Mitglied des IOC von 1907-1910). Vgl. BOULONGNE, IOC Vol. I, S. 105.

[686] Es handelt sich hier um die Mitglieder Marcelo T. ALVEAR (Mitglied von 1922-1932, eine von zehn Sessionen besucht), Riccardo Camillo ALDAO (1923-1949, 2/23), Horacio BUSTOS MORON (1932-1952, 2/16) und Enrique ALBERDI (1952-1959, 4/8). Vgl. LYBERG, 100 Years, S. 38 - 40.

klassifiziert ganz Südamerika als *„olympischen Kindergarten".*[687] Erst mit der Verbesserung der Verkehrsverbindungen werden auch die argentinischen Mitglieder in ihrer Teilnahme zuverlässiger, und seit 1977 haben die Mitglieder keine Session mehr verpaßt.[688]

Trotzdem gibt es auch schon vor der ständigen Präsenz der Argentinier bei den Sessionen des IOC Bewerbungen Argentiniens um die Olympischen Spiele. Stolz verweist Buenos Aires in seinen Bewerbungsunterlagen darauf, daß dies bereits die fünfte Bewerbung der Stadt sei.[689] In der Web Site von 'Buenos Aires 2004' wird dies weiter spezifiziert:

> *This is the fifth time that Buenos Aires is present in the signature of the olympic minute having bidded in:*
> *1925: 1936 Games*
> *1935: 1944 Games which were not held due to Second World War*
> *1949: 1956 Games which Buenos Aires loses by just one vote*
> *1963: 1968 Games awarded to Mexico.*
> *1997: Buenos Aires competes with: Athens, Cape Town [...].*[690]

Diese Aufzählung mutet bei näherer Analyse doch recht konstruiert an. Zur Bewerbung um die Spiele 1936 legt Karl LENNARTZ dar, daß sich nach der Entscheidung für Los Angeles 1932 bereits mehrere Städte als mögliche Austragungsorte anbieten. Dies erfolgt aber nicht 1925, wie in der Web Site angegeben, sondern bereits auf dem Kongreß 1924 in Paris. Zu diesen Städten gehört neben zehn anderen auch Buenos Aires.[691] In der Zählung von LYBERG wird Buenos Aires aber gar nicht angeführt, da es schon frühzeitig seine Kandidatur zurückgezogen hat.[692] Bei der zweiten Bewerbung Buenos Aires' handelt es sich angeblich um die Wahl des Austragungsortes der Spiele von 1944. LYBERG erwähnt für 1944 vier Bewerber und drei Interessenten. Zu diesen zählt er indessen nicht Buenos Aires. Im Gegensatz dazu gibt er jedoch die Stadt als eine der Interessenten um die Spiele von 1940 an, die letztendlich keine offizielle Bewerbung abgegeben haben.[693] Auch die letztgenannte Bewerbung um die Olympischen Spiele des Jahres 1968 erscheint nicht

---

[687] Vgl. COUBERTIN, Erinnerungen, S. 183.

[688] Die ab 1960 folgenden Mitglieder sind Mario Luis José NEGRI (Mitglied von 1960-1974, neun von 18 Sessionen besucht), Guillermo PEPER (1977-1988, 0/15) und Antonio RODRIGUEZ (1990-, 0/8). Stichtag ist die 104. Session in Budapest im Jahr 1995. Vgl. LYBERG, 100 Years, S. 41-43.

[689] Vgl. [...] BUENOS AIRES 2004, Buenos Aires 2004 Vol. I, S. 10.

[690] 'Our Experience in the Organization of large Events'. [COMISIÓN PRO SEDE BUENOS AIRES 2004 (Hrsg.)]: Buenos Aires 2004 - Index -, (http:// argentina.commerce.com/BA2004/ingles/exper.html, 30.11.97).

[691] Vgl. LENNARTZ, Karl/ Otto SCHANTZ: The International Olympic Committee - One Hundred Years. The Idea - The Presidents - The Achievements. Volume II, hrsg. vom IOC, Lausanne 1996, S. 290.

[692] Vgl. LYBERG, 100 Years, S. 255.

[693] Vgl. ebenda, S. 255f.

besonders ernsthaft gewesen zu sein. Bei der Abstimmung scheidet Buenos Aires schon in der ersten Runde mit nur zwei Stimmen aus.[694] Ganz knapp ist hingegen die Entscheidung im Jahr 1949 um die Spiele 1956 gewesen. Buenos Aires unterliegt denkbar eng mit einer Stimme gegen Montreal.[695]

Insgesamt stellt die Bewerbung den olympischen Eifer von ZUBIAUR und der Stadt Buenos Aires doch sehr idealisiert dar. Allein auf dieser Basis sind nun einige Losungen möglich, welche einen moralischen Anspruch Argentiniens bzw. Buenos Aires' auf die Spiele beinhalten:

> *Cities from all countries that participated of the first Olympic Committee of the modern times back in 1894 which have applied for hosting the Games so far have succeeded, with the exception of Buenos Aires.*

> *This gives us the hope, strength and determination to struggle for the honour of hosting the Olympic Games in SOUTH AMERICA FOR THE FIRST TIME IN HISTORY.*[696]

Doch auch in diese Aussage ist insofern nicht ganz korrekt, als mit Jiri GUTH-JARKOVSKI und Ferenc KEMÉNY noch ein Tscheche und ein Ungar im Gründungskomitee des IOC vertreten sind, deren Länder sich bereits mehrfach erfolglos um Olympische Spiele beworben haben.[697] Unumstritten bleibt dagegen die abschließende Aussage, daß die Spiele noch niemals in Südamerika gewesen sind. Die Argumentation des Bewerbungskomitees wird aber in der Presse nicht kritisch hinterfragt, und es tritt der gewünschte Effekt ein, daß man die Darstellung übernimmt und damit der Stadt ein Anrecht auf die Spiele zugesteht.[698]

Die Unterstützung der Bevölkerung ist mit 70,8% nicht besonders hoch. Diese Zahl ist aus dem Bericht der 'Evaluation Commission' entnommen und basiert auf eine Umfrage vom November 1996. In den Bewerbungsbüchern ist eine Umfrage vom Juni 1996 enthalten, die sogar nur eine Zustimmung von 58,4%

---

[694] Vgl. ebenda, S. 258.

[695] Das Wahlergebnis beträgt 21:20 für Melbourne in der vierten Abstimmungsrunde. Die Wahl wäre wahrscheinlich anders ausgegangen, wenn Melbourne nicht den IOC-Mitgliedern ein Gesetz unterschlagen hätte, daß eine Quarantäne für Pferde vorschrieb. Dies führt schließlich zu den Reiterspielen in Stockholm. Für diese Veranstaltung bewirbt sich zunächst auch Buenos Aires. Vor der Wahl zieht die Stadt aber ihre Kandidatur wieder zurück. Vgl. LENNARTZ, IOC Vol. II, S. 174 und LYBERG, 100 Years, S. 255.

[696] [...] BUENOS AIRES 2004, Buenos Aires 2004 Vol. I, S. 12.

[697] Die Tschechen haben sich mit der Stadt Prag um die Spiele 1924 bemüht, während Ungarn bereits drei fruchtlose Bewerbungen Budapests um die Olympischen Spiele der Jahre 1916, 1936 und 1960 vorweisen kann. Vgl. LYBERG, 100 Years, S. 252-260.

[698] Vgl. o. Verf., Olympics - Buenos Aires, (7.03.97)/ LENNERTZ, Buenos Aires, (13.08.97)/ FAIOLA, Buenos Aires, (22.08.97).

aufweist.[699] Andererseits kann Buenos Aires auf die Unterstützung des Staatspräsidenten zählen: *„The bid has the fanatical* [Hervorhebung durch d. Verf.] *support of President Carlos Menem, himself a keen golfer, soccer player and racing driver."*[700] Der Präsident übernimmt in dem Bewerbungskomitee sogar die Funktion eines Ehrenpräsidenten und empfängt eine Vielzahl der IOC-Mitglieder bei ihrem Besuch in Buenos Aires persönlich.[701] Nach der Vorauswahl und dem Ausscheiden des südamerikanischen Mitbewerbers Rio de Janeiro scheinen sich zudem alle Kräfte des Kontinents auf die Unterstützung des letzten Vertreters Südamerikas konzentriert zu haben. Der Sportminister Brasiliens erklärt sich nach der Vorauswahl mit der Bewerbung Buenos Aires' solidarisch: *„We are from South America and we think it is important the Games come to South America, so we now back Buenos Aires."*[702] Auch HAVELANGE steht hinter der Bewerbung: *„[...] als ich sie* [die Bewerbung, d. Verf.] *mit eigenen Augen sah, war ich begeistert. Es ist die solideste und realistischste Bewerbung."*[703]

Die Bewerbung erhält nach dem Bericht der 'Evaluation Commission' tatsächlich eine sehr gute Bewertung. Rein formal entsprechen die Bewerbungsbücher exakt den Vorgaben des IOC. Es sind keine unnötigen Photos oder Graphiken enthalten und das gesamte Erscheinen ist dezent und nüchtern. Dabei ist es aber gelungen, durch das gewählte Papier, die Schriftart und die verwendeten Farben ein modernes, klares Dokument zu schaffen, daß in seiner technischen Sachlichkeit beeindruckt. Zu diesem paßt auch das gewählte Logo (vgl. Abb. 30, S. 152). Es zeigt in einem leuchtenden Blau einen fliegenden Kondor mit majestätisch ausgebreiteten Schwingen über den Olympischen Ringen.[704] Anthony FAIOLA faßt den Sinn des Motivs zusammen: *„It is the symbol of Olympic spirit, and of local optimism in bringing the Olympic Games to the land [...]."*[705]

Die hervorragende Stärke der Bewerbung ist das sporttechnische Konzept. Das Olympische Dorf und die meisten Sportstätten (24 von 28) sind in einem 'Olympischen Korridor' zusammengefaßt und liegen kompakt zwischen der Innenstadt und dem Ufer des Rio del la Plata.[706] Der Korridor ist ein 14,9 km

---

[699] Vgl. [...] BUENOS AIRES 2004, Buenos Aires 2004 Vol. I, S. 32/ IOC, Report 2004, S. 90.

[700] O. Verf., Olympics - Buenos Aires, (7.03.97).

[701] Vgl. die Nachrichtenhefte des Bewerbungskomitees: COMISIÓN PRO SEDE BUENOS AIRES 2004 (Hrsg.): Buenos Aires 2004 news ([1997]).

[702] Aussage des brasilianischen Sportministers Edson Arantes Do NASCIMENTO (Pelé). Zitiert nach: Ebenda.

[703] Zitiert nach: [o. Verf.]: „Olympia-Bewerbung 2004. Havelange unterstützt Buenos Aires", in: sid (24.07.97).

[704] Der Kondor ist mit einer Flügelspannweite von bis zu 3,25 m neben dem Strauß der größte lebende Vogel.

[705] FAIOLA, Buenos Aires, (22.08.97).

[706] Vgl. [...] BUENOS AIRES 2004, Buenos Aires 2004 Vol. II, S. 2.

156

langer und 2 km breiter grüner Streifen, der schon jetzt eine Vielzahl von Sportanlagen und Parks aufweist. Eine 'Olympic Avenue' bildet das 'Rückgrat' des Korridors.[707] Diese Straße wird während der Spiele nur für emmissionsfreie Fahrzeuge zugelassen und exclusiv für die Olympische Familie reserviert sein. Die Anfahrtszeiten der Athleten werden deshalb nur zwischen fünf und dreißig Minuten betragen.[708] Die Kommission lobt das Konzept als 'hervorragend' und 'einzigartig':

> *The general sports concept offers excellent opportunities for the organization of the Games.*
>
> ....
>
> *This concept is unique. Its potential should be fully exploited in close co-operation between all experts concerned and the sports authorities in particular.*[709]

Der 'Olympic Corridor' bietet durch seine Nähe zur Innenstadt des weiteren den Vorteil, daß 80% der vorhandenen und neu zu bauenden Hotels in einem Umkreis von 15 Minuten Fahrtzeit liegen. Ein kritischer Punkt ist in diesem Zusammenhang, daß die aktuelle Hotelkapazität für die Spiele um 50 - 70% erhöht werden muß. Nach Meinung der Kommission entsprechen das verfügbare Nahverkehrssystem sowie die Telekommunikationsanlagen den Anforderungen, müssen aber den besonderen Bedürfnissen Olympischer Spiele noch angepaßt werden. Auch das Umweltprogramm und der Finanzplan der Bewerbung erhalten gute Noten und werden als realistisch betrachtet. Allerdings kommt das Prüfungsteam zu dem Schluß, daß einzelne Aufwendungen für Sportstätten und die operativen Kosten für das Olympische Dorf zu niedrig angesetzt seien.[710] Abschließend wird noch das geplante Erziehungsprogramm der Bewerbung gelobt.[711] In Zusammenarbeit des argentinischen Erziehungsministeriums mit dem argentinischen NOK soll der Gedanke des Olympismus in den Schulunterricht hineingetragen werden, mit dem Ziel der *„education of youth through sports, with the spirit of a better understanding among peoples to contribute a better and more peaceful world."*[712]

Die Bewerbung weist aber auch einige Schwächen auf, die nicht explizit in dem Bericht der IOC-Kommission aufgeführt sind. Die Erfahrung mit

---

[707] Vgl. [o. Verf.]: „The Olympic Corridor", in: Arquis. Arquitecturea y Urbanismo 13 (Juli/ August 1997): S. 16f.

[708] Vgl. ebenda/ IOC, Report 2004, S. 23.

[709] IOC, Report 2004, S. 23.

[710] Vgl. ebenda, S. 25.

[711] Vgl. ebenda.

[712] [...] BUENOS AIRES 2004, Buenos Aires 2004 Vol. III, S. 12.

Großveranstaltungen ist eher gering. Das Land kann hierbei nur auf die Fußball-WM 1978 und die Panamerikanischen Spiele von 1995 verweisen, wobei die letzteren laut Dieter RINGHOFER zudem noch pannenreich verlaufen seien.[713] Die geographische Lage Argentiniens in der südlichen Hemisphäre und die damit verbundenen großen Entfernungen zu den großen Sportnationen sind ein erhebliches Hindernis. Die Austragung der Olympischen Spiele findet im Jahr 2000 bereits in der südlichen Welthalbkugel statt und vermindert damit die Bereitschaft der IOC-Mitglieder, auch bei den folgenden Spielen wieder eine lange Anreise in Kauf zu nehmen.[714] Ein weiterer Malus ist, daß zum Zeitpunkt der Prüfung für die geplanten Wettkampfstätten der 28 Sportarten nur 21 Zustimmungen der zuständigen IFs vorliegen (vgl. Abb. 26, S. 136). In diesem Bereich hätte das Bewerbungskomitee vorab eine bessere Abstimmung mit den Verbänden erreichen müssen.[715] FAILOA kritisiert grundsätzlich, daß die Organisatoren der Bewerber die Details der eigenen Pläne nicht kennen und folgert: *„The organizers could be better organized.“*[716] Ein anderes Problem der Stadt liegt im Bereich der Sicherheit. Einerseits verweist Buenos Aires darauf, daß es mit der Kriminalitätsrate zu den ungefährlichsten Städten der Welt gehöre, andererseits sind zwei Bombenanschläge auf die jüdische Gemeinde mit mehr als 100 Toten (in den Jahren 1992 und 1994) bis heute nicht aufgeklärt.[717] Darüber hinaus erzeugt die hohe Arbeitslosigkeit im Land soziale Spannungen und provoziert gewaltsame Auseinandersetzungen.[718]

Die Stadt kann bis Ende August ungefähr 80 IOC-Mitglieder zu einem Besuch der Stadt bewegen.[719] Dies ist angesichts der hohen Reisezeiten nach Argentinien ein sehr guter Wert, und die Reaktionen der Mitglieder sind auch positiv. Für das spanische IOC-Mitglied Carlos FERRER gehört Buenos Aires neben Athen und Rom zu den Favoriten.[720] Diese Einschätzung wird auch in Buenos Aires geteilt.[721] Nichtsdestotrotz sind die Erwartungen eher gedämpft.[722] Die Delegation, die Buenos Aires zur abschließenden Präsentation nach Lausanne schickt, wird von dem Ehrenpräsidenten MENEM

---

[713] Vgl. RINGHOFER, Dieter: „Eine Milliarde Dollar für den Sieger", in: Tages Anzeiger (3.09.97): (http://www.tages-anzeiger.ch/970903/121310.htm, 12.12.97).

[714] Vgl. FAIOLA, Buenos Aires, (22.08.97).

[715] Vgl. IOC, Report 2004, S. 136.

[716] FAIOLA, Buenos Aires, (22.08.97).

[717] Vgl. o. Verf., Olympics - Buenos Aires, (7.03.97).

[718] Vgl. LENNERTZ, Buenos Aires, (13.08.97).

[719] LENNERTZ gibt an, daß „wahrscheinlich achtzig [IOC-Mitglieder] die Stadt bis Ende des Monats [August, d. Verf.] besucht haben [...]". LENNERTZ, Buenos Aires, (13.08.97).

[720] Vgl. [o. Verf.]: „Ferrer Salat: 'Buenos Aires, Atenas y Roma en primera fila'", in: EFE Agence Espagnole de Presse (8.08.97).

[721] Vgl. LENNERTZ, Buenos Aires, (13.08.97).

[722] Vgl. FAIOLA, Buenos Aires, (22.08.97).

158

geführt. Es überrascht, daß der zwei Tage vor der Abstimmung angereiste Präsident, trotz der bestehenden Wahlchancen, direkt zum Golfspielen nach Crans weiterreist. RINGHOFER bemerkt dazu verwundert: *„Argentiniens Carlos Saul Menem und sein Gefolge haben eine Chance verpasst, sich in den Medien in Szene zu setzen."*[723]

Im Vergleich zur Vorauswahl wird bei der Delegation der argentinischen Hauptstadt nahezu die Hälfte der Mitglieder ausgetauscht.[724] Zwar wertet die Stadt ihre Delegation durch höherrangige Mitglieder auf, sie zeigt aber gegenüber den IOC-Mitgliedern keine Kontinuität in der Selbstdarstellung des Komitees. Die Präsentation kann das technisch hohe Niveau der Bewerbung nicht erreichen. Die ersten achtzehn Minuten der knapp einstündigen Darstellung bestehen aus zwei Wortbeiträgen.[725] Diese werden zudem noch auf Spanisch vorgetragen. Es ist rätselhaft, welche Motive die Argentinier dazu veranlaßt haben mögen, einen Großteil der Vorträge in Spanisch zu halten. Die negative Reaktion der IOC-Mitglieder auf die in griechischer Sprache vorgetragenen Präsentation Athens bei der Bewerbung um die Spiele 1996 muß dem Komitee von Buenos Aires bekannt gewesen sein.[726] Es ist klar, daß man durch die Verwendung der spanischen Sprache die spanisch sprechenden IOC-Mitglieder für sich hat gewinnen wollen. In Anbetracht dessen, daß jene aber nur eine Minderheit ausmachen (vgl. Abb. 12, S. 64), erscheint dieses Auftreten fast schon arrogant. Der Präsident MENEM ist einer der ersten Redner und spricht mehr als zehn Minuten frei. In einem emotionslosen Vortrag spannt er den Bogen von ZUBIAUR bis in die heutige Zeit und mahnt an, daß die Spiele noch nie in Südamerika gewesen seien. Seiner Rede folgt eine fünfminütige Aneinanderreihung von Bildern der Landschaft Argentiniens. Die Bilder sind mit klassischer argentinischer Musik unterlegt und werden in schneller Abfolge und ohne Text gezeigt. Danach kommt eine Ansprache des Bürgermeisters von Buenos Aires, die in eine Bilderreihe über die Stadt übergeht. Nach 35 Minuten gibt es im Anschluß die erste Ansprache in englischer Sprache. In diesem Beitrag werden die technischen Stärken der Stadt noch einmal betont. Nach sieben Minuten wechselt der Redner die Sprache und spricht den zweiten Teil seiner Rede auf Spanisch. Der letzte Teil der Präsentation wird durch einen gestellten Film über die Unterzeichnung der Gründungsdokumente des IOC durch COUBERTIN

[723] RINGHOFER, Dieter: „Der schwedische Elch darf weiterhüpfen. Das IOC hat die Entschuldigungen der Olympiabewerber Kapstadt und Stockholm wegen Verstössen gegen die Regeln über erlaubte Geschenke angenommen", in: Tages Anzeiger (3.09.97): (http://www.tages-anzeiger.ch/970904/139415.html, 31.12.97).
[724] Vgl. o. Verf., Candidate 2004, S. 31-33 und KIDANE, 106th IOC Session, S. 21-24.
[725] Vgl. dazu und zum folgenden 106e Session CIO - Lausanne 1997. „Présentation finale de Buenos Aires 2004". Videocassette PAL INTER, Durée: 55'08", The Olympic Museum (Lausanne) V02.2696, 5. September 1997.
[726] Vgl. Kap. 5.3.1.

und ZUBIAUR eingeleitet. Darauf folgend werden die Städte angeführt, welche bislang Olympische Spiele austragen durften, um dann zu der Feststellung überzuleiten, daß die modernen Spiele noch niemals in Südamerika, der Heimat eines ihrer Gründerväter, gewesen seien. Den Abschluß bildet der Appell eines kleinen argentinischen Mädchens an die IOC-Mitglieder, die Spiele an Buenos Aires zu vergeben.

5.3.3 Kapstadt

Die Aufnahme Afrikas in die olympische Gemeinschaft erfolgt vergleichsweise spät. Die Entwicklung des Sports wird in der afrikanischen Gesellschaft zwangsläufig durch den Kolonialismus behindert, der nur an der Ausbeutung der natürlichen Ressourcen Afrikas interessiert ist.[727] Allerdings gibt es auch Gegenbestrebungen, die den Sport in die afrikanischen Völker tragen wollen, um *„den Gang der Zivilisation in diesen Ländern zu beschleunigen".*[728] Bereits *„in einer Januarnummer von 1912 hatte die Revue Olympique das Thema: 'Die Rolle des Sports in den Kolonialgebieten' behandelt."*[729] Aber erst zwanzig Jahre später wird diese Frage im IOC aufgegriffen. Unter der Führung COUBERTINs entwirft das IOC in Zusammenarbeit mit Vertretern der Kolonialmächte und Delegierten aus afrikanischen Staaten den Plan 'afrikanischer Spiele', die alle zwei Jahre ausgetragen werden sollen.[730] In diesem Zusammenhang wird auch zum ersten Mal bei COUBERTIN der Name Kapstadt erwähnt.

Abb. 31: Emblem 'Kapstadt 2004'

> *Die Städte, die für die Abhaltung der ersten Spiele als geeignet anerkannt wurden, waren: Tunis, Rabat, Casablanca, Dakar für Französisch-Afrika, [...], Kapstadt und Nairogli für Südafrika.*[731]

Die geplanten Spiele werden jedoch zunächst immer wieder verschoben, und erst im Jahr 1965 finden die ersten 'Afrikanischen Spiele' in Brazzaville statt.[732]

> *Aus sportlicher, politischer sowie soziologischer Perspektive galten die ersten Allafrikaspiele in der afrikanischen Öffentlichkeit als ein sehr*

---

[727] Vgl. DURÁNTEZ, Conrado: „Africa and Olympism", in: Olympic Review XXVI-20 (1998): S. 72.

[728] COUBERTIN, Erinnerungen, S. 185. Dieses Zitat wird von COUBERTIN als Auszug einer Ansprache an den italienischen König Viktor Emanuel im Rahmen der Eröffnung einer IOC-Session in Rom wiedergegeben. In seinen Aufzeichnungen gibt COUBERTIN kein Datum an. Es kann sich aber dabei nur um die 22. Session vom 7.-12. April 1923 gehandelt haben. Vgl. LYBERG, 100 Years, S. 75.

[729] COUBERTIN, Erinnerungen, S. 188.

[730] Vgl. ebenda, S. 186.

[731] Ebenda, S. 187.

[732] Vgl. LIU, Weg der Dritten Welt, S. 59-63/ LYBERG, 100 Years, S. 397.

wichtiges Ereignis, wobei hier gerade die sportliche Dimension nicht vernachlässigt werden sollte.[733]

Nachdem in den 50er und 60er Jahren auch eine Vielzahl von afrikanischen NOKs in das IOC aufgenommen worden sind, emanzipieren sich die Sportler Afrikas auch auf olympischer Ebene bei den Spielen von Mexiko 1968.[734] Dort dominieren sie erstmalig eindeutig die Langstreckenwettbewerbe.

Im Zuge der Anerkennung der afrikanischen NOKs kommt es bald zu einer Konfrontation über den Verbleib Südafrikas im IOC. Mit der Begründung, daß das südafrikanische NOK (SAONGA) die olympischen Prinzipien nicht beachte, gründen hauptsächlich im Ausland lebende Südafrikaner am 12. Oktober 1962 das 'South African Non-Racial Olympic Committee' (SANROC) mit Sitz in London.[735] Die Organisation versteht sich nicht als Konkurrent des bestehenden NOKs, sondern vertritt die Forderung nach einem Ende der Rassendiskriminierung im Bereich des südafrikanischen Sports.[736] Parallel dazu haben bereits einige IOC-Mitglieder auf der Session in Moskau (Juni 1962) die sofortige Suspendierung der SAONGA verlangt. Das IOC folgt diesem Antrag aber zunächst noch nicht und fordert das südafrikanische NOK schließlich ultimativ auf, bis Oktober 1963 die Rassendiskriminierung im südafrikanischen Sport zu beenden.[737] Das NOK ist natürlich außerstande, an der Apartheidpolitik seiner Regierung etwas zu ändern. Auf der Session in Innsbruck1964 räumt das IOC zwar Fortschritte ein, zieht aber letztendlich *„unter massiven Druck aus Afrika, dem Ostblock und anderen Entwicklungsländern [...] die Einladung des südafrikanischen NOK nach Tokio"* zurück.[738] Der IOC-Präsident KILLANIN setzt 1967 eine Kommission ein, welche den aktuellen Status in Südafrika feststellen soll. Auf der Grundlage des Berichts findet sich im IOC eine Mehrheit für die Teilnahme Südafrikas bei

---

[733] LIU, Weg der Dritten Welt, S. 60.

[734] In den 50er und 60er Jahren wurden die nachfolgend genannten 28 NOKs in das IOC aufgenommen (Sortierung erfolgt nach dem in Klammern angegebenen Jahr der Anerkennung durch das IOC): Nigeria (1951), Ghana (1952), Äthiopien (1954), Kenia (1955), Liberia (1955), Uganda (1956), Tunesien (1957), Marokko (1959), Sudan (1959), Benin (1962), Elfenbeinküste (1963), Kamerun (1963), Lybien (1963), Mali (1963), Senegal (1963), Algerien (1964), Kongo (1964), Madagaskar (1964), Niger (1964), Sambia (1964), Sierra Leone (1964), Tschad (1964), Togo (1965), Zentralafrikanische Republik (1965), Gabun (1968), Malawi (1968), Tansania (1968), Zaire (1968). Vgl. IOC, Movement 1997, S. 79-124.

[735] Vgl. MBAYE, Kéba: The International Olympic Committee and South Africa. Analysis and illustration of a humanist sports policy, Lausanne 1995, S. 88/ LIU, Weg der Dritten Welt, S. 113.

[736] Der Vizepräsident der Organisation John HARRIS kündigt an, daß sie sich selbst auflöse, sobald das SAONGA die olympischen Regeln beachte: „If the recognized South African body will conform fully to the laws of the IOC, I am authorized to undertake categorically that we will dissolve our body immediately." Zitiert nach: MBAYE, IOC and South Africa, S. 88.

[737] Vgl. LIU, Weg der Dritten Welt, S. 113.

[738] Vgl. ebenda, S. 114.

den Spielen 1968 in Mexiko.[739] Die anderen afrikanischen Staaten drohen daraufhin den Boykott der Spiele an und eine Vielzahl anderer Nationen folgt ihnen. Auf Vorschlag des Exekutivrats wird nochmals über die Teilnahme Südafrikas abgestimmt, und wie 1964 entscheidet sich auch diesmal eine Mehrheit der IOC-Mitglieder für die Ausladung der südafrikanischen Delegation.[740] Nach einer letzten Anhörung wird die SAONGA schließlich auf der Session 1970 in Amsterdam aus dem IOC ausgeschlossen.[741] Zwanzig Jahre bleibt Südafrika die Teilnahme an den Olympischen Spielen verwehrt. Erst unter der Präsidentschaft von Frederik Willem De KLERK, der Anfang 1990 mit der Zulassung der 'schwarzen' Parteien und der Freilassung Nelson MANDELAs einen politischen Richtungswechsel initiiert, beginnt auch das IOC, seine Position neu zu überdenken.[742] Im März 1991 wird ein 'Interim National Olympic Committee of South Africa' (INOCSA) gegründet, dessen erster Präsident der Schwarze Sam RAMSAMY (Präsident des SANROC) wird.[743] Nachdem auch MANDELA der INOCSA seine Unterstützung erklärt hat, erkennt das IOC das südafrikanische NOK (umbenannt in NOCSA) im Juli 1991 an.[744] Im Jahr 1992 in Barcelona kann Südafrika damit zum ersten Mal seit 1960 wieder an den Olympischen Spielen teilnehmen.

Bereits wenige Monate nach den Sommerspielen in Barcelona planen die südafrikanischen Städte Durban, Johannesburg und Kapstadt unabhängig voneinander eine Bewerbung um die Olympischen Spiele 2004. In der Euphorie um die Reintegration des Landes in die Olympische Bewegung spricht sich bereits zu diesem Zeitpunkt die Vereinigung der Nationalen Olympischen Komitees in Afrika (ANOCA) geschlossen für die Unterstützung einer südafrikanischen Stadt aus.[745] Im Januar 1994 legt sich die NOCSA auf Kapstadt als südafrikanischen Bewerber fest.[746] Der Initiator der Bewerbung Kapstadts ist der Besitzer der Supermarktkette 'Pick'n Pay' Raymond ACKERMANN. Schon 1995 kommt es zu einem Zerwürfnis zwischen ACKERMANN und dem NOK, in dessen Folge der Begründer der Kandidatur auch zurücktritt.[747] Im Juni 1995 wird der Bankier Chris BALL zum

[739] Vgl. LYBERG, 100 Years, S. 155.
[740] Vgl. MBAYE, IOC and South Africa, S. 111-113.
[741] Vgl. ebenda, S. 116f.
[742] Vgl. ebenda, S. 148.
[743] Vgl. ebenda, S. 180.
[744] Vgl. ebenda, S. 217 und 226.
[745] Vgl. [o. Verf.]: „Olympische Spiele 2004. Afrika für Olympia-Kandidatur Südafrikas", in: sid (25.11.92).
[746] Vgl. LANGE, Games, S. 193.
[747] Vgl. [o. Verf.]: „Für Spiele 2004. Streit um Kapstadts Olympiabewerbung", in: sid (24.02.95)/ [o. Verf.]: „Rückschlag für Kapstadts Olympia-Bewerbung", in: sid (12.05.95)/ LANGE, Games, S. 196-200.

Geschäftsführer des Bewerbungsunternehmens bestimmt.[748] Kurz darauf kommt es zu einem Disput zwischen BALL und den Vertretern der Stadt im Bewerbungskomitee. BALL besteht darauf, daß die Kandidatur Kapstadts als Wirtschaftsunternehmen betrieben werden müsse. Dazu seien aber zu viele Politiker und zu wenig Geschäftsleute in dem Komitee vertreten.[749]

Trotzdem gilt die Bewerbung zu diesem Zeitpunkt allgemein als extrem stark, und es werden Kapstadt gute Chancen eingeräumt, der Austragungsort der Olympischen Spiele 2004 zu werden.[750] Die Kandidatur der Stadt erhält zudem noch Auftrieb, als im Juni 1995 der NOCSA-Präsident RAMSAMY zum IOC-Mitglied gewählt wird.[751] Die Begeisterung um die Rückführung Südafrikas in die internationale Staatengemeinde und um den charismatischen Präsidenten MANDELA hält bis 1996 unvermindert an: *„CAPE TOWN [...] will be at least the sentimental favorite* [sic] *when the race for the 2004 Summer Games begins this week.“*[752] Es ist der ideale Zeitpunkt für eine südafrikanische Bewerbung. Treffend bemerkt ein Mitglied des Bewerbungskomitees, daß eine spätere Kandidatur (z.B. 2008) problematisch werden würde: *„By then, Mandela, currently 79, will have left office, meaning Cape Town's most influential advocate no longer will be as prominent.“*[753]

SAMARANCH weiß ebenfalls um den psychologischen Faktor wie auch um die organisatorischen Schwächen der Bewerbung: *„Cape Town's bid is very suggestive. Africa has never organized Olympics before. But Cape Town needs a lot of work to hold the Games.“*[754] BALL, der neue Leiter der Bewerbung, ist sich des Grundproblems bei der Bewerbung Kapstadts wohl bewußt: *„Wir wußten, dass* [sic] *wir uns technisch besonders anstrengen müssen, weil die Leute denken, dass* [sic] *ist ein* [sic] *Bewerbung aus Afrika,*

[748] Vgl. LANGE, Games, S. 195. BALL stammt aus Johannesburg und leitet noch vor der politischen Wende in Südafrika eine Privatinitiative von Geschäftsleuten, um Gespräche mit dem damals verbotenen African National Congress (ANC) zu führen. Vgl. HAWTHORNE, Peter: „The Cape Town Olympics? A combination of beauty and symbolism for the year 2004“, in: TIME International Magazine 148.13 (16.09.96): (http://cgi.pathfinder.com/time.../ 960916/safrica3.html, 25.04.99).

[749] „Ball insisted that the bid was a business venture, but added that only three of the 34 members of the bid committee were business people.“ [o. Verf.]: „South African Games bid is big business“, in: RIS (25.08.95): http://www.nando.net/.../ oly15112.html, 31.12.97.

[750] Vgl. o. Verf., Für Spiele 2004, (24.02.95).

[751] Vgl. LANGE, Games, S. 195.

[752] Vgl. [o. Verf.]: „Cape Town, Rome head 2004 Olympic hopefuls“, in: RIS (8.01.96): (http://www.nando.net/.../oly 24073.html, 31.12.97).

[753] Zitiert nach: HERSH, Philip: „Athens wins 2004 Olympics“, in: Chicago Tribune (6.09.97). HERSH gibt an, er habe diese Meinung eines Komiteemitgliedes von Kapstadt nur unter der Bedingung bekommen, daß er dessen Anonymität bewahre. Die Aussage ist aber so eingängig, daß es unwesentlich ist ob und wer es gesagt hat.

[754] Vgl. [o. Verf.]: „Samaranch says Rome 2004 bid strong, warns Cape Town“, in: RIS (8.11.95): http://www.nando.net/.../oly72250.html, 18.11.97.

da stimmt was nicht."[755] Andererseits ist aber auch klar, *„wenn es ein vernünftiges afrikanisches Konzept gibt, muß sich das IOC schon sehr genau überlegen, es nicht zu nehmen."*[756] Basierend auf dieser Auffassung wird die Arbeit des Komitees deshalb streng an der Phaseneinteilung des IOC ausgerichtet (vgl. Kap. 3.1.3). In der ersten Phase gilt es die Bewerbungs- unterlagen in bestmöglicher Qualität zu erstellen. Überraschenderweise gibt es trotz der wirtschaftlichen Schwierigkeiten Südafrikas bei der Bewerbung weder finanzielle noch personelle Engpässe. Bereits im September 1995 erklärt die Regierung ihre Unterstützung, und die Wirtschaft erkennt die ökonomischen Möglichkeiten, die mit einer Kandidatur und den Spielen verbunden sind, so daß eine Vielzahl bedeutender Firmen als Sponsoren gewonnen werden können.[757] Die Kosten der Bewerbung betragen schließlich 45 Millionen DM und nur 400.000 DM stammen aus dem Etat Kapstadts.[758] Schon Ende 1995 besteht das Bewerbungsteam aus 50 Mitarbeitern, und im März 1996 berichtet Klaus SCHORMANN, daß sich in den Arbeitsgruppen des Bewerbungs- unternehmens zu diesem Zeitpunkt *„etwa 500 Fachleute, davon 450 per Teilzeitarbeit ohne Bezahlung durch die Bid Company"* engagieren.[759] Das Ergebnis sind durchweg ausgezeichnete Bewerbungsunterlagen, welche die Ernsthaftigkeit der südafrikanischen Kandidatur unterstreichen.

Die Bewertung der Bewerbungsbücher durch die 'Evaluation Commission' ist überaus positiv. Zwar leitet die Kommission damit ein, daß sich das Land in einer Übergangsperiode mit schweren sozialen, politischen und wirtschaftlichen Einwirkungen befinde, danach zitiert sie aber unkommentiert die ökonomischen und sozialpolitischen Ziele, die das Bewerbungskomitee Kapstadts mittels der Olympischen Spiele erreichen will. Es überläßt die Bewertung damit den IOC-Mitgliedern.[760] Das Gesamtkonzept für die Organisation der Spiele wird hingegen als sehr gut herausgestellt, und die geplanten Sportstätten werden durchweg gelobt.[761] Gute Kritiken bekommen ebenfalls das Olympische Dorf, die Verkehrsinfrastruktur und die Verkehrs-

---

[755] Vgl. [o. Verf.]: „Olympia 2004 Kapstadt und der Mandela-Faktor!!!!!!!!!!!!!!!!", in: ICON (Hrsg.): Web Site ([1997]): (http://www.icon.co.za/~klien/Olifant.htm, 31.12.97).

[756] Vgl. STRATMANN, Jörg: „Bewerber für die Olympischen Spiele. Kapstadt will den fünften Ring schließen", in: FAZ (21.08.97).

[757] Zu den wichtigsten Sponsoren zählen: Mercedes Benz, Siemens, South African Airways (SAA), und IBM. Vgl. [o. Verf.]: „Supporting Cast", in: THE CAPE TOWN 2004 OLYMPIC BID (Hrsg.): 2004. The Official Magazine of the Cape Town Olympic Bid 3 (Juli 1996): S. 16-17.

[758] Vgl. o. Verf., Olympia 2004 Kapstadt, (1997).

[759] „[...] Beitrag des Präsidenten des Internationalen und Deutschen Verbandes für Modernen Fünfkampf, der zuletzt im Januar dieses Jahres [1996, d. Verf.] Kapstadt besuchte." SCHORMANN, Klaus: „Olympia 2004 als Kapstadts Wegweiser in die Zukunft", in: NOK-Report 3 (März 1996): S. 24.

[760] Vgl. IOC, Report 2004, S. 29.

[761] Vgl. ebenda, S. 29f.

164

planungen.[762] Hervorgehoben werden schließlich noch einmal das Kulturprogramm und insbesondere der Fackelstaffellauf, *„travelling throughout Africa, complements the bid committee's desire to involve the entire African continent.“*[763] Die Budgetierung der Spiele wird als professionell und tiefgehend gewürdigt. Einzig die Einnahmen durch die lokalen Sponsoren, die Eintrittskarten und das Münzprogramm seien sehr hoch angesetzt, und für die Durchführung einer Lotterie fehle noch die gesetzliche Genehmigung.[764] Ein schweres Problem erkennt die Kommission in der hohen Kriminalität der Stadt. Die Pläne zur Bekämpfung werden zwar akzeptiert, die Umsetzung sei aber eine 'Herausforderung'.[765] Ansonsten werden die weiter aufgeführten Mängel eher moderat dargestellt. Die notwendigen Verbesserungen am Flughafen wie auch an der Eisenbahn und selbst die Unterbringungspläne der Bewerbung, die auf einer 45-prozentigen Steigerung der Unterkunftskapazität der Stadt beruhen, werden nicht besonders thematisiert.[766]

Schließlich werden die Kapstädter auch von dem Vorauswahlkollegium als fünfter Finalteilnehmer ausgewählt. Die Wahl erfolgt aber nicht unbedingt aufgrund der technischen Qualität der Unterlagen. Für IOC-Vizepräsident POUND ist dies auch nicht so relevant: *„You've got seven years to get ready. [...] You can put on the games anywhere“*.[767] Hans-Hermann MÄDLER spekuliert, daß die Hinzunahme als fünfter Kandidat eine politische Entscheidung gewesen sei.[768] Präsident SAMARANCH bestätigt indirekt diese These, indem er sich in bezug auf die Auswahl der Finalteilnehmer zu einem geographisch begründeten Proporz bekennt: *„I always thought the best solution was three from Europe, one from the Americas and one from Africa.“*[769]

Die tatsächlichen, spezifischen Stärken und Schwächen der Bewerbung Kapstadts sind allerdings in der Bewertung der 'Evaluation Commission' nicht aufgeführt. Insbesondere die Förderung der Kandidatur durch den südafrikanischen Präsidenten beeindruckt viele Kommentatoren. Ralf MITTMANN kommt zu dem Schluß, daß damit alle Skepsis gegenüber der Bewerbung Kapstadts belanglos sei: *„Ob Olympia in Südafrika dem Land*

---

[762] Vgl. ebenda, S. 31.

[763] Ebenda, S. 31f.

[764] Vgl. ebenda, S. 32.

[765] Vgl. ebenda, S. 31.

[766] Vgl. ebenda.

[767] Zitiert nach: WILSON, Stephen: „Cities from Europe, South America and Africa make final cut", in: Associated Press (7.03.97).

[768] Vgl. MÄDLER, Fünfkampf, (7.03.97).

[769] Zitiert nach: WILSON, Cities, (7.03.97).

wirklich weiterhelfen könnte auf seinem Weg zu neuen Ufern, mögen Skeptiker verneinen. Tatsache ist: Mandela steht zur Olympiabewerbung. Das ist Grund genug, sie zu unterstützen."[770] Ein anderes wichtiges Argument für die Kandidatur Kapstadts ist, daß die Olympischen Spiele bislang noch nicht auf dem afrikanischen Kontinent ausgetragen worden sind. Dabei spannt man geschickt den Bogen zu dem von COUBERTIN erschaffenen Symbol, den Olympischen Ringen. Jeder Ring repräsentiert stellvertretend einen der Erdkontinente in der Olympischen Bewegung. Allein der schwarze Ring (Afrika) habe noch nicht seinen Ausdruck durch die Austragung Olympischer Spiele bekommen:

> *South Africa has much going for it in terms of 'the missing ring' factor which refers to Africa (represented by the black ring among the five Olympic rings) never having hosted the Games [...].*[771]

Die wirtschaftliche Entwicklung auf dem afrikanischen Kontinent ist allgemein sehr schlecht. Die Länder leiden unter Mißwirtschaft, mangelnder Bildung der Bevölkerung und den extremen Schulden. In manchen Regionen nimmt die Armut sogar weiter zu. Angesichts der relativen wirtschaftlichen Stärke Südafrikas in Afrika ist es für LANGE dann auch nicht verwunderlich, daß die erste afrikanische Bewerbung aus Südafrika kommt.[772] Auch könnte eine erfolgreiche Ausrichtung der Spiele in Afrika ein Modell für die Vergabe der Spiele an Entwicklungsländer werden.[773]

Die wirtschaftlichen Implikationen durch Olympische Spiele sind in Südafrika aufgrund der geringen Größe des Bruttosozialproduktes immens. Die Anzahl der Touristen soll sich im Zuge der Spiele vervierfachen, die Wohnungsnot soll sich mindern, und der Wachstumsimpuls auf die Wirtschaft soll insgesamt etwa 12 Milliarden DM betragen.[774] In den Bewerbungsunterlagen wird die Anzahl der Arbeitsplätze, die bedingt durch die Olympischen Spiele entstehen sollen, mit 90.000 Personenjahren angegeben.[775] Es wird von den Befürwortern der Bewerbung schnell erkannt, daß die Anzahl neuer Arbeitsplätze angesichts der extrem hohen Arbeitslosigkeit (31,8%)[776] die Bevölkerung und auch indirekt das IOC besonders positiv beeinflußt. Über die

---

[770] MITTMANN, Ralf: „Der Sport soll die Apartheid besiegen helfen. Schwarze Athleten sind auf dem Vormarsch/ Mandela steht zur Olympia-Bewerbung Kapstadts", in: Der Tagesspiegel (1996): (http://www.tagesspiegel-berlin.de/tsp_f/olympia/rund7.html, 31.12.97).

[771] [o. Verf.]: Olympics chosen, (11.01.96)

[772] Vgl. LANGE, Games, S. 160-163.

[773] Vgl. SCHORMANN, Olympia 2004, S. 25.

[774] Vgl. SINGH, Eric: „Kapstadt strotzt vor Optimismus. Die endgültige Entscheidung fällt auf der IOC-Tagung am 5. September in Lausanne", in: Neues Deutschland (21.06.97)/ o. Verf.., Olympia 2004 Kapstadt, (1997).

[775] Vgl. IOC, Report 2004, S. 29.

[776] Ebenda, S. 88.

Bewerbungszeit werden die prognostizierten Arbeitsmarkteffekte der Olympischen Spiele immer größer.

In diesem Zusammenhang wird geschickt mit den Begriffen Arbeitsplatz/ Jahr bzw. dauerhafter Arbeitsplatz umgegangen. Ein dauerhafter Arbeitsplatz bedeutet, daß eine Person nicht nur ein Jahr angestellt wird, sondern ein vielfaches länger. Diese Trennung wird indessen im Verlauf der Bewerbung nicht mehr vorgenommen, und die Zahlen werden undifferenziert publiziert. Schließlich steigert sich die Angabe auf 110.000 permanente Jobs.[777] Auch MANDELA gibt eine von den Bewerbungsunterlagen abweichende Zahl an: *„Experten sagen, die Spiele würden hier auf Dauer* [Hervorhebung durch d. Verf.] *92.000 Arbeitsplätze schaffen und unser Bruttosozialprodukt deutlich steigern."*[778] Schließlich werden die Spiele zu einem Allheilmittel. An einem Teilstück einer Brücke, dessen Fertigstellung aufgeschoben worden ist, wird ein Plakat des Bewerbungskomitees mit der Aufschrift *„The Olympics will help take care of unfinished business"* befestigt.[779] Bischof Desmond TUTU meint gar: *„Wir können eine Fackel entzünden, die unserem Land und allen Menschen in Afrika Wohlstand bringen wird."*[780] Thomas KNEMEYER bemerkt dazu spöttisch, daß der *„Altbischof Desmond Tutu, wie Mandela Friedensnobelpreisträger, aber nicht Ökonom"* sei und führt treffend weiter aus: *„Wie die Hungernden in Zaire von Sport und Spiel am Tafelberg profitieren werden, das wissen wohl nur Tutu und der liebe Gott."*[781] Trotz alledem stellt sich für das IOC die Frage, ob es absehbar eine bessere Bewerbung aus Afrika geben werde und man nicht jetzt die Gelegenheit ergreifen muß.

Neben der allgemeinen Befürwortung gibt es aber auch Widerstand gegen die Bewerbung, die einerseits die bereits in dem Bericht der 'Evaluation Commission' genannten Probleme des Landes aufgreifen, andererseits aber auch andere aufzeigen. Der Übergang von dem Apartheidsregime zu einer demokratischen Gesellschaft ist gerade vier bis fünf Jahre her, und die neue Ordnung ist noch nicht gefestigt. Es besteht die Unsicherheit, welche Verhältnisse 2004 in Südafrika vorherrschen.[782] Beängstigend ist ebenfalls die Kriminalität des Landes. LANGE gibt an, daß 1996 von 100.000 Frauen 165

---

[777] Vgl. SINGH, Kapstadt, (21.06.97)/ o. Verf.., Olympia 2004 Kapstadt, (1997)/ LANGE, Games, S. 183.

[778] Zitiert nach: PAULS, Peter: „'Sport hilft Brücken schlagen'. Präsident Mandela zur Bedeutung der Olympischen Spiele für Südafrika. 'Ich muß mich langsam zurückziehen' - Interview mit dem 'Kölner Stadtanzeiger'", in: Kölner Stadtanzeiger (2.09.97).

[779] Vgl. [o. Verf.]: „From Transition to Transformation. Local government undergoes radical change", in: CA MAGAZIN (Hrsg.): The Compelling Cape. 1997 Business Profile of the Cape Town Region 1 (1997): S. 37.

[780] Zitiert nach: KNEMEYER, Thomas: „Mit Mandela als Joker sammelt Kapstadt Punkte für Olympia", in: Die Welt (9.12.96): (http://www.welt.de/archiv/1996/12/09/ 1209s301.htm, 24.04.99).

[781] Ebenda.

[782] Vgl. LANGE, Games, S. 171.

vergewaltigt worden sind, und die Zahl der Morde beträgt laut dem Bericht der IOC-Kommission 112,71 von 100.000.[783] Der Wechsel in den Machtstrukturen des Landes hat ähnlich wie in Rußland zu einer 'organisierten Kriminalität' geführt, welche von der neuen Regierung nicht besetzte Machtbereiche für sich ergriffen hat.[784]

Ein anderes Problem sind die Anzahl und die Preise der Eintrittskarten. Aufgrund des niedrigen Prokopfeinkommens in Südafrika und des extrem hohen Durchschnittspreises pro Karte erscheinen die kalkulierten Werte nicht realisierbar zu sein (vgl. Kap. 6.1). Selbst wenn man berücksichtigt, daß 0,6 Millionen Eintrittskarten für besonders unterprivilegierte Schichten zu einem sehr günstigen Preis ausgegeben werden sollen, bestehen Zweifel an dem Interesse der Kapstädter. Diese beruhen auf den Erfahrungen bei der Rugby-WM und dem African Nations Cup, die zum Teil vor leeren Rängen durchgeführt worden sind. Muß aber eine große Menge der Tickets außerhalb Kapstadts und Südafrikas verkauft werden, wird der Verkauf aufgrund des noch niedrigeren Prokopfeinkommens in Afrika und der zusätzlich anfallenden Anreise- und Unterbringungskosten immer schwieriger. Dies bedeutet, daß ein Großteil der Karten also außerhalb Afrikas verkauft werden und die Besucher mit dem Flugzeug nach Kapstadt kommen müßten. Der aktuelle Flughafen hat zur Zeit eine Kapazität von 6 Millionen Passagieren im Jahr.[785] Zu den Olympischen Spielen wird mit einem Kapazitätsbedarf von 14 Millionen Passagieren gerechnet.[786] Es erscheint fraglich, ob die geplanten temporären Veränderungen des Flughafens den notwendigen Effekt bringen können.

Ungeachtet dessen wird durch die ausländischen Besucher der Bedarf an Unterkünften immer größer. Die Anzahl der Hotelzimmer beträgt aber selbst in der größten Planungsstufe nur 15.029.[787] Vergleicht man die Spiele 1984 bis 1992, so sind zwischen 240.000 und 968.000 'auswärtige Besucher' zu den Spielen gekommen.[788] Selbst wenn man berücksichtigt, daß Kapstadt mit anderen Übernachtungsmöglichkeiten (Bed and Breakfast, Bungalows, Gästehäuser, Ferienwohnungen, Jugendherbergen und Universitäten) noch einmal maximal 32.492 Räume freistellen kann,[789] wirkt die Planung viel zu knapp bemessen, um die Besucher in der Stadt aufnehmen zu können.

---

[783] Vgl. ebenda, S. 165/ IOC, Report 2004, S. 120.

[784] Vgl. LANGE, Games, S. 164.

[785] Vgl. [...] CAPE TOWN 2004 [...], Cape Town 2004 Vol. III, S. 58.

[786] Vgl. ebenda, S. 62.

[787] Vgl. IOC, Report 2004, S. 300-303.

[788] Vgl. PREUSS, Implikationen, S. 68.

[789] Vgl. [...] CAPE TOWN 2004 [...], Cape Town 2004 Vol. III, S. 52.

Entsprechend erscheint es unrealistisch, die berechnete Anzahl Eintrittskarten absetzen zu können.[790]

Bereits am 14. Dezember 1995 kommt es zur Gründung der Widerstandsgruppe 'Stop 2004 Olympic Bid Forum'. Dabei betonen die Gegner der Bewerbung, daß sie nicht grundsätzlich gegen Olympische Spiele sondern gegen die Spiele 2004 in Kapstadt seien: *„The Forum does not oppose the Olympic Games per se."*[791] Der Leiter der Olympiagegner, der Stadtrat Arthur WIENBURG, drückt die Grundeinstellung seiner Gruppe aus:

> *Wir können uns die Spiele nicht leisten. [...] Ich will die Stadt vor dem Ruin bewahren. Südafrika ist kein stabiles Land. Wir sollten bescheidener sein und zunächst die Commonwealth-Spiele veranstalten.*[792]

Das Forum initiiert schließlich eine Gegenstudie zu den Olympischen Spielen, die auf 24 Seiten die Risiken und Probleme der geplanten Spiele in Kapstadt zusammenfaßt. Die vorliegenden Auszüge aus dieser Studie gehen kritisch auf die prognostizierten wirtschaftlichen Vorteile der Spiele ein und relativieren die Chancen für die südafrikanische Wirtschaft. Weiter wird in der Untersuchung angeführt, daß die Spiele keine Verbesserung der unterprivilegierten Schichten in Kapstadt bringen würden. Aufgrund der relativ kleinen Wirtschaft Kapstadts wäre ein finanzieller Fehlschlag folgenschwer und würde die Steuerzahler extrem belasten.[793]

Ein letzter Punkt in der kritischen Betrachtung der südafrikanischen Bewerbung ist die öffentliche Unterstützung der Kandidatur. Die vorliegenden Umfrageergebnisse schwanken von 80 Prozent Zustimmung bis zu einer 76-prozentigen Ablehnung der Bewerbung.[794] Die IOC-Kommission führt in ihrem Bericht überraschender Weise aus, daß keine offiziellen Umfrageergebnisse vorliegen.[795] In den Bewerbungsunterlagen heißt es dagegen zu diesem Thema:

> *An opinion poll commissioned in October 1995 revealed that 80% of Capetonians support their city's Bid for the 2004 Olympic Games. The poll conducted by two research companies, Carnelley Rangecroft and Roots Research, was based on a sample pool of 978 respondents*

---

[790] Vgl. LANGE, Games, S. 214.

[791] Vgl. STOP 2004 OLYMPIC BID FORUM (Hrsg.): Web Site, 1997, (http:// www.gem.co.za/ELA/s2004_p1.html, 31.12.97).

[792] Zitiert nach: CLAASSEN, Kris: „Südafrika will Olympia 2004. Kap der guten Hoffnung zwischen Euphorie und Wellblech. Bewerbung offiziell überreicht/ 100.000 Arbeitsplätze als Lockmittel", in: sid (24.-26.12.95).

[793] Vgl. STOP 2004 [...], Web Site, (1997).

[794] Vgl. KNEMEYER, Mandela, (9.12.96)/ STOP 2004 [...], Web Site, (1997).

[795] Vgl. IOC, Report 2004, S. 29.

selected from throughout the Western Cape in terms of age, income and ethnic background.[796]

In diesem Zusammenhang ist zu bemerken, daß die Kommission bei der Übernahme der Daten aus den Bewerbungsunterlagen Kapstadts in den offiziellen Prüfbericht sehr viele Änderungen vornimmt (vgl. Abb. 23, S. 131).

Unter den o.a. Aspekten erscheint es unverständlich, daß die Bewertung der Kommission so unkritisch ausgefallen ist. Es drängt sich die Frage auf, ob bewußt die Möglichkeit einer 'politischen Entscheidung' offengehalten werden sollte oder ob damit nur LUNZENFICHTER bestätigt wird, wenn er fragt: *„[...] how could a delegation consisting of people who know nothing about the habits and customs of the visited city form its view about its Olympic potentials in just three days?"*[797]

Nach der Bestätigung als Finalteilnehmer beginnt für das Bewerbungsteam um BALL die zweite Phase der Bewerbung. Nachdem die Bewerbung die technische Qualifikation geschafft hat, wird die Darstellung der Bewerbung von einer hauptsächlich technischen auf eine emotionale umgestellt. Zwar wird den besuchenden IOC-Mitgliedern das Sportkonzept stolz präsentiert, aber nachdem die Vorauswahl bestätigt hat, daß die Kapstädter die Spiele ausrichten können, geht es nun darum, die Mitglieder für sich zu gewinnen. Es gibt vier Bereiche, die geschickt von dem Bewerbungsteam als Argumentation eingesetzt werden. Ein wesentlichen Teil nimmt dabei die olympische Bedeutung der Spiele in Kapstadt ein. *„Unablässig"* wird hervorgehoben, *„[...] daß Afrika als einziger Erdteil noch nie eine Olympiade bekommen hat."*[798] MANDELA erklärt selbstlos, daß die Spiele in Kapstadt Afrika gehören würden[799] und stellt dem IOC einen Einfluß auf eine 'olympische Erziehung' der afrikanischen Jugend in Aussicht, als er erklärt: *„The Games to be held on the continent would give a mighty boost to generations of its young people in their pursuit of the fine ideals of your esteemed organisation."*[800] In diesem Zusammenhang muß auch das gewählte Emblem der Bewerbung erwähnt werden. Es verbindet geistreich den Gedanken einer afrikanischen Bewerbung mit dem Olympismus, in dem es den Kontinent mittels wehender Bänder in den olympischen Farben darstellt. Der Kandidat Kapstadt leuchtet als roter Punkt am südlichen Zipfel Afrikas (vgl. Abb. 31, S.160).

---

[796] [...] CAPE TOWN 2004 [...], Cape Town 2004 Vol. III, S. 32.

[797] LUNZENFICHTER, Race, (Mai 1997). Vgl. dazu auch Kap. 3.6.

[798] Vgl. KNEMEYER, Mandela, (9.12.96).

[799] Vgl. HAMILTON, Douglas: „Olympics - Light of hope shines for Cape Town", in: Reuter (26.08.97).

[800] [...] CAPE TOWN 2004 [...], Cape Town 2004 Vol. I, S. 8.

Der zweite wichtige Bereich ist die soziopolitische Bedeutung, die Olympischen Spielen in Kapstadt zugeschrieben wird. Dies ist zunächst innenpolitisch begründet. Um die Auseinandersetzungen im Lande zu mindern, will MANDELA den Sport einsetzen:

> *Sport eint die Menschen [...] In unserem Land mit seiner konfliktreichen und gewalttätigen Vergangenheit ist Sport ganz besonders wichtig. Er hilft Brücken zu schlagen, und bringt Menschen verschiedener Hautfarben zusammen.*[801]

Bei einem Besuch von IOC-Mitgliedern in einer neuerrichteten Mehrzweckanlage erklärt der Sportminister der Region Westliches Kap, daß die Olympischen Spiele eine Entwicklung beschleunigen würde, *„die Kinder von der Straße zu holen "* und *„denen Chancen [zu verschaffen], die nie eine gehabt haben."*[802] Um dies zu unterstreichen, werden den IOC-Mitgliedern nicht nur das touristische Kapstadt, sondern auch die Townships der Stadt gezeigt.[803]

Eine weiterer soziopolitischer Aspekt ist die Verantwortung der Welt für die Freiheit und Demokratie in Südafrika. Dieser Aufgabe könnte die Internationale Gemeinschaft dadurch gerecht werden, indem sie Südafrika die Olympischen Spiele geben würde. Dies würde einerseits eine politische Anerkennung der Entwicklung bedeuten und gleichzeitig eine derartige Aufmerksamkeit für das Land erzeugen, daß dieser Prozeß damit unumkehrbar würde.[804] Darüber hinaus würde es *„den Heilungs- und Versöhnungsprozeß beschleunigen [...], nicht nur in Südafrika, sondern auch auf dem ganzen Kontinent."*[805] Damit werden die Olympischen Spiele sogar zum integrativen Element in Afrika übersteigert.

Der dritte Bereich ist die wirtschaftliche Entwicklung in Südafrika. Die ökonomischen Effekte, die bereits oben angeführt sind, sollen gerade den Unterprivilegierten zugute kommen. Damit besteht für das IOC und jedes IOC-Mitglied die Möglichkeit, etwas für die Verbesserung der Lebensverhältnisse dieser Menschen zu unternehmen.

---

[801] Zitiert nach: PAULS, Sport, (2.09.97).
[802] Zitiert nach: STRATMANN, Bewerber, (21.08.97).
[803] Vgl. ebenda.
[804] Vgl. SINGH, Kapstadt, (21.06.97)/ SCHORMANN, Olympia 2004, S. 25.
[805] Bei der Verleihung der Internationalen Fair-Play-Medaille an MANDELA machte dieser die o.a. Aussage. Zitiert nach: [o. Verf.]: „Mandela verspricht 'Afrikanische Olympia'", in: germany-live.de (25.06.97): (http://www.germany-live.de/gl/Artikel/ Sport/1997-06/867246043.html, 12.12.97).

Der letzte und vierte Bereich ist das psycholgische Moment der Bewerbung. Die Jahre des internationalen Boykotts gegen das Apartheidsregime haben weltweit ein schlechtes Gewissen erzeugt, und es besteht nun ein allgemeiner Trend zur Unterstützung des unterdrückten Volkes.[806] Diese Bereitschaft der Weltgemeinschaft zur Förderung der neuen vereinten Nation soll nun in die Wahl zum Austragungsort der Spiele des Jahres 2004 gelenkt werden. Damit man dies nicht mit dem Hinweis auf die Mängel des Landes auf einen späteren Zeitpunkt verschieben kann, wird die Bewerbung unter das Motto gestellt *„Now or never"*.[807] Das Direktionsmitglied des Kapstädter Bewerbungskomitees Manfred GUNDLACH drückt es klar aus: *„Afrika ist in Aufbruchstimmung. Deshalb braucht Afrika die Spiele, die andere nur wollen. Jetzt oder nie."*[808]

Kurz vor der Präsentation in Lausanne unterläuft dem Bewerbungsteam Kapstadts ein grober Fehler. Es lädt die Ehefrauen der afrikanischen IOC-Mitglieder bei Übernahme der Kosten nach Lausanne ein. Das Komitee erhält schließlich eine Abmahnung des IOC wegen Verstoßes gegen die 'Richtlinien 2004'.[809] Der NOCSA-Präsident RAMSAMY entschuldigt sich bei dem IOC,[810] während der Sprecher des Bewerbungskomitees Kurt HIPPER bekannt gibt: *„Wir nehmen nichts zurück, selbst wenn uns das IOC dazu zwingen würde. Denn eine Korrektur würde bedeuten, daß wir einen Verstoß begangen haben."*[811] Außerdem sei der Vorwurf der Bestechung lächerlich, da es sich bei der Kostenübernahme nur um einen Betrag von 5.000 oder 6.000 DM gehandelt habe.[812] Trotzdem ist dieser Vorfall zeitlich sehr ungünstig. Inwieweit dadurch Stimmen verloren worden sind, ist natürlich nicht festzustellen. Er hat aber zumindest Stimmung für die Kandidatur gekostet.

Die Präsentation der Bewerbung wird im Vergleich zur Vorauswahl mit einer stark veränderten Besetzung durchgeführt.[813] Allerdings wird die Delegation durch die Veränderung stark aufgewertet. Unter den insgesamt 15 (!) Mitgliedern sind diesmal auch der südafrikanische Staatspräsident MANDELA und sein Stellvertreter (und voraussichtlicher Nachfolger) Thabo MBEKI. Die

---

[806] Vgl. KNEMEYER, Mandela, (9.12.96).

[807] Vgl. HAMILTON, Olympics, (26.08.97).

[808] Manfred GUNDLACH ist zu diesem Zeitpunkt auch Manager von 'Mercedes Benz' in Südafrika. Zitiert nach: STRATMANN, Bewerber, (21.08.97).

[809] Vgl. [o. Verf.]: „Heute fällt die Entscheidung. Olympia 2004: Wer macht das Rennen?", in: Rhein Zeitung (5.09.97): (http://rhein-zeitung.de/on/97/09/05/topnews/ olympia.html, 18.05.99).

[810] Vgl. o. Verf., Schwedische Elch, (3.09.97).

[811] [o. Verf.]: „IOC-Vorwürfe lächerlich? Südafrika und Schweden sehen keine Korruption", in: Mannheimer Morgen (4.09.97): (http://www.mamo.de/redak/ 19970904/html/article/r4d0005_24697.html, 31.12.97).

[812] Vgl. ebenda.

[813] Vgl. o. Verf., Candidate 2004, S. 31-33/ KIDANE, 106th IOC Session, S. 21-24.

172

Vorführung Kapstadts beginnt mit einem kurzen farbintensiven Film über die Natur Afrikas und ist mit traditionellem Gesang unterlegt.[814] Das IOC-Mitglied Südafrikas RAMSAMY eröffnet die Redebeiträge und hebt in seiner Einleitung die besondere Rolle des IOC-Präsidenten bei der Reintegration Südafrikas in die Olympische Bewegung nach Überwindung der Apartheid hervor. Er betont die Durchführung verschiedener wichtiger Veranstaltungen in Südafrika als Beleg für die Fähigkeit des Landes, solche 'events' zur allgemeinen Zufriedenheit zu organisieren. Im Anschluß an seinen Beitrag folgt ein filmischer Rückgriff auf die Anfänge des Sports in Südafrika. Dabei werden Bilder aus dem Jahr 1904 gezeigt, um die lange Tradition des Sports auch in Afrika zu belegen. MBEKI stellt in der Folge die geplanten Spiele in Kapstadt unter das Motto 'The Games of Hope' und führt weiter aus, daß

> *the Olympic torch, by casting it's glow of peace, human solidarity and human fulfilment over the Cape of Good Hope 'Games of Hope', ignite the flame of joy in the African heart- joy that would derive from the demonstrated knowledge that all humanity shares with us our hope for Africa's better tomorrow.*[815]

Nach dem Rückgriff auf die Sportgeschichte Afrikas stellt MBEKI die olympische Vision der Bewerbung vor und leitet damit zu einer virtuellen Schau der Olympischen Spielen 2004 in Kapstadt über. In einem Film, der im Jahr 2004 spielt, läuft der geplante Fackelstaffellauf durch die 30 afrikanischen Staaten in zwei Minuten vor den Augen der Versammlung ab. Nach dem Filmbeitrag werden die technischen Details des Konzepts von dem Leiter der Bewerbung Chris BALL vorgestellt. Zum Abschluß verspricht er den IOC-Mitgliedern: *„We will deliver a brilliant Olympic Games - a Games for the world.“*[816] Seiner Rede zum Konzept der Spiele folgt ein passender Film mit Bildern von Sportereignissen, wieder unterlegt mit afrikanischen traditionellem Gesang. Der Konvent soll damit schon die Spiele des Jahres 2004 vorab erleben. Im Anschluß werden die zwei Goldmedaillengewinner der Olympischen Spiele von Atlanta 1996 (Josiah THUGWANE und Penny HEYNS) durch kurze Filmausschnitte vorgestellt, um auch die Unterstützung der Sportler für diese Bewerbung zu demonstrieren. Mit einem weiteren Kurzfilm wird danach zu der Präsentation des möglichen Austragungsortes Kapstadt übergeleitet. Immer wieder unterbrochen von Bildern und Filmausschnitten, stellt die Bürgermeisterin Theresa SOLOMON einerseits die Leistungsfähigkeit der Stadt vor, anderseits weist sie auf die positiven

---

[814] Vgl. dazu und zum folgenden: 106e Session CIO - Lausanne 1997.„Présentation finale de La Ville Du Cap 2004“. Videocassette PAL INTER, Durée: 42'42", The Olympic Museum (Lausanne) V02.2699, 5. September 1997.
[815] Ebenda.
[816] Ebenda.

Veränderungen in der Stadt hin, die durch die Spiele initiiert würden. Nach einer letzten filmischen Überbrückung folgt als Schlußredner MANDELA, der die IOC-Mitglieder auffordert, die positive Veränderung in Afrika durch die Wahl Kapstadts zu unterstützen:

> *The African march to a new future has begun, it is a march to a future which will be new, because it will define our African world in the image of the shared and caring universe that must surely characterize the Olympic Games. We are in Lausanne and appear before you today to request that you enable to host the first Olympic Games of the new century and millennium, to give the African march to the new future, the great and unequalled impetus it needs and deserves.*
>
> *..In the mind's eye I see the youth of the world gathered at the foot of Table Mountain to fulfil themselves, to give joy to millions, to celebrate peace and to participate in and sponsor the rebirth of a continent.*[817]

Nach der Rede MANDELAs ist die Präsentation der Kapstädter bereits beendet. Obwohl 60 Minuten zur Verfügung stehen, dauert die Vorstellung nur 44 Minuten. Die Präsentation ist vom Aufbau und Inhalt schnell, flüssig und anregend. Die Bilder haben die Reden sehr gut begleitet, und es ist damit gelungen, die Emotionen der Bewerbung zu visualisieren. Insgesamt ist die Darstellung äußerst professionell und überzeugend.[818]

Trotz der folgenden Wahlniederlage ist der Leiter des Bewerbungskomitees mit dem Ergebnis zufrieden. BALL bezeichnet den dritten Platz als *„großartiges Ergebnis“*.[819] Andere hingegen haben von MANDELA erhofft, daß er die IOC-Mitglieder zu der Wahl von Kapstadt bewegen könne, statt dessen sei er steif und nervös gewesen.[820] MANDELA zeigt sich nach der Niederlage Kapstadts gewohnt fair und erklärt: *„Athens 'deserved' to host the Olympic Games in 2004.“*[821]

---

[817] Ebenda.

[818] Vgl. WARNER, Adrian: „Olympics - Samaranch urges Cape Town to bid for Games again“, in: Reuter (6.09.97).

[819] Vgl. [o. Verf.]: „Athen nützt den Mandela-Effekt. Deutlicher Sieg beim Werben um die Spiele 2004 dank der Stimmen Afrikas“, in: SZ (8.09.97).

[820] Vgl. [o. Verf.]: „Sentiment a factor as Athens gets 2004 Olympics“, in: CNN Sports Illustrated (5.09.97): (http://www.cnnsi.com/news/1997/09/05/athens_update/, 31.12.97)/ LONGMAN, Jere: „Athens Captures a Vote For Tradition and Olympics“, in: The New York Times (6.09.97).

[821] [o. Verf.]: „Mandela says Athens 'deserves' to host 2004 Olympics“, in: Agence France-Presse (5.09.97): (http://www.news-observer.c.../oly30509.html, 31.12.97).

5.3.4 Rom

Schon die IV. Olympischen Spiele 1908 will
COUBERTIN in Rom austragen. Nach der
Veranstaltung der Spiele in der Kulturhauptstadt
Paris und einer Stadt der 'Neuen Welt', St. Louis,
sollen die Spiele wieder an einer antiken Stätte
stattfinden (vgl. Kap. 2.2.1). Deshalb akzeptiert
COUBERTIN sofort den Beschluß einer
'italienische Turnergesellschaft' zur Austragung
der Olympischen Spiele in Rom.[822] Doch die
mangelhaften Vorbereitungen und der fehlende

Abb. 32: Emblem 'Rom 2004'

Rückhalt in der Gesellschaft erzwingt letztendlich, daß das IOC den Römern
die Spiele wieder entzieht.[823] Erst 1921 bewirbt sich Rom wieder um die
Spiele, scheitert aber durch die von COUBERTIN 'erbetene' Vergabe der
Spiele an Paris.[824] Danach kündigt Rom eine Kandidatur für die Spiele des
Jahres 1936 an, der aber keine offizielle Bewerbung folgt.[825] Im Jahr 1939
stellt sich Rom mit anderen Städten zur Wahl des Austragungsortes der Spiele
von 1944, unterliegt jedoch recht deutlich London. In seinem fünften Anlauf ist
Rom aber erfolgreich. Den Römern werden 1955 die Spiele von 1960
zugesprochen. Zu diesem Zeitpunkt profitiert Rom wieder von seinen antiken
Stätten. Diese sollen den Spielen nach einer langen Reihe moderner
Veranstaltungen (London 1948, Helsinki 1952, Melbourne 1956) wieder den
vermißten traditionellen Rahmen geben. Seit diesen Spielen von 1960 sind die
Olympischen Spielen nicht mehr in einer mediterranen, antiken Stadt gewesen
und mehr als 35 Jahre später scheint dieser Umstand für die Kandidatur Roms
um die Olympischen Spiele 2004 zu sprechen. Nach der kurz vor
Anmeldeschluß abgegebenen Bewerbung Athens muß die Stadt am Tiber
aber diesen Bonus mit der griechischen Hauptstadt teilen.

Es ist überraschend, daß angesichts dieser natürlichen Stärke der römischen
Kandidatur das Bewerbungskomitee darauf verzichtet, diese Qualität massiv
einzusetzen. Der Bürgermeister von Rom bekennt ehrlich, daß seine Vision
nicht die Olympischen Spiele in Rom seien und verkündet offen: *„Ich will das
neue Rom bauen."*[826] An anderer Stelle führt er ergänzend aus: *„Wir*

---

[822] Vgl. COUBERTIN, Erinnerungen, S. 72.
[823] Vgl. COUBERTIN, Sportkampagne, S. 142f.
[824] Vgl. COUBERTIN, Erinnerungen, S. 166f/ LYBERG, 100 Years, S. 254.
[825] Vgl. LYBERG, 100 Years, S. 255.
[826] Zitiert nach: WALDBRÖL, Hans-Joachim: „Bewerber für die Olympischen Spiele 2004: Das alte, graue Rom zeigt sich jung und grün", in: FAZ (7.06.97).

wünschen uns die Spiele, weil dies für jede Stadt etwas Großartiges ist. Aber wir brauchen sie auch, um vom Staat Geld für unsere Verkehrsprojekte zu erhalten."[827] Der Generaldirektor der Bewerbung Raffaele RANUCCI erklärt, daß man ganz bewußt die 'historisierenden, emotionalen Elemente' aus der Bewerbung herausgelassen habe.[828] Zwar wird in jeglicher Werbung für die Bewerbung auch immer wieder das antike Rom gezeigt, aber es fällt deutlich auf, daß das Komitee das moderne Rom für die IOC-Mitglieder in den Vordergrund hebt.

Am 30. Oktober 1995 erklärt die italienische Regierung nach der Prüfung einer vorher erstellten Machbarkeitsstudie grundsätzlich ihre Unterstützung für eine Kandidatur Roms.[829] Zwar erreicht das Nationale Olympische Komitee Italiens (CONI) am folgenden Tag noch ein Brief aus Mailand, in welchem die Stadt um einen Aufschub der Entscheidung zur Nominierung des nationalen Kandidaten bittet, da sie für ihre Bewerbung noch mehr Zeit benötige. Das CONI weist diese Bitte aber zurück und legt sich noch an diesem Tag endgültig auf Rom fest.[830] Am 22. November gibt es eine offizielle Zeremonie im römischen Rathaus. Dabei werden Bilder der Spiele von 1960 gezeigt, um die Erinnerung und Begeisterung der Bürger der Stadt wieder wachzurufen. In diesem Rahmen wird die Bewerbung Roms nun öffentlich präsentiert.[831]

Bei der Organisation des Bewerbungskomitees werden die italienischen IOC-Mitglieder eng integriert. Der Präsident des Leichathletik-Weltverbandes (IAAF) Primo NEBIOLO übernimmt die Ehrenpräsidentschaft, während seine drei IOC-Kollegen Mario PESCANTE (Präsident des CONI), Ottavio CINQUANTA (Präsident des ISU) und Franco CARRARO jeweils die Position eines Vizepräsidenten einnehmen.[832] Das Bewerbungsteam wird von einem jungen Team geleitet. Der Bürgermeister von Rom Francesco RUTELLI ist 43 Jahre alt und der Generalsekretär des Komitees Raffaele RANUCCI 40 Jahre alt.[833] Mit diesen beiden bekommt die römische Kandidatur eine besondere Dynamik. Die hochkarätige Besetzung des Komitees wirkt sich allerdings nicht nur positiv aus. Der Sportdirektor der Bewerbung Luciano BARRA kritisiert, daß jeder seine persönlichen Ambitionen pflege, und dies sei *"nicht unbedingt*

---

[827] Zitiert nach: HOLZBACH, Gerd: „Olympiakandidat für 2004. Roms Stärke: Ein Konzept fast ohne Schwächen. Pluspunkte: Infrastruktur, Sportstätten, Finanzgarantie, Coni [sic]", in: sid (13.05.97).
[828] Vgl. WALDBRÖL, Bewerber Rom, (7.06.97).
[829] Vgl. [o. Verf.]: „Roms und Stockholms Olympia-Pläne reifen", in: sid (31.10.95).
[830] Vgl. [o. Verf.]: „CONI backs Rome bid for 2004 Olympics", in: RIS (31.10.95): (http://www.nando.net/.../ oly13812.html, 18.11.97).
[831] Vgl. [o. Verf.]: „Rome presents bid for 2004 Olympic Games", in: RIS (22.11.95): (http://www2.nando.net/.../oly 33337.html, 18.11.97).
[832] Vgl. ROMA 2004 BIDDING COMMITTEE (Hrsg.): Roma 2004, Volume I, [Rom 1996], S. 48.
[833] Vgl. WALDBRÖL, Bewerber Rom, (7.06.97).

förderlich für die Mannschaftsleistung".[834] Er fügt anschaulich an: *„Versuchen Sie mal, mit Maradona, Beckenbauer, Pele und Platini in einem Team zu spielen."*[835]

Zwei Persönlichkeiten ragen aus dem Bewerbungsteam heraus. Die erste ist natürlich Primo NEBIOLO, der als langjähriger Präsident der IAAF, ASOIF und FISU mittels dieser Funktion einen außergewöhnlichen Einfluß besitzt und als sogenannter 'Powerbroker' im IOC gilt (vgl. Kap. 2.6). Allerdings ist sein Renommee nicht durchweg positiv. Er gilt als undiplomatisch, extrem ehrgeizig, und in den Medien wird er häufig sehr negativ dargestellt.[836] Die andere interessante Persönlichkeit ist der Bürgermeister der Stadt, der die Bewerbung, Rom und sich selbst während der gesamten Zeit hervorragend vertritt. RUTELLI, vormals ein führender Politiker der Grünen Partei, ist seit 1993 Stadtoberhaupt Roms und steht mit seiner Person für ökologisch vertretbare Spiele.[837] Nachteilig ist für ihn, daß er die Spiele aber nicht als Bürgermeister hätte erleben können, da er selbst bei einer zweiten Legislaturperiode spätestens 2001 nicht mehr im Amt gewesen wäre.[838] Außerdem muß er mit dem Vorwurf eines *„Green turncoats"* leben, da er vor seiner Wahl zum Bürgermeister Roms sich grundsätzlich gegen Olympische Spiele in Italien ausgesprochen hat, da diese die vorhandenen knappen Ressourcen von den wesentlichen Problemen wie dem städtischen Verfall und der Verschmutzung abziehen würden.[839]

Die Bewerbung Roms findet sehr viel Anerkennung und Unterstützung. Die Bevölkerung steht von vornherein einer Kandidatur positiv gegenüber. In einer ersten Erhebung vom März 1995 befürworten 78,2% der Römer die Kandidatur. Bis zur Abgabe der Bewerbungsdossiers kann das Komitee durch seine Öffentlichkeitsarbeit den Wert noch auf 81,1% erhöhen (vgl. Abb. 36, S. 188).[840] Auch aus dem Ausland kommt enormer Zuspruch. Noch im November 1995 erklärt erstaunlicherweise Barcelona, die ehemalige Olympiastadt von 1992, ihre Unterstützung für die Stadt, obgleich zu dieser Zeitpunkt die Bewerbung Sevillas bereits bekannt ist.[841] Innerhalb des IOC gibt es einige wichtige Persönlichkeiten, die sich für Olympische Spiele 2004 in Rom

---

[834] Zitiert nach: Ebenda.
[835] Zitiert nach: Ebenda.
[836] Vgl. JENNINGS, Geld, 18 und 336/ HUMPHRIES, Tom: „Trackside's prime mover", in: The Irish Times (2.08.97): (http://www.irish-times.com/irish-times/paper/1997/ 0802/spo17.html, 31.12.97).
[837] Vgl. OWEN, Richard: „Green alliance fights to kill off Roman Games", in: The Times (11.08.97).
[838] Vgl. WALDBRÖL, Bewerber Rom, (7.06.97).
[839] Vgl. OWEN, Green alliance, (11.08.97).
[840] Vgl. ROMA 2004 [...], Roma 2004 Vol. I, S. 38.
[841] Vgl. o. Verf., Rome bid, (22.11.95).

aussprechen. Im Mai lobt HAVELANGE die Konzeption Roms als „*perfekt*".[842] Auch „*der milliardenschwere Medienmogul Ramon Vazquez-Rana* [Vázques-Raña, d. Verf.] *macht Stimmung für Rom.*"[843] Dies ist insofern bedeutend, als daß der Mexikaner zugleich auch Präsident der ANOC ist und dadurch einen nicht unerheblichen Einfluß in der Olympischen Bewegung besitzt. Das IOC-Mitglied für Israel Alex GILADY, gleichzeitig auch Vizepräsident von 'NBC sports', fördert ebenfalls ganz offen die römische Kandidatur.[844] Selbst der Vatikan unterstützt die Bewerbung der Stadt.[845] Christoph FISCHER analysiert, daß die „*Lobby* [Roms, d. Verf.] *im olympischen Zirkel nicht nur wegen des [...] Präsidenten des Leichtathletik-Weltverbandes (IAAF), Primo Nebiolo, übermächtig ist*".[846]

Ein Grund für diese massive Unterstützung liegt in der überzeugenden Konzeption zur Ausrichtung der Spiele, die das Komitee dem IOC vorgelegt hat. Die Bewerbungsunterlagen sind hervorragend aufbereitet. Die Italiener setzen bei dem Design der Bewerbungsbücher ein interessantes Gestaltungsmittel ein. Sie verwenden grundsätzlich farbiges Papier und zum Teil Blätter mit einem gerasterten, pastellfarbenen Hintergrundbild. Es ist fraglich, ob dies zulässig ist. Es verstößt aber auf jeden Fall gegen den 'Geist' der 'Richtlinien 2004'. Ein klarer Verstoß ist die viel zu freizügige Verwendung von Photos. Dies wird aber vom IOC zumindest in der Öffentlichkeit nicht moniert.

Die 'Evaluation Commission' kommt in ihrer allgemeinen Beurteilung der Dossiers zu dem Schluß: „*The candidature plans are excellent, prepared in a professional manner with collaboration between many experts and the national sports authorities.*"[847] Die Sportstätten werden durchweg gelobt, allein in bezug auf die Wasserqualität des Triathlon-Kurses fordern die Prüfer eine Verbesserung.[848] Die Berücksichtigung des Umweltschutzes unter Einbeziehung italienischer Umweltschutzgruppen wird positiv heraus-gehoben.[849] Weiterhin biete Rom und die umgebende Region exzellente Möglichkeiten zur Unterbringung der Teilnehmer und Zuschauer.[850] Die finanzielle Planung des Budgets sei gründlich und detailliert. Einzelne

---

[842] Vgl. [o. Verf.]: „Olympische Spiele 2004. Havelange nennt Rom-Bewerbung perfekt", in: sid (15.05.97).

[843] RINGHOFER, Milliarde Dollar, (3.09.97).

[844] Vgl. ebenda/ IOC, Biographies, S. 89.

[845] Vgl. WARNER, Adrian: „Olympics - Athens' opponents take delight in pro-Rome poll", in: Reuter (28.08.97).

[846] FISCHER, Christoph: „IOC-Exekutive in Lausanne. An Rom und Athen führt kein Weg vorbei. Pele trommelt für Rio de Janeiro/ Thomas Bach: 'Wir werden Prügel beziehen'", in: sid (5.03.97).

[847] IOC, Report 2004, S. 53.

[848] Vgl. ebenda, S. 53f.

[849] Vgl. ebenda, S. 54.

[850] Vgl. ebenda, S. 55.

Positionen werden allerdings bemängelt. Speziell für die Sportstätten sei das benötigte Investitionskapital zu gering bemessen, und die kalkulierten Einnahmen von den lokalen Sponsoren, den offiziellen Lieferanten, der Lotterie und dem Eintrittskartenverkauf seien zu hoch angesetzt.[851] Die Kommission führt indes weiter aus, man habe ihr eine Studie übergeben, welche als Grundlage für das vorgenannte Zahlenwerk verwendet worden sei. Als wirklich ernstes Problem wird die Verkehrssituation in Rom erkannt. Für die Jubiläumsfeiern der Stadt im Jahr 2000 sind dazu auch bereits Pläne zur Verbesserung ausgearbeitet, und für die Olympischen Spiele sollen weitere Verbesserungen folgen. Auch seien alle Sportstätten nach der Maßgabe ausgewählt, daß sie die Verkehrssituation nicht weiter verschlechtern. Der Erfolg der Verkehrsplanung hänge aber von der vollständigen Umsetzung der beabsichtigten Infrastrukturverbesserungen ab. Insbesondere betont die Kommission dabei die Veränderung der Gewichtung von privaten auf öffentliche Verkehrsmittel. Des weiteren seien Straßensperrungen und Verkehrseinschränkungen während der Spiele unumgänglich.[852]

Basierend auf der o.a. Unterstützung und den für Rom ausgezeichneten Bericht der Prüfungskommission ist es nicht verwunderlich, daß die Kandidatur von Beginn an allgemein favorisiert wird.[853] Zwar wehrt sich RUTELLI gegen diese Einschätzung und erklärt noch im Mai 1997: *„Aber wir fühlen uns nicht als Favorit"*.[854] Insgesamt nimmt aber die Zuversicht zu, daß Rom mit seiner Bewerbung um die Spiele erfolgreich sein werde.[855]

Der Bewerbung stehen einzelne Widerstandsgruppen gegenüber. Kurz nach Bekanntgabe der Bewerbung veröffentlicht *„eine Gruppe italienischer Intellektueller und Umweltschützer [...] eine Petition gegen die Bewerbung Roms um die Ausrichtung der Olympischen Spiele 2004"*.[856] Sie befürchten, daß *„die einzigartige historische und künstlerische Gestaltung des Stadtzentrums [...] von den Millonen [sic] Gästen zerstört werden"* würden.[857] Zudem seien die Transportsysteme der Stadt völlig unzureichend. Doch der Widerspruch der Gegner findet keinen Widerhall in der Bevölkerung. Weniger als einen Monat vor der Abstimmung starten die Gegner der Bewerbung, darunter die 'Grüne Partei' und die 'Italia Nostra', eine letzte Kampagne unter

---

[851] Vgl. ebenda.

[852] Vgl. ebenda, S. 55.

[853] Vgl. KEATING, Olympics - frontrunners, (20.02.97)/ o. Verf.., Olympische Spiele 2004. Havelange, (15.05.97).

[854] Zitiert nach: HOLZBACH, Olympiakandidat, (13.05.97).

[855] Vgl. OWEN, Green alliance, (11.08.97).

[856] [o. Verf.]: „Petition gegen Olympia 2004 in Rom", in: Der Standard (23.12.96): (http://www.derstandard.at/arc/ 19961223/94.htm, 25.04.99).

[857] Ebenda.

dem Titel *„Campaign against the Rome Olympics"*.[858] Sie präsentieren den Katalog *„Ten Good Reasons to say No to the Olympics"*.[859] Doch alle Vorwürfe gegen das Bewerbungskomitee nützen wenig, die Zustimmung für die Kandidatur Roms bleibt konstant hoch. Ein Sprecher der 'Kampagne' faßt Ende August die niedergeschlagene Stimmung bei den Gegnern zusammen:

> *We're obviously very displeased. The Rome authorities have been promoting (the bid) very efficiently. [...] Unfortunately, the reality of things hasn't got out. [...] And we all know the fragility of the city of Rome, the traffic problems - - it would be traumatic.*[860]

Kurz vor der Abstimmung werden die 'Studenten-Weltspiele' in Palermo ausgerichtet. Die Universiade soll die Organisationsfähigkeit der italienischen Sportorganisationen belegen und damit der Bewerbung noch einen letzten Auftrieb geben. Doch die Eröffnungsfeier der Studentenspiele wird als langweilig beschrieben, und es gibt Klagen über organisatorische Pannen. Karin FEHRES, die Generalsekretärin des Allgemeinen Deutschen Hochschulsport-Verbandes (ADH), klagt darüber, daß häufig improvisiert werde und die Unterkünfte und Sportstätten über die ganze Insel verteilt seien. Ohne eine gemeinsame Unterkunft sei aber der Kulturaustausch zwischen Teilnehmern nicht möglich. *„Dadurch gehe der Geist der Universiade verloren."*[861] Der Präsident der FISU Primo NEBIOLO spielt zwar die Probleme herunter, aber er kann nicht verhindern, daß der Veranstaltung ein negativer Eindruck anhaftet und damit auch für die Bewerbung eher ein negativer 'Werbeeffekt' eintritt.[862] Zusätzlich haben auch die unfairen Attacken NEBIOLOs gegen Athen und Stockholm dem Ansehen der Bewerbung noch Schaden zugefügt (vgl. Kap. 6.3).

Dennoch fahren die Römer deutlich favorisiert zur Präsentation nach Lausanne. Bis auf den zusätzlich gewonnenen populären Operntenor Luciano PAVAROTTI ist die Delegation mit den gleichen Personen besetzt wie bei der Darstellung der Bewerbung vor dem Vorauswahlkollegium.[863] Als letzte der fünf Finalteilnehmer stellen die Römer ihre Kandidatur der IOC-Versammlung vor. Die Vorführung beginnt mit einem Film über die Stadt Rom. Es wird die

---

[858] Vgl. OWEN, Green alliance, (11.08.97).

[859] Ebenda.

[860] Zitiert nach: WARNER, Olympics - Athens, (28.08.97). Hierbei handelt es sich um den Sprecher der 'Kampagne gegen die Bewerbung Roms', Francesca BIFFI.

[861] Zitiert nach: [o. Verf.]: „19. Universiade auf Sizilien eröffnet. Klagen über Pannen und langatmigen Festakt", in: FAZ (21.08.97).

[862] Vgl. LONG, Gideon: „Olympics - Sicily rematch for Greeks and Romans", in: Reuter (19.08.97).

[863] Vgl. o. Verf., Candidate 2004, S. 31-33 und KIDANE, Fèkrou: „The 106th IOC Session", in: Olympic Review XXVI-17 (Oktober-November 1997): S. 21-24.

2000 Jahrfeier der Stadt aufgegriffen und daß zu diesem Ereignis 30 Millionen Besucher erwartet werden.[864] Damit soll die außergewöhnliche Leistungsfähigkeit Roms betont werden. Es folgt eine Überleitung in die sportliche und kulturelle Geschichte der Stadt, um schließlich zur organisatorischen Planung der Olympischen Spiele 2004 zu kommen. Der Off-Kommentar beschreibt die Integration der Spiele in die Stadt. Das geplante Olympische Dorf soll später die Funktion eines Universitätscampus erfüllen. Die Sportstätten sind durch drei olympische Zentren zwar einerseits gut zu erreichen aber auch andererseits verkehrstechnisch entzerrt. Für dieses Konzept läge auch die Unterstützung vom WWF und Greenpeace vor. Auffällig ist der starke amerikanische Akzent des englischsprachigen Sprechers. Dies könnte man als eine Hommage an die 'amerikanische Fraktion' im IOC interpretieren. Der folgende Auftritt des bekannten Opernsängers PAVAROTTI kann die Versammlung nicht bewegen. Stockend sagt er, daß Rom für die Spiele 'fertig' sei, im Jahr 2004 sei es 'superfertig'.[865]

Abb. 33: Ansprache PAVAROTTIs vor der 106. Session[866]

Danach nimmt der Präsident des CONI Mario PESCANTE Bezug auf die Winterspiele 1956 in Cortina d'Ampezzo sowie die Sommerspiele 1960 in Rom und ruft damit die Erinnerungen der Mitglieder wach. Er erklärt, daß für die geplanten Spiele 2004 die meisten Sportstätten bereits fertig seien. Ohne direkt Bezug auf die Spiele von Atlanta zu nehmen, hebt er hervor, daß die Organisation der Spiele nicht durch ein privates, sondern durch ein öffentliches OK durchgeführt würde. Seine Ausführungen erfolgen auf Französisch, Englisch und als Referenz an den 'lateinamerikanischen Block' im IOC auch auf Spanisch. Anschließend wird ein Film über die Spiele von 1960 in Rom und die nachfolgend in der Stadt durchgeführten sportlichen Groß-veranstaltungen gezeigt. Als nächster Sprecher greift NEBIOLO dieses Thema

---

[864] Vgl. dazu und zum folgenden 106e Session CIO - Lausanne 1997. „Présentation finale de Rome 2004". Videocassette PAL INTER, Durée: 51'26", The Olympic Museum (Lausanne) V02.2695, 5. September 1997.

[865] Wörtlich sagte er nicht mehr als: „Rome is already ready. It will be super ready in 2004." 106e Session CIO [...],Présentation Rome 2004, 5.09.97.

[866] Bildquelle: Olympic Review XXVI-14 (April-Mai 1997): S. 22.

auf und betont, daß auch die 'Evaluation Commission' darin eine besondere Kompetenz der Römer gesehen habe. Im weiteren Verlauf der Präsentation wird versucht, über weitere Filme einerseits die besondere Sportbegeisterung der Italiener darzustellen und andererseits noch das ungewöhnliche Flair und die eigene Lebensqualität der italienischen Hauptstadt herauszuheben. Daraus wird von dem Sprecher gefolgert, daß die Olympischen Spiele einen Beitrag für Rom leisten würden, daß aber die Stadt auch einen Beitrag für die Spiele leisten könne. Den Abschluß bildet ein Film, der eine Vielzahl von Ausschnitten aus alten amerikanischen Filmen enthält, die im Rom der 50er und 60er Jahre gedreht worden sind. Eine Sammlung von Bekenntnissen für eine 'Olympiastadt Rom 2004' von international bekannten Sportlern und Film-schauspielern bildet den Ausklang des Films und der Präsentation.

Nach der unerwarteten Wahlniederlage ist bei den Römern die Enttäuschung groß. Während aber die IOC-Mitglieder PESCANTE und CINQUANTA von Benachteiligung der Römer durch einen Pakt zwischen ANGELOPOULOS und MANDELA sprechen,[867] akzeptiert der römische Bürgermeister die Entscheidung: *"We accept the decision in the Olympic spirit of friendship"*[868] Auch NEBIOLO erweist sich als fairer Verlierer. Er sei, so sagt er, einer der ersten gewesen, die Athens nach ihrem Sieg gratuliert haben und wolle mit den Organisatoren in Athen eng zusammenarbeiten.[869]

5.3.5 Stockholm

Zunächst fällt bei der Bewerbung Stockholms um die Olympischen Spiele das ungewöhnliche Logo des Bewerbungskomitees auf (vgl. Abb. 34, S. 182). Bedauer-licherweise geben die Bewerbungsunterlagen keinen Aufschluß darüber, was dieses auffallende Emblem bedeuten soll. Auch in den begleitenden Werbebroschüren findet sich keine Aufklärung, so daß über das Motiv allgemein nur gerätselt wird:

> The logotype is strange, a horse upside down and a man with his arms spread wide, which does not make reference to any known sport and is less still applicable to horse-riding.[870]

Abb. 34: Emblem 'Stockholm 2004'

---

[867] Vgl. HERSH, Athens, (6.09.97).

[868] Zitiert nach: O. Verf., Sentiment a factor, (5.09.97).

[869] Vgl. LONG, Gideon: „Olympics - Athens-African pact led to Rome defeat, says chief", in: Reuter (6.09.97).

[870] Vgl. [o. Verf.]: „Digital Olympics", in: Arquis.Arquitectura y Urbanismo 13 (Juli/ August 1997): S. 95.

Auch der Slogan der Bewerbung 'Feel the light' erscheint im Zusammenhang mit Olympischen Spiele zunächst fremd. Bei näherer Untersuchung wird aber klar, daß das Motto nicht nur gut klingt, sondern auch gleichzeitig noch Werbung und Vision ist. Zunächst bezieht sich der Werbetext auf die langen Sommertage in Stockholm. Die Spiele des Jahres 2004 sollen im Juli stattfinden. Dann ist es in der Stadt *„19 Stunden hell und die restlichen fünf Stunden auch nicht vollends dunkel."*[871] Das besondere Polarlicht im Sommer schafft wunderschöne Farbenspiele und macht einen besonderen Reiz Schwedens aus. Dies wird auch bei der Gestaltung der Bewerbungsunterlagen aufgegriffen. Die Bewerbungsbücher haben auf ihrer Vorderseite jeweils ein Bild, daß die Umrisse eines bewegten Körpers vor einem leuchtenden Hintergrund zeigt. Die Bilder sind in den warmen Farbtönen des Polarlichts gehalten. Dieses Farbmotiv, das sich zwischen Gelb-, Rot- und Violettönen bewegt, wird auch zur Gestaltung der Trennblätter zwischen den einzelnen Kapiteln verwendet und wird ebenso wie auch die Bilder und das Emblem zur Erzeugung der Corporate Identity auf den Werbedrucken konsequent immer wieder aufgegriffen.[872] Damit wird einmal für die Bewerbung aber auch gleichzeitig für den touristischen Reiz Stockholms geworben.

Gleichzeitig verweist die Stadt mit dem Slogan 'Feel the Light' auch geschickt auf ihre Olympische Geschichte. Gleich auf ersten Seite der Bewerbungsdossiers wird COUBERTIN zitiert, der sich in seinen *Olympischen Erinnerungen* unter Bezug auf die Austragung der IV. Olympischen Spiele im Jahre 1912 in Stockholm begeistert äußert:

> *Never had a Swedish summer been more glorious. For five whole weeks, nature was resplendent, the sun perpetually shining, with light sea breezes, radiant nights, the joyful atmosphere of gaily decked streets, flowers everywhere, and illuminations dimmed only by the brilliance of a light that never paled.*
>
> *In the wonderful setting of the city, the general gaiety of the young knew no bounds. Everything was done silently, quickly, without error... The whole city took part... and we caught a glimpse of what atmosphere of*

---

[871] WALDBRÖL, Hans-Joachim: „Bewerber für die Olympischen Spiele 2004: Stockholm setzt auf Licht, Luft und Wasser", in: FAZ (30.07.97).

[872] Es handelt sich hierbei um Illustrationen mittels Wasserfarbe von Mats GUSTAFSON. Vgl. STOCKHOLM 2004 BID COMMITTEE (Hrsg.): Stockholm 2004, Volume III, [Stockholm 1996], S. 132.

Olympia must have been like in ancient times - so that Hellenism and progress seemed to have joined forces to act as hosts together.[873]

Dieses euphorische Empfinden des Begründers der Olympischen Bewegung ist eine ideale Werbung für Stockholm. Sie eignet sich natürlich hervorragend, um zum einen in die Bewerbung einzuleiten und zum anderen die Bedeutung und Verbindung der Stadt in und mit der olympischen Geschichte herauszustellen. Vor diesem Hintergrund läßt sich auch eine neue olympische Vision glaubhaft darstellen. Die geplanten Spiele 2004 sollen den Athleten gewidmet werden und die traditionellen politischen Initiativen Schwedens zur Friedenspolitik mit den olympischen Idealen 'Freundschaft und Frieden' verbinden.[874] Dazu heißt es in dem Dossier, daß sich sowohl die Olympische Bewegung als auch Schweden für humanistische Ideale einsetzen. Dieses Engagement wolle man mit den Spielen 2004 verbinden:

In 2004, the concept of peace through sport will [...] link Sweden's icons of humanism and peace - Alfred Nobel, Raoul Wallenberg, Dag Hammarskjöld, and Olof Palme - with the ideological legacy of the modern Olympic movement.[875]

An anderer Stelle heißt es weiterführend:

Throughout recent history, the parallel leadership initiatives of Sweden and the Olympic movement - in the promotion of peace, the preservation of the environment, equality between races and between men and women - provide the foundation for a highly efficient partnership in achieving significant philosophical goals throughout the celebration of the Games of the XXVIIIth Olympiad.[876]

Den Athleten könne man die besten Rahmenbedingungen (*„The best bid for the Athlete"*) für ihren Sport bieten.[877] Dazu begründet das Stockholmer Bewerbungskomitee einen sogenannten 'Stockholm 2004 International Athlete's Council', dem eine Vielzahl bekannter Sportler angehören und die aus der Sicht der Athleten die besondere Qualität der Bewerbung bestätigen sollen. Das Komitee kann schließlich fast 60 internationale Sportler für ihren

---

[873] STOCKHOLM 2004 [...], Stockholm 2004 Vol. I, S. 1. In dem Bewerbungsbuch wird COUBERTIN aus seinen Olympischen Erinnerungen zitiert. In der deutschen Übersetzung findet sich diese Textstelle im Kapitel XIII. Vgl. COUBERTIN, Erinnerungen, S. 127.

[874] Vgl. STOCKHOLM 2004 [...], Stockholm 2004 Vol. I, S. 6 und 11/ STOCKHOLM 2004 BID COMMITTEE (Hrsg.): Feel the light. Strengths of the bid. The benefits of Sweden's imaginative and efficient Olympic vision. Stockholm 2004, Stockholm [o.J.], S. 1 und 7 [nach eigener Zählung].

[875] STOCKHOLM 2004 [...], Stockholm 2004 Vol. I, S. 11.

[876] Ebenda, S. 28.

[877] Vgl. STOCKHOLM 2004 [...], Strengths, S. 4 [nach eigener Zählung].

184

'Athletenrat' gewinnen. Es sind ausschließlich sehr renommierte internationale Sportgrößen, die auch zumeist einen Bezug zu Olympischen Spielen haben.[878] Die aktive Beteiligung von Sportlern für eine Bewerbung über einen 'Athletenrat' ist einzigartig. Dadurch und mit der Prominenz der beteiligten Personen erregt Stockholm auch das gewünschte positive Echo in der Presse.[879]

Der Gedanke der 'schwedischen Friedensspiele' wird aber leider nur in den Bewerbungsbüchern und für eine schwedische Briefmarke aufgegriffen.[880] In der Presse findet dieser Gedanke keinen Widerhall und das Komitee bemüht sich auch nicht, diesen Ansatz in die Öffentlichkeit zu tragen. Allein bei den Präsentationen vor dem IOC wird diese Vision wieder publiziert und dies deutet darauf hin, daß diese hehren Ziele nur für die IOC-Mitglieder aufgestellt worden sind. In Schweden hingegen kämpft das Bewerbungskomitee mit den ganz profanen Vorteilen der Spiele um die Zustimmung der schwedischen Bevölkerung für die Bewerbung. Der Leiter des Bewerbungskomitees hebt die wirtschaftlichen Vorteile der Kandidatur für Stockholm hervor: *„Of course, I think that what we've done for the Stockholm bid has been a good investment for the city's future."*[881] Die Qualifikation als Finalteilnehmer habe die Aufmerksamkeit der internationalen Presse und der Öffentlichkeit auf Stockholm und dessen Kapazitäten als möglicher Austragungsort von Großveranstaltungen gelenkt.[882] KAUFMANN berichtet aus der schwedischen Hauptstadt, wie dort die Kampagne zur Unterstützung der Bewerbung geführt wird:

> *Führenden [sic] Köpfe aus Politik und Wirtschaft haben die Sommerspiele 2004 in den Rang eines 'nationalen Projektes' erhoben, das 'wie kaum ein anderes die Wohlfahrt des Landes sichern' könne.*[883]

Trotzdem gelingt es kaum, die Bevölkerung für die Bewerbung zu motivieren. Im März/ April 1996 stimmen 34% der Befragten in Stockholm für und auch 34% gegen eine Bewerbung um die Olympischen Spiele. Die nachfolgende

---

[878] Zu den Mitgliedern gehören: Willie BANKS, Björn BORG, Sergej BUBKA, Stefan EDBERG, Haile GEBRSELASSIE, Carl LEWIS und v.a.m.. Vgl. [o. Verf.]: „Estocolomo 2004. International Athletes' Council: Un tributo a la calidad y el estilo de organisación de Suecia", in: Feel the Light. Noticias e Imágenes de Estocolmo 2004 (Juli 1997): S. 2 und 5/ WALDBRÖL, Bewerber Stockholm, (30.07.97).

[879] Vgl. [o. Verf.]: „Kipketer, Lewis, Hingsen, Meyfarth. Stockholm 2004: Weltstars helfen Bewerber", in: sid (8.07.97).

[880] Vgl. STOCKHOLM 2004 [...], Stockholm 2004 Vol. I, S. 11/ WALDBRÖL, Bewerber Stockholm, (30.07.97).

[881] Zitiert nach: O. Verf., Basics Decision, (Juni 1997).

[882] Vgl. ebenda.

[883] KAUFMANN, Bruno: „Die Zustimmung unter den Schweden hält sich in Grenzen. Nicht einmal die Hälfte aller Schwedinnen und Schweden will die Olympischen Sommerspiele 2004. Doch die Fans träumen - trotz Bombenanschlägen weiter", in: Tages Anzeiger (3.09.97): (http://www.tages-anzeiger.ch/archiv/97september/ 970903/112748.htm, 14.07.99).

Umfrage im Oktober 1996 ergibt nur noch 32% Zustimmung und die Opposition ist auf 52% angestiegen. Diese Erhebung fügt der Bewerbung allerdings schweren Schaden zu, da dieser Wert Eingang in den Bericht der 'Evaluation Commission' findet. Von nun an haftet der Kandidatur Stockholms der Makel an, daß die Bevölkerung sie nicht unterstützt. Das Bewerbungsteam um ihren Leiter Olof STENHAMMER weiß natürlich, daß dies für die Wahl des Austragungsortes ein disqualifizierendes Kriterium ist. In einer Werbekampagne versucht man, die Öffentlichkeit für die Spiele zu gewinnen.[884] Zur Vorauswahl meldet das Delegationsmitglied, der ehemalige Premierminister Ingvar CARLSSON, daß die Zustimmung der Stockholmer auf stolze 59% angestiegen sei.[885] Damit kann die schwedische Bewerbung die Hürde der Vorauswahl meistern. In einer Werbebroschüre gibt das Komitee an, daß die Unterstützung in der Bevölkerung von November 1996 bis Februar 1997 um 96,6% zugenommen habe.[886] Unter Berücksichtigung der o.a. Entwicklung im Jahr 1996 wäre diese Veränderung geradezu erstaunlich. Doch andere Berichte weisen für den Februar eine wesentlich geringere Zustimmung für die Bewerbung aus.[887] Kurz vor der Präsentation in Lausanne (21.08.97) wird ein Bericht in der Werbezeitschrift des Komitees mit dem Titel 'Poll confirms nearly 80% Swedish support' überschrieben. Kurz vorher (16.08.97) hat der 'sid' noch gemeldet, daß sich bei *einer Umfrage [...] lediglich 49 Prozent für die Spiele* ausgesprochen haben. Am 30. August 1997 wird bei CNN das Ergebnis einer anderen Untersuchung veröffentlicht, bei denen sich sogar nur 46% für die Austragung der Sommerspiele aussprechen.[888] Ähnlich undurchschaubar ist die Entwicklung der Gegenstimmen. Nachdem im Oktober 1996 noch 52% der Schweden gegen die Bewerbung gewesen sind, nimmt dieser Anteil in der Bevölkerung bis Ende August auf *knapp 20 Prozent* ab.[889] Kurz vor der Wahl berichtet CNN wieder von 42% Gegenstimmen. Es ist in diesem Zusammenhang nicht überraschend, daß die Zahlen des Komitees angezweifelt werden und die schwedischen *„[...] Zeitungen die Organisatoren der Stockholmer Olympia-Bewerbung wegen der Manipulation von Zahlen über die Zustimmung in der Bevölkerung [...]"* kritisieren.[890]

---

[884] Vgl. STOCKHOLM 2004 [...], Stockholm 2004 Vol. I, S. 34.

[885] Vgl. FISCHER, Minister Pele, (6.03.97).

[886] Vgl. STOCKHOLM 2004 [...], Strengths, S. 4 [nach eigener Zählung].

[887] Vgl. [o. Verf.]: „Verbessertes Ergebnis einer Umfrage. Weniger Gegner für Olympia in Stockholm", in: sid (16./ 17.08.97).

[888] Vgl. [o. Verf.]: Survey, (30.08.97).

[889] Vgl. IOC, Report 2004, S. 90/ [o. Verf.]: Survey, (30.08.97).

[890] Vgl. BORCHERT, Thomas: „Mit Bomben gegen Olympia-Kandidatur. Geheimnisvolle Gegner der Bewerbung schlugen wieder zu", in Berliner Morgenpost (26.08.97): (http://cnn.berliner-morgenpost.de/bm/bm_archiv/970826/ politik/story02.html, 31.12.97).

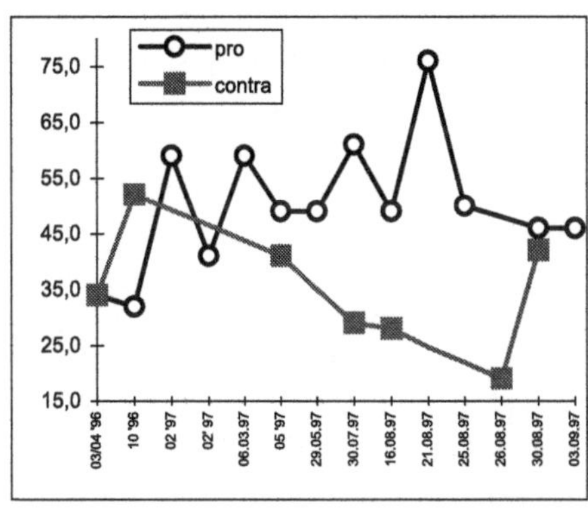

Abb. 35: Umfrageergebnisse zur Bewerbung Stockholms nach verschiedenen Quellen[891]

Zusätzlich zur negativen Stimmung in der Bevölkerung kommt schließlich auch noch eine Anschlagserie, die zu einer weiteren Beeinträchtigung der schwedischen Chancen führt. Bereits im Mai und Juni 1997 gibt es die ersten Brandanschlägen auf Sporthallen in Stockholm. Im Juli beschädigt eine Brandbombe das Haus des ehemaligen Premierministers Ingvar CARLSSON, der auch Vorsitzender der 'Stiftung Stockholm 2004' ist.[892] Bei den ersten Anschlägen läßt die Polizei noch offen, ob die Tat von einer 'Anti-Olympia-Bewegung' durchgeführt worden sei.[893] Nun wird aber auch das internationale Interesse immer stärker, und nach dem Bombenanschlag auf das Olympiastadion in Stockholm am 8. August wird bekannt, daß eine obskure Gruppe mit dem Namen 'V.S.B' (Vi som byggde Sverige; Wir, die wir Schweden aufbauten) ein Bekennerschreiben abgegeben hat. Darin wird für den Fall der Wahl Stockholms als Ausrichter der Olympischen Spiele 2004 sogar mit Mord und einem Massaker gedroht, *„das die Katastrophe der PLO-Geiselnahme in München noch übertreffe."*[894] Zwar ist immer noch davon die Rede, daß das Bekennerschreiben *„das Werk eines einschlägig bekannten 'Trittbrettfahrers"* sei, doch schließlich wird bekannt, daß die Gruppe 'V.S.B.' bereits seit 1996 Anschläge verübt und in den *„Bekennerbriefen die harte Sparpolitik der sozialdemokratischen Regierung in den letzten Jahren kritisierte."*[895] Nach dem

---

[891] Vgl. STOCKHOLM 2004 [...], Stockholm 2004 Vol. I, S. 11/ IOC, Report 2004, S. 90/ [o. Verf.]: „Vergabe der Olympischen Spiele 2004. Stockholm wirft Nebiolo 'politische Einmischung' vor. IOC-Mitglied Ljungqvist schlichtet/ Entscheidung am 5. September", in: sid (9./ 10.08.97)/ [o. Verf.]: „Poll shows critical support growing for Stockholm Olympics bid", in: Associated Press (29.05.97)/ FISCHER, Christoph: „IOC-Auswahlkommission in Lausanne. Minister Pele trommelt für Rio de Janeiro. Stockholm: 59 Prozent Zustimmung/ Kritik an Vorauswahl erneuert", in: sid (6.03.97)/ [o. Verf.]: „Opposition to Stockholm's 2004 bid drops", in: USA TODAY (18.08.97)/ WALDBRÖL, Bewerber Stockholm, (30.07.97)/ [o. Verf.]: „Verbessertes Ergebnis einer Umfrage. Weniger Gegner für Olympia in Stockholm", in: sid (16./ 17.08.97)/ [o. Verf.]: „King Applauds Surge in Public Support for Stockholm Bid. Poll Confirms Nearly 80% Swedish Support", in: STOCKHOLM BID COMMITTEE/ Olof Stenhammar (Hrsg.): lightbeam 7 (21.08.97): S. 1-2/ KAUFMANN, Zustimmung, (3.09.97)/ ALTENBOCKUM, Jasper von: „Die Serie von Anschlägen richtet sich gegen Schwedens Kandidatur für 2004. Bombenexplosion in Göteborgs Ullevi-Staion. Stockholm sieht Olympiabewerbung in Gefahr", in: FAZ (26.08.97)/ [o. Verf.]: „Survey: Many Swedes oppose bid to host 2004 Olympics", in CNN Sports Illustrated (30.08.97): (http://cnn.com/WORLD/9708/30/sweden/index.html, 31.12.97).
[892] Vgl. [o. Verf.]: „Olympia-Bewerbung 2004. Welle der Gewalt in Stockholm ebbt nicht ab", in: sid (9.07.97)/ o. Verf.., Vergabe, (9./ 10.08.97).
[893] Vgl. o. Verf., Olympia - Welle der Gewalt, (9.07.97).
[894] ALTENBOCKUM, Serie von Anschlägen, (26.08.97).
[895] BORCHERT, Bomben, (26.08.97).

Anschlag,[896] der im Olympiastadion den Pressebereich und die Elektronik beschädigt, muß der Leiter der Bewerbung STENHAMMER eingestehen, daß die Anschläge dem Ansehen der Kandidatur schaden: *„Of course, it might have a negative effect. [...] Our effort is to show a vote for Stockholm is a vote against violence.“*[897] In diesem Sinne schickt STENHAMMER auch einen Brief an das IOC und versucht damit Schaden von der Bewerbung abzuwenden.[898] Dadurch, daß die Polizei auch nach der Vielzahl der Anschläge immer noch keine Spur von den Tätern hat, kommt es in Schweden zu Kritik an der Polizei.[899] Es ist anzunehmen, daß auch bei den IOC-Mitgliedern Zweifel an der Gewährleistung der Sicherheit bei möglichen Sommerspielen in Stockholm aufkommt, als der Stockholmer Polizeichef erklärt, daß *„eine Garantie gegen 'völlig verrückte Verbrechen“* nicht möglich sei.[900]

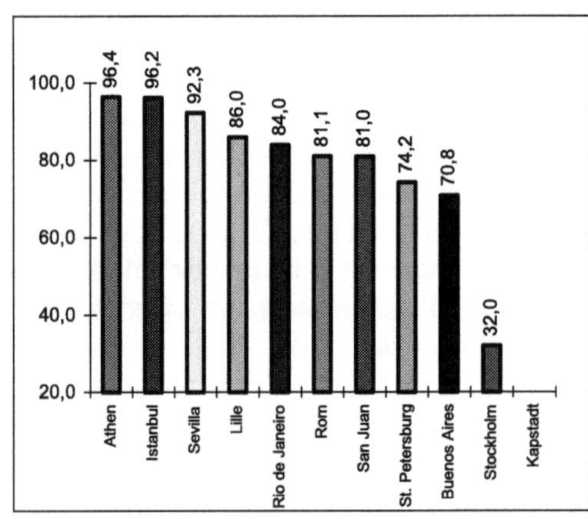

Abb. 36: Umfrageergebnisse zu den Bewerbungen 2004.[901]

Es gibt aber nicht nur Opposition in der Bevölkerung und gewaltsamen Widerstand gegen die Bewerbung um die Spiele 2004. *„Fast die gesamte politische, intellektuelle und geschäftliche Elite setzte sich für das Projekt ein.“*[902] Auch *„das Königshaus steht geschlossen hinter der Kandidatur.“*[903] Die Stadt Stockholm stimmt im Rat mit 72% für eine Unterstützung der Kandidatur und das schwe-

---

[896] ALTENBOCKUM führt die neben dem Olympiastadion beschädigten Sporteinrich-tungen auf: „Zuerst brannte eine Eishalle im Stadtteil Nacka, dann eine Tennishalle auf Lidungö. Im Juni loderten die Flammen in Tennis-, Eis- und Sporthallen im noblen Vorort Djursholm, in Östermalm, in Nynäshamn, Saltsjöbaden und Trollbäcken. Selbst vor der Stockholmer Wohnung von Ingvar Carlsson [...] machten die Brandstifter nicht halt.“ ALTENBOCKUM, Serie von Anschlägen, (26.08.97).

[897] Vgl. WILSON, Stephen: „Stockholm bid chief assails Nebiolo“, in: Associated Press (9.08.97): http://www.projo.com/horizons/ap/test/OLY/fffa0f73.html, 31.12.97).

[898] Vgl. ALTENBOCKUM, Serie von Anschlägen, (26.08.97).

[899] Vgl. BORCHERT, Bomben, (26.08.97).

[900] Vgl. o. Verf., Heute Entscheidung, (5.09.97).

[901] Datenquelle: IOC, Report 2004, S. 90f.

[902] ALTENBOCKUM, Serie von Anschlägen, (26.08.97).

[903] WALDBRÖL, Bewerber Stockholm, (30.07.97).

188

dische Parlament votiert mit 80% seiner Mitglieder für die Bewerbung und die damit verbundenen Garantiezusagen.[904] Des weiteren kann das Komitee noch auf den Beistand der heimischen Medien zählen. Diese *„trommelten ohne Ausnahme für 'OS 2004', so sehr, so laut und so einhellig, daß es schon wieder zum guten Ton gehörte, vor einer Gleichschaltung des Landes zu warnen."*[905] Zusätzlich hat die Bewerbung noch durch den eingesetzten 'Athletenrat' beeindruckende Fürsprecher.

Der Bericht der 'Evaluation Commission' stützt ebenfalls die Ambitionen des Bewerbungskomitees und würdigt das Dossier in dem einleitenden Satz mit den Worten: *„The candidature has been prepared by a very skilful and efficient team of experts supported by the NOC and the other national sports authorities."*[906] Die Planungen für die Sportstätten werden allgemein gelobt, und das Olympische Dorf wird von den Prüfern als *„ecologically sustainable model for the city"* bezeichnet.[907] Die Einwirkungen der Spiele auf die Umwelt seien gut herausgestellt, und zur Überwindung der Auswirkungen auf die Natur seien im Budget der Spiele bereits 100 Millionen US$ eingeplant.[908] Das Verkehrssystem sei ausgedehnt und betriebssicher. Die zukünftigen Erweiterungen und Verbesserungen seien gut geplant und die Sportstätten bestens zu erreichen. Allerdings sei dies auch abhängig davon, daß der südliche Teil des Stadtrings wie geplant vervollständigt wird. Insgesamt wird allen Einrichtungen der Stadt ein sehr hoher technischer Standard zugestanden und festgestellt, daß für die Spiele die existierende Infrastruktur nur an die besonderen Anforderungen angepaßt werden müßte. Der Finanzplan der Spiele sei transparent und die abgegebenen Garantien sehr präzis und von hoher Qualität. Allerdings erscheinen die Kosten für die Sportstätten zu niedrig kalkuliert, während die Einnahmen aus den lokalen Sponsorenerträgen, den Erlösen aus dem Münzprogramm und dem Eintrittskartenverkauf ambitioniert aber machbar anmuten.[909] Es gibt keinen Punkt, der von der Kommission negativ herausgehoben wird. Selbst die mangelnde Unterstützung der Bewerbung in der Bevölkerung wird mit dem Hinweis versehen, daß das Bewerbungskomitee sich sicher sei, durch eine Kampagne diese Situation zu verbessern: *„The candidature committee is confident of improving this situation by launching an extensive, nation-wide information campaign."*[910] Auch die Untervermietung des Olympischen Dorfes

---

[904] Vgl. IOC, Report 2004, S. 71.

[905] ALTENBOCKUM, Serie von Anschlägen, (26.08.97).

[906] IOC, Report 2004, S. 71.

[907] Vgl. ebenda.

[908] Vgl. ebenda, S. 72.

[909] Vgl. ebenda, S. 73.

[910] Ebenda, S. 71.

in der Zeit zwischen Fertigstellung der Gebäude und Nutzung des Dorfes während der Olympischen Spiele erscheint dem Prüfungsteam machbar. Es wird indes geraten, diesen Plan noch einmal zu überdenken, *„to avoid potential public opinion."*[911]

Die Delegation des Bewerbungskomitees kann mit einer technisch hervorragenden Bewerbung nach Lausanne fahren. Die Planung weist nahezu keine Schwächen auf. Aus diesem Grund wird Stockholm noch Anfang Juli bei einer nicht repräsentativen Umfrage der Agentur 'Reuters' unter IFs, Sponsoren und Journalisten in neun von vierzehn Antworten als voraussichtlicher Gewinner genannt.[912] Das Bewerbungsteam ist sich bewußt, daß unter dem Eindruck der Anschlagserie die Chancen aber sinken.[913] Kurz vor der Abstimmung in Lausanne wird zudem bekannt, daß das Stockholmer Bewerbungskomitee den besuchenden IOC-Mitgliedern vor der Besichtigung eines großen Möbelhauses ihre Unterstützung angeboten habe, *„falls das Geld für den Kauf der Möbel oder deren Schiffstransport in die Heimat nicht ausreichen sollte."*[914] Zwar erhält Stockholm wegen des Bruchs der 'Richtlinien 2004' nur eine Ermahnung, doch dürfte dieser Vorfall dem Renommee der Bewerbung geschadet haben.

In Lausanne startet Stockholm am 3. September noch eine letzte spektakuläre Werbeaktion. Zwei Tage vor der Wahlabstimmung hat Stockholm in der 'International Herald Tribune' eine doppelseitige Werbung geschaltet und läßt damit die Mittwochsausgabe einhüllen.[915] Auf Glanzpapier und einem Hintergrund mit den Olympischen Ringen fragt Stockholm den Leser: *„Can a promise last for seven years? Yes, if it is made by someone you trust."*[916] Auf der Rückseite heißt es schließlich: *„In fact, a recent Eurobarometer poll revealed that Sweden is considered the most trustworthy member of the European Union."*[917] Diese Bemerkung zielt eindeutig auf die beiden europäischen Mitbewerber Stockholms ab. In einem Pressebericht heißt es dazu: *„Eine große Sünde vor dem IOC ist, wer vergleichend wirbt. Dies* [der Inhalt, d. Verf.] *wird aber kaum ausreichen, die Bedenken nach der aktuellen Anschlagserie zu vertreiben."*[918]

---

[911] Ebenda, S. 72.

[912] Vgl. WARNER, Olympics - Athens, (28.08.97).

[913] Vgl. ALTENBOCKUM, Serie von Anschlägen, (26.08.97).

[914] O. Verf., Schwedische Elch, (3.09.97).

[915] Damit greifen die Schweden eine ähnliche Aktion Sydneys aus dem Jahr 1990 auf. (Vgl. Kap. 4.2.3).

[916] [o. Verf.]: Werbebeilage 'STOCKHOLM 2004', in: International Herald Tribune, Genf und Umgebung (3.09.97).

[917] Ebenda.

[918] [o. Verf.]: „Die zwei Prügelknaben wehren sich. Olympia-Bewerber Kapstadt und Stockholm distanzieren sich vom Vorwurf der versuchten Bestechung. Die Schweden überraschen mit einer Zeitungskampagne - Rom und Athen die hohen Favoriten.", in: Kölner Stadtanzeiger (4.09.97).

Im Vergleich zur Vorauswahl wird die Delegation durch den Einsatz des aktuellen Premierminister Göran PERSSON im Tausch gegen den ehemaligen Premier Ingvar CARLSSON, das zwischenzeitlich neu ernannte IOC-Mitglied Arne LJUNGQVIST sowie den Sprecher des 'Athletenrates' Stefan EDBERG aufgewertet. Die Präsentation greift nacheinander alle Stärken der Bewerbung auf. Eingeleitet wird die Vorführung mit den o.a. Bildern, die auch in den Bewerbungsbüchern enthalten sind.[919] Über die Farbgebung der Motive soll ein Empfinden für das Farbspiel unter dem schwedischen Polarhimmel erzeugt werden. In der Einleitungsrede weist das IOC-Mitglied LJUNGQVIST daraufhin, daß Schweden sich unter Einbeziehung der Kandidaturen um die Olympischen Winterspiele nun zum siebten Male bewerbe. Dies zeige, so führt er aus, die Tiefe der olympischen Überzeugung Schwedens. Seiner kurzen Ansprache folgt das schwedische IOC-Ehrenmitglied Gunnar Lennart Vilhelm ERICSSON. Er bezieht sich auf seine Erfahrung als dreimaliges Mitglied einer IOC-Prüfungskommission für Bewerberstädte und erklärt, daß die Stockholmer Bewerbung so gut wie jede andere sei.[920] Die technischen Stärken einer Kandidatur seien nur der Beginn aller Mühen. Als nächster Sprecher folgt Gunilla LINDBERG als letztes schwedisches IOC-Mitglied. Sie hebt hervor, daß das IOC die Wahl nicht für eine Stadt sondern für die Olympische Bewegung treffe. Zwar sei diese so stark wie nie, aber man solle sich nicht zu sicher sein. Sie merkt an, daß sich dies schnell ändern könne und verweist auf die Aufnahme des IOC in Schweden während des II. Weltkriegs. Es sei daher Stabilität gefragt. LINDBERG nimmt damit auch indirekt Bezug auf die o.a. umstrittene Werbeaktion. Danach beendet ein kurzer Film über Stockholm die Ansprachen der schwedischen IOC-Mitglieder, und es folgt die Präsentation der Bewerbung durch die Vertreter des Staates, der Stadt, des Athlenrates und des Bewerbungskomitees. Als erster spricht der Premierminister Schwedens. PERSSON sichert die volle Unterstützung der Regierung zu und betont den hohen ethischen Anspruch des schwedischen Staats, der in dem Streben nach Internationalität, Toleranz, Gerechtigkeit, Umweltschutz und Kampf gegen Apartheid zum Ausdruck komme. Ein besonderes Attribut sei aber die Verläßlichkeit der Schweden. Dieser Ausführung schließt sich ein Film an, der eine visuelle Umsetzung des Kapitels 'Illuminating the Olympic values of friendship and peace' aus der Einleitung zu den Bewerbungsbüchern ist.[921]

---

[919] Vgl. dazu und zum folgenden 106e Session CIO - Lausanne 1997. „Présentation finale de Stockholm 2004". Videocassette PAL INTER, Durée: 53'39", The Olympic Museum (Lausanne) V02.2697, 5. September 1997.

[920] ERICSSON war Vorsitzender der 'Study and evaluation commission for the preparation of the Games of the XXVth Olympiad -1992', der 'Study and Evaluation Commission for the Preparation of the Games of the XXVIth Olympiad -1996' und der 'Enquiry Commission for the Games of the XXVII Olympiad 2000'. Vgl. IOC, Rapport 1992/ IOC, Report 1996/ IOC, Report 2000.

[921] Vgl. STOCKHOLM 2004 [...], Stockholm 2004 Vol. I, S. 11.

Darin wird nach einer Aufzählung der schwedischen Friedenspolitiker der aktuelle Vertreter der Olympischen Bewegung, IOC-Präsident SAMARANCH, an die Spitze dieser Reihe gestellt. Die Spiele von Stockholm 2004 werden unter das Motto gestellt: *„The Games of Peace"*.[922] Der Bürgermeister der Stadt Stockholm Mats HULTH stellt im Anschluß in einer exzellenten Rede seine Stadt als idealen Austragungsort für die Spiele im Jahr 2004 dar. Er verweist auf das 'Annual Waterfestival', das jährlich in Stockholm gefeiert wird und bei dem 'Nacht auf Nacht' 400.000 Menschen in den Straßen der Stadt seien. Damit stellt er die Fähigkeit der Stadt heraus, die großen Menschenmengen bei den Olympischen Spiele bewältigen zu können. Die Spiele werden, schließt der Bürgermeister an, willkommen sein. Stockholm böte zwar moderne Infrastruktur, sei aber keine 'Megacity' und habe damit auch keine 'Megacityprobleme'. Er schließt mit den Worten, daß Stockholm für die Sommerspiele das leisten könne, was Lillehammer für die Winterspiele gewesen sei. Die Inhalte der Rede werden von dem zum nächsten Sprecher überbrückenden Film wieder aufgegriffen. Danach wird noch einmal betont, daß Schweden seine gegebenen Versprechen halte. Nochmals wird damit ganz offensichtlich auf die Werbung im 'International Herald Tribune' Bezug genommen.

Bevor EDBERG stellvertretend für den Athletenrat spricht und herausstellt, daß bei dieser Bewerbung die Athleten das Herz des Programms seien, wird ein Film gezeigt, der alle Athleten wiedergibt, die sich für die schwedische Kandidatur einsetzen und in dem Athletenrat vertreten sind. Den Ausklang der Präsentation übernimmt der Leiter der Bewerbung Olof STENHAMMER. Er erinnert die IOC-Mitglieder an ihre Reaktionen auf das Konzept Stockholms bei ihrem Besuch in der Stadt. Schließlich gibt er bekannt, daß der mutmaßliche Attentäter auf die Sportanlagen in Stockholm nun von der Polizei gefaßt worden sei.[923] Er schließt mit den Worten *„Trust on us"*.[924]

Trotz der für Stockholm schlechten Umfrageergebnisse haben sich an dem Abend der Abstimmung einige zehntausend Schweden zur Verkündung des Ergebnisses vor Fernsehschirmen im alten Olympiastadion und im Kungstraedgaarden Park versammelt.

---

[922] Vgl. 106e Session CIO [...], Présentation Stockholm 2004, 5.09.97.

[923] Der Mann wurde am gleichen Tag, am „frühen Freitag morgen [sic]", daß heißt kurz vor der Präsentation der Stockholmer Delegation (9:00 - 9:55) von der Polizei festgenommen. „Wie ein Behördensprecher mitteilte, wurde der 28jährige von Beamten überwältigt, als er sich dem Stockholmer Olympia-Denkmal in Lidingö näherte. In seinem Rucksack trug er ein Paket mit Zündungsmechanismus und ein Seil." [o. Verf.]: „Bewegender Auftritt von Nelson Mandela. Flammender Appell an IOC-Mitglieder/ 'Olympia-Attentäter' in Stockholm gefaßt", in: Hamburger Morgenpost (6.09.97): (http://www.mopo.de/dcweb/client/mopo/6.9.97/ressort/sport/info6.1.html, 12.12.97).

[924] Vgl. 106e Session CIO [...], Présentation Stockholm 2004, 5.09.97.

A small group of Greek supporters cheered the announcement, as did a group of Swedes against the Stockholm bid. But Swedish public, politicians, athletes and diplomats seemed stunned by the announcement, looking around with blank stares.[925]

Im Bewußtsein, daß die technische Qualität die Stärke der Stockholmer Bewerbung gewesen ist, erklärt der Präsident des schwedischen NOK im Dezember 1997, daß mehr Gewicht auf die Bewertung der 'Evaluation Commission' gelegt werden solle und fordert: „*If the decision is based on the investigation of the evaluation commission, then the facts are speaking, not the feelings.*"[926]

---

[925] Vgl. [o. Verf.]: „Swedes disappointed by voting outcome for 2004 Games", in: Agence France-Presse (5.09.97): (http://www.news-observer.c.../oly10908.html, 31.12.97).
[926] O. Verf., Simplify Olympics, 19.12.97.

6. VERGLEICH DER VORAUSWAHLGEWINNER

Zumindest auf die Finalteilnehmer der Bewerbung um die Spiele 2004 trifft die Feststellung des Vorsitzenden der 'Evaluation Commission' Thomas BACH zu, daß alle Städte zeigen, daß sie Olympische Spiele ausrichten können.[927] BACH bezieht sich dabei insbesondere auf die <u>technischen Fähigkeiten</u> (Kap. 6.1) der Kandidaturen. Diese bilden aber nur einen von drei Faktoren, der die Wahl des Austragungsortes beeinflußt. Zusätzlich sind die <u>Ziele und Visionen</u> (Kap. 6.2) der Bewerberstädte sowie deren <u>Verkaufsstrategie</u> (Kap. 6.3) die beiden anderen wesentlichen Kriterien, die auf die Entscheidung der einzelnen Wahlmänner einwirken.

Diese drei Faktoren sind in den jeweiligen Bewerbungen der Städte unterschiedlich stark gewichtet. Auch setzt jedes einzelne IOC-Mitglied individuelle Schwerpunkte bei seiner Bewertung. Daraus ergibt sich innerhalb des IOC eine heterogene Haltung und Wertung in bezug auf die drei Faktoren. Aus diesem Grund ist ein allgemeiner Vergleich der Bewerbungen nicht sinnvoll.

Die unterschiedliche Gewichtung der Faktoren durch die Städte erklärt sich, wenn man die jeweiligen besonderen Rahmenbedingungen der einzelnen Kandidaten untersucht. Die kulturellen Eigenarten, die wirtschaftliche Bedeutung, die Entwicklung und die olympische Geschichte der einzelnen Städte und ihrer Länder geben jeder Bewerbung ein eigenes Profil. In diesem Umfeld gewinnen pro Bewerber jeweils andere Aspekte an Bedeutung oder werden unwichtiger. Das Bewerbungskomitee verbindet die erwünschten Olympischen Spiele zusätzlich mit eigenen Zielsetzungen und gibt der Kandidatur damit einen speziellen Schwerpunkt.

Bei den Wahlmännern des IOC wird der individuelle Bewertungsmaßstab durch ihre Abstammung, ihre Bildung, ihre Entwicklung, ihre persönlichen und politischen Abhängigkeiten und Verpflichtungen geprägt.

Zwar ist ein allgemeiner Vergleich der Bewerbungen aus den o.a. Gründen nicht sinnvoll. Es verbleibt aber die Möglichkeit, die einzelnen Aspekte der Faktoren zu untersuchen und die Stärken und Schwächen der Bewerber in Einzelpunkten zu belegen. Dabei sind insbesondere die Werte wichtig, die einen Bewerber disqualifizieren können. Die Bewertungen können indes nicht allgemeingültig sein, da sie immer auch den Maßstab des Untersuchenden

194

reflektieren. Eine Addition der Einzelergebnisse zu einer Gesamtbeurteilung verbietet sich aus den o.a. Gründen.

6.1 Technische Qualität der Bewerbung

Es gibt drei unterschiedliche Bereiche, in denen die technische Ausführung der Bewerbungen verglichen werden können. Dies sind die Bewerbungsbücher, das 'Sportkonzept' und die Antworten der Bewerber zu den Fragen des IOC.

Bewerbungsunterlagen

Die Gestaltung der Bewerbungsunterlagen ist einerseits Teil des Marketingkonzeptes. Die Dossiers demonstrieren aber auch anderseits die Fähigkeit der Komitees, Zusammenhänge klar (evtl. mit Graphiken und Photos) und übersichtlich darzustellen. Zusätzlich sind die Bedingungen zur Ausführung der Unterlagen auch differenziert in den 'Richtlinien 2004' spezifiziert.[928] Aus diesem Grund kann die Qualität der Bewerbungsbücher auch in die Klasse der technischen Leistungsmerkmale eingeordnet werden.

Alle Städte haben ihre Bewerbungsdossiers hervorragend aufbereitet. Zum besseren Transport haben Buenos Aires, Kapstadt und Stockholm ihre drei Bewerbungsbücher jeweils in einem Schuber zusammengefaßt, während Athen und Rom ihre Dossiers in auffälligen Pappkartons verpackt haben. Grundsätzlich entsprechen die Bücher mehr oder weniger den Vorgaben der 'Richtlinien 2004'. Alle Unterlagen sind im A4-Format erstellt, und die einzelnen Bücher sind nicht gebunden, sondern nur geklebt.

Trotzdem versucht natürlich jeder Kandidat, über das Design seine besondere Leistungsfähigkeit hervorzuheben. Dazu werden besonderes Papier, die Farbgebung, Photos und Graphiken verwendet. Die Bewerber Athen, Buenos Aires und Kapstadt setzen das Design der Unterlagen dafür ein, um ihre technischen Qualitäten zu dokumentieren. Sie wollen denen, die ihrer Bewerbung skeptisch gegenüberstehen, zeigen, daß sie in der Lage sind, die Spiele zu organisieren. Athen untermauert seine Aussagen jeweils mit einem Bild oder einer Graphik, um damit prophylaktisch jedem befürchteten Zweifel an der Wahrhaftigkeit der Ausführung entgegenzutreten. Die Bücher Buenos Aires und Kapstadt sind diejenigen, die sich vollständig an die formalen Vorgaben der Richtlinien 2004 halten. Es ist anzunehmen, daß sich die beiden

---

[927] Vgl. IOC, Report 2004, S. 7.
[928] Zur Spezifikation der einzelnen Vorgaben siehe Kap. 3.3.

Städte auch darüber bewußt gewesen sind, daß nicht alle Städte die Vorgaben aus den 'Richtlinien 2004' genau befolgen werden. Sie konnten damit rechnen, daß sie zu den wenigen gehören würden, die eine rein sachliche Bewerbung, eine Sammlung von Daten, abgeben. Damit haben sie sich zwar bewußt der Chance beraubt, die Stadt durch Photos zu präsentieren, wirken dabei aber betont seriös. Durch die Verwendung eines leicht glänzenden, leuchtend weißen Papiers erscheinen insbesondere die Unterlagen von Buenos Aires sehr nüchtern und eher wie eine wissenschaftliche Analyse.

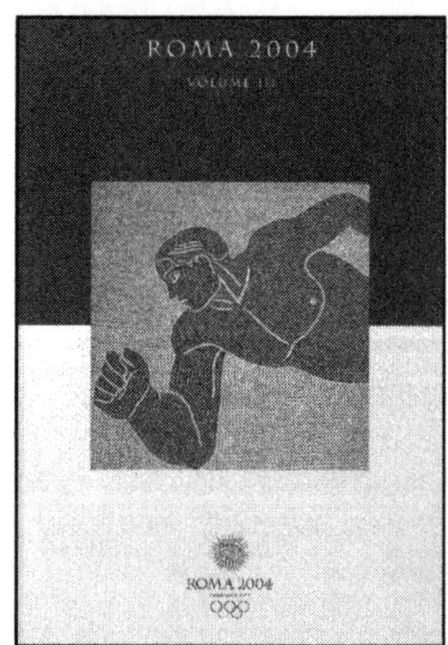

Abb. 37: Deckblätter der Dossiers

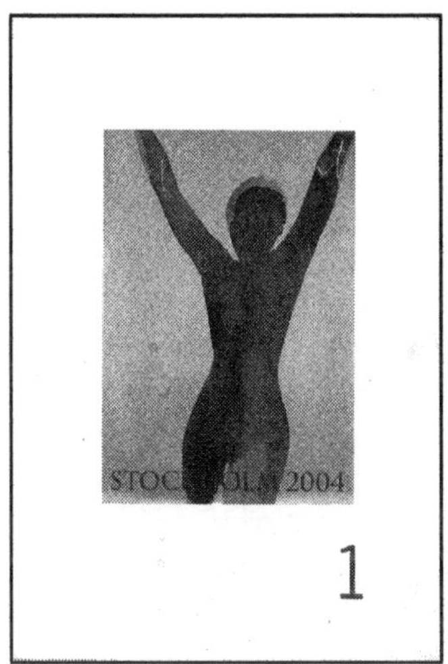

Abb. 38: Deckblatt der Dossiers

Die Unterlagen der Städte Rom und Stockholm sind dagegen vielmehr als Werbung aufbereitet. Stockholms Dossier ist in den Farbtönen des Polarlichtes gehalten. Das Papier ist matt und leicht gelblich. Die Bewerbungsbücher Roms sind am aufwendigsten gestaltet. Das verwendete Papier ist beigefarben und erheblich schwerer (ca. 110 g/m²) als das der Konkurrenten (80 g/m²). Zum Teil haben die Seiten einen gerasterten Kupferstich mit unterschiedlichen Motiven klassischer Gebäude als Hintergrundbild. Insgesamt wirken die Bücher auch aufgrund der verwendeten Schriftarten und Farben sehr edel und entsprechen damit wohl am wenigsten den inhaltlichen Vorgaben der 'Richtlinien 2004'.

Die 'Interpretation' der 'Richtlinien 2004' wird seitens des IOC nicht kritisiert. Auch in dem Bericht der 'Evaluation Commission' wird auf die äußere Form der Bewerbungsunterlagen nicht eingegangen. Unter Berücksichtigung der individuellen Zielsetzungen ist jedes Dossier beeindruckend gut und es fällt schwer, ein besonderes herauszuheben. Die Bewerbungsbücher Roms ragen natürlich durch ihre hochwertige Ausführung heraus, während Athen durch eine Kombination von Sachinformationen und Bildmaterial eine Mischung beider o.a. Varianten bietet.

'Sportkonzept'

Die Konzepte der Bewerberstädte werden in dem Bericht der 'Evaluation Commission' intensiv behandelt. Es werden dabei nicht nur das allgemeine Sportkonzept, sondern auch die einzelnen Sportstätten kritisch analysiert. Insgesamt werden die Planungen der fünf Bewerber von dem Prüfungsteam akzeptiert.

Buenos Aires hat nahezu alle Sportstätten, das Olympische Dorf und die Medienzentren in einem 14,9 km langen und 2 km breiten Grünstreifen zwischen dem Ufer des Rio de la Plata und der Innenstadt plaziert.[929] Dieser sogenannte 'Olympic Corridor' ist während der Spiele nur für den Verkehr der

---

[929] Vgl. IOC, Report 2004, S. 23/ [...] BUENOS AIRES 2004, Buenos Aires 2004 Vol. II, gefaltetes A3-Blatt zwischen Seite 20 und 21.

197

Olympischen Familie reserviert und garantiert damit eine schnelle und direkte Verbindung zwischen den einzelnen Objekten. Diese Planung wird von der Kommission als einzigartig gelobt und ist tatsächlich allen anderen Konzeptionen weit überlegen.[930]

Neben Buenos Aires haben noch Athen und Stockholm einen überzeugenden Plan. Athen bietet zwei Sportzentren: eines am Meer (Faliron) und eines am Olympiastadion.[931] Stockholm hat seine Sportstätten zwar über die Stadt verteilt, mit einem Zentrum am Olympiastadion, kann aber durch eine ausgezeichnete Verkehrsanbindung kurze Fahrzeiten garantieren.[932] Rom bietet drei Zentren an. Bei näherer Betrachtung fällt auf, daß die einzelnen Sportstätten der Zentren jeweils über eine größere Fläche verteilt sind und es darüber hinaus noch weitere Wettkampfplätze in der Stadt gibt.[933] Kapstadt offeriert ebenso wie Stockholm ein Zentrum und eine Verteilung der restlichen Sportstätten über die Stadt. Die kalkulierten Verbindungszeiten sind jedoch deutlich höher.[934]

Zur Planungssicherheit ist für das IOC besonders wichtig, wie viele Sportstätten bereits fertig sind und ggf. ohne weitere Änderungen genutzt werden könnten. Je weniger Arbeit noch für die Wettkampfplätze notwendig, desto weniger können sich Streiks im Bauwesen, Finanzprobleme des OK oder der Stadt auf die Nutzbarkeit der Anlagen auswirken.[935] Vier Städte können auf eine beeindruckende Palette von einsatzbereiten Sportstätten verweisen. Der Verfügungsgrad von Athen (74,4%), Rom (78,4%), Buenos Aires (79,5%) und Stockholm (83,3%) ist ähnlich hoch, wobei Stockholm noch etwas herausragt. Kapstadt kann allerdings zur Zeit nur über 57,9% der für 2004 eingeplanten Sportstätten verfügen (vgl. Abb. 19, S. 123). Dies bringt einerseits eine weitere Unsicherheit in die Bewerbung der Südafrikaner, andererseits würden die Spiele durch eine Vielzahl neuer Wettkampfplätze damit der Stadt und den Sportlern ein besonderes Vermächtnis hinterlassen.

Ein besonderer Punkt bei den Sportkonzepten der Bewerber ist die Zustimmung der IFs zu den einzelnen Anlagen und Planungen. Mangelndes Einverständnis der Verbände kann faktisch das gesamte Konzept kippen. Zwar ist die Bestätigung auch noch nach dem Besuch der Kommission zu

[930] Vgl. ebenda.
[931] Vgl. [...] ATHENS 2004 [...], Athens 2004 Vol. II, S. 14f
[932] Vgl. STOCKHOLM 2004 [...], Stockholm 2004 Vol. II, S. 18/ Vol. III, S. 66.
[933] Vgl. ROMA 2004 [...], Roma 2004 Vol. II, S. 22f.
[934] Vgl. [...] CAPE TOWN 2004 [...], Cape Town 2004 Vol. II, S. 18.
[935] In Montreal 1976 gibt es streikbedingt erhebliche Verzögerungen beim Bau des Olympiastadions. Das Stadion kann letztendlich nicht zeitgerecht fertiggestellt werden und wird zu den Spielen im teilfertigen Zustand genutzt.

erreichen, aber es ist dennoch erstaunlich, daß Buenos Aires zum Zeitpunkt der Prüfung erst von 21 Verbänden eine Zustimmung vorweisen kann. Stockholm hat auch nur 23, während Athen 26 und Rom 27 erhalten haben. Die besonderen Bemühungen Kapstadts um eine Bewerbung mit herausragender technischer Qualität zeigen sich auch hier. Die Südafrikaner haben bereits die Bestätigung aller 28 Verbände belegen können (Abb. 26, S. 136).

Von den Sportkonzepten überzeugt das argentinische am meisten. Der Plan des 'Olympic Corridor' ist überzeugend und weist die meisten Vorteile auf. Auch Stockholm, Athen und Rom haben eine sehr gute Planung, während die Konzeption Kapstadts durch ihren schlechten Verfügungsgrad einen erheblichen Unsicherheitsfaktor mitbringt.

Technische Daten
Die Qualität der Bewerbungen zeigt sich auf zwei Ebenen. Die erste ist die Sorgfältigkeit und Ehrlichkeit, mit der die Unterlagen von den Bewerbungskomitees bzw. ihren Fachgruppen zusammengestellt worden sind. Die andere Ebene ist die Bewertung der einzelnen Informationen in den Dossiers.

Ein wichtiges Indiz für die Sorgfalt bei der Datensammlung durch die jeweiligen Fachgruppen der Bewerbungskomitees ist die Anzahl der Änderungen, welche die 'Evaluation Commission' bei ihrer Überprüfung der Dossiers vorgenommen hat (vgl. Abb. 23, S. 131). Die Kommission unterscheidet bei der Aufnahme der Daten in ihren Bericht deren Herkunft. Alle Informationen, welche das Bewerbungskomitee nach Abgabe der Bewerbungsdossiers an das IOC übergeben hat, sind in dem 'Evaluation Report' kursiv gedruckt.[936] Diejenigen, welche die Kommission abweichend von den Angaben des Bewerbers festgestellt und in den Bericht aufgenommen hat, sind fett gedruckt.[937]

Athen weist insgesamt nur drei Änderungen auf, während Kapstadt dreizehn Korrekturen hinnehmen muß. Interessant ist in diesem Zusammenhang noch die Bewerbung Stockholms. In der Abb. 23 (S. 131) sind für die Schweden sieben Änderungen eingetragen. Tatsächlich gibt es aber noch weitere sieben Ergänzungen, die jedoch nicht in der o.a. Abbildung enthalten sind, da sie allesamt positive Erweiterungen der Kommission zu den Angaben der

---

[936] Vgl. IOC, Report 2004, S. 11.
[937] Vgl. ebenda.

Stockholmer im Bereich Umweltschutz sind.[938] Mit diesen Erweiterungen hat die Kommission die IOC-Mitglieder vermutlich auf die besonderen Vorzüge der schwedischen Bewerbung in diesem Bereich aufmerksam machen wollen.

Die eigentliche Qualität einer Bewerbung zeigt sich aber bei der Prüfung der wichtigen Eckdaten der Kandidaten. Man kann wohl tatsächlich davon ausgehen, daß alle Finalteilnehmer die Olympischen Spiele ausrichten könnten. Entscheidend ist aber, welche Stadt voraussichtlich in sieben Jahren die besten Bedingungen bietet. Im folgenden werden die Kandidaten in bezug auf drei wesentliche Kriterien bei der Vergabe Olympischer Spiele verglichen. Dies sind im einzelnen die politische und wirtschaftliche Stabilität, der mögliche Einfluß der Spiele auf die lokale Wirtschaft und das zu erwartende Zuschauerinteresse. Es ist vorauszuschicken, daß die Komplexität dieser einzelnen Bereiche es unmöglich macht, ein objektives, abschließendes Ergebnis zu erreichen. Es gibt aber für die einzelnen Gebiete jeweils wichtige Indikatoren, die Rückschlüsse auf den aktuellen Status und mögliche Entwicklungen zulassen.

Politische und wirtschaftliche Stabilität

Von den drei o.g. Bereichen ist die Stabilität eines Landes für das IOC ein herausragender Aspekt. Zwar übernimmt das OK mit seiner Gründung alle Risiken der Spiele, vorbehaltlich der Absicherung durch Dritte, so daß eine finanzielle Gefahr für das IOC nicht besteht.[939] Es ist aber die Hauptaufgabe des IOC, den Olympismus zu fördern und Olympische Spiele abzuhalten.[940] Aus diesem Grund muß das IOC an einer gesicherten politischen und wirtschaftlichen Situation eines Landes interessiert sein, da eine instabile Lage den wirtschaftlichen Erfolg oder sogar die Ausrichtung der Spiele gefährden könnte.

Die politische Stabilität der europäischen Länder ist durch die über einen langen Zeitraum etablierten demokratischen Systeme sowie durch ihre Integration in die EU hinreichend gesichert. Auch Argentiniens Übergang zur Demokratie im Jahr 1977 liegt bereits 14 Jahre zurück und die Situation im Land gibt keinen Grund zur Besorgnis. Allein Südafrikas Wandel vom Apartheidsregime zum demokratischen 'Regenbogenstaat' MANDELAs beginnt erst im April 1994 mit einer 'Übergangsregierung der nationalen Einheit'. Erst fünf Jahre später (1999) sind die ersten regulären Wahlen

---

[938] Vgl. IOC, Report 2004, S. 107-113.
[939] Vgl. Chapter V, Rule 40, in: IOC, Charter 1996, S. 52.
[940] Vgl. Chapter I, Rule 2, in: IOC, Charter 1996, S. 10.

vorgesehen. Die zukünftige Entwicklung im südafrikanischen Staat ist aufgrund der massiven, gewaltsamen Auseinandersetzungen vor der Wende noch sehr ungewiß. Es ist durchaus möglich, daß in den nächsten Jahren die Entwicklung abbrechen und damit ein neuer Bürgerkrieg drohen könnte. Diese nicht zu leugnende Gefahr ist sicherlich eines der größten Defizite der Bewerbung Kapstadts. Für viele IOC-Mitglieder dürfte dieser Umstand sogar disqualifizierend gewesen sein, auch wenn dies keiner offen geäußert hat.

Ein weiteres Problem der Südafrikaner ist die wirtschaftliche Schwäche des Landes. Obwohl das Land 43 Millionen Einwohner hat, weist es nur ein Bruttosozialprodukt von rund 119 Milliarden US$ auf.[941] Dies ist etwas mehr, als Griechenland mit 10,5 Millionen Einwohner erzeugt (114 Mrd. US$).[942] Deutlicher wird die Schwäche Südafrikas, wenn man das Prokopfeinkommen betrachtet. Vergleicht man die Werte des Staates (2.752 US$) bzw. der Region Kap (3.966 US$) z. B. mit den Werten der Schweden, so erzielen die Südafrikaner im Verhältnis gerade einmal 13,8% bzw. 19,9%.[943] Zu dieser wirtschaftlichen Schwäche kommt noch eine relativ hohe Inflation von 8,7% und eine Arbeitslosenquote von 31,8% (!).[944] Insbesondere die Arbeitslosenquote birgt ein großes Potential an Unzufriedenheit und sozialen Konflikten, welche schnell eskalieren können. Soziale Unruhen würden aber die schwache Wirtschaft des Landes weiter belasten und natürlich auch die Sicherheit der Zuschauer und der Olympischen Familie gefährden.

Die wirtschaftlichen Daten sind in Schweden und mit Abstrichen auch in Italien ganz hervorragend. Etwas schwächer stellt es sich bei Griechenland und Argentinien dar. Während die Wirtschaft Griechenlands sich über Jahre und im Zusammenhang mit den Anpassungen an die Europäische Wirtschaftsgemeinschaft konsolidiert hat, ist die Stabilität der argentinischen Wirtschaft noch eine neue Errungenschaft, die sich noch bewähren muß. Trotzdem bieten alle Länder gegenüber Südafrika vergleichsweise stabile Verhältnisse.

Einfluß der Spiele auf die lokale Wirtschaft
Die Olympischen Spiele hätten auf die Wirtschaft der Bewerberländer jeweils unterschiedliche Auswirkungen. Die geplanten Spiele haben ein OCOG-

---

[941] Vgl. IOC, Report 2004, S. 88.
[942] Vgl. ebenda.
[943] Es wird dabei ein Prokopfeinkommen von 19.900 US$ der Schweden als Vergleichswert eingesetzt. Vgl. ebenda, S. 89.
[944] Vgl. ebenda, S. 88.

Budget in der Größe von 1,27 bis 1,67 Mrd. US$.[945] In diesem Rahmen wird der Einfachheit halber angenommen, daß allein das olympiabedingte Budget des OK (OCOG) eine zusätzliche wirtschaftliche Implikation auf die lokale und nationale Wirtschaft erzeugt und keine sekundären Auswirkungen nach sich zieht. Zwar ist der 'ökonomische Gesamteffekt wesentlich höher, aber mittels dieser Annahme wird die Auswirkung Olympischer Spiele auf die jeweilige Wirtschaft meßbar.[946] Vergleicht man nun das Verhältnis des OCOG-Budgets mit dem Bruttosozialprodukt der einzelnen Länder, so fällt auf, daß der Einfluß auf die Wirtschaft in Italien nur 0,086% ausmachen würde. In Griechenland (1,37%) und Südafrika (1,1%) wäre die Wirkung am stärksten. Schweden (0,74%) und Argentinien (0,45%) würden deutlich weniger von den ökonomischen Auswirkungen der Spiele profitieren.

Es ist müßig, auf die von den jeweiligen Kandidaten prognostizierten positiven wirtschaftlichen Veränderungen einzugehen, die durch die Olympischen Spiele in ihrem Land initiiert würden. Da das IOC an einem reichen Vermächtnis der Spiele für das Land interessiert ist, stellen die Bewerbungskomitees die Auswirkungen so vielversprechend wie möglich dar, zumal die angegebenen Werte schwerlich zu falsifizieren sind. Anhand des einfachen obigen Rechenbeispiels läßt sich aber zweifelsfrei erkennen, daß die positiven Auswirkungen auf die jeweilige Wirtschaft in Griechenland und Südafrika am stärksten sein könnten.

Zuschauerinteresse

Die wirtschaftlichen Rahmenbedingungen eines Landes nehmen des weiteren auch Einfluß auf die zu erwartenden Zuschauerzahlen und deren Zusammensetzung. Um dazu eine Aussage machen zu können, ist es zunächst notwendig, die durchschnittlichen Preise der Eintrittskarten pro Bewerbung zu ermitteln. Dies erfolgt mittels der Division der erwarteten

---

[945] Vgl. ebenda, S. 336f. Bei den Budgets wird zwischen OCOG und NON-OCOG-Haushalt unterschieden. Im OCOG-Budget sind alle Ausgaben und Einnahmen enthalten, welche die Bewerber für das zu bildende OK bis zu dessen Liquidation erwarten. Im NON-OCOG-Haushalt sind die Ein- und Ausgaben enthalten, welche für die öffentlichen oder privaten Institutionen kalkuliert sind. Im einzelnen haben die Bewerber folgende Budgets angegeben: Athen (OCOG: 1,57 Mrd. US$, NON-OCOG: 1,41 Mrd. US$), Buenos Aires (1,27 Mrd., 7,15 Mrd.), Kapstadt (1,30 Mrd., 1,98 Mrd.), Rom (1,52 Mrd., 2,10 Mrd.) und Stockholm (1,62Mrd., 0,87 Mrd). Vgl. ebenda, S. 336-339.

[946] Holger PREUSS untersucht die Auswirkungen der Olympischen Spiele unter Berücksichtigung der Theorie des Multiplikators: „Bereits sieben Jahre vor den Spielen setzt in der ausgewählten Stadt eine erhöhte Nachfrage ein. Diese olympiabedingten Ausgaben halten aufgrund des post-olympischen Tourismus mindestens bis 10 Jahre nach den Spielen [...] an. Alle direkten und indirekten Ausgaben bilden den Primäreffekt, der allein durch zusätzliches in der Olympiastadt ausgegebenes Geld [...] bestimmt wird. [...] Alle wiederum dadurch induzierten Ausgaben bilden den Sekundäreffekt, der mit Hilfe eines Multiplikators aus dem Primäreffekt errechnet wird. [...] Die Summe aus primären und sekundärem Effekt ergibt die Nettozunahme des regionalen Einkommens und der Beschäftigung (ökonomischer Gesamteffekt)." PREUSS, Implikationen, S. 47f.

Verkaufserlöse durch die prognostizierte Zahl verkaufter Tickets. Die ermittelten Werte bewegen sich zwischen 28,24 und 47,97 US$ (vgl. Abb. 47, S. 206), doch dies sagt erst einmal wenig aus. Interessant wird es aber, wenn dieser durchschnittliche Preis in das Verhältnis zu dem durchschnittlichen monatlichen Prokopfeinkommen des jeweiligen Landes gesetzt wird (vgl. Abb. 48, S. 206). Nun fällt auf, daß der mittlere Preis einer Eintrittskarte in Kapstadt 17,35% (!) des durchschnittlichen Monatseinkommens ausmacht. Zwar ist das Einkommen in der Region Kapstadt wesentlich höher als landesweit, doch ist dies weniger von Bedeutung.[947] Zum einen beträgt der Prozentsatz dann immer noch 8,55 und zum anderen sind damit die Einwohner der Region wirtschaftlich immer noch nicht in der Lage, einen Großteil der Karten zu erwerben, wie es bislang bei allen Spielen üblich gewesen ist. Zwar sind die Spiele in Kapstadt als 'Afrikanische Spiele' bezeichnet worden, doch wäre es wohl den wenigsten Afrikanern außerhalb der West-Kap Region Südafrikas möglich, den kalkulierten Betrag für eine Eintrittskarte zu zahlen. Dazu kommt, daß die auswärtigen Besucher neben den Kartenpreisen noch zusätzliche Kosten für Unterkunft und Versorgung einrechnen müßten. Angesichts der desolaten Wirtschaftssituation in Afrika, die in allen anderen Ländern noch wesentlich schlechter als in Südafrika ist, erscheint der Verkauf einer nennenswerten Menge an Eintrittskarten nicht realisierbar.[948]

Wenn aber der Großteil des erwarteten Ticketverkaufs nicht in Südafrika bzw. Afrika erfolgen kann, bleibt nur der Verkauf an Besucher aus den übrigen Kontinenten. Für diese ausländischen Zuschauermengen stehen aber viel zu wenig Unterkünfte zur Verfügung (vgl. Abb. 40, S. 205).[949] Zwar versucht das Bewerbungskomitee, diesen Malus durch alternative Unterkunftsprogramme (Camping, 'Wohnen bei Freunden' u.a.m.) auszugleichen. Angesichts der hohen Eintrittspreise und der damit verbundenen Erwartungen der Besucher erscheinen diese Varianten der Unterbringung aber nicht angemessen und kaum ausreichend. Dazu kommt, daß auch die Anzahl der 4-5*-Zimmer, die dem IOC, den Sponsoren und den Medien angeboten werden, im Vergleich zu den Mitbewerbern Kapstadts völlig unzureichend ist. Beschwerden der Zuschauer, Sponsoren und insbesondere der Medien an den Unterkünften würden aber zu einem schlechten Image der Spiele führen und damit kontraproduktiv zu den Ansätzen und Zielen des IOC sein.

---

[947] Im Vergleich zum landesweiten Durchschnitt (2.752 US$) ist das Prokopfeinkommen in der Region West-Kap (3.966 US$) signifikant größer. Vgl. IOC, Report 2004, S. 88.
[948] Vgl. LANGE, Games, S. 172f.
[949] Vgl. ebenda, S. 173.

Das Verhältnis zwischen Kartenpreis und durchschnittlichem monatlichen Prokopfeinkommen bewegt sich bei Rom, Buenos Aires und Athen zwischen 3,05 und 4,40%. Einen extrem günstigen Wert (1,63%) weist die schwedische Kandidatur auf. Es erscheint in diesem Bezugsrahmen völlig unverständlich, daß die von Stockholm kalkulierten Verkaufserlöse für Eintrittskarten von der 'Evaluation Commission' als 'ambitioniert' bezeichnet werden.[950] Es ist nur vorstellbar, daß die Kommission die geringe Bevölkerungszahl Schwedens (8,83 Mio.) und Stockholms (1,73 Mio.) als Problem erkannt hat.[951]

Im Zusammenhang mit den erwarteten ausländischen Besuchern ist neben ihrer Unterbringung auch die Gewährleistung ihrer Sicherheit ein wichtiger Punkt. Auch hier weist Kapstadt sehr schlechte Werte aus. Pro 100.000 Einwohner sind im Jahr 1995 im Mittel 112,7 Menschen einem Mord zum Opfer gefallen (vgl. Abb. 43, S. 205). Im Vergleich dazu werden bei den anderen Städten ein Wert von 2,0 bis 3,0 pro Jahr angegeben. Es ist fraglich, ob Kapstadt dieses Problem innerhalb von sieben Jahren zufriedenstellend lösen kann. Sollte aber im Jahr 2004 immer noch mit einer Gefahr für Leib und Leben zu rechnen sein, würde sich dies dramatisch negativ auf die Zahl der ausländischen Zuschauer auswirken.

Neben den o.a. Aspekten gibt es noch einige mehr, die durchaus ihre Bedeutung haben. Soweit sie für eine der fünf Bewerbung positive oder negative Auswirkungen haben, sind diese Punkte bereits in den spezifischen Untersuchungen der Bewerbungen in den Kap. 5.3.1 bis 5.3.5 aufgeführt worden.

Zusammenfassend läßt sich feststellen, daß Kapstadts Bewerbung eindeutig die schlechtesten Rahmenbedingungen anbietet. Von den anderen Städten hebt sich Stockholm leicht und positiv ab. Außer Kapstadt bieten aber alle Städte akzeptable und unproblematische Bedingungen an.

---

[950] Vgl. IOC, Report 2004, S. 73.
[951] Vgl. ebenda, S. 89.

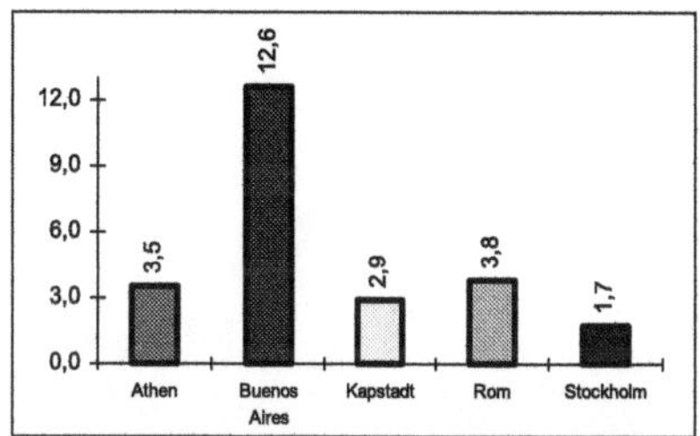

Abb. 39: Population Stadt (Angabe in Millionen)

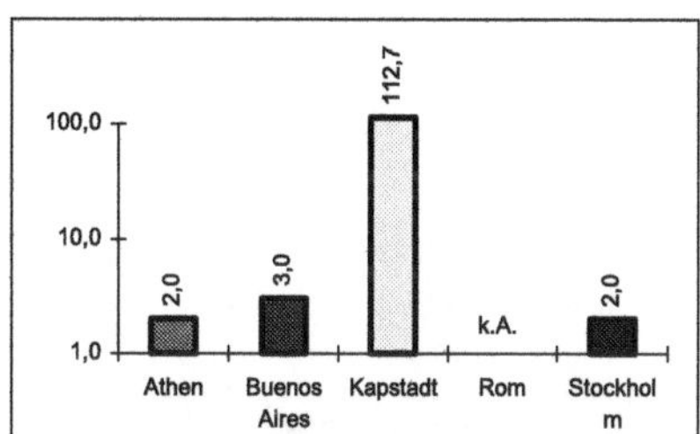

Abb. 43: Morde/ 100.000 Einwohner

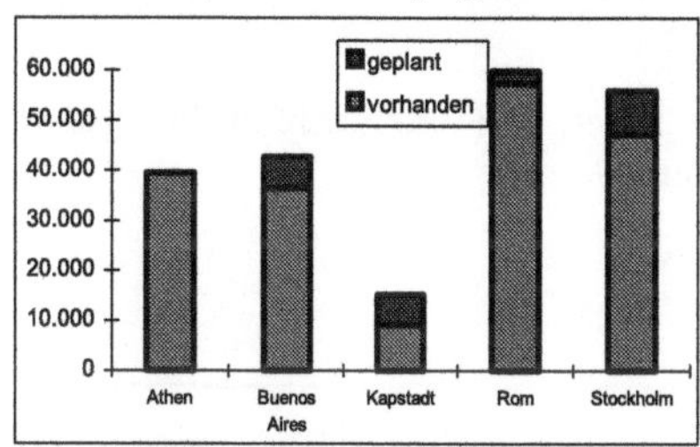

Abb. 40: Gesamtzahl Unterkünfte

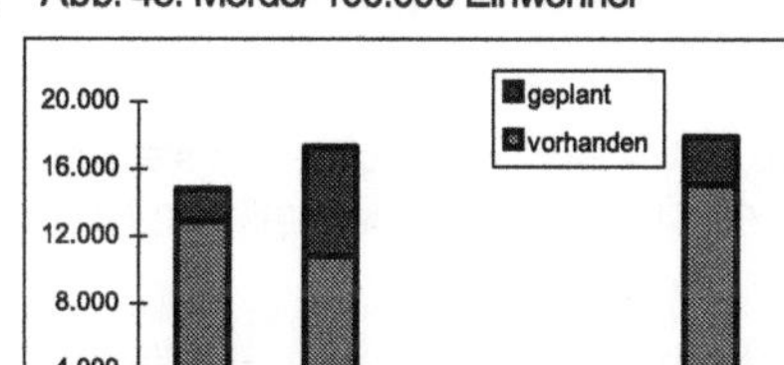
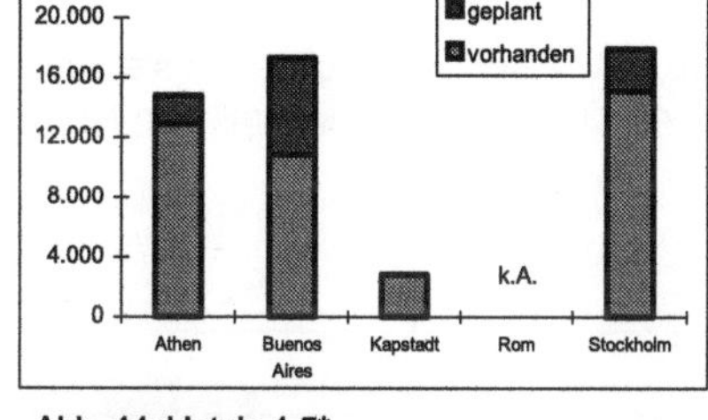

Abb. 44: Hotels 4-5*

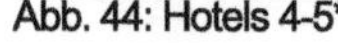
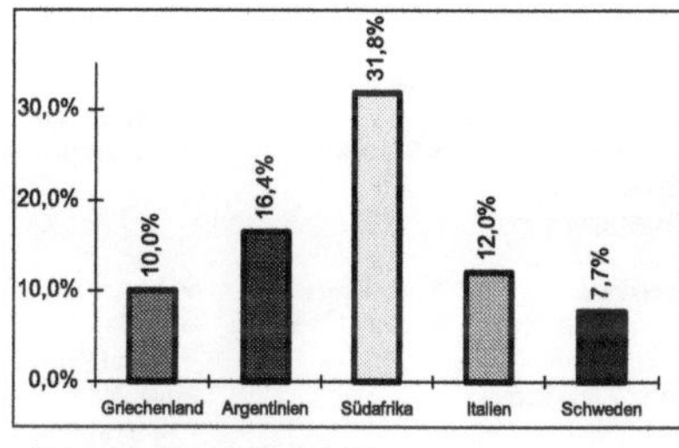

Abb. 41: Arbeitslosigkeit

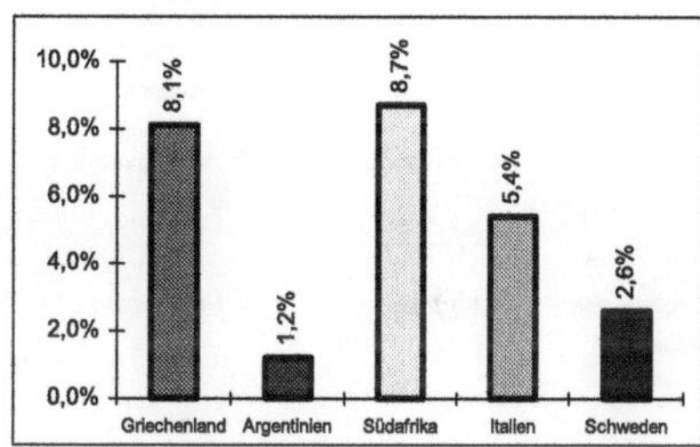

Abb. 45: Inflationsrate

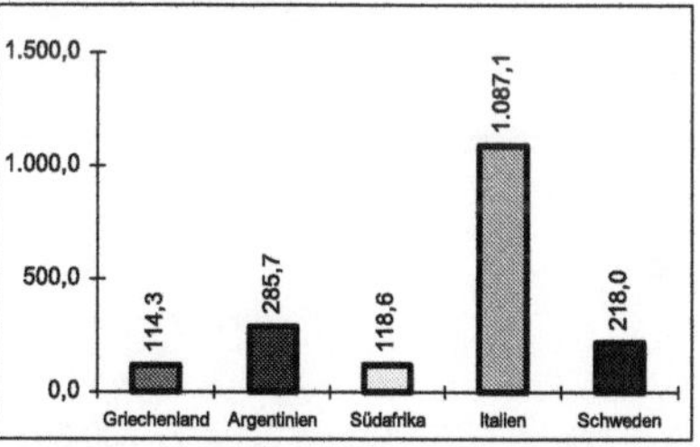

Abb. 42: Bruttosozialprodukt (in Milliarden US$)

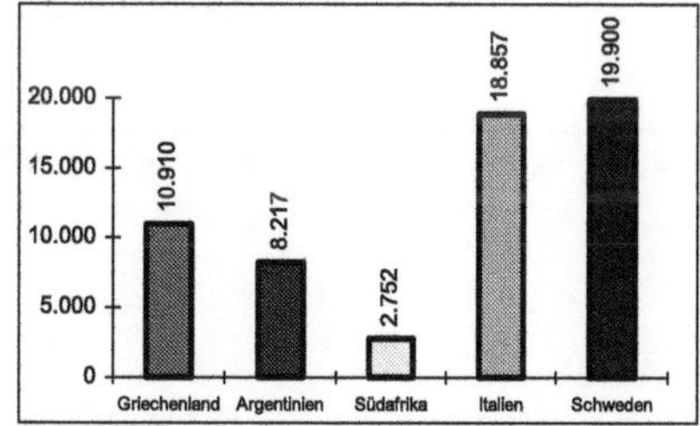

Abb. 46: Prokopfeinkommen (Angabe in US$)

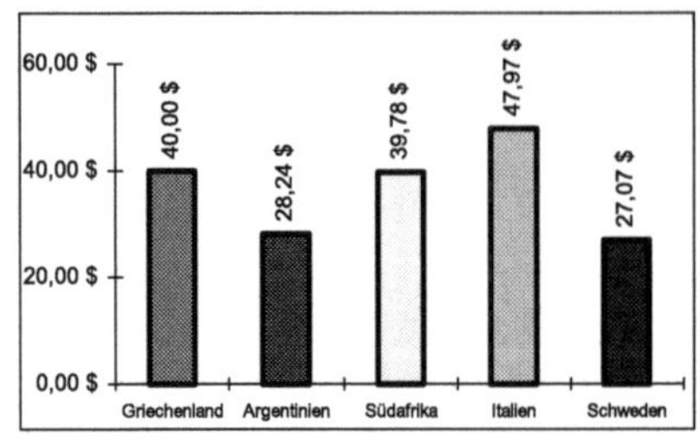

Abb. 47: Durchschnittspreis pro Eintrittskarte

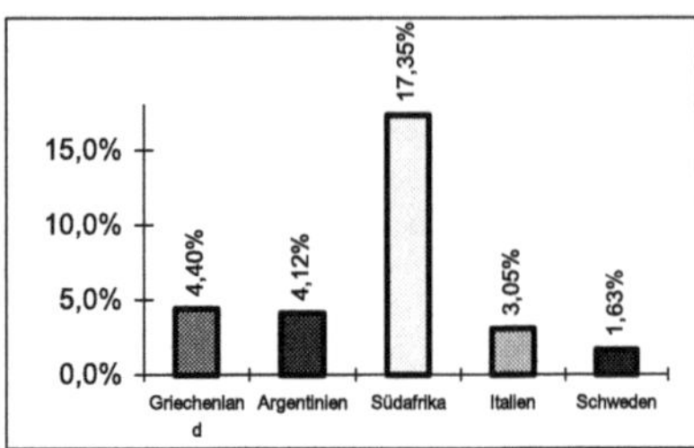

Abb. 48: Karte/ Prokopfeinkommen im Monat

Abb. 39 - Abb. 48: Eigene Darstellung. Die Daten sind hauptsächlich dem 'Report 2004' der IOC-Prüfungskommission entnommen.[952]

	Athen	Buenos Aires	Kapstadt	Rom	Stockholm
Bewerbungs-unterlagen	↗ informativ	↗ sachlich	↗ sachlich	↗ hochwertig, edel	↗ werbend
Sportkonzept	↗ 2 Zentren	↗ einzigartig gut	→ verteilt	→ verteilt	↗ kurze Verbindungen
	↗ Sportstätten	↓ Zustimmung IFs fehlt noch	↓ akt. Verfügbarkeit Sportstätten ↗ Zustimmung IFs	↗ Sportstätten	↗ Sportstätten
Technische Daten	↗ sorgfältig ↗ wirtsch. Effekt	↓ Hotelkapazität	↓ ungenau ↓ instabile Situation ↓ hohe Kartenpreise ↓ Anzahl Unterkünfte ↓ hohe Kriminalität ↗ wirtschaftlicher und sozialer Effekt	↗ Umweltschutz ↗ Anzahl Unterkünfte	↓ Zustimmung ↗ stabiles Umfeld ↗ niedrige Kartenpreise ↗ Umweltschutz

Tab. 12: Technische Qualität der Bewerbungen[953]

---

[952] Abb. 39: Datenquellen: IOC, Report 2004, S. 88f. ♦ Abb. 40: IOC, Report 2004, S. 300-303. ♦ Abb. 41: IOC, Report 2004, S. 88f. ♦ Abb. 42: IOC, Report 2004, S. 88f. ♦ Abb. 43: IOC, Report 2004, S. 119f. + Abb. 44: IOC, Report 2004, S. 300-303. ♦ Abb. 45: IOC, Report 2004, S. 88f. ♦ Abb. 46: IOC, Report 2004, S. 88f. ♦ Abb. 47: IOC, Report 2004, S. 344-345. Die Berechnung erfolgt auf folgenden Daten: Erwartete Einnahmen aus Ticketverkauf/ Erwartete Anzahl verkaufter Tickets = Durchschnittlicher Ticketpreis. ♦ Abb. 48: Die Berechnung erfolgt auf folgenden Daten: (Durchschnittlicher Ticketpreis/ (Prokopfeinkommen/ 12 Monate/ 100)) = Prozentanteil Ticket am Monatseinkommen.
[953] Eigene Darstellung.

Bewertung der technischen Qualität

Die einzelnen Bewerbungen haben in bezug auf ihre technische Qualität hauptsächlich Stärken und zeigen nur wenige Schwächen. Bei den Bewerbungsunterlagen ist kein Dossier den anderen weit über- oder unterlegen. Alle sind äußerlich beeindruckend und vermitteln dem Leser den jeweils gewünschten Eindruck. Im Bereich der Sportkonzepte kann Buenos Aires sich durch einen einzigartigen und beeindruckenden Vorschlag von seinen Mitbewerbern abheben. Doch auch hier bieten die anderen Städte sehr gute, praktikable und interessante Konzepte. Einen wesentlichen Malus hat in diesem Bereich Kapstadt. Die Stadt kann zur Zeit nur wenige Sportstätten vorweisen und birgt damit ein gewisses Risiko. Leicht kann die Erstellung der notwendigen Bauten durch eventuelle wirtschaftliche oder soziale Probleme in Verzögerung geraten und damit die Ausrichtung der Spiele gefährden.

Die 'technischen Daten' der Kandidaten bewegen sich allgemein auf sehr hohem Niveau. Während die anderen Städte keine bedeutenden Unzulänglichkeiten haben, weist die Bewerbung Kapstadts in diesem Bereich signifikante Mängel auf, die den Gesamteindruck der Bewerbung mindern. Zu viele Ungewißheiten, Unsicherheiten und Gefahren sind in dem Plan Kapstadts enthalten, so daß die Afrikaner bei der Bewertung der technischen Qualitäten deutlich abgeschlagen der schwächste Kandidat sind. Aus den übrigen Bewerbungen würde Stockholm durch seine Ausgeglichenheit auf hohem Niveau herausragen, wenn die Schweden nicht gleichzeitig auch heftig um die Zustimmung ihrer Bürger kämpfen müßten. Aus diesem Grund ist die technische Qualität der Bewerbungen Athens, Buenos Aires, Roms und Stockholms als gleichwertig anzusehen und sollte damit kaum eine Rolle bei der Entscheidung der IOC-Mitglieder gespielt haben. Dagegen ist es wahrscheinlich, daß die relevanten Mängel Kapstadts sich negativ auf das Abstimmungsverhalten auswirken.

6.2 Olympische Vision

Die einzige Stadt, die nicht versucht, ihre Geschichte in der Olympischen Bewegung für ihre Bewerbung einzusetzen, ist Rom. Auch entwickelt das römische Bewerbungskomitee keine auf olympischen Ideale basierte Vision, die sie mit den Spielen in ihrer Stadt verwirklichen oder unterstützen möchte. Es ist das Ziel von Bürgermeister RUTELLI, das 'neue Rom zu bauen'. Dafür benötigt er Geld, welches er sich einerseits von den Spielen und andererseits durch die zu erwartende finanzielle Unterstützung des italienischen Staates zur Vorbereitung der 'olympischen' Infrastruktur verspricht.[954]

Alle anderen Städte haben Ziele formuliert, welche die Mitglieder der Olympischen Familie begeistern und mitreißen sollen. Natürlich sind es hierbei die Griechen, denen es am leichtesten fällt, glaubhaft zu machen, daß ihre Intention die Umsetzung olympischer Ideale ist und nicht die wirtschaftlichen Vorteile, welche die Spiele einer Stadt bringen können. Beseelt von dem Gedanken, daß durch den Bezug auf die antiken griechischen olympischen Kämpfe auch die modernen Spiele eigentlich auch ein griechisches Nationalfest seien, empfinden sie sich als die wahren Hüter der olympischen Ideale.[955] Dies kommt auch in ihren Emotionen und ihrem Engagement für die Olympische Bewegung zum Ausdruck. Interessant ist, daß die Athener permanent ihre technischen Fähigkeiten betonen und diesmal, im Gegensatz zur Bewerbung um die Spiele 1996, ihre spezielle Stärke - ihre olympischen Motive - bei dieser Bewerbung hinten anstellen. Dies wird besonders bei dem Slogan der Bewerbung um 2004 deutlich: *„Athens is ... eager able unique* [Hervorhebung durch d. Verf.] *and good for the Games.“*[956] Erst an dritter Stelle wird auf die 'Einzigartigkeit' Athens in der Olympischen Bewegung hingewiesen. Erläuternd heißt es dazu weiter: *„The Olympic Spirit is firmly ingrained in Greek culture, passed from generation to generation, for over thirty centuries.“*[957]

Dieser Verbundenheit zum Olympismus kann natürlich keiner der Konkurrenten etwas entgegenhalten. Doch anders als Rom lassen die Städte Buenos Aires, Kapstadt und Stockholm diesen Bereich der Bewerbung nicht unbesetzt. Sie greifen aus ihrem individuellem Umfeld Aspekte auf, die sie mit den Zielen des Olympismus verbinden. Dadurch stellen sie sich bzw. die Spiele in den Dienst der olympischen Ideale und wollen sich damit dem Vorwurf entziehen, daß sie nur an den Vorteilen Olympischer Spiele interessiert seien.

Dies gelingt allerdings nicht allen Städten in gleicher Qualität. Kapstadt kann nach dem gewaltfreien Ende der Apartheid von der Entwicklung profitieren, daß nach der Beendigung des Boykotts die Südafrikaner wieder in die Weltgemeinschaft integriert werden sollen. Der Hinweis der südafrikanischen Bewerber, daß Afrika als einziger Kontinent noch nicht Olympische Spiele

---

[954] Vgl. WALDBRÖL, Bewerber Rom, (7.06.97)/ HOLZBACH, Olympiakandidat, (13.05.97).
[955] Vgl. [...] ATHENS 2004 [...], Fact sheets, S. 14 [nach eigener Zählung].
[956] Dies ist auch gleichzeitig der Titel der Werbebroschüre: [...] ATHENS 2004 [...], Fact sheets.
[957] Ebenda, S. 14 [nach eigener Zählung].

ausgerichtet habe, ruft bei vielen das schlechte Gewissen wach, daß den 'so lange unterdrückten Südafrikanern' immer noch ihr Recht verwehrt wird. Auch das Engagement des Friedensnobelpreisträgers MANDELA und die Ausrufung 'Afrikanischer Spiele' verstärken diesen Effekt. Gleichzeitig versucht Kapstadt noch das IOC davon zu überzeugen, daß es mit der Vergabe der Spiele nach Südafrika zu einer soziopolitischen Stabilisierung und damit zum Frieden in der Region beitragen würde. Diese Argumentation findet insbesondere in der Presse einen großen Anklang. Von Anbeginn des Bewerbungszyklus wird Kapstadt als emotionaler Favorit eingeschätzt, bis die Athener ihre Bewerbung erklären.

Buenos Aires führt ebenfalls an, daß in dem südamerikanischen Kontinent noch niemals Olympische Spiele stattgefunden haben und will unter Einbeziehung des Olympismus in die Lehrpläne eine massive Kampagne zur Erziehung der kommenden Generationen in diesem Sinne starten. Insbesondere der Wunsch nach den ersten Spielen in Südamerika findet zumindest in der Presse Verständnis und Anklang. Weniger Erfolg haben die Stockholmer mit ihrer Vision der 'Friedensspiele'. Zwar wird diese in der Einleitung zu den Bewerbungsbüchern als Grundgedanke der Bewerbung dargestellt, allerdings wird diese Zielsetzung nicht an die Medien weitergegeben bzw. findet kein Echo. Die Verbindung der Politik der schwedischen 'Friedensmacher' mit dem Olympismus hat ihren eigenen Reiz und hätte zu einem anderen Zeitpunkt vielleicht wesentlich mehr Resonanz hervorgerufen. So bleibt dieser Ansatz des Stockholmer Bewerbungskomitees weitgehend unbekannt.

Athen stellt seine Bindung an den Olympismus in den Hintergrund und vertraut darauf, daß die IOC-Mitglieder seine Tradition und seine Kultur anerkennen und würdigen werden. Kapstadt setzt geschickt die für sich günstigen zeitgenössischen Strömungen ein. Daraus erklärt sich auch die immer wieder geäußerte Auffassung: 'Jetzt oder Nie'. Es ist schwierig zu belegen, welche der beiden Vorgehensweisen mehr Mitglieder des IOC angesprochen hat. Diese beiden Konzepte haben aber im Vergleich zu den Plänen der anderen Städte die meiste öffentliche Zustimmung und Unterstützung bekommen. Stockholm kann seine gute Konzeption nicht plazieren und deshalb aus diesem auch keine Vorteile ziehen. Es ist unverständlich, daß Rom in diesem Bereich nicht den Versuch unternommen hat, ein Gegengewicht zu den 'olympischen Visionen' der Konkurrenten aufzubauen und dieses Feld den anderen Bewerbern überlassen hat.

6.3 Marketing

Das Marketing hat insbesondere in der zweiten Phase der Bewerbung einen
entscheidenden Anteil an dem Erfolg oder Mißerfolg der Bewerbung. Zwar ist
es möglich, durch eine hervorragende Konzeption und exzellente technische
Daten die Hürde der Vorauswahl zu nehmen. Danach geht es aber darum, die
IOC-Mitglieder davon zu überzeugen, daß das eigene Angebot das beste ist.
Jede Bewerbung weist eigene Schwerpunkte, spezifische Stärken und
Schwächen auf. Es ist daher die Aufgabe des Marketing, die Mitglieder der
Olympischen Familie, aber auch die nationale und internationale Öffentlichkeit
von ihrer Fähigkeit zu überzeugen, daß sie einerseits in der Lage sind,
Olympische Spiele auszurichten und andererseits auch der Olympischen
Bewegung und der Öffentlichkeit etwas Besonderes bieten können.

Presse- und Öffentlichkeitsarbeit
Die Städte haben ständig ihre Bewerbung mit Veröffentlichungen der
unterschiedlichsten Formen begleitet. Alle Bewerbungen sind mit einer
eigenen 'Web Site' im Internet vertreten.[958] Dazu kommen jeweils regelmäßig
erscheinende 'Newsletter'[959] der Bewerbungskomitees und Sonderhefte.
Ergänzt wird dies noch durch Magazine, 'Factsheets', Prospekte, CDs,
Disketten, Plakate, Aufkleber, Sticker und Werbepräsente. Um ihren
Bewerbungen auch in der internationalen Presse eine entsprechende
Würdigung zu verschaffen, laden die Städte Journalisten der wichtigsten
Zeitschriften aus aller Welt zu einem Informationsbesuch ein.

Die Internet-Seiten der Städte sind Anlaufpunkt für die Presse und die
Öffentlichkeit. Des weiteren werden die Seiten mit Sicherheit zumindest auch
vom IOC in Lausanne registriert. Es wird aber auch schon einzelne IOC-
Mitglieder geben, die aus dem Internet gezielt Informationen zu den Bewerbern
abfragen.

Eine sehr kreative und umfangreiche 'Web Site' hat Kapstadt entwickelt. Das
Bewerbungskomitee bietet damit über das Internet Informationen,
Werbeprodukte und Unterhaltung. Dabei ist es sogar möglich, die kompletten

---

[958] Vgl. [THE „ATHENS 2004" OLYMPIC BID COMMITTEE (Hrsg.)]: Athens 2004, 1997, (http://
www.athens2004.net/, 22.10.97-30.11.97)/ [COMISIÓN PRO SEDE BUENOS AIRES 2004 (Hrsg.)]: Buenos
Aires 2004 - Index -, (http://argentina.commerce.com/ BA2004/ingles/index.html, 30.11.97)/ [THE CAPE TOWN
2004 OLYMPIC BID (Hrsg.)]: Cape Town 2004 Olympic Bid, 1997, (http://www.ct2004.org.za/, 30.11.97-3.02.98)/
ROMA 2004 BIDDING COMMITTEE (Hrsg.): Roma 2004, (http://www.roma2004.it)/ STOCKHOLM 2004 BID
COMMITTEE (Hrsg.): Stockholm 2004, (http://www.stockholm2004.se).

[959] Vgl. Buenos Aires 2004 news/ Lightbeam. Late breaking news from Stockholm 2004/ 2004. The Official Magazine
of the Cape Town 2004 Olympic Bid.

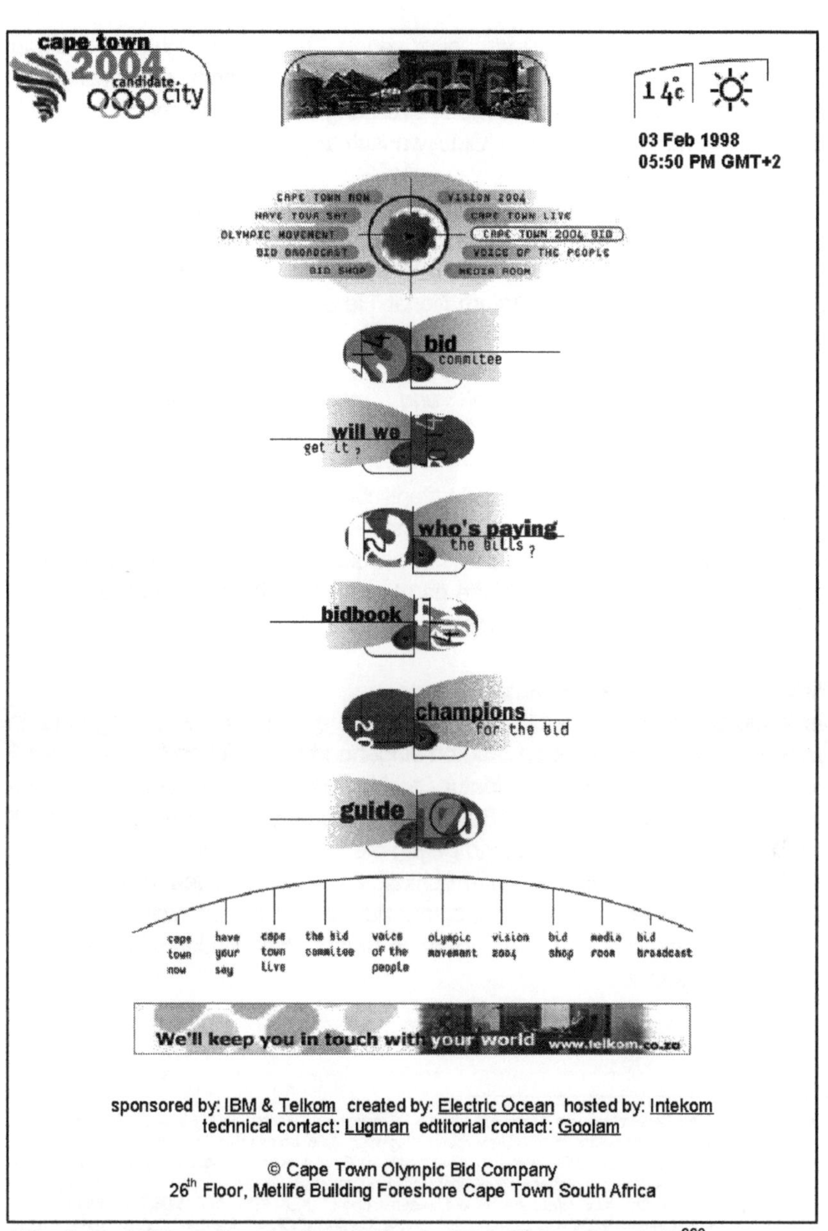

Abb. 49: Nachbildung einer der Hauptseiten der 'Web Site' von Kapstadt.[960]

---

[960] [THE CAPE TOWN 2004 OLYMPIC BID (Hrsg.)]: Cape Town 2004 Olympic Bid, 1997, The Bid Company (http://www.ct2004.org.za/bid.shtml, 3.02.98)

Bewerbungsbücher der Stadt einzusehen und auf Wunsch sogar 'herunterzuladen'. Die Stadt hat ebenso wie andere erkannt, daß auch nach der Bewerbung diese 'Web Site' noch Werbung für die Stadt macht, und läßt sie noch über Monate mit einem 'Glückwunsch an Athen' im 'Netz'.[961]

Stockholm setzt kurz vor der abschließenden Wahl in Lausanne noch auf zwei besondere Werbeeffekte. Es nimmt einmal die Aktion des Gewinners der Wahlen um die Spiele 2000 auf und wirbt am 3. September mit einer doppelseitigen Werbung im 'International Herald Tribune'.[962] Zum anderen wirbt Stockholm am letzten Tag vor der Wahl,

> *in neun europäischen Tageszeitungen [mit] ganzseitigen Anzeigen, die Stockholm als Urlaubsziel und möglichen Austragungsort der Olympischen Sommerspiele 2004 anpreisen.*[963]

In diesem Bereich der Presse- und Öffentlichkeitsarbeit können sich trotzdem eher Athen, Rom und Kapstadt gut darstellen. Dies hat sicherlich auch mit dem allgemeinen öffentlichen Interesse an diesen Städten zu tun. Allerdings schaffen die beiden anderen Städte es aber auch nicht, sich durch geeignete Kampagnen interessant zu machen.

Widerstand gegen Bewerbung

Der Widerstand in der Bevölkerung gegen die einzelnen Bewerbungen ist in den Kapiteln zu den jeweiligen Städten eingehend beschrieben (vgl. Kap. 5.3.1 - 5.3.5). Insbesondere die Kandidatur Stockholms leidet unter der starken und gewaltsamen Opposition in der Bevölkerung. Es gibt auch in Athen, Kapstadt und Rom organisierten Widerstand gegen die Bewerbung der Stadt. Aufgrund der hohen Zustimmung der Öffentlichkeit zu den jeweiligen Bewerbungen relativiert sich dieser Widerspruch, zumal sich dieser bis auf zwei Ausnahmen in Athen auch friedlich äußert. Aus Buenos Aires ist kein Widerstand gegen die Bewerbung bekannt.

---

[961] Die 'Web Site' der Bewerbung von Klagenfurt um die Olympischen Winterspiele 2006 wird trotz gescheiterter Bewerbung noch im 'Netz' belassen. „Die Bewerbung 'Klagenfurt 2006' konnte das IOC leider nicht überzeugen, den Zuschlag zur Ausrichtung der Olympischen Winterspiele 2006 hat eine andere Stadt bekommen. Da die Idee der grenzüberschreitenden Spiele aber weltweit positiv aufgenommen wurde und es dazu immer noch Anfragen gibt, bleibt die 'Klagenfurt 2006'-Webseite bis auf weiteres online". KLAGENFURT 2006 [...] (Hrsg.): Official Homepage of Klagenfurt 2006 Candidate City. Senza confini - Ohne Grenzen - Brez meja, (http://www.klagenfurt2006.at, 5.10.99).

[962] Siehe Kap. 5.3.5. McGEOCH schildert, daß das Bewerbungskomitee Sydneys einen Tag vor der Abstimmung eine Werbebeilage für die International Herald Tribune in Monte Carlo gebucht hat und diese am Morgen der Wahl jedem IOC-Mitglied unter der Hotelzimmertür durchgeschoben habe. Vgl. McGEOCH, Bid, S. 290.

[963] KAUFMANN, Zustimmung, (3.09.97).

Natürlich haben die Anschläge und die schlechten Umfragewerte der Stockholmer Bewerbung schwer geschadet. Die Opposition in den anderen Städten bleibt jedoch noch in einem akzeptablen Rahmen und führt wohl kaum zu einer Beeinträchtigung der jeweiligen Bewerbung.

'Lobbying'

Durch die Leichtathletik-WM vom 1. - 10. August 1997, also gerade etwas mehr als drei Wochen vor der Abstimmung in Lausanne, hat die griechische Hauptstadt einen großen Vorteil vor ihren Mitbewerbern. Mehr als 50 IOC-Mitglieder besuchen diese Veranstaltung.[964] Da die Einladungen aber durch den Leichtathletik-Verband erfolgt sind, wertet das IOC den Besuch nicht als offizielle Begutachtung der Kandidatur Athens, so daß die IOC-Mitglieder noch ein zweites Mal nach Athen fahren können. Deshalb können die IOC-Mitglieder nun Athen insgesamt zweimal und auch länger als die sonst möglichen drei Tage besuchen (vgl. Kap. 5.3.1).[965] Athen und das Bewerbungskomitee nutzen die Chance zur Selbstdarstellung reichlich aus. Insgesamt 28 Empfänge werden von allen möglichen Institutionen für die Mitglieder der Olympischen Familie organisiert.[966] Die Fahrten vom Hotel zum Stadion werden von der Polizei eskortiert und die Strecke wird für den Verkehr gesperrt, damit die Gäste in keinen Stau geraten. Gleichzeitig demonstrieren die Gastgeber damit natürlich auch eine besondere Ehrerbietung.

Eine besondere Ehre ist auch ein neu angelegter 'IOC-Mitglieder-Park' für die Gäste. *„Dort pflanzen alle Besucher* [IOC-Mitglieder, d. Verf.] *ein Ölbäumchen, das ihren Namen trägt und dessen Zweige 2004 die Häupter der Olympiasieger schmücken sollen."*[967] Damit versucht man geschickt, eine emotionale Bindung der Wahlmänner zu erreichen. Hans Joachim WALDBRÖL bestätigt diesen Ansatz: *„Manche Träne der Rührung hat dort schon in den Augen der älteren IOC-Mitgliedern geschimmert."*[968]

Die römische Bewerbung profitiert von den 13. Mittelmeerspielen, die im Juni 1997 in Bari stattfinden. Auch hier besuchen wieder 21 IOC-Mitglieder die Spiele, die nach anfänglichen Pannen schließlich reibungslos verlaufen.[969]

---

[964] Vgl. HEIMERZHEIM, Peter: „Von Hemmungen, zweimal nein zu sagen. IOC-Entscheidung über Ausrichter der Olympischen Spiele 2004 löst bei Verlierern Ernüchterung aus - Gerüchte entstehen", in: Die Welt (8.09.97): (http://www.welt.de/ archiv/1997/09/08/0908sp10.htm, 12.12.97).

[965] Vgl. IOC, Manual 2004, S. 23f.

[966] Vgl. HEIMERZHEIM, Von Hemmungen, (8.09.97).

[967] WALDBRÖL, Lehrmeister, (8.07.97).

[968] Ebenda.

[969] Vgl. [o. Verf.]: „13. Mittelmeerspiele in Bari. Test für Roms Olympiabewerbung mit neuen Rekorden", in: sid (25.06.97).

Zwar finden die Spiele nicht direkt in Rom statt, man erhofft sich jedoch davon, die italienischen Organisationsfähigkeiten demonstrieren zu können. Das gleiche trifft auch auf die Universiade in Palermo zu, die dort Ende August vom Studenten-Weltverband ausgerichtet wird. Doch diese Veranstaltung ist eher *„keine gute Werbung für Roms Bewerbung"*.[970] Es gibt zu viele Mängel, die man den Organisatoren der Spiele anlastet.[971]

Die geplante luxuriöse Unterbringung der IOC-Mitglieder, während der Spiele 2004 auf der weltbekannten 'Via Veneto', ist dagegen eine verlockende Option Roms für die IOC-Mitglieder. *„The IOC hotel will be 'Via Veneto', a site of outstanding prestige, in the worldly, cultural and commercial heart of the city."*[972] Die Straße soll für die Olympischen Spiele gesperrt werden und für die Gäste wie ein einziges großes Hotel hergerichtet werden.[973]

Die größte bekannte Tat des argentinischen Lobbyingteams ist, daß sie immerhin 80 IOC-Mitglieder zu einem Besuch von Buenos Aires veranlassen können.[974] Angesichts der großen Entfernungen und der langen Reisezeiten ist dies eine bemerkenswerte Leistung. Eine entscheidende Schwäche des Bewerbungskomitees ist aber die mangelnde Bereitschaft ihres Ehrenpräsidenten MENEM, in Lausanne noch aktiv Lobbying für die Bewerbung zu machen (vgl. Kap. 5.3.2). Im Gegensatz zu MENEM setzt sich der südafrikanische Präsident betont wirksam für die Öffentlichkeit und mit seinem ganzen Einfluß für die Wahl Kapstadts ein. Er empfängt IOC-Mitglieder, welche Kapstadt besuchen und gibt den Lobbyisten der Bewerbung allgemein einen wertvollen Rückhalt.[975] Es gelingt den Südafrikanern auch mit der Fecht-WM und der Junioren Rad-WM, ihre organisatorischen Fähigkeiten zu demonstrieren.[976] Insgesamt ist das Lobbyteam aber nicht ganz so erfolgreich wie erhofft. Mitte August haben erst 66 IOC-Mitglieder die Stadt besucht. *„Most of the 40 odd members that did not visit the country were lobbied by bid and government representatives abroad"*.[977]

Erfolgreicher sind die Stockholmer bei ihrer Werbung für einen Besuch ihrer Stadt. Ende August können diese stolz vermelden, daß bereits 80 IOC-

---

[970] O. Verf., 19. Universiade, (21.08.97).

[971] Vgl. ebenda.

[972] ROMA 2004 [...], Roma 2004 Vol. III, S. 54.

[973] Vgl. ebenda.

[974] Vgl. LENNERTZ, Buenos Aires, (13.08.97).

[975] Vgl. [o. Verf.]: „IOC-Delegation in Südafrika. Tröger bei Treffen mit Mandela optimistisch", in: sid (12.08.97).

[976] Vgl. WIEGAND, Ralf: „Etwas Kosmetik für das IOC. Südafrika will mit der Fecht-WM Olympiatauglichkeit zeigen", in: SZ (14.07.97)/ o. Verf., Olympia 2004 Kapstadt, (1997).

[977] [o. Verf.]: „They've been, seen and gone, now the nail-biting begins", in Mercury (15.08.97): (http://www.ct2004.org.za/release33.shtml, 3.02.98).

Mitglieder die Werbung vor Ort geprüft haben und zum, Teil auch vom König empfangen worden sind.[978] Im Verlauf der Untersuchungen, die im Rahmen des Bestechungsskandals von Salt Lake City auch in der schwedischen Hauptstadt durchgeführt werden, wird bekannt, daß die Schweden nicht nur die Wahlmänner großzügig bewirtet haben. Sie haben auch mit mehreren afrikanischen Staaten einen Vertrag abgeschlossen, *„that allowed athletes to attend a training course in the Stockholm suburb of Boson."*[979]

Verstöße gegen Bewerberregeln
Es fallen während der Bewerbungszeit wenige Verstöße gegen die 'Richtlinien 2004' auf. Diejenigen, die nachträglich bekannt werden, finden in diesem Rahmen keine Berücksichtigung, da sie die Entscheidung des IOC nicht beeinflußt haben. Insgesamt gibt es drei Fälle, die offiziell vom IOC registriert werden. Die erste Übertretung wird den Griechen angelastet, *„weil sie bei den Ostasien-Spielen in Pusan zahlreiche IOC-Mitglieder zu einem Dinner eingeladen haben."*[980] Dies geschieht aber drei Monate vor der Vergabe der Spiele und bleibt für die Athener ohne Folgen.

Die beiden anderen Mißachtungen der 'Richtlinien 2004' wiegen dagegen wesentlich schwerer. Sie werden kurz vor der Abstimmung publik und sind Verstöße gegen die Regel, keine Geschenke über 150 US$ zu machen.[981] Während die Stockholmer allen sie besuchenden IOC-Mitglieder das Angebot gemacht haben, ihnen Geld für Möbel bzw. deren Transport zur Verfügung zu stellen, laden die Kapstädter die Ehefrauen der afrikanischen IOC-Mitglieder nach Lausanne ein.[982] Zwar nimmt das IOC die Entschuldigungen der beiden Bewerber an und die Verstöße bleiben formal folgenlos, aber nichtsdestotrotz ist der gute Ruf der beiden Städte geschädigt.

Führung und Repräsentanten
Der Leiter der Bewerbung Sydneys um die Spiele 2000 Rod McGEOCH betont, daß der Erfolg einer Bewerbung zu einem großen Teil von den Führungspersönlichkeiten abhänge.[983] Er weist darauf hin, daß die Manager, die für diese Aufgabe ideal wären, in der Regel nicht verfügbar seien.

---

[978] Vgl. o. Verf., King Applauds, (21.08.97): S. 2.
[979] [o. Verf.]: „Stockholm bid for 2004 Games under press scrutiny", in: Agence France-Press (10.02.99): (http://www.sportserver.com.../16907-27987-204654-0,00.html, 31.12.97). Inwieweit diese Verträge gegen die 'Richtlinien 2004' verstoßen hat, kann ohne nähere Informationen nicht beurteilt werden.
[980] [o. Verf.]: „Herbe Kritik an Olympiabewerber Athen. IOC-Exekutive tagt zur Zeit in Monte Carlo", in: Rheinische Post (20.05.97): (http://www.services.rp-online.de/direct/ archiv/sportnews/mai/sport97-05-20/ioc.shtml, 12.12.97).
[981] Vgl. IOC, Manual 2004, S. 25. Vgl. hierzu auch Kap. 5.3.3 und Kap. 5.3.5.
[982] Vgl. RINGHOFER, Schwedische Elch, (3.09.97).
[983] Vgl. McGEOCH, Stellungnahme, S. 3.

Diejenigen, die verfügbar sind, sollten mit Skepsis betrachtet werden, da ihnen wahrscheinlich die notwendigen Fähigkeiten fehlen:

> *Anybody who is immediately available to lead a Bid team should be greeted with some suspicion because it is likely that their attributes and skills are not at a level that is required in a major international competition.*[984]

Die Qualität der Führungspersönlichkeiten der Bewerbungskomitees ist nicht überall gleich. Einzelne Führungspersonen können sich deutlich profilieren, während andere die gesamte Bewerbungszeit über 'blaß' bzw. unauffällig und in der Presse nahezu unbekannt bleiben. Besonders gut haben sich die Repräsentanten Athens, Kapstadts und Roms dargestellt. Bei Athen sind dies immer wieder Gianna ANGELOPOULOS (vgl. Kap. 5.3.1) und in geringerem Maße der Bürgermeister der Stadt Dimitris L. AVRAMOPOULOS. Die Bewerbung Athens wird von ANGELOPOULOS erst im April 1996, das heißt vier Monate nach der offiziellen Anmeldung übernommen.[985] Ihr Führungsstil wird einerseits als gelassen aber andererseits auch als 'knallhart' bezeichnet.[986] Gleichzeitig habe sie Charme und nehme ihre Gesprächspartner für sich ein.[987] Bald wird die Athener Bewerbung mit ihrer Person identifiziert. Der Athener Bürgermeister, dem eine eigene große Karriere in Griechenland prognostiziert wird, ergänzt sie als offizieller Vertreter der Stadt ideal. Beide sind jung und dynamisch und eignen sich ideal dafür, dem IOC zu demonstrieren, daß nach der Bewerbung der 'alten' Herren um die Spiele 1996 nun eine neue frische Generation angetreten ist, die aus den Fehlern ihrer Vorgänger gelernt hat. McGEOCH bemerkt zu dem hohen Alter mancher Bewerbungsvertreter kritisch: *„After all there is not much point in leading a bid if you are of an age where statistically you will probably be dead by the time the Games are held."*[988]

Die jüngste Athener Bewerbung unterscheidet sich zudem dadurch von der vorherigen, daß der Einfluß der Politik stark zurückgedrängt ist. McGEOCH bestätigt die funktionierende Aufteilung der Verantwortlichkeiten in dem Athener Bewerbungskomitee. Er schreibt: *„[...] people played their correct role and didn't take on areas of work that were beyond their expertise."*[989]

---

[984] Ebenda.
[985] Vgl. HUGHES, Passion, (16.12.97).
[986] Vgl. TSAFOS, Athen, (3.09.97)/ MURPHY, Olympic, (11.09.97).
[987] Vgl. BACIA, Mutterland, (8.09.97)/ TSAFOS, Athen, (3.09.97).
[988] McGEOCH, Stellungnahme, S. 3.
[989] Ebenda.

Die Römer können ein ähnlich starkes Team aufbieten. RANUCCI übernimmt die Position des Bewerbungsleiters, und RUTELLI vertritt als Bürgermeister die Stadt Rom. Bei diesen beiden sind die Rollen im Vergleich zu Athen vertauscht. Während RANUCCI etwas zurücksteht, präsentiert RUTELLI sich und die Bewerbung immer wieder geschickt und werbewirksam in der Öffentlichkeit. Im deutlichen Kontrast zu dem polternden Ehrenpräsidenten der römischen Bewerbung NEBIOLO tritt der Bürgermeister für einen freundlichen und versöhnlichen Umgang mit den Konkurrenten ein. Als ehemaliger 'grüner' Politiker ist er zudem der Garant Roms für eine ökologisch ausgerichtete Bewerbung. Auch dieses Team ist noch sehr jung und strahlt die Dynamik und Begeisterung aus, die für ein erfolgreiches Marketing notwendig ist (vgl. Kap. 5.3.4).

Bei den anderen Bewerbungsteams fallen noch Chris BALL und Olof STENHAMMER auf. Beide bemühen sich, können aber ihre Bewerbung nicht durch ihre Persönlichkeit in den Mittelpunkt schieben. Der Leiter der Kandidatur von Buenos Aires bleibt farblos. Er schafft es nicht, daß die Bewerbung mit seiner Person verbunden wird.

Zusammenfassend urteilt McGEOCH treffend: „*The Athens Bid was brilliantly lead by an outstanding woman who made all the other leaders pale into insignificance.*"[990]

Zu den Repräsentanten der Bewerbungen sind diejenigen zu zählen, die neben den hauptamtlich beschäftigten Mitarbeitern des Bewerbungsteams die Kandidatur sporadisch bei Präsentationen oder Empfängen mit ihrer Person unterstützen. Dabei handelt es sich zumeist um hochrangige Politiker des Landes, die für sich bzw. ihr Land Vorteile von den Olympischen Spielen erwarten. Diese Erwartungshaltung gilt natürlich auch für die beiden o.g. besonders aktiven Politiker, die Bürgermeister Athens und Roms. Aus dieser Gruppe der Repräsentanten treten nur wenige in den Vordergrund.

Als erster und wichtigster ist der südafrikanische Präsident und Friedensnobelpreisträger Nelson MANDELA zu nennen. Mit seiner Persönlichkeit und seinen Umgangsformen zieht er bei seinem Auftreten für Kapstadt alle Aufmerksamkeit der Öffentlichkeit auf sich. Sein Vizepräsident MBEKI, der ihn zur Präsentation nach Lausanne begleitet, kann sich aus dem Schatten MANDELAs nicht lösen und bleibt unauffällig. Enttäuschend ist das Auftreten des Staatspräsidenten von Argentinien Carlos MENEM für die Bewerbung von

Buenos Aires. Der politisch und wirtschaftlich erfolgreichste Politiker Argentiniens der letzten Dekaden bleibt trotz seiner bekannten und vollständigen Unterstützung der Kandidatur eher im Hintergrund.[991] Er versteht es nicht, das Interesse der internationalen Presse auf sich und damit die Bewerbung Buenos Aires' zu ziehen.

Abb. 50: Präsident MANDELA bei der Ankunft in Lausanne[992]

Rom stellt den Präsidenten des Leichtathletik-Weltverbandes, das IOC-Mitglied Primo NEBIOLO als Ehrenpräsident an die Spitze seiner Repräsentanten. NEBIOLOs Auftreten ist ambivalent einzuschätzen. Er polarisert durch seine Äußerungen massiv und schafft es im Gegensatz zu MANDELA nicht, eine allgemeine positive Stimmung für die von ihm unterstützte Kandidatur zu bereiten.

Die anderen Politiker, Sportler und IOC-Mitglieder, die sich noch für die Bewerbungen einsetzen, können sich nicht profilieren und die Mitglieder besonders für sich einnehmen. Der schwedische Premierminister Göran PERSSON wird als Mitglied der Stockholmer Delegation zur Präsentation der Bewerbung in Lausanne von der internationalen Presse nahezu nicht erwähnt. Ähnlich ergeht es anderen 'Prominenten'.

---

[990] McGEOCH, Stellungnahme, S. 3.
[991] MENEM hat auch das Amt des Ehrenpräsidenten des Bewerbungskomitees inne. Vgl. Organigramm in: [...] BUENOS AIRES 2004, Buenos Aires 2004 Vol. I, Innenseite des Bucheinbandes.
[992] Bildquelle: O. Verf., Heute Entscheidung, (5.09.97).

Konflikte zwischen Bewerbern

Das Verhalten zwischen den Bewerbern um die Spiele ist nicht offiziell festgelegt. Nichtsdestotrotz gibt es ungeschriebene Gesetze für das Verhalten innerhalb der Olympischen Familie. McGEOCH, der CEO der Bewerbung Sydneys, analysiert diese Regeln im Zusammenhang mit seiner ersten Rede vor Mitgliedern der Olympischen Bewegung und legt verschiedene Verhaltensweisen fest. Als wesentlichen Grundsatz formuliert er: *„You never criticised the other bids. You never said, 'We're the best'."* [993] Darüber hinaus fixiert er die Position Sydneys gegenüber den Konkurrenten:

> *I wanted to acknowledge that the other cities were also great cities and tell the audience that the winner of the whole contest had to be the Olympic movement itself.[...], whichever city won, that city would have our unstinting support because we support the Olympic movement.*[994]

Diese entscheidenden Grundlagen des fairen Umgangs unter den Kandidaten werden von einigen Vertretern in der Endphase der Bewerbung grob mißachtet. In einem Interview vom Juni 1997 ermahnt BACH, der Vorsitzende der 'Evaluation Commission', die Städte zu einer fairen Werbekampagne und warnt sie vor den Folgen der Nichtbeachtung: *„The members of the IOC have a very subtle feeling for a fair campaign."*[995]

Während des Bewerbungszeitraumes gibt es drei ernsthafte Konflikte zwischen den Bewerbern, die auch bis in die Öffentlichkeit gedrungen sind. Der erste Fall ereignet sich während der 2. Ostasienspiele in Pusan (Südkorea) im Mai 1997. Die Spiele werden von 34 wahlberechtigten Mitgliedern sowie zwei Ehrenmitgliedern des IOC besucht.[996] Laut den 'Richtlinien 2004' sind Empfänge von Bewerberstädten für IOC-Mitglieder untersagt. Nichtsdestotrotz lädt das Athener Bewerbungskomitee unter der Leitung von ANGELOPOULOS die Mitglieder zu einem Dinner ein. THOMSEN bemerkt dazu skeptisch:

> *[...] the Athens committee apparently held some sort of official luncheon for the International Olympic Committee voters, which <u>appeared</u>* [Hervorhebung durch den Verf.] *to be outside the rules of this election.*[997]

---

[993] Im Oktober 1991 war die GAISF-Konferenz in Sydney. Für die Stadt war es die erste Gelegenheit, den 21 anwesenden IOC-Mitgliedern ihre Bewerbung vorzustellen. Dazu entwirft McGEOCH die Verhaltensmaßregeln. Vgl. McGEOCH, Bid, S. 71 und auch Kap. 4.2.3.

[994] Ebenda.

[995] Zitiert nach: PALACIOS, Thomas Bach, S. 9.

[996] Die Ostasienspiele finden vom 10.-19.10.1997 in Pusan, Südkorea statt. Vgl. [IOC (Hrsg.)]: Week's Olympic News - Number 264 (16.05.96): (http://www.olympic.org/ news/ ehcio264.html, 30.12.97).

[997] THOMSEN, Gift, (21.05.97).

Die Mitbewerber Athens sehen in den Einladungen einen klaren Verstoß Athens. Es sind sich aber alle bewußt, daß es nicht nur für Athen schädlich wäre, wenn man diesen Verstoß offen bei dem IOC anzeigen würde. Das IOC könnte nicht umhin, diesen Fall öffentlich zu untersuchen und würde selbst bzw. mit den betreffenden Mitgliedern unter dem Vorwurf der Vorteilsnahme stehen. Das Bewerbungskomitee Roms drängt auf einen offiziellen Protest, doch die anderen Städte zögern und wollen den Römern die Verantwortung für die Anzeige aufbürden. Der offizielle Sprecher des Stockholmer Bewerbungskomitee führt dazu aus: *„The question has been discussed by the other four cities in a meeting this morning, but Rome has to take the initiative if we want to do it."*[998] Er begründet dies damit, daß Rom die Angelegenheit schließlich auch begonnen habe. Doch der Generaldirektor des CONI, Luciano BARRA, wehrt sich gegen die Rolle des 'Überbringers schlechter Nachrichten': *„Stockholm is being very smart, to let somebody else take the blame for starting trouble."*[999] Die Präsidentin des Athener Bewerbungskomitees kann die Vorwürfe nicht nachvollziehen und betont, daß weder sie noch ihre Organisation gegen die Regeln verstoßen habe. *„I'm absolutely sure that we are going in a formidable way for our bid and also for the Olympic movement"*, sagt ANGELOPOULOS und führt versöhnlich fort, daß man jedem einen Ölzweig sende.[1000] Auf der Basis der vorliegenden Informationen ist nicht endgültig festzustellen, ob die Athener tatsächlich gegen die 'Richtlinien 2004' verstoßen haben.[1001]

In diesem Zusammenhang wird von der Presse eine besondere Rivalität zwischen Athen und Rom aufgebaut. Schon im Januar 1996 wird ein klassischer mediterraner Kampf zwischen Athen und Rom erwartet.[1002] Zunächst wird dies im Mai 1997 noch abwegig von dem Verbot Olympischer Spiele durch den Römischen Kaiser THEODOSIUS den Großen hergeleitet.[1003] Doch schon zu dieser Zeit wird erwartet, daß es im August bei der Leichtathletik-Weltmeisterschaft in Athen zu einer heftigen Auseinandersetzung zwischen den beiden Bewerberstädten kommt (vgl. auch Kap. 5.3.1).[1004] Tatsächlich übt der Präsident des Leichathletik-Weltverband Primo NEBIOLO auch schon kurz nach Beginn der Veranstaltung an der

---

[998] Zitiert nach: THOMSEN, Gift, (21.05.97).

[999] Zitiert nach: Ebenda.

[1000] Zitiert nach: Ebenda.

[1001] Der Vorwurf der anderen Bewerberstädte bezieht sich auf das Verbot (Appendix A: Instructions, Punkt 2.4 'Receptions and events'), das den Kandidaten untersagt Empfänge oder Essen für Mitglieder zu organisieren oder an solchen teilzunehmen, die von Dritten zur Unterstützung ihrer Bewerbung veranstaltet werden. Vgl. IOC, Manual 2004, S. 22.

[1002] Vgl. o. Verf., Cape Town (8.01.96).

[1003] Vgl. THOMSEN, Gift, (21.05.97).

[1004] Vgl. ebenda.

Organisation Kritik und ist von dem geringen Zuschauerinteresse enttäuscht. Er moniert Fehler und fordert, daß die griechischen Gastgeber Soldaten in das Stadion schicken, um die Ränge zu füllen oder Lautsprecherwagen durch Athen fahren zu lassen, um Zuschauer zu gewinnen.[1005] Schließlich verbindet er noch die Weltmeisterschaft mit der Bewerbung um die Olympischen Spiele und urteilt, *„the reality is the Greeks are not capable of organising an event of such nature.“*[1006] Im griechischen Fernsehen bewertet er die Leistung der griechischen Organisatoren als höchstens 'mittelmäßig' und ergänzt, daß der Erfolg der Veranstaltung zum Großteil dem IAAF zu verdanken sei.[1007] Darüber hinaus

> *scheute [er] sich auch nicht, gleich das ganze Land als Außenseiter der Europäischen Union abzuqualifizieren und als Beleg dafür hohe Arbeitslosenzahlen [vgl. Abb. 41, S. 205, d. Verf.], wirtschaftliche Krisen sowie die Konflikte mit Mazedonien und Zypern anzuführen. Und damit keiner am Motiv des Frontalangriffs zweifelt, bewertete er die Bewerbung Athens um die Spiele 2004 als nicht olympiatauglich.*[1008]

Die Zuschauer der Weltmeisterschaft pfeifen den Präsidenten des Leichtathletik-Verbandes bei seinem Erscheinen am letzten Tag der Veranstaltung minutenlang aus.[1009] Der griechische Außenminister läßt sich angesichts der o.a. Äußerungen NEBIOLOS zu einer Erwiderung hinreißen und bemerkt: *„[...] I would not dream of saying that the Mafia characterises Italy, and that Rome therefore does not deserve the Games.“*[1010] Der römische Bürgermeister RUTELLI versucht, die Emotionen wieder zu beruhigen. Ihm scheinen die schädlichen Auswirkungen dieser Auseinandersetzungen bewußt zu sein. Diplomatisch lädt er seinen Athener Kollegen zu einem Besuch nach Rom ein und kündigt einen 'Freundschaftspakt' mit Athen an.[1011] Auch ANGELOPOULOS versucht sich ganz aus dieser Kontroverse herauszuhalten. In einem Interview direkt im Anschluß an die Leichathletik-Weltmeisterschaft, erwähnt sie trotz des aktuellen Anlasses nicht einmal den Namen NEBIOLO.

Wenige Tage nach der Veranstaltung der IAAF in Athen wird die Universiade in Palermo ausgetragen. Der Präsident des Studenten-Weltverbandes ist ebenfalls NEBIOLO, und er erwartet nun nach eigener Aussage *„Angriffe der*

[1005] Vgl. HUBBARD, Lady, (10.08.97).

[1006] Zitiert nach: [o. Verf.]: „Olympics - Nebiolo questions Athens organisation", in: Reuter (14.08.97).

[1007] Vgl. OWEN, Richard: „Rome and Athens trade insults on Games venue", in: The Times (14.08.97).

[1008] [o. Verf.]: „Im Porzellanladen", in: FAZ (14.08.97).

[1009] Vgl. LADINSER, Uwe: „Der olympische Kleinkrieg zwischen Rom und Athen geht weiter", in: dpa (15.08.97).

[1010] OWEN, Rome and Athens, (14.08.97).

[1011] Vgl. LADINSER, Olympischer Kleinkrieg, (15.08.97).

Griechen".[1012] Die Griechen sagen aus 'technischen Gründen' ihre Teilnahme zunächst ab, sagen dann aber schließlich einen Tag vor der Eröffnung wieder zu.[1013]

In den dritten Konflikt ist ebenfalls der Ehrenpräsident des römischen Bewerbungskomitees verwickelt. Anfang August zerstört ein Bombenanschlag in Stockholm Teile des Olympiastadions, und NEBIOLO schickt einen Brief nach Stockholm und bekundet darin seine Sympathie für die Schweden. Das Bewerbungskomitee Stockholms wirft NEBIOLO *„politische Einmischung"* vor und

> *Olaf* [sic] *Stenhammer, Präsident des Stockholmer Bewerbungskomitees beschuldigt Nebiolo aus dem Bombenattentat auf das Stockholmer Olympiastadion politisches Kapital schlagen zu wollen.*[1014]

Bis zu diesem Zeitpunkt habe die Polizei noch keinen Zusammenhang zwischen dem Anschlag und der Bewerbung um die Olympischen Spiele 2004 hergestellt. Erst der Brief habe diese Verbindung erstmals öffentlich thematisiert. Auch in diesem Fall versucht der römische Bürgermeister RUTELLI, einen Schaden für die Bewerbung Roms abzuwenden.

> *[...] Rutelli also sent a letter to the Swedes, saying the bombing should not influence the International Olympic Committee when it select the 2004 host city [...].*[1015]

Kurz nach dem Ende der Leichathletik-WM bemerkt NEBIOLO: *„This situation of the bidding cities is becoming a fire, and I don't understand why."*[1016] Doch die von NEBIOLO demonstrierte Naivität hilft nicht mehr. Der Vorwurf, aus den Bombenanschlägen gegen die schwedischen Konkurrenten politischen Vorteil ziehen zu wollen und der gleichzeitige Versuch, die griechischen Gastgeber der Leichathletik-Weltmeisterschaft als unfähig und politisch wie wirtschaftlich instabil abzuqualifizieren, fällt auf NEBIOLO zurück. Zwar wird auch den Griechen und Schweden eine Mitschuld an dem 'Austausch von Beleidigungen' gegeben,[1017] das Verhalten NEBIOLOs wird aber einhellig kritisiert. Schließlich fordert das IAAF-Ratsmitglied Eisa AL-DASHTI aus Kuwait in einem öffentlichen Brief an NEBIOLO, daß sich dieser für sein

---

[1012] Zitiert nach: LADINSER, Olympischer Kleinkrieg, (15.08.97).

[1013] Vgl. ebenda/ LONG, Olympics - Sicily, (19.08.97).

[1014] O. Verf., Vergabe, (9./ 10.08.97).

[1015] Vgl. WILSON, Stephen: „Stockholm bid chief assails Nebiolo", in: Associated Press (9.08.97): (http:// www.projo.com/horizons/ap/test/OLY/ fffa0f73.html, 31.12.97).

[1016] Vgl. WILSON, Stephen: „Race for 2004 getting 'ugly'", in: USA TODAY (11.08.97).

[1017] Vgl. OWEN, Rome and Athens, (14.08.97)/ o. Verf., Im Porzellanladen, (14.08.97).

Verhalten beim griechischen Volk entschuldigen oder als IAAF-Präsident zurücktreten müsse.[1018]

Während STENHAMMER den Fehler macht, sich auf eine Auseinandersetzung mit NEBIOLO einzulassen, hält sich ANGELOPOULOS klug aus den Streitereien heraus. Sie handelt ganz im Sinne der von McGEOCH aufgestellten Verhaltensregeln und spricht niemals schlecht über die Mitbewerber. Auch der römische Bürgermeister RUTELLI kann seine Position innerhalb der Olympischen Bewegung durch sein Engagement um Fairneß verbessern. Den Schaden, den NEBIOLO durch seine Äußerungen in der Olympischen Bewegung für die Kandidatur Roms angerichtet hat, kann er aber damit nicht gutmachen. Die Städte Buenos Aires und Kapstadt können aus der Konfrontation zwischen den europäischen Kontrahenten nur profitieren.

Präsentation auf dem Wahlkonvent des IOC
Die Präsentation auf dem Wahlkonvent des IOC im September 1997 in Lausanne bietet den einzelnen Teams eine letzte Möglichkeit, sich und ihre Bewerbung noch einmal der Öffentlichkeit und den IOC-Mitgliedern zu präsentieren. Das IOC organisiert für die 106. Session im Palais de Beaulieu einen zeitlichen und technischen Rahmen für die Vertreter der Kandidaturen. Am 5. September sind von morgens 9:00 bis abends 16:10 Uhr die Präsentationen der Städte in der Reihenfolge Stockholm, Kapstadt, Athen, Buenos Aires und Rom geplant.[1019] Im Anschluß an jede Vorstellung ist für die jeweilige Stadt eine Pressekonferenz vorgesehen.[1020] Parallel dazu dürfen die Bewerber während der gesamten Session in der Halle 1 des Palais einen Informationsstand unterhalten.[1021] Zusätzlich wird jeder Stadt ein eigenes Verwaltungs- sowie ein Pressebüro zugewiesen.[1022] Für die Präsentation hat jeder Kandidat einen eigenen Raum zur technischen Ablaufsteuerung.[1023]

Die griechische Delegation hält sich auch bei ihrer Abschlußpräsentation konsequent an ihr bisheriges Auftreten.[1024] Nach der Meinung KNECHTs ist ihre Darstellung

---

[1018] Vgl. [o. Verf.]: „IAAF council member demands resignation of Nebiolo", in: Associated Press (21.08.97).

[1019] Für die einzelnen Städte galt folgender Zeitplan: 9:00 - 9:55 Uhr Stockholm, 10:15-11:10 Kapstadt, 11:30 - 12:25 Athen, 14:00 - 14:55 Buenos Aires und 15:15 - 16:10 Rom. Vgl. IOC, 106ᵉ Session Welcome Guide, S. 11. Die Reihenfolge der Städte wurde per Los bestimmt. Vgl. KIDANE, 106th IOC Session, S. 21.

[1020] Vgl. IOC, 106ᵉ Session Welcome Guide, S. 24.

[1021] Vgl. ebenda, S. 33.

[1022] Vgl. ebenda, S. 35.

[1023] Vgl. ebenda, S. 34.

[1024] Der Inhalt der Rede von ANFGELOPOULOS anläßlich einer Präsentation der Bewerbung Athens auf der Generalversammlung der ONOC auf der Insel Guam im Pazifischen Ozean und die Aussagen auf der

eloquent mit einer Fülle ökonomischer, ökologischer, technischer und organisatorischer Daten, per Bild und Wort klug komplettiert mit Programmankündigungen zur Pflege und Bewahrung des olympischen Kulturerbes.[1025]

Walther TRÖGER, eines der beiden deutschen IOC-Mitglieder, nennt die Athener Präsentation insbesondere deswegen geschickt, weil diese immer wieder Sequenzen von Wettkämpfen griechischer Sportler bei den Spielen 1996 in Atlanta integriert haben. Dies sei, meint er, *„eine mahnende Erinnerung an die Unbotmäßigkeit des IOC, die Jahrhundertspiele nicht an ihren Ursprungsort [...] vergeben zu haben."*[1026] Doch es ist anzunehmen, daß sich TRÖGER in diesem Fall irrt. ANGELOPOULOS liegt es fern, den Beschluß des IOC, die Spiele von 1996 an Atlanta vergeben zu haben, zu kritisieren. Im Gegenteil, sie distanziert sich sogar von dem Vorgehen und der Anspruchshaltung des Athener Bewerbungsteams um die Spiele 1996.[1027] Es ist vielmehr die Absicht der Athener, mit diesen Bildern zu zeigen, daß sie auch nach der Entscheidung für Atlanta loyal die Olympische Bewegung unterstützen: *„Athens is loyal to the Olympic Games."*[1028]

Die Präsentation der anderen Städte bleibt zum Teil enttäuschend. Insbesondere die Argentinier vermögen es nicht, ihre gute Bewerbung auch entsprechend darzustellen. Der Präsident Argentiniens MENEM kann in seiner Ansprache die IOC-Mitglieder emotional nicht erreichen und der Entschluß, große Teile in Spanischer Sprache vorzutragen, dürfte wohl ein Fehler gewesen sein. Auch die Stockholmer können mit ihrer gediegenen Präsentation keinen Umschwung in der Entscheidung der IOC-Mitglieder mehr erreichen. Eine Enttäuschung ist auch die Präsentation Roms. Die Römer bieten mit PAVAROTTI noch einen weltbekannten Tenor als Vertreter der italienischen Kultur auf und erhoffen sich, mit ihm die unschlüssigen Mitglieder des IOC gewinnen zu können. Doch die Rede des Tenors ist kurz und inhaltslos, und auch die übrige Präsentation Roms kann die hohen Erwartungen, die durch die Bewerbungsbücher erzeugt werden, nicht ganz erfüllen. Die Südafrikaner können dagegen mit der Ansprache MANDELAs,

---

Präsentation in Lausanne sind nahezu gleich. Vgl. ANGELOPOULOS-DASKALAKI, Ansprache Guam/ 106e Session CIO [...], Présentation Athènes 2004, 5.09.97.

[1025] KNECHT, Willi Ph.: „IOC-Session der nüchternen Geschäftigkeit", in: NOK-Report 10 (Oktober 1997): S. 16.

[1026] KNECHT faßt inhaltlich die Meinung von TRÖGER zusammen: KNECHT, IOC Session, S. 16.

[1027] Vgl. WALDBRÖL, Lehrmeister, (8.07.97)/ WILSON, Stephen: „Athens to host 2004 Olympics", in: Associated Press (5.09.97): (http://www.news-observer.com/newsroom/...rts/090597/sportst_25578_noframes.html, 31.12.97) und auch Kap. 5.3.1.

[1028] 106e Session CIO [...], Présentation Athènes 2004, 5.09.97.

dem laut KNECHT „*tiefen Respekt*" entgegengebracht wird,[1029] und einer ausgezeichneten Selbstdarstellung insgesamt beeindrucken, aber schließlich doch nicht überzeugen.

Der Vergleich der Präsentationen fällt leicht. Die Darstellung Athens ist nicht begeisternd, sondern erreicht die Wahlmänner, in dem sie stringent die Wahlstrategie Athens weiterführt. Die restlichen Kandidaten beurteilt KNECHT passend in knappen Worten: „*Buenos Aires und Stockholm chancenlos, Rom und Kapstadt Kopf an Kopf vorneweg.*"[1030]

6.4 Wahleinschätzung

In der Zeit vor der offiziellen Anmeldung der Bewerbungen um die Spiele im Jahr 2004 scheint alles für die ersten afrikanischen Olympischen Spiele zu sprechen.[1031] Doch mit der Bekanntgabe der Kandidatur Roms gibt es bereits zwei hoch eingeschätzte Bewerber.[1032] Als dann die Bewerbung Athens kurz vor Anmeldeschluß bekannt wird, gilt diese auch sofort als einer der Favoriten.[1033] Bis zu den ersten Rückmeldungen der 'Evaluation Commission' bleibt die vorgenannte Reihenfolge Rom, Kapstadt und Athen erhalten.[1034] Stockholm und Buenos Aires, die späteren Finalteilnehmer, werden zu diesem Zeitpunkt wenig berücksichtigt. Vor dem Bericht der Kommission sind die Bewertungen der Sportfunktionäre und -journalisten eher subjektiv und ohne fundierte Analyse.

Nach der Vorlage des Berichts der IOC-Prüfungskommission ändert sich die Einschätzung der Bewerbungen. Nun gehört Stockholm mit zu den Favoriten und auch Buenos Aires wird neben den drei o.g. Städten zu dem Kreis möglicher Finalteilnehmer gezählt.[1035] Die Vorauswahl bestätigt die meisten Prognosen. Zu deutlich dominieren die fünf Städte die Bewerbungen.

Immer wieder wird betont, daß es bei der anstehenden Wahl wahrscheinlich sei, daß eine europäische Stadt gewählt werde.[1036] Der Vorsitzende des EOC,

---

[1029] KNECHT, IOC Session, S. 15.
[1030] Ebenda.
[1031] Vgl. o. Verf., Für Spiele 2004, (24.02.95).
[1032] Vgl. o. Verf., Samaranch, (8.11.95).
[1033] Vgl. [o. Verf.]: „Eleven cities bid for 2004 Summer Games", in: RIS (10.01.96): (http://www2.nando.net/.../ oly11031.html, 31.12.97).
[1034] Vgl. [o. Verf.]: „All roads still lead to Rome", in: Mail&Guardian (2.02.96): (http://www.mg.co.za/mg/news/96feb/ 2feb-olympics.html, 12.12.97).
[1035] Vgl. [o. Verf.]: „Olympia/2004/ Athen, Buenos Aires, Rom und Stockholm mit den besten Chancen", in: dpa (20.02.97)/ FISCHER, Minister Pele, (6.03.97).
[1036] Vgl. LUNZENFICHTER, Race, (Mai 1997).

das IOC-Mitglied Jacques ROGGE, meint, daß es *„an der Zeit [sei], wieder nach Europa zurückzukommen."*[1037] Sein brasilianischer Kollege im IOC, HAVELANGE, legt sich im Mai 1997 bei einem Besuch in Rom darauf fest, daß seiner Meinung nach die Spiele 2004 in Europa stattfinden werden.[1038] Trotz dieser Tendenz zu der Wahl einer europäischen Stadt wird Kapstadt weiterhin als möglicher Gewinner eingestuft. Kapstadt erhofft sich die Stimmen der afrikanischen und asiatischen IOC-Mitglieder, und *„die Anhänger Kapstadts sind überzeugt, daß [...] die südafrikanische Stadt den Zuschlag bekommt."*[1039] Der Leiter des Bewerbungskomitees Kapstadts BALL meint im Januar 1996, daß Kapstadt mit einem professionellen technischen Plan schwerlich verlieren könne.[1040] Kurz vor der Wahl bestätigt er nochmals seine Auffassung: *„Wenn es ein vernünftiges afrikanisches Konzept gibt, muß sich das IOC schon sehr genau überlegen, es nicht zu nehmen."*[1041]

Buenos Aires erscheint in dieser Konstellation mit drei europäischen und einer afrikanischen Stadt als ein chancenloser Außenseiter.[1042] Obwohl die Bewerbung in der spanisch schreibenden Presse neben Athen und Rom als eine der herausragenden Bewerbungen gesehen wird[1043] und auch in dem Bericht der 'Evaluation Commission' sehr gut abschneidet, kann die Stadt sich nicht in eine aussichtsreiche Position bringen. Die Städte Athen, Rom und Stockholm gehören seit der Veröffentlichung des Berichts durch ihre technischen Qualitäten und ihre Zugehörigkeit zu Europa zu den Anwärtern auf die Wahlsieg. Doch keiner der Bewerber erscheint so stark, daß ihm der Sieg sicher sei.[1044]

Im Juli ermittelt 'Reuters' in einer Umfrage unter IFs, Sponsoren und Journalisten noch eine deutliche Mehrheit für Stockholm gegenüber Rom. Ende August, nach den Bombenanschlägen auf die schwedischen Sportanlagen, ist es nur noch eine geringe relative Mehrheit, die sich für die schwedische Hauptstadt ausspricht. Athen ist bei diesen Umfragen deutlich abgeschlagen.[1045] Daraus zieht die schwedische Hauptstadt ihren

---

[1037] Zitiert nach: SCHMIDTKE, Vier plus eins, S. 3.

[1038] Vgl. [o. Verf.]: „Havelange: Olympia 2004 in Europa", in: sid (13.06.97).

[1039] SINGH, Kapstadt, (21.06.97).

[1040] Vgl. DREW, Olympics, (11.01.96).

[1041] Zitiert nach: STRATMANN, Bewerber, (21.08.97).

[1042] Vgl. HEIMERZHEIM, Peter: „Mandela kämpft für Kapstadt und vor allem gegen Rom. Erstmals Sommerspiele in Afrika? - Italiens Hauptstadt Favorit bei der Wahl der Olympiastadt 2004, Buenos Aires Außenseiter", in: Die Welt (5.09.97): (http:// www.welt.de/achiv/1997/09/05/0905sp03.html, 24.04.99).

[1043] Vgl. [o. Verf.]: „Ferrer Salat: 'Buenos Aires, Atenas y Roma en primera fila'", in: EFE Agence Espagnole de Presse (8.08.97)/ FAIOLA, Buenos Aires, (22.08.97).

[1044] Vgl. LUNZENFICHTER, Race, (Mai 1997).

[1045] In der ersten Umfrage Anfang Juli erhält Stockholm neun von vierzehn Stimmen. Bei der zweiten Umfrage, kurz vor der Abstimmung erhält Stockholm zehn, Rom neun und Athen lediglich zwei Stimmen. Natürlich kann diese

Optimismus, trotz der Anschläge noch gewählt zu werden. Andere sehen die Chancen nicht so positiv, sondern sehen in Stockholm eher einen Kompromiß, um im Falle des Ausscheidens von Rom oder Athen, die verbleibende andere Stadt zu verhindern.[1046]

Nach den Olympischen Spielen in Atlanta gibt es die Auffassung, daß die Bewerbung Athens nach den Problemen in Atlanta zeitlich kaum besser hätte positioniert werden können. *„This Athens bid could hardly be better timed after the commercialism and tackiness of Atlanta. The mood may well be that a return to the spiritual home of the games is overdue [...]"*[1047] Zustimmung erhält die Bewerbung auch von denjenigen, die eine Vergabe an Athen ungeachtet aller Rahmenbedingungen für zwingend erachten: *„Logically, traditionally and morally, the 2004 Games belong to Athens."*[1048] Das Bewerbungskomitee Athens ist sich bis wenige Wochen vor der Abstimmung sicher, daß sie gewählt werden. Zu Beginn der Leichathletik-Weltmeisterschaft bekundet ANGELOPOULOS: *„Wenn alles glatt läuft, haben wir den Zuschlag in der Tasche."*[1049] Die Ereignisse um die Veranstaltung, die Aktionen der Umweltschützer und die Anschläge in Athen (vgl. Kap. 5.3.1) lassen die Verantwortlichen dann aber doch an ihrem Erfolg zweifeln.[1050]

Die Fürsprecher Athens sind gegenüber denen Roms in der Minderheit. Während der gesamten Bewerbungszeit kann sich Rom als klarer Favorit behaupten. Seit der Nominierung durch das CONI wird die Stadt von vielen Seiten als idealer Austragungsort für die Spiele 2004 gepriesen. DUNCAN erklärt, daß Rom insbesondere deshalb der voraussichtliche Sieger sei, weil einerseits nun eine Stadt in Europa zur Wahl anstehe und andererseits die Stadt aber auch über die entsprechenden Einrichtungen verfüge, um die Spiele zu handhaben. *„The early favourite is Rome, partly because it should now be Europe's turn. Rome has the facilities, communications and experience [...]."*[1051] Eine andere Begründung bezieht sich darauf, daß Rom mit seiner Bewerbung den Spielen von Barcelona 1992 am nächsten komme:

Umfrage schon angesichts der abgegebenen Stimmen nicht repräsentativ sein. Vgl. ILEY, Karen: „Olympics - Rome to clinch race for 2004 Games - poll", in: Reuter (28.08.97)/ WARNER, Olympics - Athens, (28.08.97).

[1046] Vgl. ILEY, Olympics - Rome, (28.08.97).

[1047] DUNCAN, 2004, (1.11.96).

[1048] HUBBARD, Lady, (10.08.97).

[1049] Zitiert nach: ANTONAROS, Evangelos: „Aufregung zu Füßen der Akropolis", in: Berliner Morgenpost (2.08.97): (http://www.berliner-morgenpost.de/bm/bm_archiv/ 970802/titel/story09.html, 31.12.97).

[1050] Vgl. ANTONAROS, Anschlag, (5.09.97).

[1051] DUNCAN, John: „All roads still lead to Rome", in: Mail&Guardian (2.02.96): (http://www.mg.co.za/mg/news/96feb/ 2feb-olympics.html, 12.12.97).

*Rome appears to be the favourite largely because it might come closest
to recreating the spirit of Barcelona's 1992 Summer Games, regarded as
the finest of the modern commercial era.*[1052]

Zwar werden die verbalen Angriffe NEBIOLOs gegen Athen von allen Seiten
als nicht förderlich für die römische Bewerbung interpretiert, doch *„Rom bleibt
Favorit".*[1053] Die Bombenanschläge in Stockholm und Athen stützen die
Position Roms, so daß es am Vortag der Wahl schon eindeutig festgelegte
Prognosen gibt: *„Die Olympischen Spiele 2004 werden in Rom stattfinden.
Das Gegenteil wäre nicht nur eine Überraschung, sondern eine Sensation."*[1054]
KNECHT berichtet, daß auch zwei Buchmacher in London die römische
Hauptstadt klar als Favorit gesehen haben. Im Gegensatz zur Presse ist dort
aber Kapstadt vor Athen der größte Konkurrent.[1055]

[1052] THOMSEN, Gift, (21.05.97).

[1053] O. Verf., Im Porzellanladen, (14.08.97)/ FISCHER, Christoph: „Vergabe der Olympischen Spiele 2004. Bomben schmälern die Chancen Stockholms. Bekennerbrief traf in London ein/ Bach: 'Im Moment hochsensibel'", in: sid (27.08.97).

[1054] NÄGELE, Frank: „Der hohe Favorit. Rom", in: Kölner Stadtanzeiger (4.09.97).

[1055] KNECHT gibt folgende Quoten der beiden Buchmacher an: Rom 5:4 bzw. 6:4, Kapstadt 11:8 bzw. 11:4 und Athen jeweils 7:2. Vgl. KNECHT, IOC Session, S. 15.

7. WAHL ATHENS AUF DER 106. SESSION DES IOC

Die Wahl des Austragungsortes Olympischer Spiele ist schon immer ein besonderes und wichtiges Ereignis des IOC gewesen. Die gewählte Stadt konzentriert nicht nur über den Zeitraum mehrerer Jahre die Planungen und Abläufe des IOC auf sich, sondern beeinflußt auch über ihre eigene Interpretation des Olympismus die Entwicklung der Olympischen Bewegung. Am 21. Oktober 1974 sagt der damalige IOC-Präsident Lord KILLANIN den IOC-Mitgliedern zur Einstimmung auf die Wahl des Austragungsortes der Spiele von 1980:

> *A matter of paramount importance is the selection of the cities for the 1980 Games. [...] This is the most important decision which the International Olympic Committee has to make every four years and I hope that our members will consider every aspect of the candidatures so that a correct decision is made.*[1056]

Seit der Rede von KILLANIN sind die politischen und wirtschaftlichen Auswirkungen der Spiele immens gewachsen. Die Politiker und Wirtschaftsführer der Bewerberländer verknüpfen mit dem Erfolg einer Bewerbung erhebliche soziale und ökonomische Konsequenzen. Da es jedoch immer nur einen Gewinner geben kann, haben die letzten Wahlergebnisse auf seiten der Verlierer massive Gegenreaktionen und gleichzeitig ernsthafte Kritik der Medien und der Öffentlichkeit hervorgerufen.[1057] LANDRY weist daraufhin, daß mit jeder Wahl die Glaubwürdigkeit der IOC-Mitglieder auf dem Spiel stehe:

> *The election of the host city for the Olympic Games is crucial for the Olympic Movement as a whole, particularly for the members of the IOC, who commit their own credibility, as well as the credibility and legitimacy of the organization.*[1058]

[1056] Eröffnungsrede der 75. Session des IOC von Lord KILLANIN in Wien. IOC, Lord Killanin, S. 43.

[1057] Vgl. LANDRY, IOC Vol. III, S. 80. Nach der letzten Wahl, im Juni 1999, um den Austragungsort der Olympischen Winterspiele 2006 gibt es heftige Reaktionen von seiten der unterlegenen Schweizer. Diese hatten fest mit der Wahl Sions gerechnet. Die Schweizer Fernsehreporter nennen bei der 'Liveübertragung' das Wahlergebnis 'unfair', 'einen Skandal' und erklären, daß das IOC mit dieser Wahl seine Glaubwürdigkeit verloren habe. Vgl. BULMANN, Erica: „Swiss celebration turns to anger after IOC announcement", in: Associated Press (19.06.99): (http://www.sportserver.com/generic/story/0,1673,61678-98079-699028-0,00.html, 5.07.99). RINGHOFER berichtet dazu: „Die Verstimmung zwischen dem IOK und der Schweiz trat auch gestern Sonntag [20.06.1999, d. Verf.] hervor, als IOK-Präsident Juan Antonio Samaranch die Sessionssitzung unterbrach, um die übermässigen [sic] Reaktionen gewisser Leute zu bedauern, die in Lausanne eine Statue vor dem Olympischen Museum besprayt hatten. Der Bundesrat hatte dem IOK eine Erklärung gesandt, aus der die Enttäuschung über den Ausgang der Wahl deutlich herauszulesen war." RINGHOFER, Dieter: „Wer im IOK gegen Sion gestimmt hat. Die Schweizer Kandidatur Sion 2006 ist hauptsächlich am Veto der afrikanischen, arabischen und lateinischen IOK-Delegierten gescheitert. Auch aus Europa gingen viele Stimmen an Turin", in: Tages Anzeiger (21.09.97): (http://www.smd.ch/egi-bin/ta/smd_dok.cgi?RA1999062202018, 9.07.99).

[1058] LANDRY, IOC Vol. III, S. 80.

106. Session des IOC

Die Veranstaltung findet im Palais Beaulieu in Lausanne vom 2. - 6. September statt. Das IOC inszeniert dabei die Wahl des Austragungsortes der Spiele 2004 zu einem perfekt abgestimmten Schauspiel. Obwohl die Öffentlichkeit nicht zu den Sitzungen oder dem Veranstaltungshaus zugelassen ist, läßt das IOC von dem Lausanner Künstler Pascal BESSON ein offizielles Motiv für die Sitzung entwerfen. Der Künstler kreiert ein Ölgemälde mit dem Titel 'Olympic Perspectives', daß eine Sicht vom Eingang des Olympischen Museums in Lausanne auf den Genfer See zeigt (vgl. Abb. 51, S. 230). Das Motiv findet sich konsequent auf allen Objekten, die das IOC anläßlich der Session herausgibt.

Abb. 51: Offizielles Motiv der 106. Session des IOC in Lausanne[1059]

Dazu zählen ein Video, die Einladung zur Session, der Veranstaltungsführer und eine 'Swatch'-Uhr, die speziell zu diesem Anlaß herausgegeben wird.[1060] In den Geschäften der Stadt Lausanne wird das Poster verteilt und DEUMED erklärt den Hintergrund:

> Its image of serenity has flooded the streets of Lausanne and was regularly on view in the windows that local stores created to receive those who attended the 106th Session of the IOC.[1061]

Adressat dieser Werbung sind die mehr als 800 Pressevertreter, welche zur Session nach Lausanne gereist sind. Unter den Akkreditierungen machen die Journalisten aus den Bewerberländern natürlich einen großen Teil aus.[1062]

[1059] Bildquelle: Olympic Review XXVI-14 (April-Mai 1997): Innenseite Heftumschlag.

[1060] Vgl. DEUMED, Anna: Pascal Besson. „Creator of the official poster for the 106th Session of the IOC", in: Olympic Magazine 14 (November 1997): S. 32.

[1061] DEUMED, Pascal Besson, S. 32.

[1062] Das IOC berichtet, daß für Italien 107 Akkreditierungen vergeben wurden, für Griechenland 105, für Argentinien 81, für Schweden 74 und für Südafrika 26. Vgl. IOC, Week's [...] 281, (12.09.97).

Das IOC bietet den Städten noch einmal Gelegenheit, sich den IOC-Mitgliedern, aber auch den Journalisten in aller Welt zu präsentieren. Vom 2. bis zum 6. September können die Bewerber auf ihren Ständen und Pressekonferenzen mit der Kandidatur für ihre Stadt Werbung machen.

Den Journalisten wird ein dramaturgisches Schauspiel geboten. KIDANE beschreibt es als *„world wide event, [...] an event full of joy and sorrow, an event of discovery and all manner of strategies in which public and sport authorities are united for the same clause."*[1063] Der Höhepunkt ist die Verkündung des Wahlergebnisses. Diese Zeremonie wird weltweit über das Fernsehen übertragen.

Wahl

Nach der Präsentation der einzelnen Bewerber am 5. September und den jeweils anschließenden Fragen der IOC-Mitglieder gibt es durch Thomas BACH, den Vorsitzenden der 'Evaluation Commission', einen Abschlußbericht zu den Arbeiten seiner Kommission. Er erklärt, daß eine Ergänzung zu dem seit Januar 1997 vorliegenden Bericht seiner Kommission nicht notwendig sei.[1064] Im Anschluß daran wählen die IOC-Mitglieder in einer geheimen Wahl den Austragungsort der XXVIII.

Abb. 52: Präsident SAMARANCH verkündet den Wahlsieger

Olympischen Spiele 2004.[1065] Nach dem letzten Wahlgang nehmen die IOC-Mitglieder, ohne das Ergebnis der letzten Wahlrunde zu kennen, im Saal auf dem Podium Aufstellung. Der Leiter des Wahlausschusses MBAYE überreicht dem IOC-Präsidenten einen verschlossenen Umschlag, in dem der Name des Wahlsiegers steht. Um 18:55 Uhr verkündigt Juan Antonio SAMARANCH:[1066] *„The city, which has the honour and responsibility to organize the Olympic Games of the year 2004 is - Athens!"*[1067]

[1063] KIDANE, 106th IOC Session, S. 21.

[1064] Vgl. 106e Session CIO - Lausanne 1997. „Rapport". Videocassette PAL INTER, Durée: 2h, The Olympic Museum (Lausanne), 5. September 1997.

[1065] Vgl. zum Thema Wahlmodus Kap. 3.5.

[1066] Vgl. FISCHER/ MORBACH, Olympia, (6./7.09.97).

[1067] Mitschrift durch den Verf. bei der 'Liveübertragung' der Verkündung des Wahlsiegers durch SAMARANCH am 5.09.97 im deutschen Fernsehen.

Abb. 53: Die IOC-Mitglieder auf dem Podium des Saals 280 im Palais de Beaulieu[1068]

7.1 Reaktionen

Im Gegensatz zu der Wahl um die Spiele 1996 hat das Bewerbungskomitee Athens diesmal in der griechischen Hauptstadt keine Siegesfeiern organisiert. BACIA vergleicht die vorbereiteten Aktionen für den Fall der Wahl als Austragungsort der Spiele 1996 bzw. 2004:

> *Einundzwanzig Schuß Salut hat es nicht gegeben. Dergleichen war diesmal [1997, d. Verf.] auch gar nicht geplant. Solch hochoffizielles Zeremoniell und eine ganze Reihe anderer bombastischer Veranstaltungen hatte man beim letzten Mal vorbereitet. Diesmal war die Freude der Griechen ganz spontan.*[1069]

Ganz bewußt und deutlich grenzt sich das Komitee Athens von der vorherigen Bewerbung ab und will den Eindruck vermeiden, daß man auch diesmal mit dem Zuschlag rechne. ANGELOPOULOS bestätigt die selbst auferlegte Bescheidenheit: *„In the bottom of my heart, I knew we would win. But I never, never expressed that to anybody.“*[1070] Auch im Moment des Erfolges zeigt die

---

[1068] Bildquelle: Olympic Review XXVI-14 (April-Mai 1997): S. 23.

[1069] BACIA, Mutterland, (8.09.97).

[1070] Zitiert nach: MURPHY, Olympic, (11.09.97)..

Präsidentin des Bewerbungskomitees Athens, daß sie zurecht für ihr Auftreten von der Presse gelobt wird. *„Formvollendet bekundete sie den gescheiterten Mitwettbewerbern 'Respekt und Bewunderung' und bat um Unterstützung."*[1071]

Abb. 54: Die Delegation Athens auf dem Podium nach der Verkündigung des Wahlergebnisses[1072]

Vor dem Zappeion, dem Sitz des Bewerbungskomitees in Athen, sind für die Öffentlichkeit lediglich Videoleinwände zur Übertragung der Verkündung des Wahlergebnisses aufgestellt worden. Dazu finden sich nur ein paar hundert Menschen ein. *„Der Rest der Nation harrte vor dem Fernseher aus."*[1073] Nach der Bekanntgabe der Wahl Athens *„fiel ganz Griechenland in einen bisher noch nie dagewesenen Freudentaumel."*[1074] Ein *„Feuerwerk erleuchtete den Himmel"* und *„Autokorsos brachten den Verkehr vorübergehend zum Erliegen. Doch auch diese Feierlichkeiten hielten sich in Grenzen."*[1075]

In den anderen Städten der Finalteilnehmer sind zum Teil große Feiern anläßlich der Entscheidung des IOC organisiert worden. In Kapstadt verfolgen über 40.000 Menschen die Entscheidung auf Großleinwänden. Nach der Bekanntgabe werden Sperren umgestoßen, und es kommt zu einzelnen

---

[1071] BACIA, Mutterland, (8.09.97).

[1072] Bildquelle: Olympic Review XXVI-14 (April-Mai 1997): S. 23. (vordere Reihe: IOC-Generaldirektor François CARRARD, Lambis W. NIKOLAOU, Dimitris L. AVRAMOPOULOS, halb verdeckt Juan Antonio SAMARANCH, Gianna ANGELOPOULOS, Marc HODLER)

[1073] BACIA, Mutterland, (8.09.97).

[1074] FISCHER/ MORBACH, Olympia, (6./7.09.97).

[1075] O. Verf., Sieben schwierige Jahre, (6.09.97).

Auseinandersetzungen mit der Polizei.[1076] Der anglikanische Erzbischof Kapstadts, Njongonkulu NDUNGANE spricht von einer *„große[n] Enttäuschung für die Stadt, Südafrika und den ganzen Kontinent.“*[1077] Die Repräsentanten und Vertreter der Bewerbung wissen dagegen das Ergebnis anders einzuschätzen. MANDELA, der die Entscheidung in Lausanne nicht abgewartet hat, erklärt weltmännisch, daß Athen die Spiele verdient habe und gratuliert den Griechen zu ihrem Erfolg.[1078] BALL nennt den erreichten dritten Platz ein hervorragendes Ergebnis, stellt aber eine erneute Bewerbung aus Geldmangel in Frage.[1079] Der südafrikanische Innenminister Mangosuthu BUTHELEZI erklärt dagegen, daß Afrikas Bewerbung um die Olympischen Spiele gerade erst begonnen habe.[1080]

Auch in Stockholm sind ungefähr 20.000 Menschen im Olympiastadion und im Kungstraetgaarden Park zusammengekommen. Nach der Bekanntgabe des Ergebnisses verläßt die enttäuschte Menge in Minuten den Platz.[1081] Das Bewerbungskomitee von Buenos Aires organisiert keine große öffentliche Feier. In einem Theater gibt es eine Veranstaltung für geladene Gäste. Diese applaudieren nach Bekanntgabe des Gewinners *„verhalten Athen“*.[1082] Auch in Rom gibt es kein großes Fest aus Anlaß der Wahlentscheidung. Auf der Piazza Navona haben sich gerade ein paar hundert Menschen vor einem 'Riesenbildschirm' versammelt.[1083] Nach der Eröffnung des Wahlergebnisses ist die Enttäuschung bei der Bevölkerung nicht besonders groß, *„die Bewohner der Ewigen Stadt [waren] eigentlich nie richtig elektrisiert.“*[1084] Die Vertreter des Bewerbungskomitees reagieren unterschiedlich. RANUCCI zeigt sich als fairer Verlierer und erklärt: *„Es lebe Athen, das die Spiele vor acht Jahren verdient gehabt hätte.“*[1085] Ebenso akzeptiert der Bürgermeister RUTELLI[1086], wie auch der IAAF-Präsident NEBIOLO die Entscheidung des IOC. Über das IAAF-Büro läßt NEBIOLO verlauten:

[1076] Vgl. [o. Verf.]: „Cape Town's 'Africa' party ends in Olympic disappointment", in: Agence France-Presse (5.09.97): http://www.news-observer.com/newsroom/.../ 090597/sportst_29578_S3_noframes.html, 5.10.99).

[1077] O. Verf., Sieben schwierige Jahre, (6.09.97).

[1078] Vgl. o. Verf., Mandela says, (5.09.97).

[1079] Vgl. o. Verf., Athen nützt, (8.09.97).

[1080] Vgl. o. Verf., Sieben schwierige Jahre, (6.09.97).

[1081] Vgl. o. Verf., Swedes disappointed, (5.09.97).

[1082] Vgl. o. Verf., Sieben schwierige Jahre, (6.09.97).

[1083] Vgl. ebenda. WILSON dagegen bezieht sich auf Schätzungen der Polizei und spricht von 5.000 Menschen, die sich auf der Piazza Navona versammelt haben sollen. Vgl. WILSON, Athens, (5.09.97).

[1084] FISCHER, Christoph: „Die Verlierer verarbeiten die Wahl unterschiedlich: mit Gelassenheit und mit gewachsenem Selbstbewußtsein. Rom vergießt nur eine kleine Träne", in: FAZ (8.09.97).

[1085] Zitiert nach: O. Verf., Sieben schwierige Jahre, (6.09.97).

[1086] Vgl. o. Verf., Sentiment a factor, (5.09.97).

Dr Nebiolo wishes to express confidence in Athens's ability to organise an excellent edition of the Olympic Games in 2004 and looks forward to working closely together with the Athens organizer.[1087]

Dem Präsidenten des CONI und zugleich italienischen IOC-Mitglied Mario PESCANTE fällt es schwer, die Niederlage fair zu akzeptieren. Er wirft den Komitees von Athen und Kapstadt eine Absprache zur gegenseitigen Unterstützung vor.[1088]

Reaktion IOC-Mitglieder

Das deutsche IOC-Mitglied Walther TRÖGER zeigt sich von dem Wahlergebnis überrascht. Dies sei für ihn *„eine Sensation"*,[1089] sagt TRÖGER und erklärt, daß er *„das Ergebnis sehr viel knapper erwartet"* habe.[1090] POUND kommt zu dem Schluß, daß Rom nichts falsch gemacht habe, am Ende aber wohl die Emotionen für Athen überwogen haben.[1091] Das schweizer IOC-Mitglied HODLER stimmt dem indirekt zu, wenn er sagt, daß die Mitglieder Hemmungen gehabt haben *„Athen zum zweitenmal nein zu sagen"*.[1092] BACH hingegen glaubt nicht an eine Wiedergutmachung für Athen: *„Mit der Nichtberücksichtigung für die Spiele 1996 hat das nichts zu tun."*[1093] Für BACH ist *„Athen [...] eine gute Wahl."* [1094] SAMARANCH erklärt ganz im Sinne der Olympischen Bewegung: *„Der Beste hat gewonnen."*[1095]

Reaktion Presse

Die Medien zeigen sich überrascht von der Wahl Athens oder zumindest von dem unerwartet klaren Votum für die griechische Hauptstadt.[1096] Je nach Einstellung der Journalisten zu der Olympischen Bewegung und dem IOC fällt auch die Bewertung des Wahlergebnisses aus. Die 'Süddeutsche Zeitung',

---

[1087] LONG, Gideon: „Olympics - Athens, (6.09.97).

[1088] Vgl. ebenda.

[1089] Zitiert nach: HEIMERZHEIM, Von Hemmungen, (8.09.97).

[1090] Zitiert nach: DEISTER, Günter: „Sensation! Olympia 2004 wieder in Athen. Rom im vierten Wahlgang unterlegen/ Ruhrgebiet zieht Bewerbung für 2008 zurück", in: Hamburger Morgenpost (6.09.97): (http://www.mopo.de/dcweb/client/mopo/6.9.97/ ressort/sport/artikel6.1.html, 12.12.97).

[1091] Vgl. o. Verf., Sentiment a factor, (5.09.97).

[1092] Zitiert nach: RINGHOFER, Dieter: „Dank einer Frau und Mitleidseffekt. Nicht der Favorit Rom, sondern Athen wird die Olympischen Sommerspiele 2004 veranstalten. Im vierten Wahlgang setzte es sich mit 66:41 Stimmen durch", in: Tages Anzeiger (6.09.97): (http://www.tages-anzeiger.ch/archiv/97september/970906/156130.HTM, 5.10.99).

[1093] Zitiert nach: HEIMERZHEIM, Von Hemmungen, (8.09.97).

[1094] Zitiert nach: Ebenda.

[1095] Zitiert nach: O. Verf., Athen nützt, (8.09.97).

[1096] Vgl. DEISTER, Günter: „Athen erhält den Zuschlag für die Sommerspiele im Jahr 2004. Olympia kehrt an seine Ursprünge zurück. Internationales Olympisches Komitee leistet Wiedergutmachung für die Absage 1996 - Rom der große Verlierer der Wahl von Lausanne", in: Passauer Neue Presse (6.09.97): (http://www.vgp.de/ red/pnp/06091997/sp/00000009.htm, 31.12.97)/ LONG, Gideon: Olympics - Athens, (6.09.97)/ HERSH, Athens, (6.09.97).

bekannt für ihre kritische Berichterstattung über das IOC und seine Entscheidungen, vermutet, daß SAMARANCH die Abstimmung in seinem Sinne beeinflußt habe. Es wird berichtet, Athen sei *„schon für 1996 [...] seine erste Wahl gewesen [...]. Als erneut die Gefahr drohte, daß die Griechen unterliegen könnten, habe Samaranch die Notbremse gezogen, wie die Italiener behaupten.“*[1097] Für diese Behauptung wird aber weder ein Beleg noch eine Quelle angegeben. In der 'Berliner Morgenpost' verkündet dagegen Peter EHRENBERG zufrieden:

> *Nun freuen sich alle auf Athen. Selbst wenn das Ruhrgebiet keine Chance mehr auf die Spiele 2008 hat - und Afrika trauert. Der Rest der Welt und besonders Griechenland jubelt: Olympia, sto spiti, Olympia zu Hause!* [1098]

Reaktionen auf den Bestechungsskandal des IOC im Januar 1999

Im Januar 1999 gibt es dann noch einmal eine Stellungnahme aus Rom, als der Bestechungsskandal bei der Bewerbung um die Olympischen Winterspiele Spiele 2002 bekannt wird. Obwohl Athen weder zu diesem Zeitpunkt noch später in den Skandal verwickelt wird, fordert der römische Bürgermeister RUTELLI, allerdings erfolglos, eine Neuwahl um die Spiele 2004.[1099]

Das griechische IOC-Mitglied NIKOLAOU beteuert, daß Athen fair gewonnen habe: *„The games are given cleanly.“*[1100] Er stellt zudem frei, die Unterlagen des Bewerbungskomitees zu kontrollieren.[1101] Bereits Ende 1997 sind die Aktivitäten des Bewerbungskomitee zum ersten Mal geprüft worden. Der verantwortliche Leiter Constantinos SOFOULIS beschuldigt das Komitee zwar der Mißwirtschaft, erklärt aber auch, daß es keinerlei Hinweise auf unvorschriftsmäßiges Verhalten im Umgang mit dem IOC gebe.[1102]

7.2 Analyse Wahlgänge

Auf der 106. Session versammeln sich 109 IOC-Mitglieder. Für die Abstimmung über den Austragungsort der Olympischen Spiele 2004 ist der Italiener CINQUANTA nicht wahlberechtigt. Der Präsident der Internationalen Eislauf Union darf sich an der Wahl nicht beteiligen, da er vom IOC auf

---

[1097] O. Verf., Athen nützt, (8.09.97).

[1098] EHRENBERG, Peter: „Olympia 2004: Geschichte statt Geschäfte. Sto spiti, Athen“, in: Hamburger Morgenpost (6.09.97): (http://www.mopo.de/dcweb/client/mopo/6.9.97/ ressort/sport/komm6.1.html, 12.12.97).

[1099] Vgl. MAGNAY, Jacquelin: „Rome wants Athens to face revote“, in: Sydney Morning Herald (28.01.99): (http://smh.../9901/28/pageone/pageone7.html, 5.04.99).

[1100] Zitiert nach: O. Verf., Spread the wealth, (27.01.99).

[1101] Vgl. ebenda.

[1102] Vgl. ebenda.

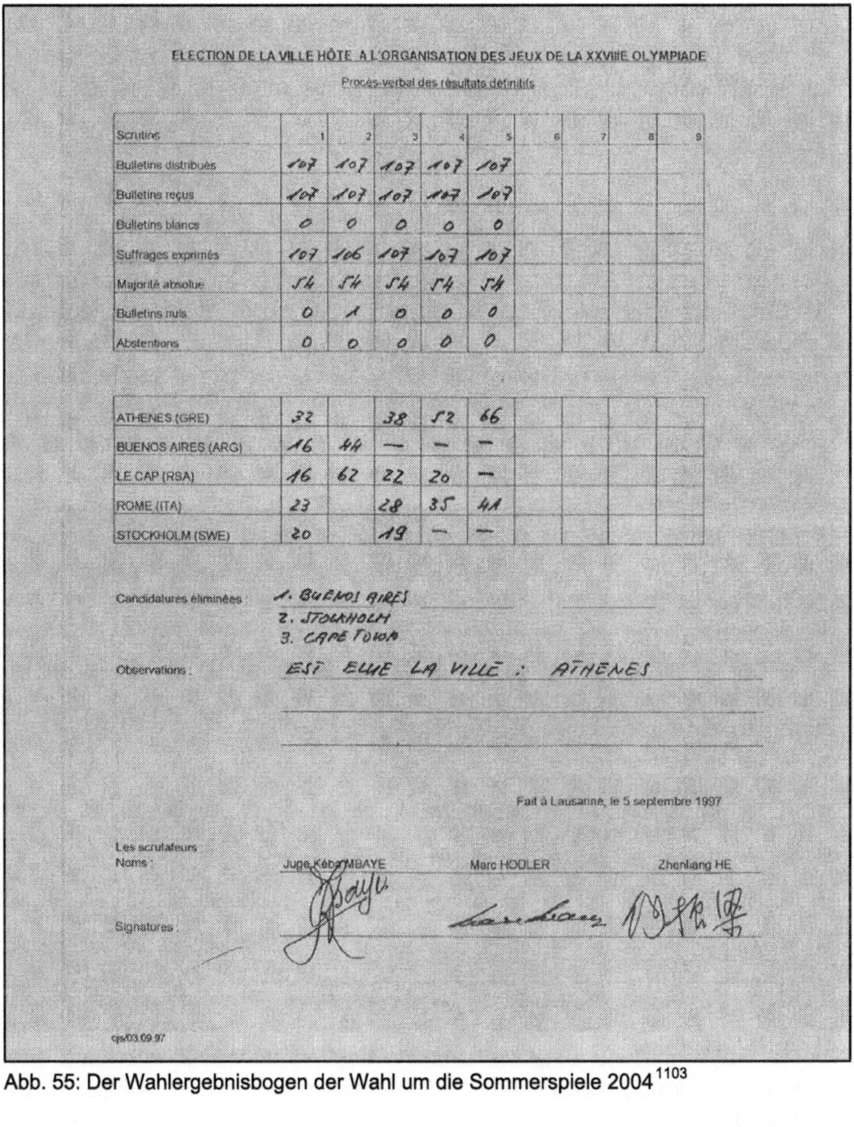

ÉLECTION DE LA VILLE HÔTE À L'ORGANISATION DES JEUX DE LA XXVIIIE OLYMPIADE

Procès-verbal des résultats définitifs

Scrutins	1	2	3	4	5	6	7	8	9
Bulletins distribués	107	107	107	107	107				
Bulletins reçus	107	107	107	107	107				
Bulletins blancs	0	0	0	0	0				
Suffrages exprimés	107	106	107	107	107				
Majorité absolue	54	54	54	54	54				
Bulletins nuls	0	1	0	0	0				
Abstentions	0	0	0	0	0				

	1	2	3	4	5	6	7	8	9
ATHENES (GRE)	32		38	52	66				
BUENOS AIRES (ARG)	16	44	—	—	—				
LE CAP (RSA)	16	62	22	20	—				
ROME (ITA)	23		28	35	41				
STOCKHOLM (SWE)	20		19	—	—				

Candidatures éliminées : 1. BUENOS AIRES
2. STOCKHOLM
3. CAPE TOWN

Observations : EST ELUE LA VILLE : ATHENES

Fait à Lausanne, le 5 septembre 1997

Les scrutateurs :
Noms : Juge Kéba MBAYE   Marc HODLER   Zhenliang HE

Signatures :

cjs/03.09.97

Abb. 55: Der Wahlergebnisbogen der Wahl um die Sommerspiele 2004[1103]

Vorschlag des Präsidenten aufgrund seiner Funktion berufen worden ist (vgl. Kap. 2.6). In der Olympischen Charta ist zu diesen Mitgliedern festgelegt, daß sie nicht bei der Abstimmung über die Gastgeberstadt für Olympische Spiele

---

[1103] Bildquelle: Olympic Review XXVI-14 (April-Mai 1997): S. 24.

teilnehmen dürfen, soweit eine Stadt ihres Heimatlandes beteiligt ist.[1104] Da sich der IOC-Präsident traditionell der Wahl enthält und nur im Falle einer Stimmengleichheit bei der letzten Wahlrunde die entscheidende Stimme für eine der beiden Städte abgibt, beteiligen sich 107 Mitglieder an der Abstimmung.

In der ersten Wahlrunde bekommt Athen bereits 32 Stimmen, d.h. nahezu 60% der benötigten 54 Stimmen für eine absolute Mehrheit (vgl. Abb. 55, S. 237). Rom liegt mit 23 Stimmen bereits deutlich zurück. 20 Mitglieder stimmen für Stockholm und jeweils 16 für Buenos Aires und Kapstadt. In der nun notwendigen Stichwahl kann sich Kapstadt deutlich mit 62 zu 41 Stimmen gegen die argentinische Hauptstadt durchsetzen. In der zweiten Wahlrunde verteilen sich die von Buenos Aires freigewordenen Stimmen nahezu gleichmäßig auf Athen (+6), Kapstadt (+6) und Rom (+5). Stockholm muß sogar noch eine Stimme abgeben und scheidet als schwächster Kandidat dieses Abstimmungsgangs aus. Die Mitglieder, die zuvor noch Stockholm gewählt haben, stimmen nun hauptsächlich für Athen (+14). Rom kann nur wenige (+6) Stimmen von 'Stockholm' hinzugewinnen. Kapstadt verliert sogar noch zwei Stimmen und wird mit dem schlechtesten Ergebnis der drei Kandidaten von der weiteren Wahl ausgeschlossen. Athen benötigt zu diesem Zeitpunkt nur noch zwei zusätzliche Stimmen zur absoluten Mehrheit. Bei der abschließenden Abstimmung votieren nun 66 (+14) für Athen und nur 41 (+6) für Rom. Athen hat sich deutlich durchgesetzt.

Veränderung der Stimmen nach Ausscheiden von:	Kapstadt	Rom	Athen
Buenos Aires	6	5	6
Stockholm	-2	7	14
Kapstadt		6	14

Abb. 56: Verteilung der Stimmen ausgeschiedener Bewerber[1105]

In der Folge wird viel über die Ursache des Wahlverlaufes spekuliert. Die einzelnen Formen potentieller Einflußnahmen werden in Kapitel 2.6.1 diskutiert. Im folgenden soll untersucht werden, ob sich diese an der vorliegenden Wahl belegen lassen. Wichtig ist diesem Zusammenhang, daß die IOC-Mitglieder zwischen den einzelnen Abstimmungen nicht über die

---

[1104] Vgl. Chapter II, Rule 20, § 1.3, in: IOC, Charter 1996, S. 14f.
[1105] Eigene Darstellung.

Stimmenverteilung der vorherigen Wahlrunden informiert werden. Taktische Wahlen sind daher nur noch sehr beschränkt möglich.

Überraschend ist, daß die Bewerbung Kapstadts, trotz häufig beteuerter Solidarität der anderen afrikanischen Staaten, nicht einmal alle Stimmen Afrikas auf sich vereinen kann. Höchstens 16 der maximal möglichen 20 Voten afrikanischer IOC-Mitglieder fallen im ersten Wahlgang auf die Südafrikaner. In der zweiten Wahlrunde kann Kapstadt seine Stimmenzahl auf 22 erhöhen. Aber auch diesmal zeigt sich, daß nur wenige 'außerafrikanische' IOC-Mitglieder bereit sind, das Risiko Olympischer Spiele in Kapstadt mitzutragen. Dies bestätigt sich in der dritten und für Kapstadt letzten Wahlrunde. Obwohl nach dem Ausscheiden von Stockholm wieder Stimmen freigeworden sind, sinkt die Stimmenanzahl auf 20. Der Schluß liegt nahe, daß einige IOC-Mitglieder die südafrikanische Bewerbung nur symbolisch unterstützen möchten. Als Kapstadt aber zu den letzten drei Finalteilnehmern gehört und eine Wahl möglich wird, stimmen diese Mitglieder für einen sicheren europäischen Austragungsort.

Buenos Aires kann hingegen, rein arithmetisch, alle Stimmen der südamerikanischen IOC-Mitglieder gewinnen. Inwieweit die Hauptstadt Argentiniens von einem vorzeitigen Ausscheiden Kapstadts hätte profitieren können, ist spekulativ und leider nicht abzuschätzen. Buenos Aires bietet als Veranstaltungsort kaum Risiken und wäre vielleicht eine ernsthafte Alternative für alle diejenigen gewesen, die weder Athen noch Rom wählen wollten.

Das Votum der IOC-Mitglieder für Europa ist deutlich. In der ersten Wahlrunde können die europäischen Städte 75 Stimmen auf sich vereinigen. Dies sind mehr als 30 Stimmen über der gesamten Anzahl europäischer Mitglieder im IOC. Das könnte bedeuten, daß alle Asiaten und Ozeanier für die europäischen Städte gestimmt haben. Die Theorie, daß sich die Europäer uneins sind und taktisch wählen, um die möglichen Kandidaturen von Paris oder London vorzubereiten, ist nicht zu halten. Auch die These der Wahl nach Zugehörigkeit zu politischen Organisationen läßt sich bei dieser Wahl nicht belegen. Kapstadt hätte neben den afrikanischen Stimmen dann auch viele Stimmen aus den übrigen Ländern des Commonwealth erhalten müssen, zumal die Wahl der afrikanischen Stadt wiederum die Kandidatur der europäischen Stadt London für 2008 gestärkt hätte.[1106]

[1106] Nach der Wahl einer europäischen Stadt für die Olympischen Spiele 2004 bewirbt sich London nun nicht mehr die Spiele 2008. Vgl. Kap. 8.

Insgesamt lassen sich die vorgenannten Aspekte so interpretieren, daß die IOC-Mitglieder bei ihrer Wahl hauptsächlich die Bewerber ihres Kontinentes unterstützen. Die Zugehörigkeit zu einer internationalen politischen Organisation hat zumindest bei dieser Wahl eine eher untergeordnete Rolle gespielt. Die Auswirkung der sogenannten 'IOC-Powerbroker' auf die Wahl ist dagegen schwierig einzuordnen. Sicherlich haben SAMARANCH die Bewerbung Athens, NEBIOLO und M. VÁZQUEZ RAÑA die Bewerbung Roms sowie HAVELANGE die Bewerbung Buenos Aires' unterstützt, und dies mag auch für die Kandidaturen ein nicht unerheblicher Vorteil gewesen sein.[1107] Trotzdem kann Kapstadt ohne einen mächtigen Befürworter bis in die dritte Runde kommen. Die offene Unterstützung Roms durch den größten Vertragspartner des IOC, das amerikanische Fernsehunternehmen NBC, hat auch nicht den von vielen prognostizierten Erfolg gebracht.[1108]

Rom wirft nach der Wahl Athen und Kapstadt vor, eine Wahlabsprache gegen Rom abgeschlossen zu haben. Rob HUGHES berichtet dazu, daß SAMARANCH ein Treffen zwischen ANGELOPOULOS und MANDELA arrangiert haben soll. Dabei hätten diese vereinbart, ihre Anhänger dazu zu bewegen, daß sie im Falle des eigenen Ausscheidens den jeweils anderen unterstützen.[1109] ANGELOPOULOS bestätigt offen diesen Vorgang.[1110]

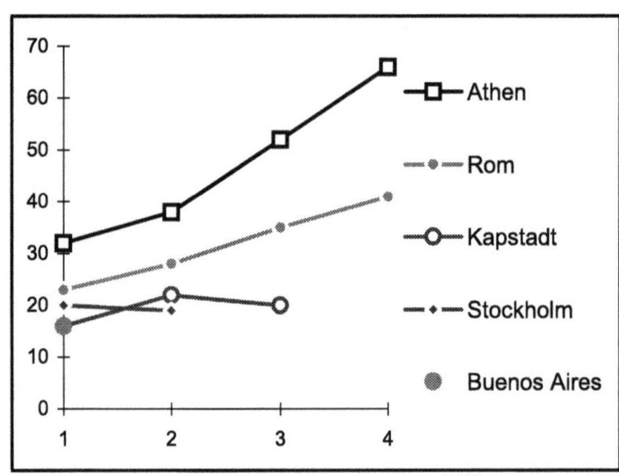

Abb. 57: Stimmen pro Wahlgang und Bewerber[1111]

[1107] Vgl. RINGHOFER, Milliarde Dollar, (3.09.97).
[1108] Vgl. ebenda.
[1109] Vgl. HUGHES, Passion, (16.12.97).
[1110] Vgl. LONGMAN, Jere: „Athens Captures a Vote For Tradition and Olympics", in: The New York Times (6.09.97).
[1111] Vgl. Eigene Darstellung.

Es ist nun beileibe auch nicht ungewöhnlich, daß bei Wahlen Absprachen zwischen Gruppen gemacht werden. Dazu kommt noch, daß zu dem Zeitpunkt von Kapstadt Ausscheidens die Wahl de facto entschieden ist. Von den 20 Stimmen, welche durch das Ausscheiden Kapstadts freiwerden, benötigt Athen nur noch zwei für die absolute Mehrheit. Die Wahl ist bereits von den Anhängern Stockholms entschieden worden, die ebenfalls mit deutlicher Mehrheit gegen Rom votieren. Die Erregung der römischen Offiziellen ist lediglich damit zu begründen, daß sie und die italienische Öffentlichkeit derart überzeugt gewesen sind zu gewinnen, daß sich nun dieser Druck und die Enttäuschung in den Vorwürfen entlädt. Scheinbar haben sie auch wirklich geglaubt, daß die Afrikaner für sie stimmen würden und sind verbittert, daß sich Erwartungen nicht erfüllt haben.[1112] Dieses Vertrauen auf Stimmenzusagen wäre nun allerdings fast 'naiv' zu nennen. Nahezu jeder Bewerber der letzten Bewerbungszyklen berichtet davon, daß er mehr Stimmen erwartet habe, als er letztendlich bekommen habe.[1113]

7.3 Gründe für die erfolgreiche Bewerbung Athens

Die Wahlen um den Austragungsort der Olympischen Spiele 2004 sind der vorläufige Höhepunkt der vierten Bewerbungsphase in der Geschichte des IOC (vgl. Kap. 2.2.4). Der scharfe Wettbewerb zwischen den Städten hat zu einer Professionalisierung der Bewerbungen auf breiter Basis geführt. Die Bewerbung Sydneys ist klar erkennbar das maßgebliche Vorbild bei der Vorgehensweise der fünf Finalteilnehmer.[1114] In dem technischen Bereich sind die Bewerbungen nur graduell unterschiedlich, wenn man von den zum Teil gravierenden Mängeln Kapstadts absieht. Jede der fünf Städte hat ein technisch beeindruckendes Dossier erstellt und auch belegt, daß es in Lage wäre, Olympische Spiele auszurichten. Zwar ermahnt der Vorsitzende der 'Evaluation Commission' Thomas BACH die Bewerber, ihre jeweiligen Schwächen auszumerzen, um ihre Wahlchancen zu verbessern.[1115] Doch nach dem offiziellen Testat BACHs in dem Report der 'Evaluation Commission', daß alle Städte die Fähigkeit haben, Olympische Spiele auszurichten,[1116] ist die technische Qualität der Bewerbungen für die IOC-Mitglieder stark in den Hintergrund getreten. WALDBRÖL stellt treffend fest:

[1112] Vgl. o. Verf., Athen nützt, (8.09.97).
[1113] Vgl. McGEOCH, Bid, S. 303/ REINSCH, Abschied, (28.12.93).
[1114] Zum Teil sind sogar einzelne Aktionen von den Städten kopiert worden. Die Werbebeilage Stockholms in der 'International Herald Tribune' kurz vor Abstimmung in Lausanne ist die Wiederholung einer nahezu identischen Aktion Sydneys vier Jahre zuvor in Monte Carlo. Vgl. Kap. 4 und 5.3.5.
[1115] Vgl. PALACIOS, Thomas Bach, S. 9f.
[1116] Vgl. IOC, Manual 2004, S. 7.

*Da die Kommission allen Städten und Regionen, ob nun aus ehrlicher
Überzeugung oder aus purer Höflichkeit, 'das Potential, Olympische
Spiele zu organisieren', bescheinigt hat, gewinnen übergeordnete
Qualitäten die Bedeutung von Entscheidungshilfen.*[1117]

Bei den von WALDBRÖL angesprochenen 'übergeordneten Qualitäten' muß
zwischen rationalen und emotionalen Kriterien unterschieden werden.

Rationale Kriterien

In den 80er Jahren wandelt sich das IOC von einem Verein zur Förderung
olympischer Ideale hin zu einer Organisation, welche ihr einziges Produkt (die
Olympischen Spiele) wirtschaftlich optimal vermarktet, um damit ihre Vision
von der Verbreitung des Olympismus finanzieren zu können (vgl. Kap. 3). Das
vom Grundsatz her schon in der Gründung des IOC immanent vorhandene
Franchisesystem wird dazu seit dem Amtsantritt von Juan Antonio
SAMARANCH immer weiter verbessert und ist zum Zeitpunkt der Wahl um
die Spiele 2004 nahezu perfekt strukturiert.

Die Olympische Bewegung besteht aus den drei Säulen IOC, IFs und NOKs.
Bis auf wenige Ausnahmen (z.B. IOC, USOC, CONI, FIFA und IAAF) sind die
angeschlossenen Organisationen von den Einnahmen aus der Veranstaltung
Olympischer Spiele abhängig. Es ist deshalb das kurzfristige Ziel des IOC,
über die Franchisepartner den größtmöglichen wirtschaftlichen Ertrag zu
erzielen. Gleichzeitig muß der Franchisegeber IOC aber auch langfristig
planen und darauf achten, daß das Markenimage und die Einzigartigkeit
seines Produktes gewahrt bleibt.

Diese Zielsetzungen wirken sich zwangsläufig auch auf die Auswahl der
Austragungsorte aus. Schlußendlich geht es darum, inwieweit die Ziele des
IOC und der Bewerber deckungsgleich sind. Dabei entscheidet jedoch nicht
die Quantität der Übereinstimmung, sondern deren Qualität. Je nach
Schwerpunktsetzung durch das IOC sind bei der Wahl kurzfristige oder
langfristige Ziele wichtiger. Bei der Bewerbung um die Olympischen Spiele
2004 decken die Kandidaten beide Bereiche mit ihren Bewerbungen ab.

Beurteilt man die Kandidaten für die Spiele 2004 nach dem Ausmaß des zu
erwartenden kurzfristigen wirtschaftlichen Effekts für das IOC, ist die
Bewertung recht einfach. Weit vor allen anderen Bewerbern steht Rom. Durch

---

[1117] WALDBRÖL, Hans-Joachim: „Rom, Buenos Aires, Athen und Stockholm Favoriten der Bach-Kommission.
Quartett mit den besten olympischen Karten. Kapstadt und St. Petersburg noch im Spiel", in: FAZ (22.02.97).

die wirtschaftliche Stärke des Landes offeriert die italienische Hauptstadt ideale Voraussetzungen für den wirtschaftlichen Erfolg der Spiele und damit für einen hohen Ertrag der Olympischen Bewegung. Deutlich dahinter plazieren sich Athen und Stockholm, deren Länder durch ihre Integration in die europäische Wirtschaftsgemeinschaft ebenfalls potente Partner des IOC wären. Abgeschlagen sind die Städte Buenos Aires und Kapstadt. Dabei kann die argentinische Hauptstadt noch darauf verweisen, daß sie mit Amerika, dem größten Markt der Spiele, in der gleichen Zeitzone liegt und damit günstige Bedingungen für die Anwerbung zahlungskräftiger amerikanischer Sponsoren bietet. Kapstadt bietet in bezug auf kurzfristige wirtschaftliche Ziele die schlechtesten Bedingungen aller fünf Kandidaten für das IOC.

Betrachtet man aber den Nutzen, den das Ansehen der Olympischen Bewegung durch die Austragung der Spiele in den jeweiligen Städten ziehen kann, zeigt sich ein anderes Bild. Dem IOC bieten sich nach den Spielen1996 in Amerika und der Vergabe der Spiele 2000 nach Australien zwei Optionen. Zum einen ist dies die Erweiterung des Markenimage durch die Vergabe der Spiele an Afrika oder Südamerika. Damit können die Olympischen Spiele um die kulturelle Vielfalt dieser beiden Kulturen erweitert und gleichzeitig kann auch dem eigenen universellen Anspruch entsprochen werden. In dem gewählten Land böten sich neue Möglichkeiten, den Olympismus zu verbreiten. Zum anderen haben die Spiele nun bereits zwölf Jahre (1992 - 2004) nicht mehr auf dem zweitwichtigsten Markt des IOC, in Europa, stattgefunden. Es wird also Zeit, wieder auf diesen Kontinent zurückzukehren. Ein weiteres Argument spricht für Europa. Die Olympischen Spiele unterscheiden sich durch den einzigartigen Bezug auf ihr klassisches Vorbild von anderen Großveranstaltungen. Die Verknüpfung der Spiele mit wirtschaftlichen Zielen hat aber diesen Bezug und die damit verbundenen Ideale der Olympischen Bewegung in den Hintergrund treten lassen. Zudem liegen die letzten Spiele in einer antiken Stadt nun bereits 44 Jahre (1960 - 2004) zurück. Die Bewerber Rom und Athen bieten mit ihren klassischen Gebäuden den idealen Rahmen, um die Spiele wieder mit der Antike zu verbinden. Damit würde die Olympische Bewegung das besondere Element ihres Markenimage wieder betonen und sich unter den einzigen Schutz stellen, *„der ihnen den Nimbus der Größe und des Ruhmes verleihen könnte: unter den Schutz des klassischen Altertums."*[1118] Mehr noch als Rom ist natürlich die griechische Stadt dazu geeignet. Sie steht stellvertretend für die antiken Spiele und als Austragungsort der I. Olympischen Spiele der Neuzeit auch für ihre Wiedereinrichtung. Das IOC-Mitglied für Spanien Carlos FERRER faßt diese

---

[1118] COUBERTIN, Gedanke, S. 13.

Verständnis prägnant zusammen: *„To some extent. Athens has a copyright on the whole subject."*[1119]

In seiner Untersuchung der Olympischen Spiele stellt KRÜGER fest, daß die *„Verpackung, die Stilisierung des Produktes [...] eine besondere Bedeutung gewonnen [hat], um es besonders gut verkaufen zu können."*[1120] Die Bewerber um die Spiele 2004 haben sich ganz in diesem Sinne verhalten. Jede Stadt hat für die Austragung der Olympischen Spiele eine passende 'Verpackung' entwickelt und versucht, diese an das IOC zu 'verkaufen'. Nahezu alle versprechen dem IOC die Förderung der olympischen Ideale und der eigenen Bevölkerung sowie der nationalen Wirtschaft finanzielle Gewinne. Diese unterschiedliche Ausrichtung führt bei den meisten Bewerber zu einer widersprüchlichen Selbstdarstellung. Allein Rom und Athen sind davon ausgenommen. Athen hat den Vorteil, daß es seine Bewerbung vor der Bevölkerung kaum wirtschaftlich rechtfertigen muß und damit seine Begeisterung für den Olympismus glaubhaft machen kann. Rom hingegen verzichtet gänzlich auf olympische Visionen und steht ehrlich zu seiner wirtschaftlich begründeten Kandidatur.

Die 'corporate identity' eines Unternehmens, in diesem Fall des IOC, wird durch das einheitliche Auftreten und durch seine Unverwechselbarkeit bestimmt. Des weiteren gehört dazu, daß mit dem Verkaufsprodukt *„eine entsprechende Legende verbunden wird."*[1121] KRÜGER fragt: „Gibt es eine mächtigere Legende des Sports als die Tradition der griechischen Antike?"[1122] Bereits bei den Wahlen um die Spiele 1996 hätte das IOC zu gern mit Athen eine Erneuerung der traditionellen Verpackung unter Wahrung der kommerziellen Ausrichtung angestrebt. Doch damals ist dem IOC als Franchisegeber das Risiko unkalkulierbar groß gewesen. In der Zwischenzeit hat sich der Bedarf auf Seiten des IOC nicht verändert. Mit einer technisch versierten Bewerbung drängt sich die Wahl Athens nun geradezu auf.

Deshalb kann Athen auch davon ausgehen, daß zumindest die 23 IOC-Mitglieder, die bereits 1990 die griechische Hauptstadt trotz aller Bedenken in der ersten Wahlrunde gewählt haben, auch diesmal den Grundstamm ihrer Wählerschaft ausmachen wird. Trotzdem ist die Bewerbung Roms durch die Kombination einer antiken Stadt mit der stärksten wirtschaftlichen Potenz aller Bewerber noch etwas stärker, zumindest aber gleichwertig. Neben diesen

---

[1119] Zitiert nach: HERSH, Athens, (6.09.97).

[1120] KRÜGER, 100 Jahre, S. 286.

[1121] Ebenda, S. 287. Dies unterstützt auch der CEO der 'Sydney-Bewerbung' McGEOCH (vgl. Kap. 4.2.2).

[1122] Vgl. KRÜGER, 100 Jahre, S. 287.

244

beiden fallen die drei anderen Bewerber ab. Buenos Aires kann den Argumenten für die beiden europäischen Städte wenig entgegensetzen. Stockholm ist aufgrund seiner Attentatsserie und Kapstadt wegen seiner labilen wirtschaftlichen, politischen und sozialen Lage ein unberechenbares Wagnis.

Als Ergebnis dieser Analyse ist festzuhalten, daß Rom vor Athen die Favoriten für die Wahl des Austragungsortes der XXVIII. Olympischen Spiele im Jahr 2004 sind.

Emotionale Kriterien

Die Abstimmung ist aber nicht nur von rationalen Kriterien bestimmt. Es wirken daneben auch eine Vielzahl von emotionalen Einflüssen auf die IOC-Mitglieder ein. Diese werden insbesondere wichtig, wenn sich Bewerbungen wie die Athens und Roms nicht elementar unterscheiden. Das IOC-Mitglied für Kanada, POUND, stützt dies: *„On an equal plateau, you get the benefit of tradition and sympathy.“*[1123] Dabei kann man zwischen zwei Kategorien von Emotionen unterscheiden. Die erste Kategorie führt zur Entscheidung <u>für</u> einen Bewerber, die zweite <u>gegen</u> einen Bewerber.

Viele IOC-Mitglieder haben sich 1990 bei der Wahl um die Spiele 1996 gescheut, Athen zu wählen. Einerseits hat sie das arrogante und unhöfliche Auftreten des Bewerbungskomitees abgehalten, andererseits hat man aufgrund der technisch mangelhaften Bewerbung mit einer schlecht organisierten und pannenreichen Olympiade gerechnet (vgl. Kap. 5.3.1). Das Athener 'Bewerbungskomitee 2004' distanziert sich grundsätzlich von der Bewerbung um die Spiele 1996 und zeigt sich gegenüber jeglicher Kritik an ihren Vorgängern einsichtig. Zusätzlich sind seit der Bewerbung von 1990 tatsächlich die versprochenen Projekte realisiert worden.[1124] Mit der gelungenen Durchführung der Leichtathletik-WM hat die Stadt zudem belegt, daß sie in der Lage ist, Großveranstaltungen ohne Probleme durchzuführen. Dazu haben die Athener bei der Bewerbung um die Spiele 2004 ihre technische Planung qualitativ massiv verbessert. In diesem Zusammenhang kommt als weiterer Punkt hinzu, daß Atlanta dem IOC genau die Probleme bereitet hat, die man durch die 'Nichtwahl' Athens zu vermeiden gesucht hat.[1125] *„That made bad consciences for some member“*, erklärt FERRER und

---

[1123] Zitiert nach: HERSH, Athens, (6.09.97).
[1124] Vgl. o. Verf., Sentiment a factor, (5.09.97)/ HUGHES, Passion, (16.12.97).
[1125] Vgl. WILSON, Athens, (5.09.97)/ HERSH, Athens, (6.09.97).

schließt daraus: *„They felt indebted with respect to Athens for the last time."*[1126]
Nachdem nun die früheren Argumente gegen die Wahl Athens weggefallen
sind, macht sich die Verweigerung der IOC-Mitglieder im Jahr 1990 für die
erneute Kandidatur nun positiv bemerkbar. Jetzt besteht die Möglichkeit, die
Wahl von 1990 nachzuholen.[1127]

Weitere Sympathie gewinnt Athen mit der Präsidentin des
Bewerbungskomitees. Von allen Seiten wird Gianna ANGELOPOULOS als
elegant, charmant und einfühlsam beschrieben. Trotzdem führt sie die
Bewerbung Athens *„knallhart"* und zielbewußt. Dabei beachtet sie
„formvollendet" den Verhaltenskodex des IOC.[1128] Ihr wird durch ihr Auftreten
ein entscheidender Anteil am Gewinn Athens zugesprochen. Anita L.
DEFRANTZ, das IOC-Mitglied für Amerika, meint sogar, daß
ANGELOPOULOS der eigentliche Grund für die Wahl Athens gewesen sei: *„I
would like to say it was the leadership, [...] Gianna was able to keep her team
together and focused on what it needed to do."*[1129]

Athen versucht auch aktiv, die IOC-Mitglieder emotional an sich zu binden. Mit
der Einrichtung des 'IOC-members' Park gibt es für die einzelnen IOC-
Mitglieder nun einen persönlichen Bezug zu der Stadt und zu möglichen
Spielen im Jahr 2004 (vgl. Kap. 5.3.1). Diese Aktion kann aber nur die IOC-
Mitglieder erreichen, die schon Sympathie für die griechische Bewerbung
haben.

Alle vorgenannten Aspekte haben die IOC-Mitglieder zu einer Entscheidung für
Athen motiviert. Das Verhalten NEBIOLOs hingegen ist ein Beispiel dafür, wie
Emotionen der IOC-Mitglieder gegen einen Bewerber gelenkt werden können.
Seine polemische Kritik am Mitbewerber Athen ist ein klarer Verstoß gegen die
ungeschriebenen Verhaltensregeln der Olympischen Bewegung. Es wird
berichtet, daß selbst in Rom die Angriffe NEBIOLOs gegen Athen heftig
kritisiert worden seien.[1130] Noch im Juni 1997 hat Thomas BACH die
Konkurrenten zu einer fairen Kampagne angehalten, und vor der
Empfindsamkeit der IOC-Mitglieder bei Verstößen gewarnt.[1131] Marc
HODLER nennt das Auftreten des Italieners 'diplomatisch ungeschickt' und

---

¹¹²⁶ Zitiert nach: HERSH, Athens, (6.09.97).
¹¹²⁷ Marc HODLER unterstützt dies mit den Worten: „Wir hatten Hemmungen, dem Ursprungsland der Spiele
zweimal Nein zu sagen." Zitiert nach: DEISTER, Athen, (6.09.97).
¹¹²⁸ Vgl. BACIA, Mutterland, (8.09.97). Vgl. dazu auch: HUGHES, Passion, (16.12.97).
¹¹²⁹ Zitiert nach: HERSH, Athens, (6.09.97).
¹¹³⁰ Vgl. ebenda.
¹¹³¹ Vgl. PALACIOS, Thomas Bach, S. 9.

ANGELOPOULOS räumt nach der Wahl ein, daß die Kritik NEBIOLOs der Bewerbung Athens genutzt habe.[1132]

Die Präsentation der Bewerberstädte auf der 106. Session des IOC zählt ebenfalls zu den Punkten, welche die Mitglieder zu einer emotional begründeten Entscheidung für oder gegen einen Kandidaten veranlassen können. Mario PESCANTE, IOC-Mitglied für Italien und Präsident des CONI, glaubt, daß zehn Prozent der Mitglieder sich vor der Session noch nicht auf einen Kandidaten festgelegt haben.[1133] Da die Bewerber dort aber keine neuen Argumente präsentieren können, werden die Mitglieder nur noch durch das Auftreten der Bewerbungskomitees und deren Präsentationen beeinflußt (vgl. Kap. 8.3).

Ein weiterer wichtiger Punkt, der die emotionale Haltung der IOC-Mitglieder beeinflußt haben könnte, ist die von Präsident SAMARANCH vermittelte Vereinbarung Athens und Kapstadts zur gegenseitigen Unterstützung, sobald der jeweils andere vorzeitig ausscheidet. Die Unterstützung einer anderen Bewerbung im Falle des eigenen Ausscheidens ist zum einen ein taktisch kluger Zug, um die Chancen der beiden Partner zu erhöhen. Zum anderen demonstriert aber diese Abmachung auch eine besondere Sympathie zwischen den Komitees bzw. eine Antipathie gegen Mitbewerber.

Als letzter Punkt sind noch die üblichen Rivalitäten zwischen den Mitgliedern und persönliche Abneigungen gegen einen Bewerber zu nennen, die das Wahlverhalten der Mitglieder beeinflussen.[1134] Insbesondere das Verhalten NEBIOLOs dürfte bei den IOC-Mitgliedern eine Polarisierung zuungunsten Roms verursacht haben.

Abschließend ist eindeutig, daß Athen durch seine Vorgeschichte die IOC-Mitglieder emotional wesentlich leichter an sich binden kann als ihre Konkurrenten. Der Bruch des Verhaltenskodex durch NEBIOLO und das 'formvollendete' Auftreten ANGELOPOULOS haben die Hinwendung der IOC-Mitglieder zu Athen noch massiv verstärkt. Neben Athen kann Kapstadt durch die Integrationsfigur MANDELA noch Sympathien auf sich ziehen.

[1132] Vgl. o. Verf., Sieben schwierige Jahre, (6.09.97)/ HUGHES, Passion, (16.12.97).
[1133] Vgl. WILSON, Athens, (5.09.97).
[1134] Vgl. WATTERSON, Big wigs pile, (5.09.97).

Resümee

Rom hätte unter alleiniger Berücksichtigung der rationalen Wahlkriterien die besten Wahlchancen gehabt. Dies erklärt auch, warum die Stadt in den Medien und selbst bei den Buchmachern in London derart favorisiert gewesen ist. Basierend auf dieser Einschätzung liegt es auf der Hand, daß die emotionalen Wahlkriterien zumindest bei dieser Abstimmung letztendlich ausschlaggebend gewesen sind.

Athen hat sich durchsetzen können, da es nicht nur die Stärkung des spezifischen Markenimage des IOC angeboten hat, sondern diesmal auch als technisch starker und wirtschaftlich potenter Partner aufgetreten ist. Das professionelle Geschäftsgebaren des griechischen Bewerbungskomitees und insbesondere der Präsidentin ANGELOPOULOS hat diesen Eindruck beim IOC noch abgerundet. Zusätzlich hat Athen die IOC-Mitglieder emotional für sich gewinnen können. In dem es sich trotz der Wahlniederlage von 1990 und der Pannen in Atlanta nicht beleidigt und hämisch, sondern einsichtig und loyal verhält, suggeriert es vielen Mitgliedern ein schlechtes Gewissen.

Letztendlich nachhaltig wirkt sich das aggressive Verhalten NEBIOLOs aus. Er verärgert direkt die Anhänger Athens und Stockholms und bringt auch noch die Unentschlossenen gegen die römische Bewerbung auf. Es ist entscheidend, daß von Stockholm fast zwei Drittel der Stimmen an Athen gehen. Damit liegt die Bewerbung Roms aussichtslos zurück. Dieser Verlauf ist direkt auf die Auseinandersetzungen zwischen NEBIOLO und dem schwedischen Bewerbungskomitee zurückzuführen.

Der Ausgang dieses Bewerbungszyklus um die Spiele 2004 ist also keineswegs sensationell, wie Günter DEISTER und andere in der Reaktion auf die für viele unerwartet Wahl Athens geschrieben haben.[1135] Weder BACH noch TRÖGER zeigen sich von dem Erfolg der Griechen sonderlich überrascht, allein die Klarheit des Ergebnisses hat sie erstaunt.[1136] Dies stützt auch die These, daß bei eingehender Analyse der Bewerbungen der Wahlausgang kalkulierbar gewesen ist und der Gewinner unter Einbeziehung aller Einflüsse nur Athen sein kann.

[1135] Vgl. DEISTER, Sensation, (6.09.97). Vgl. auch FISCHER/ MORBACH, Olympia, (6./7.09.97)/ NÄGELE, Der hohe Favorit, (4.09.97).

[1136] Vgl. RINGHOFER, Dank einer Frau, (6.09.97) und DEISTER, Athen, (6.09.97).

8. AUSBLICK

Die Bewerbung der Griechen um die Olympischen Spiele 1996 ist mit dem Anspruch gekoppelt gewesen, die Entwicklung der Olympischen Bewegung der 80er Jahre, die fortschreitende Kommerzialisierung, zu bremsen bzw. sogar umzukehren. Diese Ambition, die auch im damaligen Slogan 'Zurück zu den Wurzeln' zum Ausdruck gebracht worden ist, haben die IOC-Mitglieder durch die Wahl Atlantas deutlich zurückgewiesen (vgl. Kap. 5.3.1).

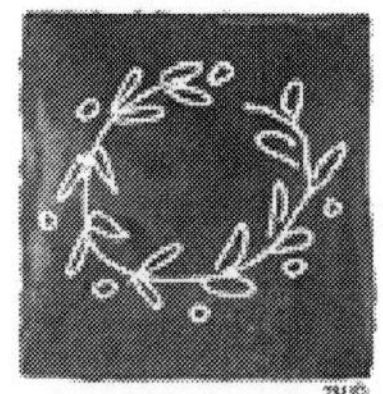

Abb. 58: Emblem der XXVIII. Olympischen Spiele in Athen

Während des gesamten Bewerbungszyklus um die Spiele 2004 vermeidet ANGELOPOULOS es deshalb, wieder als 'Lehrmeister' der Olympischen Bewegung aufzutreten.[1137] Nach der Wahl als Austragungsort der Spiele 2004 spricht Ministerpräsident Kostas SIMITIS aber bereits wieder davon, daß dies für die Griechen nun eine Gelegenheit sei, *„den Spielen etwas vom antiken Olympischen Geist zurückzugeben.“*[1138] Am 26. November 1998 hält der damalige Präsident des OK für Athen 2004 (ATHOC) Stratis STRATIGIS auf einer Veranstaltung der DSHS eine Rede mit dem bezeichnenden Titel 'Wie Athen den Trend umkehren und die Olympischen Spiele 2004 wieder mit Idealen füllen will'.[1139] In seiner Ansprache stellt er zwei aktuelle Entwicklungen als wesentliche Probleme dar. Erstens sei *„der Sport wieder zu einem Spektakel der Massen geworden“* und damit *„die Sportkultur zum Sportkult abgewertet“* worden, und zweitens bestehe die Gefahr, daß sich im Zuge einer befürchteten *„globalen Monokultur“*, die maßgeblich von den Amerikanern beeinflußt wird, *„die Bestandteile der europäischen Sportkultur“* nicht erhalten können.[1140] Die Olympischen Spiele 2004 in Athen sollen diesen Trend umkehren und damit den Sport wieder mit olympischen Idealen verbinden. Er schließt seine Rede mit einem Appell: *„Das Vorhaben der Griechen [...] sollte von allen europäischen Staaten unterstützt werden. Folglich nehme ich diesen*

[1137] Vgl. WALDBRÖL, Lehrmeister, (8.07.97).

[1138] Zitiert nach: [o. Verf.]: „Sieben schwierige Jahre für Griechenland", in: Tages Anzeiger (6.09.97): (http://www.tages-anzeiger.ch/archiv/97september/970906/ 156123.HTM, 5.10.99).

[1139] Die Rede ist abgedruckt in einer Pressemitteilung der griechischen Botschaft. Vgl. STRATIGIS, Stratis: „Von der Sportkultur zum Sportkult. Wie Athen den Trend umkehren und die Olympischen Spiele 2004 wieder mit Idealen füllen will", in: GRIECHISCHE BOTSCHAFT [BONN, PRESSE UND INFORMATIONSBÜRO] (Hrsg.): Griechenland aktuell. Informationen aus Politik, Wirtschaft und Kultur (13.01.99): (http://www.griechische-botschaft.de/kultur/19990113.htm, 5.10.99).

[1140] Ebenda.

"

Vortrag zum Anlaß, Sie aufzufordern, auf diesem Gebiet mit uns zusammenarbeiten."[1141]

Zwar relativiert STRATIGIS seine Kritik an der Kommerzialisierung und erklärt, daß sie *„nicht qualitativ, sondern quantitativer Natur"* sei und daß es auch in Athen nicht *„ganz ohne Marketing"* gehen werde.[1142] Doch insgesamt ist die Rede ein Beleg dafür, daß die Griechen beabsichtigen, mittels der Spiele 2004 die Entwicklung der Olympischen Bewegung massiv in ihrem Sinne zu beeinflussen. Es bleibt abzuwarten, ob die von einem 'Sendungsbewußtsein' beseelten Griechen tatsächlich eine inhaltliche Reform auslösen und der Bewegung neue wichtige Impulse geben können.

Die Erneuerung der olympischen Ideale ist aber nicht das einzige Ziel, welches die Griechen mit den Olympischen Spielen verbinden. SIMITIS sieht in den Spielen *„eine große Chance für die wirtschaftliche Entwicklung"* Griechenlands:[1143]

> *Die Ausrichtung der Olympischen Spiele werde Griechenlands internationale Stellung stärken, freundschaftliche Bande in aller der Welt knüpfen und die wirtschaftliche Entwicklung und Modernisierung des Landes voranbringen.*[1144]

SIMITIS versucht, den Zuschlag für die Ausrichtung Olympischer Spiele auch als Bestätigung seines Regierungsprogramms *„zur wirtschaftlichen Sanierung und zur Anpassung an moderne Standards"* zu nutzen. Weiterhin soll der Erfolg auch das nationale Selbstbewußtsein stärken: *„Wir haben gewonnen. Das zeigt, daß wir uns im internationalen Wettbewerb behaupten können."*[1145]

Andererseits ist SIMITIS bewußt, daß zur Bewältigung der Aufgabe gewaltige Anstrengungen notwendig sind und ein Mißerfolg dem wirtschaftlichen Ruf des Landes schwer schädigen würde. Eindringend mahnt er: *„Wir können und müssen erfolgreich sein."*[1146] Er stellt vier Prinzipien auf, die für die Organisation maßgeblich sind:

> ➢ *die absolute Einhaltung des Zeitplans und aller [...] Verpflichtungen*

[1141] Ebenda.

[1142] Ebenda.

[1143] Zitiert nach: FISCHER, Christoph/ Andreas MORBACH: „Olympia nah am Olympia. Griechenland jubelt, die Sensation ist perfekt: Athen erhält die Spiele 2004", in: Kölner Stadtanzeiger (6./7.09.97).

[1144] Zitiert nach: BACIA, Mutterland, (8.09.97).

[1145] Zitiert nach: Ebenda.

[1146] Zitiert nach: [o. Verf.]: „Startschuß in Olympia für Olympia 2004. Aufbruch in neue Dimensionen", in: GRIECHISCHE BOTSCHAFT BONN, PRESSE UND INFORMATIONSBÜRO (Hrsg.): Griechenland aktuell. Informationen aus Politik, Wirtschaft und Kultur (23.06.98), S. 1.

➢ *Verpflichtung der Gesetzlichkeit und [...] Transparenz*
➢ *enge und produktive Zusammenarbeit mit dem IOC und den Internationalen Verbänden*
➢ *kontinuierliche Information der Öffentlichkeit [...], sowie die gemeinsame Mobilisierung der Kräfte aller* [1147]

Um die Relevanz der Olympischen Spiele für das Land zu betonen, hat der Präsident Griechenlands die Schirmherrschaft für die Vorbereitungen übernommen. [1148]

Die Auswirkungen auf die Wirtschaft des Landes zeichnen sich bereits kurz nach der Wahl ab. Die Börse prophezeit für den folgenden Montag einen Kursanstieg der Athener Börse um 12 bis 18 Punkte. [1149] Dem Arbeitsmarkt wird prognostiziert, daß *„die Ausrichtung der Olympischen Spiele 130.000 Menschen zumindest vorübergehend Arbeit verschaffen"* soll. [1150] Im April 1998 emittiert die Hamburger Berenberg Bank mit dem 'Hellas Olympia Fond' den ersten deutschen Fond mit griechischen Aktien. Dabei setzt die Bank insbesondere auch *„auf Impulse durch die Olympischen Spiele 2004"*. [1151] Anfang 1999 bescheinigt die OECD, daß die kurzfristigen Aussichten Griechenlands relativ günstig sind, *„vor allem dank hoher Investitionen (Olympiade 2004!)."* [1152] Hier zeigt sich, daß die Implikationen der Kapitalanlagen für die Spiele bei einem Land mit einem geringen Bruttosozialprodukt nicht unerheblich sind. Auch bestätigt dies, vorbehaltlich der weiteren Entwicklung, die positiven wirtschaftlichen Prognosen für die Ausrichtung Olympischer Spiele.

Organisationskomitee

Kurz nach der Wahl Athens herrscht kein Zweifel daran, daß ANGELOPOULOS, die Präsidentin des Bewerbungskomitees, auch die Leitung des OKs übernehmen wird. [1153] Sie selbst ist zurückhaltend: *„It's a very*

[1147] O. Verf., Startschuß, (23.06.98), S. 1.

[1148] Vgl. ebenda, S. 2.

[1149] Vgl. RINGHOFER, Dieter: „Gianna Angelopoulos, Athens neue Heldin. Die 42jährige Juristin hat mit der erfolgreichen Olympiabewerbung die griechische Ehre wiederhergestellt", in: SonntagsZeitung (7.09.97): (http://www.sonntagszeitung.ch/ sz36/157574.html, 12.12.97).

[1150] BACIA, Mutterland, (8.09.97).

[1151] [o. Verf.]: „Rendite mit Olympia. Investmentfonds", in: Stern 17 (16.04.98): S. 212.

[1152] ZÄNKER, Alfred: „Olympia-Milliarden ebnen Griechenlands Weg in die Währungs-union. OECD bescheinigt Hellas gute Aussichten, die Euro-Hürden zu überwinden - Regierung Simitis verordnet dem Land drakonische Sparmaßnahmen", in: Die Welt (15.01.99): (http://www.welt.de/archiv/1999/01/15/0115wi06.htm, 24.04.99).

[1153] Vgl. RINGHOFER, Gianna Angelopoulos, (7.09.97)/ BACIA, Mutterland, (8.09.97)/ HÜLSENBECK, Hildegard: „Janna Angelopoulos-Daskalaki: Eine Frau besiegte Rom", in: Rhein Zeitung (8.09.97): (http://rhein-zeitung.de/old/97/09/08/sport/news/ olyfrau.html, 5.10.99).

difficult task, different from the bidding process, completely different [...]."[1154]
Einige sind der Auffassung, daß ihr die Leitung des OK automatisch zustehe, andere bemängeln, daß sie keine Erfahrung mit der Organisation großer Sportveranstaltungen habe.[1155] Schließlich erklärt ANGELOPOULOS drei Wochen nach der Wahl dem Premierminister SIMITIS, daß sie nicht die Leitung des OK übernehmen wolle.[1156] Eine andere Quelle besagt, daß sie zu viele Rechte gefordert habe, so daß sie nicht akzeptiert werden konnte.[1157] Danach setzen die Spekulationen über die Struktur und Besetzung der Organisation ein. Ende September wird berichtet, daß ähnlich wie in Australien ein neu zu kreierender 'Olympiaminister' die Präsidentschaft des OK übernehmen soll. In diesem Zusammenhang ist der Vizeaußenminister Andreas PAPANDREOU im Gespräch. Kurz darauf schließt SIMITIS diese Lösung aber aus und kündigt an, daß die Organisationsstrukturen nicht vor Anfang 1998 festgelegt würden.[1158] Ende Januar 1998 wird bekanntgegeben, daß STRATIGIS zum Präsidenten des ATHOC ernannt worden ist.[1159] Zur Organisation der Spiele wird neben dem ATHOC noch ein 'Nationales Komitee' gebildet, das unter dem Vorsitz von SIMITIS steht.[1160] Damit folgt Athen der Organisationsstruktur von Sydney. Diese haben ebenfalls als Gegengewicht neben dem relativ unabhängigen OK ein von der Regierung kontrolliertes Organ eingesetzt.[1161] Im April des gleichen Jahres ernennt SAMARANCH Jacques ROGGE zum Vorsitzenden der IOC-Koordinationskommission für die Olympischen Spiele 2004. ROGGE ist bereits Vorsitzender der entsprechenden Kommission für die Spiele 2000 in Sydney.[1162] Im September 1998 tritt die Kommission zum ersten Mal in Athen zusammen.[1163]

Im Juli 1998 muß der Präsident des ATHOC, Stratis STRATIGIS, nach 18 Monaten zurücktreten. Als er

---

[1154] Zitiert nach: MURPHY, Brian: „Olympic question: should big leader also guide 2004 planning?", in: Associated Press (11.09.97).

[1155] Vgl. ebenda.

[1156] Vgl. [o. Verf.]: „Angelopoulos nicht OK-Präsidentin Athens", in: sid (26.09.97).

[1157] Vgl. [o. Verf.]: „Olympia International", in: NOK-Report 2 (Februar 1998): S. 32.

[1158] Vgl. KORPORAL, Glenda: „Greeks rule out an Olympics minister", in: The Sydney Morning Herald (26.09.97).

[1159] Vgl. [IOC (Hrsg.)]: Week's Olympic News - Number 300 (23.01.98): (http:// www.olympic.org/news/ehcio300.html, 29.01.98).

[1160] Vgl. ebenda.

[1161] Vgl. KORPORAL, Greeks, (26.09.97).

[1162] Vgl. [IOC (Hrsg.)]: Week's Olympic News - Number 310 (3.04.98): (http://www.olympic.org/news/weekly/ olynews310_e.html, 25.06.98). Zu den Aufgaben der IOC-Koordinationskommission vgl. Chapter V, Rule 41 und Bye-Law to Rule 41, in: IOC, Charter 1991, S. 53f/ IOC, HCC 2004, S. 9f.

[1163] In dem nachfolgend genannten Dokument ist auch die komplette Zusammensetzung der Kommission aufgeführt. Vgl. [IOC (Hrsg.)]: Week's Olympic News - Number 332 (4.09.98): (http://www.olympic.org/news/ weekly/olynews332_e.html, 1998).

252

eine Einladung für die Hochzeit der Tochter des abgesetzten Königs, Alexia [...] annahm, legte Simitis sein Veto ein. Die in Griechenland regierenden Sozialisten sind strikt gegen Kontakte zur Familie von Konstantin. Stratigis reagierte daraufhin mit Rücktritt.[1164]

Ende August 1998 ernennt SIMITIS den stellvertretenden Vorstandsvorsitzenden Panayotis THOMOPOULOS zum neuen Präsidenten des ATHOC. Unter dessen Ägide wird einen Monat später das neue Emblem der Olympischen Spiele 2004 der Öffentlichkeit vorgestellt (vgl. Abb. 58, S. 249).[1165] Doch auch THOMOPOULOS hält sich nicht lange. Nach massiver Kritik des IOC an der Arbeit des OKs ersetzt ihn SIMITIS im Mai 2000 schließlich durch die beim IOC angesehene, ehemalige Präsidentin des Bewerbungskomitees ANGELOPOULOS.[1166]

Probleme

Bereits kurz nach der Wahl werden Athen 'sieben schwierige Jahre' prognostiziert. Skeptisch wird hinterfragt, ob die Athener *„das in die Tat umsetzen können, was sie versprochen haben."*[1167] Im März 1999 werden die ersten Probleme bekannt. Der CEO des ATHOC, Costas BAKOURIS, erklärt, daß man besorgt sei, da Geldmangel und Verzögerungen bei den Bauvorhaben die Vorbereitungen behindere.[1168] Das ATHOC benötige 200 Millionen US$ von nationalen Sponsoren und erwäge ein europäisches Programm zur Mittelbeschaffung.[1169] Außerdem bestehe ein Mangel an 'top-class' - Hotels, und man habe wegen des öffentlichen Verkehrs Bedenken.[1170] Darüber hinaus habe das ATHOC Schwierigkeiten mit der Bürokratie. Der Pressesprecher der Regierung, Dimitris REPPAS, versucht, die Äußerungen des CEO herunterzuspielen und betont, daß man rechtzeitig fertig werde.[1171]

Ein Jahr nach Gründung des ATHOC hätte laut dem 'Host City Contract' der sogenannte 'Master-Plan' der Spiele dem Exekutivrat zur Billigung vorgelegt

---

[1164] [o. Verf.]: „OK-Chef in Athen zurückgetreten. Stolperstein Alexa", in: SZ (8.07.99).

[1165] Vgl. [IOC (Hrsg.)]: Highlights of the week - Week 39, 27. september - 3. october 1999 39 (1999): (http://www.olympic.org/ioc/e/news/highlights/hl_389.html, 8.10.99).

[1166] Vgl. [o. Verf.]: „Das IOC gewährt Athen eine Frist von 100 Tagen", in: *FAZ* (15.05.00).

[1167] Vgl. o. Verf., Sieben schwierige Jahre, (6.09.97).

[1168] Vgl. [o. Verf.]: „Olympic Games. Athens looks to Europe to overcome funding crisis", in: The Guardian (11.03.99): (http://www.guardianunlimited.co...0,4273,3835070, 00.html, 25.04.99).

[1169] Vgl. [o. Verf.]: „Anxiety in Athens. Olympic organizing committee plagued with problems", in: CNN Sports Illustrated (10.03.99): (http://www.cnnsi.com/news/1999/ 03/10/athens_problems/, 11.07.99).

[1170] Vgl. o. Verf., Olympic Games. Athens, (11.03.99).

[1171] Vgl. o. Verf., Anxiety, (10.03.99).

werden müssen.[1172] Doch erst im 11. Juni 1999 meldet das IOC: *„The Athens Organizing Committee (ATHOC) officially released the Master Plan - the venue and Olympic projects' completion schedule [...].“*[1173]

Die Kritik des IOC an der Nichteinhalteinhaltung von Terminplänen ist zunächst verhalten, eskaliert aber im April 2000 mit der offenen Warnung SAMARANCHs, daß die Spiele in Athen in Gefahr seien.[1174] Nach der Ernennung ANGELOPOULOS zur Präsidentin des ATHOC gewährt das IOC dem Organisationskomitee eine Frist von 100 Tagen, um die aufgelaufenen Probleme wieder in den Griff zu bekommen.[1175] Im November des gleichen Jahres berichtet dann der Vorsitzende des Koordinationsausschusses ROGGE, daß er nunmehr mit dem Stand der Vorbereitungen zufrieden sei.[1176]

Die Sorgen in Athen, die Änderungen der Budgets, der Wechsel an der Spitze des OKs und die 'Katastrophenszenarios' der Presse sind nichts Ungewöhnliches. Alle Ausrichterstädte von Olympischen Spielen haben mit diesen Problemen zu kämpfen. MAENNIG stellt fest, daß von München 1972 bis Atlanta 1996 die Diskrepanz zwischen erster Prognose und abschließend festgestellten Kosten im Durchschnitt 116 Prozent betragen habe. Diesen Abweichungen stehen aber auch unerwartete Erlössteigerungen gegenüber, die zumeist höher gewesen seien als die Kostensteigerungen.[1177] Bezogen auf die Kritik an dem Wechsel der Führung des ATHOC läßt sich anmerken, daß in Sydney während der Vorbereitungszeit auf die Spiele bereits drei Präsidenten und vier CEOs ernannt bzw. abberufen worden sind.

'IOC 2000 Kommission'

Als Reaktion auf den Bestechungsskandal richtet das IOC schon im Dezember 1998 eine 'Ad Hoc Inquiry Commission' ein, welche das Verhalten der IOC-Mitglieder von Salt Lake City untersuchen soll.[1178] Auf Empfehlung der Kommission schließt die außerordentliche 108. IOC-Session im März 1999

[1172] „As soon as possible, but in any event not later than one year after the creation of the OCOG, the OCOG shall submit a general organization plan of the OCOG and of the Games to the IOC-Executive Board for its approval." IOC, HCC 2004, S. 8.

[1173] [IOC (Hrsg.)]: Week's Olympic News - Number 371 (11.06.98): (http:// www.olympic.org/news/weekly/olynews37 1_e.html, 1998).

[1174] Vgl. ANASTASI, Paul.: „Olympic Counter-Attack. After IOC criticism, Greek prepare counter-offensive on Olympics", in: *The Hellenic Star* (27.04.00 - 03.05.00).

[1175] Vgl. o. Verf., Das IOC gewährt, (15.05.00).

[1176] Vgl. [o. Verf.]: „Rogge zufrieden mit Athener Olympiaplanungen", in: *FAZ* (24.11.00).

[1177] Vgl. MAENNIG, Spiele, S. 166.

[1178] Vgl. [IOC (Hrsg.)]: Highlights - Number 352, (29.01.99): (http://www.olympic.org/ news/weekly/olynews352_e.html, 1999).

mehrere Mitglieder aus. Andere Mitglieder werden für ihr Verhalten getadelt.[1179]

Reagierend auf einen Vorschlag der Kommission untersagt der Exekutivrat Ende Januar alle Besuche der IOC-Mitglieder bei den Bewerberstädten für die Winterspiele 2006. Den Kandidaten wird ebenfalls nicht erlaubt, Besuche bei den Mitgliedern zu machen.[1180] Für die Wahl des Austragungsortes bestimmt der Exekutivrat einen neuen Modus. Auf der 109. Session in Seoul im Juni 1999 soll sich vor der endgültigen Abstimmung ein Auswahlkomitee auf zwei Kandidaten einigen. Zwischen diesen beiden Kandidaten darf sich die Vollversammlung entscheiden.[1181]

Während der 108. Session beschließen die Mitglieder die Einrichtung der 'Ethics Commission' sowie die 'IOC 2000 Commission'. Die 'Ethics Commission' wird dauerhaft etabliert und soll ethische Regeln für das Verhältnis zwischen den Mitgliedern der Olympischen Familie aufstellen.[1182] Im wesentlichen enthält der von der Kommission herausgegebene 'IOC Code of Ethics' für die Bewerber um Olympische Spiele keine Neuheiten. In Kapitel IV 'Candidatures' verweist der Kodex sogar explizit auf das schon bekannte 'Manual for cities bidding to host the Olympic Games' und führt ganz allgemein aus: *„Candidate cities shall, inter alia, refrain from approaching another party, or a third authority, with a view to obtaining any financial or political support inconsistent with the provisions of such Manual."*[1183]

Die zeitlich begrenzt eingesetzte 'IOC 2000 Commission', hat die Aufgabe, eine Strukturreform des IOC vorzuschlagen.[1184] Die Kommission ist in drei Arbeitsgruppen unterteilt. In der Arbeitsgruppe III wird der Bereich 'Designation of the host of the Olympic Games' diskutiert.[1185] Unter dem Vorsitz des amerikanischen IOC-Mitglieds Anita L. DEFRANTZ erarbeitet das Team Vorschläge, die von dem Plenum der 'IOC 2000 Commission' sowie der

---

[1179] Vgl. IOC, Intermediary Report 2000, S. 1. Der Bericht wurde am 24.01.99 dem Exekutivrat des IOC übergeben. Vgl. IOC, Report ad hoc 1999, S. 1.

[1180] Vgl. IOC, Report ad hoc 1999, S. 19 [nach eigener Zählung]/ IOC, Highlights [...] 352, (29.01.99).

[1181] Vgl. IOC, Highlights [...] 352, (29.01.99).

[1182] Vgl. IOC, Intermediary Report 2000, S. 1. Zur Zusammensetzung gibt das IOC an: „The Ethics Commission is composed of nine individuals, three of whom are IOC members and five prominent individuals known for their independence of spirit, their competency and their international reputation." [IOC (Hrsg.):] Ethics Commission, [Lausanne 1999], (http://www.olympic.org/ioc/e/org/ethics/ethics_members_e.html, 12.10.99).

[1183] [IOC (Hrsg.):] Ethics Commission, [Lausanne 1999], (http://www.olympic.org/ioc/e/ org/ethics/ethics_code_e.html, 12.10.99).

[1184] Die Kommission hat 80 Mitglieder, die sich aus IOC-Mitgliedern, aktiven oder ehemaligen Präsidenten von IFs oder NOKs, Sportlern und sonstigen Personen zusammensetzt. Vgl. IOC, Intermediary Report 2000, S. 2.

[1185] Die weiteren Arbeitsgruppen sind: 'Group I: Composition, structure and organization of the IOC' und 'Group II: Role of the IOC'. Vgl. IOC, Intermediary Report 2000, S. 1.

außerordentlichen 110. IOC-Session (im Dezember 1999) im wesentlichen bestätigt werden.[1186] Die Gruppe empfiehlt, im IOC eine technische Kommission einzurichten, die vor der Zulassung einer offiziellen Bewerbung einer Stadt deren Mindestvoraussetzungen prüfen soll. Diese 'bid acceptance stage' soll dem Bewerbungsprozeß als weitere Stufe hinzugefügt werden. Es ist auch die Aufgabe der NOKs diskutiert worden, und das Arbeitsteam hat sich darauf geeinigt, daß deren Verantwortung im Bewerbungsablauf erhöht werden soll. Des weiteren ist die Gruppe zu dem Schluß gekommen, daß ein Besuch der Bewerberstädte durch die IOC-Mitglieder auch weiterhin notwendig sei. Es sollen aber nur noch Gruppenreisen durch das IOC und die Kandidaten organisiert werden. Die Teilnahme soll lediglich den abstimmungsberechtigten IOC-Mitgliedern (ohne Begleitung) erlaubt sein.

Allein der letzte Vorschlag der Kommission wird auf der 110. Session nicht angenommen. Es wird hingegen beschlossen, daß aufgrund der Berichte der 'Evaluation Commisions' zukünftig keine Besuche von IOC-Mitgliedern bei den Bewerbern mehr notwendig seien.[1187]

Aktuelle Bewerbungen

Von den zehn gescheiterten Bewerbern um die Spiele 2004 haben bereits im Jahr 1997 Buenos Aires, Istanbul und Sevilla eine weitere Kandidatur um die XXIX. Olympischen Spiele 2008 angekündigt.[1188] Darüber hinaus haben Kuala Lumpur, Paris, Peking, Osaka, Toronto und Singapur ihre Bewerbungsabsicht bekundet.[1189] Das IOC berichtet im Juni 1999, *„that six cities have indicated their strong intention of bidding.“*[1190]

Bemerkenswert ist, daß zur Zeit eine Bewerbung aus Südafrika nicht zur Diskussion steht, obwohl die Wahlchancen nicht schlecht wären. Wenig erfolgversprechend erscheinen auf den ersten Blick dagegen die Bewerbungen von Istanbul, Paris und Sevilla. Es ist nahezu auszuschließen, daß das IOC die Spiele 2008 wiederum dem Kontinent Europa (incl. Istanbul) zuspricht. Aus diesem Grund hat auch das Ruhrgebiet seine Ambitionen

---

[1186] Vgl. dazu und zum folgenden [IOC (Hrsg.)]: „IOC 2000 Working Group recommends Changes to Host City Selection Process“, in: Press Releases 161(2.09.99): (http://www.olympic.org/ioc/e/news/pressreleases/press_161_e.html, 3.09.99)/ [IOC (Hrsg.)]: *Report by the 2000 Commission to the 110th IOC-Session. Lausanne, 11th and 12th December 1999*, [Lausanne 1999]/ [IOC (Hrsg.)]: „IOC approves all recommended reforms“, in: Press Releases 224(12.12.99): (http://www.olympic.org/ioc/e/news/pressreleases/press_224_e.html, 1999)

[1187] Vgl. IOC, IOC approves all, (12.12.99).

[1188] Vgl. [IOC (Hrsg.)]: Week's Olympic News - Number 294 (12.12.97): (http:// www.olympic.org/news/ehcio294.html, 31.12.97)/ o. Verf., Olympics - Rejected Seville, (7.03.97).

[1189] Vgl. [o. Verf.]: „Kurz gemeldet“, in: SZ (9.12.98)/ [o. Verf.]: „Pekings Bewerbung für Olympia 2008. Politik unerwünscht“, in: SZ (9.04.99)/ o. Verf., Seville launches, (4.05.99)

[1190] IOC, Intermediary Report 2000, S. 15.

zunächst einmal zurückgestellt.[1191] Das amerikanische NOK (USOC) hat ebenfalls unter Berücksichtigung dieser ungeschriebenen IOC-Regel, daß ein Wechsel des Gastgeberkontinentes wünschenswert ist, Kandidaturen für 2008 trotz regen Interesses abgelehnt. Für das USOC ist es zu unwahrscheinlich, daß nach 1996 (Atlanta) und 2002 (Salt Lake City) bereits 2008 wieder eine amerikanische Stadt gewählt werden könnte.

Schließlich bewerben sich Bangkok, Havanna, Istanbul, Kairo, Kuala Lumpur, Osaka, Paris, Peking, Sevilla und Toronto um die Olympischen Spiele 2008.[1192] Zur zweiten Phase des neustrukturierten Bewerbungsablaufs werden am 28. August 2000 nur noch die Städte Istanbul, Osaka, Paris, Peking und Toronto zugelassen.[1193] Zum aktuellen Zeitpunkt macht es den Eindruck, daß die Städte Peking, Paris und Toronto die besten Bewerbungen und damit die größten Aussichten auf den Zuschlag des IOC besitzen. Klarer Favorit scheint, ähnlich wie bei dem ersten Versuch um die Spiele 2000, die Bewerbung Pekings zu sein. Es hat sich jedoch bei den letzten Wahlen gezeigt, daß die Favoriten nicht immer gewinnen, und schon im Mai 1997 sagt Roms Bürgermeister RUTELLI vorausschauend: *„Favoriten verlieren immer."*[1194]

[1191] Vgl. DEISTER, Sensation, (6.09.97).

[1192] Vgl. [IOC (Hrsg.)]: „IOC, Cities applying to host 2008 Olympic Games discuss new Candidature Acceptance Procedure", in: Press Releases 247(24.02.00): (http://www.olympic.org/ioc/e/news/pressreleases/press_247_e.html, 2000).

[1193] Vgl. [IOC (Hrsg.)]: „Five Cities to compete to host 2008 Olympic Games", in: Press Releases 322(28.08.00): (http://www.olympic.org/ioc/e/news/pressreleases/press_322_e.html, 2000).

[1194] Zitiert nach: HOLZBACH, Olympiakandidat, (13.05.97).

9.   SCHLUSSBETRACHTUNG

Während zu Beginn seiner Geschichte das IOC wirtschaftlich unabhängig von dem Erfolg der Spiele ist und dem Austragungsort bzw. -land eine große Handlungsfreiheit bei der Ausrichtung zugestehen kann, stellt sich die aktuelle Situation völlig anders dar. Seitdem sich die finanziellen Erträge für die Olympische Bewegung drastisch erhöht haben, hat diese eine Vielzahl von Aktivitäten begonnen, deren Fortführung von den weiteren Einnahmen aus dem Verkauf der Spiele abhängen. Der Erfolg der Spiele wird nun zur Verpflichtung. Ein wirtschaftlicher Gewinn und eine positive Stärkung des Image wird zur Vermehrung von Bewerbern und Sponsoren führen. Dagegen können ein hoher finanzieller Verlust, eine chaotische Organisation der Veranstaltung oder Skandale den Ruf des einzigen Produktes der Bewegung, der Olympischen Spiele, schwer schädigen. Die Auswahl des Partners, die Verpackung des Produktes, wird deshalb für das IOC zu einer richtungsweisenden Entscheidung. Mit der Wahl des Austragungsortes bindet sich das IOC über mehrere Jahre an einen Partner. Von dem Ergebnis dieser Partnerschaft ist die weitere Zukunft der Olympischen Bewegung abhängig.

Die Hauptaufgabe des IOC ist die Förderung des Olympismus. Die Austragung der Olympischen Spiele und ihre weltweite Darstellung in den Medien bietet die Gelegenheit, diese Philosophie zu verbreiten. Da der Sport bei den Spielen sich nicht von den internationalen Wettkämpfen der Sportverbände unterscheidet, kann diese Aufgabe allein über ein besonderes Rahmenprogramm erfüllt werden. Der Austragungsort muß also nicht nur über die technische Leistungsfähigkeit verfügen, eine Sportgroßveranstaltung durchzuführen, sondern auch die Bedingungen für den besonderen Rahmen der Spiele bieten.

An der Bewerbungsgeschichte des IOC läßt sich deutlich ablesen, welche Rahmenbedingungen besonders wichtig sind. Des weiteren kann man an der Entwicklung erkennen, daß ein Großteil davon auch heute noch seine Bedeutung behalten hat und damit Einfluß auf die Auswahl eines Austragungsortes nimmt. Auch der bis zur Wahl um die Spiele 2004 gültige, differenzierte Bewerbungsmodus spiegelt die Erfahrungen des IOC sowie die gewachsenen Anforderungen an die Kandidaten wieder. Der spezielle Ablauf in einem Bewerbungszyklus gibt den Kandidaten einen zeitlichen und organisatorischen Rahmen und prägt damit auch die Vorgehensweise. Die Besonderheiten dieses Bewerbungsmodus (die Vorauswahl und die Besuchsregelung) haben eine grundlegende Auswirkung auf den Verlauf der

Bewerbung. Dabei wird jeder Bewerbungszyklus von den besonderen Erfahrungswerten der letzten Olympischen Spiele sowie den Ergebnissen der letzten Wahlen stark beeinflußt.

Diese Faktoren müssen von den Kandidaten möglichst von vornherein bei ihrer Planung berücksichtigt werden. Da die Arbeiten aber in der Regel schon Jahre vor der offiziellen Bewerbung beginnen, können zwischenzeitliche Einflüsse den geplanten Ablauf einer Bewerbung und die erwarteten Wahlchancen eines Kandidaten (z.B. Athen '96, Berlin '00 und Kapstadt '04) völlig verändern. Neben den vorgenannten Faktoren bringt der einzelne Kandidat noch individuelle Merkmale mit, die seine Chancen in dem jeweiligen Bewerbungszyklus positiv oder negativ beeinflussen können. In der Bewerbungszeit erlangt zudem das Verhalten der Bewerber gegenüber dem IOC, den IFs und den NOKs sowie die Interaktion der Kandidaten eine große Bedeutung.

Diese Kausalzusammenhänge lassen sich bei dem Bewerbungszyklus um die Spiele 2004 deutlich nachvollziehen. Die komplexen Einflüsse werden somit klar und erklären das Abstimmungsverhalten der IOC-Mitglieder sowie den Wahlverlauf. Nach dem speziellen Hergang dieses Zyklus kann zum Zeitpunkt der Abstimmung der Gewinner nur Athen heißen.

Mit dieser Arbeit liegt nun eine übergreifende Analyse vor, welche die Einflußfaktoren auf die Bewerbungen um die Olympischen Spiele 2004 untersucht und sie in den Kontext der gesamten Bewerbungsgeschichte stellt. Es hat sich bestätigt, daß ein Bewerbungszyklus nicht als einzelnes Phänomen, sondern nur im Gesamtzusammenhang verstanden werden kann.

Daraus folgt aber nicht, daß über diese Studie nun eine Formel zur Berechnung des nächsten Wahlgewinners zur Verfügung steht. Unter Beachtung der Rahmenbedingungen sowie der besonderen rationalen und emotionalen Wahlkriterien eines Bewerbungszyklus kann aber mittels der vorliegenden Vorgehensweise eine fundierte Analyse der Wahlchancen der Bewerber erfolgen. Dies wird besonders interessant, wenn die Kandidaten sich zukünftig durch die allgemeine Annäherung an die Idealbewerbung immer ähnlicher werden und sich äußerlich kaum unterscheiden.

Die vorliegende Untersuchung behebt ein bedeutsames Forschungsdefizit. Es soll darüber hinaus eine Basis für weitere spezifische Studien bieten, die eventuell auch unter Einbeziehung wichtiger Zeitzeugen eine differenzierte

Analyse einzelner Aspekte anstreben. Die in der letzten Zeit umgesetzten Reformen und die daraus resultierenden Veränderungen der Bewerbungsvorgaben sind wichtige Punkte, die bei weiterführenden Untersuchungen beachtet werden müssen. Darüber hinaus kann durch den nächsten IOC-Präsidenten, dessen Wahl im Jahr 2001 bevorsteht, eine ganz neue Entwicklung der Olympischen Bewegung initiiert werden. Es steht aber jetzt schon fest, daß im Jahr 1999 mit dem auf der 110. Session eingeleiteten Wandel des IOC eine weitere, fünfte Phase der Bewerbungsgeschichte begonnen hat.

Abb. 59: Signet aus dem offiziellen Bericht der I. Olympischen Spiele [1195]

[1195] Bildquelle: COUBERTIN, Olympischen Spiele 1896, S. 117.

TABELLENVERZEICHNIS

QUELLEN- UND LITERATURVERZEICHNIS

Die bei den folgenden Quellen angegebenen Internetadressen sind nicht alle vollständig. Die Adressen der Quellen von Nachrichtenagenturen sind zum Teil so lang, daß sie aufgrund ihrer Länge auf dem Druckprotokoll nicht mehr erscheinen. Es werden bei diesen Angaben daher nur noch der Server- und der Objektname genannt. Dies ist auch ausreichend, da die Quelle damit i.d.R. eindeutig identifizierbar bleibt. Der Internetadresse folgt ein Datum, welches das Druckdatum protokolliert. Sollte die Adresse durch einen Zeilenumbruch unterbrochen sein, wurde vom Verfasser kein Trennzeichen eingefügt. Üblicherweise stehen die Quellen nur eine begrenzte Zeit in den Archiven zur Verfügung und sind damit nicht mehr reproduzierbar. Alle folgenden Internetquellen liegen beim Autor zur Einsicht vor.

1 Archivalien

Carl Diem Institut an der Deutschen Sporthochschule Köln
        verschiedene Akten zu Bewerbungen um Olympische Spiele
Deutsche Sporthochschule Köln
        Pressearchiv
Privat-Archiv Dr. Karl Lennartz
        Bewerbungsdokumente der Städte um die Olympischen Spiele 2004
Sport-Informations-Dienst, Neuss
        verschiedene Akten zu Bewerbungen um die Olympischen Spiele
The Olympic Museum, Lausanne
        verschiedene Akten zu Bewerbungen um die Olympischen Spiele

2 Periodika

Buenos Aires 2004 news (1997)
IOC. Highlights (1998 - 1999; Nr. 339 -370)
IOC. Highlights of the week (1999; Woche 23 - 39)
IOC. Press Releases (1995 - 1999)
IOC. The Week's Olympic News (1995 - 1998; Nr. 193 -338)
Lightbeam. Late breaking news from Stockholm 2004 (1997)
NOK Report (1995 - 1999)
Olympic Review (1995 - 1999)
Sport-Informations-Dienst (1996 - 1999)
Süddeutsche Zeitung (1996 - 1999)

2004. The Official Magazine of the Cape Town 2004 Olympic Bid (1996 -
1997)

3   Internet - Web Sites

[Athens Organizing Committee of the Olympic Games (Hrsg.)]: „Athens 2004 -
Welcome   to   the   official   site",   1999,   (http://
www.athens.olympic.org/en/, 29.10.99).
[ARGE „Kandidatur Innsbruck-Tirol für Olympische Winterspiele 2006"
(Hrsg.)]: *„Kandidatur Innsbruck-Tirol für Olympische Winter-
spiele 2006",* 1998, (http://www.tis.co.at/galleria/0/olymp/,
3.01.98).
[COMISIÓN PRO SEDE BUENOS AIRES 2004 (Hrsg.)]: *Buenos Aires 2004 -
Index -,* (http://argentina.commerce.com/BA2004/ingles/index.html,
30.11.97).
[COMITE DE CANDIDATURE SION 2006 SWITZERLAND (Hrsg.)]: *Sion
2006,* 1999, (http://www.sion2006.ch/, 7.07.97).
[IOC (Hrsg.)]: *Welcome to the official sites of the International Olympic
Committee,* (http://www.olympic.org, 1999).
KLAGENFURT 2006 [...] (Hrsg.): *Official Homepage of Klagenfurt 2006
Candidate City. Senza confini - Ohne Grenzen - Brez meja,*
(http://www.klagenfurt2006.at, 5.10.99).
ROMA   2004   BIDDING   COMMITTEE   (Hrsg.):   *Roma   2004,*
(http://www.roma2004.it).
STOCKHOLM   2004   BID   COMMITTEE   (Hrsg.):   *Stockholm   2004,*
(http://www.stockholm2004.se).
[STOP 2004 OLYMPIC BID FORUM (Hrsg.)]: *Stop 2004 Olympic Bid Forum,*
1997, (http://www.gem.co.za/ELA/s2004_p1.html, 31.12.97).
[THE „ATHENS 2004" OLYMPIC BID COMMITTEE (Hrsg.)]: *Athens 2004,*
1997, (http://www.athens2004.net/, 22.10.97-30.11.97).
[THE CAPE TOWN 2004 OLYMPIC BID (Hrsg.)]: *Cape Town 2004 Olympic
Bid,* 1997, (http://www.ct2004.org.za/, 30.11.97-3.02.98).
[THE FOUNDATION „ST. PETERSBURG" (Hrsg.)]: *St. Petersburg 2004,*
(http://www.kga.neva.ru/olympic/olymp.htm, 31.12.97).
[THE ISTANBUL OLYMPIC BIDDING COMMITTEE (Hrsg.)]: *Olympist.
Istanbul 2004 Olympics Home,* (http://www.istanbul2004.org/,
31.12.97).

4 Primärliteratur

[ASIAÍN, Jaime López de/ Xavier PASTOR / Valeriano RUIZ]: *Sevilla 2004. Environmental and Energetic Criteria for Olympic Candidacy*, hrsg. von SEVILLA 2004 CANDIDATE CITY, [Sevilla 1996].

ANGELOPOULOS-DASKALAKI, Gianna: *Ansprache zur Präsentation der Bewerbung „Athen 2004" bei der Generalversammlung der ONOC in Guam vom 26.-28.04.1997*, [Guam 1997], (http://www.athens2004.gr:80/en/news/970501.html, 5.04.99).

ANGELOPOULOS-DASKALAKI, Gianna: *Presentation of „Athens 2004" Olympic Games Bid Committee. 5.09.97*, [o.O. 1997].

C.I.O. (Hrsg.): *Annuaire*, [Paris 1908]

C.I.O. (Hrsg.): *Charte des Jeux olympiques - Statuts du Conseil International olympique - Règlements et protocole de la célébration des olympiades modernes et des Jeux olympiques quadriennaux - Règles générales applicables à la célébration des Jeux olympiques - Règlements des congrès olympiques*, [o.O. 1930].

C.I.O. (Hrsg.): *Conditions exigées de villes candidates à l'organisation des Jeux olympiques. Information for Cities which desire to stage the Olympic Games*, Lausanne 1954.

C.I.O. (Hrsg.): *„The New Olympic Rules. 1958 Edition"*, in: Bulletin du C.I.O. 65 (Februar 1959): 53-54.

C.I.O. (Hrsg.): *Olympic Charter. 1980 Provisional edition*, Lausanne 1980.

C.I.O. (Hrsg.): *Olympic Charter 1984*, [Lausanne] 1984.

C.I.O. (Hrsg.): *Olympic Rules and Regulations*, Lausanne 1972.

C.I.O. (Hrsg.): *Olympic Rules. Bye Laws and Instructions*, Lausanne 1976.

C.I.O. (Hrsg.): *Modifications to the Olympic Rules adopted by the 78th Session of the IOC (to be inserted in the Olympic Rules book, 1976 edition)*, Lausanne 1976.

C.I.O. (Hrsg.): *Règle Olympiques N° 25 (adoptée à la Session du C.I.O. à Athènes, mai 1954). Olympic Rule Nr. 25 (adopted at the Session of the I.O.C. in Athens, May 1954*, Lausanne 1954.

C.I.O. (Hrsg.): *Règlements et protocole de la célébration des olympiades modernes et des Jeux olympiques quadriennaux*, [Paris 1924].

[C.I.O. (Hrsg.)]: *The Speeches of President Avery Brundage 1952 to 1968*, [o.O. und o.J.].

C.I.O. (Hrsg.): *Statuts - Règlements et protocole de la célébration des olympiades modernes et des Jeux olympiques quadriennaux - Adresses des membres*, [Paris 1921].

266

C.I.O. (Hrsg.): *Statuts - Règlements et protocole de la célébration des olympiades modernes et des Jeux olympiques quadriennaux - Règles générales techniques applicables á la célébration de la VIIIe Olympiade Paris 1924*, Paris 1924.

[COMISIÓN PRO SEDE BUENOS AIRES 2004 (Hrsg.)]: *Buenos Aires 2004. Candidate, (Volume I - III)*, [Buenos Aires 1996].

COMISIÓN PRO SEDE BUENOS AIRES 2004 (Hrsg.): *Buenos Aires 2004 news* ([1997]).

----- *Welcoming the Games*, Buenos Aires [1997?].

[COMITE DE CANDIDATURE DE LILLE 2004 (Hrsg.)]: *Lille 2004, (Volume I - III)*, [Lille 1996].

----- *Lille. Bid for the 2004 Olympic Games. Press Release. June 1996*, [Lille] 1996.

COOB'92 (Hrsg.): *Official Report of the Olympic Games of the XXV. Olympiad, Barcelona 1992. Volume I: The Challenge*, Barcelona 1992.

COUBERTIN, Pierre de: *Einundzwanzig Jahre Sportkampagne (1887 - 1908)*, hrsg. vom CDI, Ratingen 1966.

----- *Olympische Erinnerungen*, hrsg. und eingeleitet von Carl DIEM,

Reprint der 2. Aufl. 1959, Wiesbaden 1996.

----- *Der Olympische Gedanke. Reden und Aufsätze*, hrsg. vom CDI, Schorndorf 1966.

----- *Schule Sport Erziehung. Gedanken zum öffentlichen Erziehungswesen*, aus dem Französischen übersetzt, eingeleitet und hrsg. von Ernst Hojer, Schorndorf 1972.

COUBERTIN, Pierre de [u.a.]: *Die Olympischen Spiele. 776 v. Chr. - I896 n. Chr. 2. Teil. Die Olympischen Spiele im Jahre 1896*, Athen/ Leipzig 1897.

DIEM, Carl (Hrsg.): *Der Olympische Gedanke. Reden und Aufsätze*, hrsg. vom CDI, Schorndorf 1967.

----- *Olympische Gesetze. Règles olympiques. Olympic Rules. Schriftenreihe des Internationalen Olympischen Instituts, Berlin, Heft 1/1938*, Berlin 1938.

EXECUTIVE COMMITTEE FOR THE CANDIDACY OF ATHENS FOR THE 1996 OLYMPIC GAMES (Hrsg.): *Athens '96. The Golden Olympics*, [Athen o.J.].

GOSPER, Kevan./ Glenda KORPORAL: *An Olympic Life. Melbourne 1956 - Sydney 2000*, St Leonards 2000.

[HODLER, Marc]: „The Candidate Cities for the Games of the XXVIII Olympiad in 2004. Speech by Marc Hodler", in: *Olympic Review* XXVI-14 (April-Mai 1997): 34.

IOC (Hrsg.): *Biographies Olympique. Membres du C.I.O. en activité ou honoraire 1995. Olympic Biographies, Active or honorary members 1995,* Lausanne 1995.

IOC (Hrsg.): *Entries for Sports Competitions and Accreditation Guide,* Lausanne 1995.

[IOC (Hrsg.):] *Ethics Commission,* [Lausanne 1999], (http://www.olympic.org/ioc/e/org/ethics/ethics_code_e.html, 12.10.99).

[IOC (Hrsg.)]: *Factsheets. Feuilles d'informations,* Lausanne 2. Februar 1995.

[IOC (Hrsg.)]: *Games of the XXVIII Olympiad, 2004. Candidate City Presentations 5th September 1997. Official delegates,* [Lausanne] 3. September 1997.

IOC (Hrsg.): *Guide de la Radio-Television. Broadcasting Guide,* Lausanne 1993.

IOC (Hrsg.): *Guide de la presse écrite et photographique. Guide for written and photographic press,* Lausanne 1993.

[IOC (Hrsg.)]: *Host City Contract for the   Games of the XXVIII Olympiad in Year 2004,* [Lausanne 1995].

[IOC (Hrsg.)]: *Intermediary Report of the IOC 2000 Commission. 2 June 1999,* [o.O.] 1999.

IOC (Hrsg.): *The International Olympic Committee and the Modern Olympic Games,* [Lausanne] 1950.

[IOC (Hrsg.)]: *Lord Killanin's Speeches from 1972 to 1981,* [Schweiz: o.O.] 1985.

IOC (Hrsg.): *Manual for cities bidding for the Olympic Games,* Lausanne 1992.

IOC (Hrsg.): *Manual for Candidate Cities for the Games of the XXVIII Olympiad 2004,* [Lausanne o.J.].

IOC (Hrsg.): *Olympic Charter 1989,* [Lausanne] 1989.

IOC (Hrsg.): *Olympic Charter 1990,* [Lausanne] 1990.

IOC (Hrsg.): *Olympic Charter. In force as from 16th June 1991,* [Lausanne] 1991.

IOC (Hrsg.): *Olympic Charter. In force as from 15th June 1995,* [Lausanne] 1995.

IOC (Hrsg.): *Olympic Charter. In force as from 18th July 1996,* Lausanne 1996.

IOC (Hrsg.): *The Olympic Games,* Lausanne 1958.

IOC (Hrsg.): *Olympic Movement Directory 1997,* [Lausanne] 1997

IOC (Hrsg.): *Olympic Rules,* Lausanne 1949.

IOC (Hrsg.): *Olympic Village Guidelines. IOC Guidelines concerning the construction of the Olympic Village and Minimum Requirements for Olympic Teams*, Lausanne 1994.

[IOC (Hrsg.)]: *Rapport. Commission d'étude et d'évaluation pour la préparation des Jeux de la XXVe Olympiade - 1992*, [Lausanne 1986].

[IOC (Hrsg.)]: *Report by the 2000 Commission to the 110th IOC-Session. Lausanne, 11th and 12th December 1999*, [Lausanne 1999].

IOC (Hrsg.): *Report IOC Inquiry Commission for the Games of the XXVII Olympiad 2000*, [Lausanne 1993].

[IOC (Hrsg.)]: *Report of the IOC ad hoc Commission to Investigate the Conduct of Certain IOC Members and to Consider Possible Changes in the Procedures for the Allocation of the Games of the Olympiad and Olympic Winter Games*, Lausanne 1999.

IOC (Hrsg.): *Report of the IOC Evaluation Commission for the Games of the XXVIII Olympiad in 2004*, Lausanne 1997.

[IOC (Hrsg.)]: *Study and Evaluation Commission for the Preparation of the Games of the XXVIth Olympiad - 1996,* [Lausanne 1990].

[IOC (Hrsg.)]: 106e Session CIO. Guide d'accueil. Welcome Guide. Lausanne 2-6 Septembre 1997, [Lausanne 1997].

KARAMANLIS, Konstantin: „Vorschlag zur dauerhaften Ausrichtung Olympischer Spiele in Griechenland. Brief des griechischen Ministerpräsidenten an Lord Killanin vom 30.07.76", übersetzt aus dem Griechischen in: Dimitrios MALAMAS: *Die Idee der ständigen Austragung der Olympischen Spiele in Griechenland aus griechischer Sicht*, Diplomarbeit DSHS, Köln 1981, 31-33.

----- „Zweiter Vorschlag zur dauerhaften Ausrichtung Olympischer Spiele in Griechenland. Brief des griechischen Ministerpräsidenten an Lord Killanin vom 28.02.80", übersetzt aus dem Griechischen in: Dimitrios MALAMAS: *Die Idee der ständigen Austragung der Olympischen Spiele in Griechenland aus griechischer Sicht*, Diplomarbeit DSHS, Köln 1982, 59-61.

LAMBROS, Sp. P./ N. G. POLITIS: *Die Olympischen Spiele. 776 v. Chr. - 1896 n. Chr.. 1. Teil. Die Olympischen Spiele im Altertum*, Athen/ Leipzig 1896.

LAOOC (Hrsg.): *Official Report of the XXIIIrd Olympiad Los Angeles, 1984. Volume I. Organization and Planning,* [Los Angeles 1985].

MITCHELL, George J. [u.a.]: *Report of The Special Bid Oversight Commission*, hrsg. von USOC, [o.O.] 1999.

McGEOCH, Rod[erick H.]/ Glenda KORPORAL: *The Bid. How Australia won the 2000 Games*, Victoria 1994.

McGEOCH, Roderick H.: „Stellungnahme von R. McGeoch zu Bewerbungen um Olympia 2004. Brief an Peter Schollmeier", Sydney 29. Januar 1998, (unveröffentlicht).

NOK FÜR DEUTSCHLAND (Hrsg.): *Olympische Charta und Regelwerk für die Schiedsgerichtsbarkeit in Sportsachen,* mit Einführung/ Übersetzung von Christoph VEDDER/ Manfred LÄMMER, Frankfurt a.M. 1996.

ORGANISATIONSKOMITEE FÜR DIE SPIELE DER XX. OLYMPIADE MÜNCHEN (Hrsg.): *Regeln und Statuten des IOC. Deutsche Übersetzung Ausgabe 1972,* übs. vom Sprachendienst des OK, [München 1972].

RIO DE JANEIRO OLYMPICS BID COMMITTEE RIO 2004 (Hrsg.): *Rio de Janeiro candidate to host the XXVIII Olympic Games in 2004, (Volume I - III),* [Rio de Janeiro 1996].

ROMA 2004 BIDDING COMMITTEE (Hrsg.): *Roma 2004, (Volume I - III),* [Rom 1996].

SAMARANCH, Juan Antonio: „The candidate cities", in: *Olympic Review* XXVI-14 (April-Mai 1997): 3.

[SAN JUAN 2004 OLYMPIC BID COMMITTEE (Hrsg.)]: *San Juan 2004, (Volume I - III),* San Juan 1996.

[SAN JUAN 2004 OLYMPIC BID COMMITTEE (Hrsg.)]: „Sponsors", in: *San Juan 2004. The Official Newsletter of the 2004 San Juan Olympic Bid,* (April 1996): 4 [nach eigener Zählung].

[SAN JUAN 2004 OLYMPIC BID COMMITTEE (Hrsg.)]: *?Por qué San Juan 2004?. Why San Juan 2004,* San Juan 1996.

SENAT VON BERLIN (Hrsg.): *Olympische Spiele Berlin 2004. Machbarkeitsstudie der Projektgruppe,* 2 Bde., Berlin 1990.

[SEVILLA 2004 CANDIDATE CITY (Hrsg.)]: *Sevilla 2004. Candidature File, (Volume I - III),* [Sevilla 1996].

SHERIDAN T[om] A.: *Sheridan-Report. Review of Records of the Sydney Olympics 2000 Bid Ltd by Independent Examiner,* [o.O.] 1999.

STOCKHOLM 2004 BID COMMITTEE (Hrsg.): *Feel the light. Strengths of the bid. The benefits of Sweden's imaginative and efficient Olympic vision. Stockholm 2004,* Stockholm [o.J.].

STOCKHOLM 2004 BID COMMITTEE (Hrsg.): *Stockholm 2004, (Volume I - III),* [Stockholm 1996].

STRATIGIS, Stratis: „Von der Sportkultur zum Sportkult. Wie Athen den Trend umkehren und die Olympischen Spiele 2004 wieder mit

Idealen füllen will", in: GRIECHISCHE BOTSCHAFT [BONN, PRESSE UND INFORMATIONSBÜRO] (Hrsg.): *Griechenland aktuell. Informationen aus Politik, Wirtschaft und Kultur* (13.01.99): (http://www.griechische-botschaft.de/kultur/ 19990113.htm, 5.10.99).

THE „ATHENS 2004" OLYMPIC BID COMMITTEE (Hrsg.): *Athens 2004, Candidate City (Volume I - III)*, [Athen 1996].

[THE „] ATHENS 2004 [''OLYMPIC] BID COMMITTEE (Hrsg.): *Fact sheets. Athens is... Eager Able Unique and Good for the Games*, [o.O. 1997].

[THE] „ATHENS 2004" [OLYMPIC] BID COMMITTEE (Hrsg.): *A Legacy For Olympism*, Athen [1997].

[THE CAPE TOWN 2004 OLYMPIC BID (Hrsg.)]: *Cape Town 2004, (Volume I - III)*, [Kapstadt 1996].

[THE FOUNDATION „ST. PETERSBURG" (Hrsg.)]: *St Petersburg 2004, Candidate City for the Games of the XXVIII Olympiad, (Volume I - III)*, [St. Petersburg 1996].

THE ISTANBUL OLYMPIC BIDDING COMMITTEE (Hrsg.): „Istanbul will do its part", in: *The Olympist* (Februar 1997): 4-5 [nach eigener Zählung].

- - - - -   „Twenty Questions about the Turkish Olympic Law", in: *The Olympist* (Dezember 1996): 2 [nach eigener Zählung].

[THE ISTANBUL OLYMPIC BIDDING COMMITTEE (Hrsg.)]: *Olympist. Istanbul 2004, (Volume I - III)*, [Istanbul 1996].

TRÖGER, Walther: *Perspektiven der Olympischen Bewegung, Auszüge aus einem Vortrag anläßlich des 100jährigen Bestehens der Ruderriege Etuf Essen am 1. Mai 1999*, [Essen 1999], (http://www.nok.de/aktuell/010599.html, 12.05.99).

106e Session CIO - Lausanne 1997. „Présentation finale d'Athènes 2004". Videocassette PAL INTER, Durée: 58'47", The Olympic Museum (Lausanne) V02.2698, 5. September 1997.

- - - - -   *„Présentation finale de Buenos Aires 2004".* Videocassette PAL INTER, Durée: 55'08", The Olympic Museum (Lausanne) V02.2696, 5. September 1997.

- - - - -   *„Présentation finale de La Ville Du Cap 2004".* Videocassette PAL INTER, Durée: 42'42", The Olympic Museum (Lausanne) V02.2699, 5. September 1997.

- - - - -   *„Présentation finale de Rome 2004".* Videocassette PAL INTER,

Durée: 51'26", The Olympic Museum (Lausanne) V02.2695, 5. September 1997.

- - - - - *„Présentation finale de Stockholm 2004".* Videocassette PAL INTER, Durée: 53'39", The Olympic Museum (Lausanne) V02.2697, 5. September 1997.

- - - - - *„Rapport".* Videocassette PAL INTER, Durée: 2h, The Olympic Museum (Lausanne), 5. September 1997.

5   Sekundärliteratur

ALKEMEYER, Thomas: *Körper, Kult und Politik. Von der Muskelreligion Pierre de Coubertins zur Inszenierung von Macht in den Olympischen Spielen von 1936,* Frankfurt a.M., New York 1996.

- - - - - „Die Wiederbegründung der Olympischen Spiele als Fest einer Bürgerreligion", in: Gunter GEBAUER (Hrsg.): *Olympische Spiele - die andere Utopie der Moderne. Olympia zwischen Kult und Droge,* Frankfurt a.M. 1996, 65-100.

BACH, Thomas: „Positive Aufbruchstimmung, nicht kleinkarierte Nabelschau", in: *NOK-Report* 11 (November 1993): 10-11.

BARUTTA, Bernd: „Olympia-Bewerbungs-Gesellschaften interessierter Kommunen. Stoßen vermutete Gewinne für sportliche Großveranstaltungen neue Dimensionen auf ?", in: Gerhard TROSIEN (Hrsg.): *Die Sportbranche und ihre Geldströme,* Reihe Sport Ökonomie, Bd. 4, Witten 1991, 176-188.

BAUSINGER, Hermann: „Von Athen nach Atlanta. Hundert Jahre Olympische Bewegung", in: Ommo GRUPE (Hrsg.): *Olympischer Sport. Rückblick und Perspektiven,* Schorndorf 1997, 13-27.

BECKER, Jochen: *Marketing - Konzeption: Grundlagen des strategischen und operativen Managements,* 6. vollst. und erw. Aufl., München 1998.

BOULONGNE, Yves-Pierre/ Karl LENNARTZ: *The International Olympic Committee - One Hundred Years. The Idea - The Presidents - The Achievements. Volume I,* hrsg. vom IOC, Lausanne 1996.

BRUNET, Ferrán: *Economy of the 1992 Barcelona Olympic Games,* Lausanne 1993.

DAUME, Willi: „Haben die Olympischen Spiele und die Olympische Idee (noch) eine Zukunft ?", in: Ommo GRUPE (Hrsg.): *Kulturgut oder Körperkult ? Sport und Sportwissenschaft im Wandel,* Tübingen 1990, 273-288.

DECKER, Wolfgang: „Die Olympien des Evangelis ZAPPAS", in: DECKER, Wolfgang/ Georgios DOLIANITIS/ Karl LENNARTZ (Hrsg.): *100 Jahre Olympische Spiele. Der neugriechische Ursprung*, Würzburg 1996, 41-59.

DEUMED, Anna: Pascal Besson. „Creator of the official poster for the 106th Session of the IOC", in: *Olympic Magazine* 14 (November 1997): 32-33.

DIEM, Carl: *Die Olympischen Spiele 1912,* mit einer Einführung von Karl LENNARTZ, Reprint der Ausgabe Berlin 1912, Kassel 1990.

- - - - - *Olympische Flamme*, Bd. 1, Berlin 1942.

- - - - - *Weltgeschichte des Sports und der Leibeserziehung*, Stuttgart 1960.

DIEM, L[iselott]: „Die Zeremonien der Olympischen Spiele", in: L[iselott] DIEM: *Drei Vorträge (1964 - 1969),* hrsg. vom CDI, Köln 1972.

DIGEL, Helmut (Hrsg.): *Olympische Spiele in Atlanta - Quo vadis Olympia?*, Darmstadt 1996.

DOLIANITIS, Georgios: „Der Beitrag von Dimitrios Vikelas zur Erneuerung der Olympischen Spiele", in: DECKER, Wolfgang/ Georgios DOLIANITIS/ Karl LENNARTZ (Hrsg.): *100 Jahre Olympische Spiele. Der neugriechische Ursprung*, Würzburg 1996, 10-35.

DUNCAN, Sandy/ Marcello GARRONI/ Yukiaki IWATI: *The Administration of an Olympic Games*, hrsg. vom IOC, [Rom] 1966-1969.

DURÁNTEZ, Conrado: „Africa and Olympism", in: Olympic Review XXVI-20 (1998): 71-73.

ETERIDIS, Christomos: *Die Vergabe der Olympischen Spiele 1996 im Spiegel der griechischen Presse*, Diplomarbeit DSHS, Köln 1994.

FRICKE, Klaus: *Die Idee der ständigen Austragung der Olympischen Spiele in Griechenland*, Diplomarbeit DSHS, Köln 1982.

GEBAUER, Gunter (Hrsg.): *Olympische Spiele - die andere Utopie der Moderne. Olympia zwischen Kult und Droge*, Frankfurt a.M. 1996.

GENSCHER, Hans-Dietrich: „Seoul '88 - sichtbarer Beitrag zum Frieden", in: *NOK-Report* 10 (Oktober 1988): 2-4.

GRUPE, Ommo (Hrsg.): *Einblicke. Aspekte olympischer Sportentwicklung*, mit Beiträgen von Jürgen BAUR u.a., Schorndorf 1999.

GRUPE, Ommo: „Olympismus und olympische Erziehung. Abschied von einer großen Idee?", in: Ommo GRUPE (Hrsg.): *Olympischer Sport. Rückblick und Perspektiven*, Schorndorf 1997, 223-243.

GÜLDENPFENNIG, Sven: *Frieden - Herausforderungen an den Sport. Ansätze sportbezogener Friedensforschung*, Köln 1989.

GUTTMANN, Allen: „Die Olympischen Spiele ein Kulturimperialismus ?", in: Gunter GEBAUER (Hrsg.): *Olympische Spiele - die andere Utopie der Moderne. Olympia zwischen Kult und Droge*, Frankfurt a.M. 1996, 139-156.

HEINZE, Heiner: „Zur zukünftigen Rolle Deutschlands bei den Olympischen Spiele", in: Helmut DIGEL (Hrsg.): *Olympische Spiele in Atlanta - Quo vadis Olympia?*, Darmstadt 1996, 71-87.

HERMS, Eilert: „Die Olympische Bewegung der Neuzeit. Sozialpolitisches Programm und reale Entwicklung", in: Ommo GRUPE (Hrsg.): *Olympischer Sport. Rückblick und Perspektiven*, Schorndorf 1997, 53-69.

HILL, Christopher R.: *Olympic Politics*, Manchester/ New York 1992.

HÖFER, Andreas: *Der Olympische Friede. Anspruch und Wirklichkeit einer Idee*, Studien zur Sportgeschichte, Bd. 2, hrsg. von Manfred LÄMMER, Sankt Augustin 1994.

JENNINGS, Andrew: *Das Olympia Kartell. Die schäbige Wahrheit hinter den fünf Ringen*, Hamburg 1996.

JENNINGS, Andrew/ Vyv SIMSON: *Geld, Macht und Doping. Das Ende der Olympischen Idee*, München 1992.

KIDANE, Fèkrou: „The 106th IOC Session", in: *Olympic Review* XXVI-17 (Oktober-November 1997): 6-35.

KISTNER, Thomas/ Jens WEINREICH: *Muskelspiele. Ein Abgesang auf Olympia*, Berlin 1996.

KLUGE, Volker: „Außer den Wahlen keine weitere IOC-Strittigkeiten", in: *NOK-Report* 10 (Oktober 1990): 2-4.

- - - - - „Favoritensiege bei der Vorauswahl für die Winterspiele 2002", in: *NOK-Report* 2 (Februar 1995): 2-5.

- - - - - „Unterschiedlicher Endspurt der Olympia-Bewerberstädte", in: *NOK-Report* 10 (Oktober 1993): 8-11.

KNECHT, Willi Ph.: „Berlin chancenlos zwischen den neuen Blöcken", in: *NOK-Report* 10 (Oktober 1993): 2-7.

- - - - - „IOC-Session der nüchternen Geschäftigkeit", in: *NOK-Report* 10 (Oktober 1997): 15-18.

KRAYER, Albert/ Norbert MÜLLER: „The members of the first International Olympic Committee", in: LENNARTZ, Karl/ Otto SCHANTZ: *The International Olympic Committee - One Hundred Years. The Idea - The Presidents - The Achievements. Volume II*, hrsg. vom IOC, Lausanne 1996, 269-280

KRÜGER, Arnd: „100 Jahre und kein Ende? - Postmoderne Anmerkungen zu den Olympischen Spielen", in: Irene DIEKMANN/ Joachim H.

TEICHLER (Hrsg.): *Körper, Kultur und Ideologie. Sport und Zeitgeist im 19. und 20. Jahrhundert*, Studien zur Geistesgeschichte, Bd. 19, hrsg. von Julius H. SCHOEPS, Mainz 1997, 277-300.

KRÜGER, Michael: „Olympische Spiele in Deutschland: ausgefallen, mißbraucht, überschattet, gescheitert", in: Ommo GRUPE (Hrsg.): *Olympischer Sport. Rückblick und Perspektiven*, Schorndorf 1997, 71-84.

LÄMMER, Manfred: „Flucht nach Hellas? Griechenlands Vorschlag", in: *Olympisches Feuer* 30 (1980) 4, 43-47.

- - - - - „Die Olympische Idee im Wandel", in: EVANGELISCHE AKADEMIE BAD BOLL (Hrsg.): *Gold für Olympia. Sieg oder Verfall einer Idee ?*, Bad Boll 1990.

LANDRY, Fernand/ Magdalene YERLÈS: *The International Olympic Committee - One Hundred Years. The Idea - The Presidents - The Achievements. Volume III*, hrsg. vom IOC, Lausanne 1996.

LANGE, Pieter de: *The Games Cities Play. The staging of the greatest socio-economic event in the world - The Olympic Games. From Athens 1896 to Athens 2004*, Pretoria 1998.

LENK, Hans: *Werte Ziele Wirklichkeit der modernen Olympischen Spiele*, Beiträge zur Lehre und Forschung der Leibeserziehung, Bd. 17, hrsg. vom AUSSCHUSS DEUTSCHER LEIBES-ERZIEHER,
2. verbesserte Auflage, Schorndorf 1972.

LENNARTZ, Karl: *Olympische Spiele 1908 in London,* unter Mitarbeit von Ian BUCHANAN, Volker KLUGE, Bill MALON, Walter TEUTENBERG, hrsg. vom Carl und Liselott Diem-Archiv, [Köln 1998].

- - - - - „The presidency of Sigfrid Edström (1942-1952)", in: Karl LENNARTZ/ Otto SCHANTZ: *The International Olympic Committee - One Hundred Years. The Idea - The Presidents - The Achievements. Volume II*, hrsg. vom IOC, Lausanne 1996, 13-76.

LENNARTZ, Karl/ Otto SCHANTZ: *The International Olympic Committee - One Hundred Years. The Idea - The Presidents - The Achievements. Volume II*, hrsg. vom IOC, Lausanne 1996.

LIU, Xiaofei: *Der Weg der Dritten Welt in die Olympische Bewegung*, Studien zur Sportgeschichte, Bd. 5, hrsg. von Manfred LÄMMER, Sankt Augustin 1998.

LYBERG, Wolf: *Fabulous 100 Years of the IOC. Facts - figures - and much, much more*, hrsg. vom IOC, Lausanne 1996.

MAENNIG, Wolfgang: „Olympische Spiele und Wirtschaft. Weitverbreitete Mißverständnisse und achtzehn (Gegen-)Thesen", in: Ommo GRUPE (Hrsg.): *Olympischer Sport. Rückblick und Perspektiven*, Schorndorf 1997, 157-179.

- - - - - *Kosten und Erlöse Olympischer Spiele in Berlin 2000.*, Berlin 1992.

MALAMAS, Dimitrios: *Die Idee der ständigen Austragung der Olympischen Spiele in Griechenland aus griechischer Sicht*, Diplomarbeit DSHS, Köln 1982.

MANDELL, Richard D.: *Sport. Eine illustrierte Kulturgeschichte*, München 1986.

MAXIMYTSCHEW, Igor F.: „Olympischer Katzenjammer in St. Petersburg", in: *NOK-Report* 12 (November 1997): 23.

MBAYE, Kéba: *The International Olympic Committee and South Africa. Analysis and illustration of a humanist sports policy*, Lausanne 1995.

MILLER, David: *Olympic Revolution. The Biography of Juan Antonio Samaranch*, London 1992.

MORAGAS Spà, Miquel de/ Nancy K. RIVENBURGH/ James F. LARSON: *Television in the Olympics*, London 1995

MÜLLER, Norbert: *Von Paris bis Baden-Baden. Die Olympische Kongresse 1894-1981*, Mainzer Studien zur Sportwissenschaft, Bd. 7, hrsg. von Norbert MÜLLER u.a., 2. erg. Aufl., Niedernhausen/ Taunus 1983.

NATIONAL INSTITUTE OF ECONOMIC AND INDUSTRIAL RESEARCH: *The Melbourne 1996 Olympics. An Economic Evaluation. Volume 1. Executive Summary*, [o.O.] 1990.

NATIONAL INSTITUTE OF ECONOMIC AND INDUSTRIAL RESEARCH: *The Melbourne 1996 Olympics. An Economic Evaluation. Volume 2. Main Report*, [o.O.] 1990.

PALACIOS, Pedro: „Thomas Bach. 'Olympic athletes have a common language beyond generations'", in: *Olympic Magazine* (June 1997): 8-10.

POUND, Richard W.: *Five Rings over Korea. The Secret Negotiations Behind the 1988 Olympic Games in Seoul*, Boston (u.a.) 1994.

PREUSS, Holger: *Ökonomische Implikationen der Ausrichtung Olympischer Spiele von München 1972 bis Atlanta 1996*, Olympische Studien, Bd. 3, hrsg. von Norbert MÜLLER u.a., Kassel 1999.

PROKOP, U.: *Soziologie der Olympischen Spiele. Sport und Kapitalismus,* München 1971.

RITTBERGER, Volker/ Henning BOEKLE: „Das Internationale Olympische Komitee - eine Weltregierung des Sports?", in: Ommo GRUPE (Hrsg.): *Olympischer Sport. Rückblick und Perspektiven,* Schorndorf 1997, 127-155.

ROSEMUND, Christiane: *Bewerbungen Deutscher Städte um Olympische Spiele,* Diplomarbeit DSHS, Köln 1992.

SCHARF, Andreas/ Bernd SCHUBERT: *Marketing: Einführung in Theorie und Praxis,* 2. akt. Ausg., Stuttgart 1997.

SCHERER, Karl Adolf: „Athens Umgang mit Geschichte und Gegenwart", in: *NOK-Report* 8 (August 1990): 19-20.

- - - - -   „Atlanta: Olympische Spiele als Zeugnis der Reife", in: *NOK-Report* 8 (August 1989): 8-10.

- - - - -   „Sechs Bewerber und vier Favoriten", in: *NOK-Report* 4 (April 1989): 20-23.

- - - - -   „Thomas Bach und die olympischen Polit-Perspektiven", in: *Olympisches Feuer* 46 (1996): 16-18.

- - - - -   *100 Jahre Olympische Spiele. Idee, Analyse und Bilanz,* Dortmund 1995.

SCHMIDTKE, Dirk: „'Vier plus eins' als Formel für Olympia 2004", in: *NOK-Report* 4 (April 1997): 3-5.

SCHORMANN, Klaus: „Olympia 2004 als Kapstadts Wegweiser in die Zukunft", in: *NOK-Report* 3 (März 1996): 24-25.

SCHUCH, Kuno: *Die Bewerbung der Stadt Berlin um die Ausrichtung der Olympischen Spiele im Jahr 2000. Von der ersten Idee bis zum offiziellen Bewerbungsschluß beim Internationalen Olympischen Komitee am 15. April 1992,* Diplomarbeit DSHS, Köln 1993.

SEIFART, Horst: „Was Sydney gewann, was Berlin und Deutschland verloren", in: *NOK-Report* 11 (November 1993): 22-26.

SINN, Ulrich: *Olympia. Kult, Sport und Fest in der Antike,* München 1996.

SPEER, Albert: *Erinnerungen,* Frankfurt a.M./ Berlin/ Wien 1976.

STEINER, Michael/ Erich THÖNI: *Sport und Ökonomie. Eine Untersuchung am Beispiel der Bewerbung „Olympische Winterspiele Graz 2002",* Graz 1995.

STREMME, Steffen: „Team Olympia - Erwartungen der Wirtschaft an die zukünftige Entwicklung der Olympischen Spiele", in: Helmut DIGEL (Hrsg.): *Olympische Spiele in Atlanta - Quo vadis Olympia?,* Darmstadt 1996, 43-60.

TRÖGER, Walther: „Chancen und Gefahren der Olympischen Spiele aus der Sicht des IOC", in: Helmut DIGEL (Hrsg.): *Olympische Spiele in Atlanta - Quo vadis Olympia?*, Darmstadt 1996, 17-32.

UNIVERSIDAD DE PALERMO (Hrsg.): *Arquis. Arquitecturea y Urbanismo* 13 (Juli/ August 1997).

WELK, Guido (Hrsg.): *Athen 1896. 100 Jahre Olympische Spiele*, Pulheim-Brauweiler [o.J.].

WINKLER, Bernd: *Sport und politische Bildung. Modellfall Olympia,* Opladen 1972.

[o. Verf.]: „The Candidate Cities for the Games of the XXVIII Olympiad in 2004", in: *Olympic Review* XXVI-14 (April-Mai 1997): 29-45.

- - - - - „Digital Olympics", in: *Arquis.Arquitecturea y Urbanismo* 13 (Juli/ August 1997): 95.

- - - - - „Ekecheirie", in: *Der Sport-Brockhaus*, 4. Aufl., Wiesbaden 1984, 139.

- - - - - „Estocolomo 2004. International Athletes' Council: Un tributo a la calidad y el estilo de organisación de Suecia", in: *Feel the Light. Noticias e Imágenes de Estocolmo 2004* (Juli 1997): 2.

- - - - - „Franchise", in: Rüdiger PIEPER (Hrsg.): *Lexikon Management,* Wiesbaden 1991, 121.

- - - - - „From Transition to Transformation. Local government undergoes radical change", in: CA MAGAZIN (Hrsg.): *The Compelling Cape. 1997 Business Profile of the Cape Town Region* 1 (1997): 36-37.

- - - - - „Olympia International", in: *NOK-Report* 2 (Februar 1998): 32-34.

- - - - - „The Olympic Corridor", in: *Arquis.Arquitecturea y Urbanismo* 13 (Juli/ August 1997): 16-19.

- - - - - „Supporting Cast", in: THE CAPE TOWN 2004 OLYMPIC BID (Hrsg.): *2004. The Official Magazine of the Cape Town Olympic Bid* 3 (Juli 1996): 16-17.

6 Zeitungsartikel

ANASTASI, Paul.: „Olympic Counter-Attack. After IOC criticism, Greek prepare counter-offensive on Olympics", in: *The Hellenic Star* (27.04.00 - 03.05.00).

ANDREU CUEVAS, Leila A.: „Puerto Rico's political status clouds 2004 Olympics bid", in: *Associated Press* (21.02.97).

ANTONAROS, Evangelos: „Anschlag auf Athens Kandidatur. Zwei Attentate schmälern Olympia-Hoffnungen in Griechenland - 'Vergleich mit Stockholm hinkt'", in: *Die Welt* (5.09.97): (http://www.welt.de/archiv/1997/09/05/0905au01.htm, 24.04.99).

- - - - - „Aufregung zu Füßen der Akropolis", in: Berliner Morgenpost (2.08.97): (http://www.berliner-morgenpost.de/bm/bm_archiv/970802/titel/story09.html, 31.12.97).

ALTENBOCKUM, Jasper von: „Die Serie von Anschlägen richtet sich gegen Schwedens Kandidatur für 2004. Bombenexplosion in Göteborgs Ullevi-Staion. Stockholm sieht Olympiabewerbung in Gefahr", in: *FAZ* (26.08.97).

BACIA, Horst: „Im Mutterland der Spiele wird mit Genugtuung gefeiert. Die Athener versprechen die Rückkehr zum olympischen Ideal", in: *FAZ* (8.09.97).

BARRET, Joyce/ David SHAPSHAK: „Cape kept clear of Olympics salesman", in: Mail&*Guardian* (29.01.99): (http://www.sn.apc.org/wmail/issues/990129/NEWS23.html, 5.04.99).

BASTIN, Richard: „Olympics - Seville hopes Expo legacy overcomes Barcelona memory", in: *Reuter* (26.02.97).

BORCHERT, Thomas: „Mit Bomben gegen Olympia-Kandidatur. Geheimnisvolle Gegner der Bewerbung schlugen wieder zu", in *Berliner Morgenpost* (26.08.97): (http://cnn.berliner-morgenpost.de/bm/bm_archiv/970826/politik/story02.html, 31.12.97).

BRANDT, Hans: „Von Spielen in Kapstadt soll der ganze Kontinent etwas haben", in: *Tages Anzeiger* (3.09.97): (http:// www.tages-anzeiger.ch/archiv/97september/970903/128281.htm, 14.07.99).

BRZEZINSKI, Matthew: „St. Petersburg Prays for 2004 Olympic, and it should. Crumbling City Is Having Hard Time Drumming Up Sponsors' Interest", in: *The Wall Street Journal Europe* (24.02.97).

BROWN, Stephen: „Olympics-Sport is way of life in bid city Buenos Aires", in: *Reuter* (27.08.97).

BULMANN, Erica: „Swiss celebration turns to anger after IOC announcement", in: *Associated Press* (19.06.99): (http://www.sportserver.com/generic/story/0,1673,61678-98079-699028-0,00.html, 5.07.99).

CASTRO, Josè Angel: „Empieza cuenta atras de un mes para election de organisadora", in: *EFE Agence Espagnole de Presse* (5.08.97).

CLAASSEN, Kris: „Südafrika will Olympia 2004. Kap der guten Hoffnung zwischen Euphorie und Wellblech. Bewerbung offiziell überreicht/ 100.000 Arbeitsplätze als Lockmittel", in: *sid* (24.-26.12.95).

DEISTER, Günter: „Athen erhält den Zuschlag für die Sommerspiele im Jahr 2004. Olympia kehrt an seine Ursprünge zurück. Internationales Olympisches Komitee leistet Wiedergutmachung für die Absage 1996 - Rom der große Verlierer der Wahl von Lausanne", in: *Passauer Neue Presse* (6.09.97): (http://www.vgp.de/red/pnp/06091997/sp/00000009.htm, 31.12.97).

- - - - - „Drängelei um Olympische Spiele 2004. Elf Städte kandidieren - IOC-Mitglied Bach: Attraktiver denn je und begehrt wegen der Botschaft", in: *Die Welt* (11.01.96)): (http://www.welt.de/archiv/1996/01/11/0111sp03.html, 24.04.99).

- - - - - „Sensation! Olympia 2004 wieder in Athen. Rom im vierten Wahlgang unterlegen/ Ruhrgebiet zieht Bewerbung für 2008 zurück", in: *Hamburger Morgenpost* (6.09.97): (http://www.mopo.de/dcweb/client/mopo/6.9.97/ressort/sport/artikel6.1.html, 12.12.97).

DREW, Julian: „The Olympics' chosen few", in: *Mail&Guardian* (11.01.96): (http://www.mg.co.za/mg/news/96jan/11jan-olymicsbid.html, 31.12.97).

DUNCAN, John: „All roads still lead to Rome", in: *Mail&Guardian* (2.02.96): (http://www.mg.co.za/mg/news/96feb/2feb-olympics.html, 12.12.97).

- - - - - „2004 - a place odyssey", in: *Mail&Guardian* (1.11.96): (http://www.mg.co.za/mg/news/96nov1/1no-olym.htm, 12.12.97).

EISFELD, Henning/ Andreas MORBACH: „Leichathletik-WM in Athen. WM soll Tor zu Olympia aufstoßen. 48 IOC-Mitglieder in Athen/ 20 Mio. für WM, 1,6 Mrd. Für Olympia", in: *sid* (31.07.97).

EHRENBERG, Peter: „Olympia 2004: Geschichte statt Geschäfte. Sto spiti, Athen", in: *Hamburger Morgenpost* (6.09.97): (http://www.mopo.de/dcweb/client/mopo/6.9.97/ressort/sport/komm6.1.html, 12.12.97).

FAIOLA, Anthony: „Skeptical Buenos Aires Awaits Word on Its Olympic Bid", in: *Herald Tribune* (22.08.97).

FISCHER, Christoph: „Das aktuelle Interview mit Dr. Thomas Bach (IOC-Exekutiv-Mitglied). 'Lange Diskussionen vor der Entscheidung'", in: *sid* (7.03.97).

- - - - - „Bewegender Auftritt von Nelson Mandela. Flammender Appell an IOC-Mitglieder/ 'Olympia-Attentäter' in Stockholm gefaßt", in: *Hamburger Morgenpost* (6.09.97): (http://www.mopo.de/ dcweb/client/mopo/6.9.97/ressort/sport/info6.1.html, 12.12.97).

- - - - - „IOC-Auswahlkommission in Lausanne. Fünf Städte kämpfen um Olympia 2004. Großer Erfolg für Bach-Kommission/ Afrika winkt erstmals Olympia", in: *sid* (7.03.97).

- - - - - „IOC-Auswahlkommission in Lausanne. Minister Pele trommelt für Rio de Janeiro. Stockholm: 59 Prozent Zustimmung/ Kritik an Vorauswahl erneuert", in: *sid* (6.03.97).

- - - - - „IOC-Exekutive in Lausanne. An Rom und Athen führt kein Weg vorbei. Pele trommelt für Rio de Janeiro/ Thomas Bach: 'Wir werden Prügel beziehen'", in: *sid* (5.03.97).

- - - - - „IOC-Exekutive in Lausanne. Bach-Kommission unter massivem Druck. Scharfer Protest Istanbuls/ Thomas Bach: 'Werden Prügel beziehen'", in: *sid* (4.03.97).

- - - - - „IOC-Exekutive in Lausanne. Pele trommelt für Rio de Janeiro. Stockholm: 59 Prozent Zustimmung/ Thomas Bach weist Kritik zurück", in: *sid* (6.03.97).

- - - - - „Olympische Attraktivität ungebrochen. Geschlagene vor neuem Versuch. '2002 hervorragende Bedingungen'/ Sommer-Bewerber stehen Schlange", in: *sid* (25.01.95).

- - - - - „Vergabe der Olympischen Spiele 2004. Bomben schmälern die Chancen Stockholms. Bekennerbrief traf in London ein/ Bach: 'Im Moment hochsensibel'", in: *sid* (27.08.97).

- - - - - „Die Verlierer verarbeiten die Wahl unterschiedlich: mit Gelassenheit und mit gewachsenem Selbstbewußtsein. Rom vergießt nur eine kleine Träne", in: *FAZ* (8.09.97).

- - - - - „Vorauswahl auch für Olympia 2004? Vizepräsident Smirnow sieht Benachteiligung/ 2004 zwölf Bewerbungen", in: *sid* (24.01.95).

FISCHER, Christoph/ Andreas MORBACH: „Olympia nah am Olympia. Griechenland jubelt, die Sensation ist perfekt: Athen erhält die Spiele 2004", in: *Kölner Stadtanzeiger* (6./7.09.97).

FRANZETTI, Dante Andrea: „Nüchterne Italiener", in: *Tages Anzeiger* (3.09.97): (http://www.tages-anzeiger.ch/970903/ 115397.html, 12.12.97).

GERTZ, Bill: „Olympic Games in the year 2004 in Athens? Why should a city which hosts terrorist training camps host an event which calls for peace and harmony?", in: *The Washington Times,* (10.09.96): (http://www.turkishnews.com/NewsNetwork/greek-pkk.html, 30.11.97).

HAMILTON, Douglas: „Olympics - Light of hope shines for Cape Town", in: *Reuter* (26.08.97).

HAWTHORNE, Peter: „The Cape Town Olympics? A combination of beauty and symbolism for the year 2004", in: *TIME International Magazine* 148.13 (16.09.96): (http://cgi.pathfinder.com/time... /960916/safrica3.html, 25.04.99).

HEIMERZHEIM, Peter: „Mandela kämpft für Kapstadt und vor allem gegen Rom. Erstmals Sommerspiele in Afrika? - Italiens Hauptstadt Favorit bei der Wahl der Olympiastadt 2004, Buenos Aires Außenseiter", in: *Die Welt* (5.09.97): (http://www.welt.de/ archiv/1997/09/05/0905sp03.html, 24.04.99).

- - - - - „Von Hemmungen, zweimal nein zu sagen. IOC-Entscheidung über Ausrichter der Olympischen Spiele 2004 löst bei Verlierern Ernüchterung aus - Gerüchte entstehen", in: *Die Welt* (8.09.97): (http://www.welt.de/archiv/1997/09/08/0908sp10.htm, 12.12.97).

HEMMING, Jon: „Olympics - Historical setting remains Istanbul's strongest card", in: *Reuters* (25.02.97).

HERSH, Philip: „Athens wins 2004 Olympics", in: *Chicago Tribune* (6.09.97).

H[ans-]JO[achim Waldbröl]: „Stichwort: Auswahlkommission", in: *FAZ* (7.03.97).

HOLZBACH, Gerd: „Olympiakandidat für 2004. Roms Stärke: Ein Konzept fast ohne Schwächen. Pluspunkte: Infrastruktur, Sportstätten, Finanzgarantie, Coni [sic]", in: *sid* (13.05.97).

HOMEWOOD, Brian: „Olympics - Rio try to project serious image in 2004 bid", in: *Reuter* (28.02.97).

HUBBARD, Alan: „First lady gets a grip on the Games. No holds barred in Greco-Roman war", in: *The Observer* (10.08.97).

HÜLSENBECK, Hildegard: „Janna Angelopoulos-Daskalaki: Eine Frau besiegte Rom", in: *Rhein Zeitung* (8.09.97): (http://rhein-zeitung.de/old/97/09/08/sport/news/olyfrau.html, 5.10.99).

HUGHES, Rob: „Flaming passion that brought the Games back to Greece", in: *The Independent* (16.12.97).

HUMPHRIES, Tom: „Trackside's prime mover", in: *The Irish Times* (2.08.97): (http://www.irish-times.com/irish-times/paper/1997/0802/ spo17.html, 31.12.97).

ILEY, Karen: „Olympics - Rome to clinch race for 2004 Games - poll", in: *Reuter* (28.08.97).

KABAN, Elif: „Olympics - End of dream for six Games hopefuls", in: *Reuter* (7.03.97).

KAUFMANN, Bruno: „Die Zustimmung unter den Schweden hält sich in Grenzen. Nicht einmal die Hälfte aller Schwedinnen und Schweden will die Olympischen Sommerspiele 2004. Doch die Fans träumen - trotz Bombenanschlägen weiter", in: *Tages Anzeiger* (3.09.97): (http://www.tages-anzeiger.ch/archiv/ 97september/970903/ 112748.htm, 14.07.99).

KEATING, Steve: „Olympics - Rome and Athens emerge as frontrunners", in: *Reuter* (20.02.97).

KISTNER, Thomas: „Athen in geheimnisvollen Nöten. IOC sagt deshalb Exekutivsitzung in Baden-Baden ab und zieht um", in: *SZ* (22.04.99).

- - - - - „Steuergroschen für die Festkarawane", in: *SZ* (16.09.97).

- - - - - „Wirtschaftskrieg und kauzige Rituale", in: *SZ* (3.09.97).

KNEMEYER, Thomas: „Mit Mandela als Joker sammelt Kapstadt Punkte für Olympia", in: *Die Welt* (9.12.96): (http://www.welt.de/archiv/ 1996/12/09/1209s301.htm, 24.04.99).

KORPORAL, Glenda: „Greeks rule out an Olympics minister", in: *The Sydney Morning Herald* (26.09.97).

LADINSER, Uwe: „Der olympische Kleinkrieg zwischen Rom und Athen geht weiter", in: *dpa* (15.08.97).

LAGUE, David: „China calls for reform of bidding system", in: *The Sydney Morning Herald* (26.01.99): (http://www.smh.com.au/news/ 9901/26/pageone/pageone4.html, 1.04.99).

LENKIN, Igor: „Olympic facilities in St [*sic*] Petersburg to be build in time", in: *TASS* (24.01.97).

- - - - - „St. Petersburg competes for hosting 2004 Olympic Games", in: *TASS* (24.02.97).

LENNERTZ, Michael: „Buenos Aires baut auf Toleranz und Tradition. Bewerber für die Olympischen Spiele 2004", in: *FAZ* (13.08.97).

LONG, Gideon: „Olympics - Athens-African pact led to Rome defeat, says chief", in: *Reuter* (6.09.97).

- - - - - „Olympics - Sicily rematch for Greeks and Romans", in: *Reuter* (19.08.97).

LONGMAN, Jere: „Athens Captures a Vote For Tradition and Olympics", in: *The New York Times* (6.09.97).

LUNZENFICHTER, Alain: „The race at the Summer Games 2004", in: *International* Sport *A.I.P.S.* (Mai 1997).

MACDONALD, Alastair: „Olympics - Baroque grande dame seeks 2004 Olympics", in: *Reuter* (26.02.97).

MÄDLER, Hans-Hermann/ Hildegard Hülsenbeck: „Touristischer Anziehungspunkt und tägliches Chaos", in: wiesbaden-online.*de* (31.07.97): (http://www.wiesbaden-online.de/old/97/07/31/sport/news/laathen.html, 31.12.97).

MÄDLER, Hans-Hermann: „Fünfkampf um Olympia 2004: Athen, Buenos Aires, Kapstadt, Rom und Stockholm - St. Petersburg der groSe [*sic*] Verlierer der Vorausscheidung", in: *dpa* (7.03.97).

- - - - -   „Vier Favoriten - Roms Bürgermeister: 'Optimist, aber vorsichtig' - Politische Chance für Kapstadt? - Auch Pele noch zuversichtlich", in: *dpa* (21.02.97).

MAGNAY, Jacquelin: „Rome wants Athens to face revote", in: *Sydney Morning Herald* (28.01.99): (http://smh.../9901/28/pageone/pageone7.html, 5.04.99).

MITTMANN, Ralf: „Der Sport soll die Apartheid besiegen helfen. Schwarze Athleten sind auf dem Vormarsch/ Mandela steht zur Olympia-Bewerbung Kapstadts", in: *Der Tagesspiegel* (1996): (http://www.tagesspiegel-berlin.de/tsp_f/olympia/rund7.html, 31.12.97).

MONEGRO, Jose: „Dominican Olympic official denies receiving inflated travel expenses from Sweden", in: *Associated Press* (16.02.99): (http://www.sportserver...19136-31489-227899-0,00.html, 5.04.99).

MURPHY, Brian: „Olympic question: should big leader also guide 2004 planning?", in: *Associated Press* (11.09.97).

NÄGELE, Frank: „Der hohe Favorit. Rom", in: *Kölner Stadtanzeiger* (4.09.97).

OWEN, Richard: „Green alliance fights to kill off Roman Games", in: *The Times* (11.08.97.

- - - - -   „Rome and Athens trade insults on Games venue", in: *The Times* (14.08.97).

PAULS, Peter: „'Sport hilft Brücken schlagen'. Präsident Mandela zur Bedeutung der Olympischen Spiele für Südafrika. 'Ich muß mich langsam zurückziehen' - Interview mit dem 'Kölner Stadtanzeiger'", in: *Kölner Stadtanzeiger* (2.09.97).

REICH, Kenneth: „L.A. Picked for Olympic Bid. Wins Over New York; 'Spartan' Event Stressed", in: *Los Angeles Times* (26.09.77).

REINSCH, Michael: „Abschied von der Berliner Olympia GmbH: Brigitte Schmitz über Korruption und politischen Druck. Die IOC-Regeln sind gut, ihre Kontrolle ist es aber noch nicht", in: *FAZ* (28.12.93).

REY, Bruno: „In Buenos Aires sind viele begeistert", in: *Tages Anzeiger* (3.09.97): (http:// www.tages-anzeiger.ch/archiv/97september/ 970903/112483.htm, 14.07.99).

RINGHOFER, Dieter: „Dank einer Frau und Mitleidseffekt. Nicht der Favorit Rom, sondern Athen wird die Olympischen Sommerspiele 2004 veranstalten. Im vierten Wahlgang setzte es sich mit 66:41 Stimmen durch", in: *Tages Anzeiger* (6.09.97): (http:// www.tages-anzeiger.ch/archiv/97september/970906/ 156130.HTM, 5.10.99).

- - - - - „Gianna Angelopoulos, Athens neue Heldin. Die 42jährige Juristin hat mit der erfolgreichen Olympiabewerbung die griechische Ehre wiederhergestellt", in: *SonntagsZeitung* (7.09.97): (http://www.sonntagszeitung.ch/sz36/157574.html, 12.12.97).

- - - - - „Kommentar. Prominente Verlierer", in: *Tages Anzeiger* (7.09.97): (http://www.smd.ch/cgi-bin/ta/smd_dok.cgi?RA1997 090700140, 14.07.99).

- - - - - „Eine Milliarde Dollar für den Sieger", in: *Tages Anzeiger* (3.09.97): (http://www.tages-anzeiger.ch/ 970903/121310.htm, 12.12.97).

- - - - - „Der schwedische Elch darf weiterhüpfen. Das IOC hat die Entschuldigungen der Olympiabewerber Kapstadt und Stockholm wegen Verstössen gegen die Regeln über erlaubte Geschenke angenommen", in: *Tages Anzeiger* (3.09.97): (http://www.tages-anzeiger.ch/970904/139415.html, 31.12.97).

- - - - - „Die Weltmeisterschaften als Teil der Olympiakampagne", in: *SonntagsZeitung* (27.07.97): (http://www.sonntagszeitung.ch/ sz30/148374.html, 31.12.97).

- - - - - „Wer im IOK gegen Sion gestimmt hat. Die Schweizer Kandidatur Sion 2006 ist hauptsächlich am Veto der afrikanischen, arabischen und lateinischen IOK-Delegierten gescheitert. Auch aus Europa gingen viele Stimmen an Turin", in: *Tages Anzeiger* (21.09.97): (http://www.smd.ch/egi- bin/ta/smd_dok.cgi?RA1999062202018, 9.07.99).

SINGH, Eric: „Kapstadt strotzt vor Optimismus. Die endgültige Entscheidung fällt auf der IOC-Tagung am 5. September in Lausanne", in: *Neues Deutschland* (21.06.97).

STOP 2004 OLYMPIC BID FORUM (Hrsg.): *Web Site*, 1997, (http://www.gem.co.za/ELA/s2004_p1.html, 31.12.97).

STRATMANN, Jörg: „Bewerber für die Olympischen Spiele. Kapstadt will den fünften Ring schließen", in: *FAZ* (21.08.97).

THOMSEN, Ian: „Athens Re-enters the Olympic Beauty Contest", in: *International Herald Tribune,* (4.11.96): (http://www.iht.com/IHT/IT/96/it110496.html, 12.12.97).

- - - - - „Gift-Bearing Greeks? Rome Cautions IOC", in: *Herald Tribune* (21.05.97).

- - - - - „Istanbul Gives IOC a Civic Duty", in: *International Herald Tribune* (4.01.97).

- - - - - „Minister: Islamic image may mar Istanbul's Olympic bid", in: *Associated Press* (24.02.97).

T[homas] K[istner]: 106. IOC-Session. Auftakt mit Bestechung", in: *SZ* (3.09.97).

TRUST, Oliver: „Athens neuer Start aus dem Schmerz der Niederlage. Bewerbung um die Olympischen Spiele 2004, bei der nicht nur auf Tradition von 1896 gesetzt wird - 96,4 Prozent der Griechen unterstützen zweiten Anlauf", in: *Die Welt* (17.12.96): (http://www.welt.de/archiv/1996/12/17/1217sp01.htm, 24.04.99).

TSAFOS, Takis: „Athen hofft noch immer", in: *Tages Anzeiger* (3.09.97): (http://www.tages-anzeiger.ch/970903/115112.html, 12.12.97).

WALDBRÖL, Hans-Joachim: „Die Bewerber für die Olympischen Spiele 2004 (2): Aus griechischen Lehrmeistern sind Athener Musterschüler geworden", in: *FAZ* (8.07.97).

- - - - - „Bewerber für die Olympischen Spiele 2004: Das alte, graue Rom zeigt sich jung und grün", in: *FAZ* (7.06.97).

- - - - - „Bewerber für die Olympischen Spiele 2004: Stockholm setzt auf Licht, Luft und Wasser", in: *FAZ* (30.07.97).

- - - - - „Die Bewerber für 2004 bieten vor der olympischen Vorauswahl große Namen gegen kleingedruckte Daten. Aus elf mach vier, Punkt 13.29 Uhr und 45 Sekunden", in: *FAZ* (7.03.97).

- - - - - „Rom, Buenos Aires, Athen und Stockholm Favoriten der Bach-Kommission. Quartett mit den besten olympischen Karten. Kapstadt und St. Petersburg noch im Spiel", in: *FAZ* (22.02.97).

WARNER, Adrian: „Olympics - Athens' opponents take delight in pro-Rome poll", in: *Reuter* (28.08.97).

- - - - - „Olympics - Samaranch urges Cape Town to bid for Games again", in: *Reuter* (6.09.97).

WATTERSON, Johnny: „Big wigs pile in for the final push", in: *The Irish Times* (5.09.97): (http://www.irish-time.com/irish-times/paper/1997/ 0905/spo12.html, 31.12.97).

WENIG, Jörg: „Tradition kontra Kommerz. Athen setzt auf kulturelle und historische Argumente/ Kandidaten für Olympia 2004", in: *Der Tagesspiegel* (3.09.97): (http://www.tagesspiegel-berlin.de/ archiv/97-09/aktuell/spo-970903.html, 31.12.97).

WIEGAND, Ralf: „Etwas Kosmetik für das IOC. Südafrika will mit der Fecht-WM Olympiatauglichkeit zeigen", in: *SZ* (14.07.97).

WILSON, Stephen: „Athens to host 2004 Olympics", in: *Associated Press* (5.09.97): (http://www.news-observer.com/newsroom/...rts/ 090597/sportst_25578_noframes.html, 31.12.97).

- - - - - „Cities from Europe, South America and Africa make final cut", in: *Associated Press* (7.03.97).

- - - - - „Race for 2004 getting 'ugly'", in: *USA TODAY* (11.08.97).

- - - - - „Stockholm bid chief assails Nebiolo", in: *Associated Press* (9.08.97): (http://www.projo.com/horizons/ap/test/OLY/ fffa0f73.html, 31.12.97).

YEZHOV, Gennady: „Ilyushin to lead Russian delegation to 2004 Olympics contest", in: *TASS* (3.03.97).

ZÄNKER, Alfred: „Olympia-Milliarden ebnen Griechenlands Weg in die Währungsunion. OECD bescheinigt Hellas gute Aussichten, die Euro-Hürden zu überwinden - Regierung Simitis verordnet dem Land drakonische Sparmaßnahmen", in: *Die Welt* (15.01.99): http://www.welt.de/archiv/1999/01/15/ 0115wi06.htm, 24.04.99).

ZENGERLE, Patricia: „Olympics - Commercialism and culture combine in San Juan", in: *Reuter* (27.02.97).

[o. Verf.]: „Alkohol und Ärzte. Stockholm ermittelt gegen Olympier", in: *SZ* (11.02.99).

- - - - - „Angelopoulos nicht OK-Präsidentin Athens", in: *sid* (26.09.97).

- - - - - „Anschlag auf Olympia-Bewerber. IOC in Alarmbereitschaft", in: *SZ* (2.09.97).

- - - - - „Athen nützt den Mandela-Effekt. Deutlicher Sieg beim Werben um die Spiele 2004 dank der Stimmen Afrikas", in: *SZ* (8.09.97).

- - - - - „Athen 2004. Die Olympischen Spiele kehren in ihr Geburtsland zurück", in: GRIECHISCHE BOTSCHAFT BONN, PRESSE UND INFORMATIONSBÜRO (Hrsg.): Griechenland aktuell. Informationen aus Politik, Wirtschaft und Kultur (6.09.97).

[o. Verf.]: „Athen, Buenos Aires, Rom und Stockholm mit Chancen auf Olympia 2004“, in: *germany-live.de* (21.02.97): (http:// www.germany-live.de/gl/Artikel/Sport/1997-02/856517141.html, 31.12.97).

- - - - - „Athens gives progress report to IOC“, in: *CNN Sports Illustrated* (13.12.98): (http://www.cnnsi.com/news/1998/12/13/athens_preparations/, 11.07.99).

- - - - - „Athens will seek 2004 summer Olympics“, in: *RIS* (10.11.95): http://www1.nando.net/.../oly7541.html, 18.11.97.

- - - - - „Anxiety in Athens. Olympic organizing committee plagued with problems“, in: *CNN Sports Illustrated* (10.03.99): (http://www.cnnsi.com/news/1999/03/10/athens_problems/, 11.07.99).

- - - - - „Auch Spiele 2000 gekauft? Alarm in Sydney“, in: *SZ* (25.01.99).

- - - - - „Auf Inspektion für das IOC: Thomas Bach beurteilt die Kandidaten für 2004. Olympische Reise um die Welt in 52 Tagen“, in: *FAZ* (13.09.96).

- - - - - „Bachs steiler Aufstieg als Vertrauter des Präsidenten. Uneingeschränkte Unterstützung Juan Antonio Samaranchs auf der 105. Session des IOC bei der Wahl der Exekutive“, in: *Die Welt* (18.07.96): (http://www.welt.de/archiv/1996/07/18/0718sp03.htm, 31.12.97).

- - - - - „Bach-Kommission legt IOC-Prüfberichte über Bewerber vor/ Chance für Kapstadt. Olympische Spiele in eurpäischer Stadt? Rom, Athen, Istanbul und Stockholm favorisiert“, in: *FAZ* (21.02.97).

- - - - - „Bach-Kommission präsentiert Prüfbericht. Olympia 2004: Athen und Rom favorisiert“, in: *sid* (19.02.97).

- - - - - „Basics Decision. The choice depends on technical merit, says the chair of the IOC Evaluation Commission“, in: *SporTVision* 119 (Juni 1997).

- - - - - „Beijing unlikely to bid for 2004 Olympics“, in: *RIS* (3.01.96): http://www1.nando.net/.../oly33122.html, 31.12.97.

- - - - - „Belgien erwägt Ausrichtung der Spiele 2004“, in: *sid* (28.03.94).

- - - - - „Bewerbung für Olympia 2004. Europäer mit guten Chancen“, in: *SZ* (21.02.97).

[o. Verf.]: „Bewerbung um Olympia 2004. Opposition in Athen will vor Gericht ziehen", in: *sid* (27.08.97).

----- „Bewerbung um Spiele 2004. Jelzin kämpft um Olympia", in: *Passauer Neue Presse* (7.03.97): (http://www.vgp.de/red/pnp/07031997/sp/00000007.htm, 31.12.97).

----- „Brief an Nachrichtenagentur AP. Schwedische Olympia-Gegner drohen weiter", in: *sid* (18.08.97).

----- „Cape Town, Rome head 2004 Olympic hopefuls", in: *RIS* (8.01.96): (http://www.nando.net/.../oly24073.html, 31.12.97).

----- „Cape Town's 'Africa' party ends in Olympic disappointment", in: *Agence France-Presse* (5.09.97): http://www.news-observer.com/newsroom/.../090597/sportst_29578_S3_nofram es.html, 5.10.99).

----- „China still mulling 2004 Olympic bid", in: *RIS* (11.12.95): http://www.nando.net/.../oly11348.html, 31.12.97.

----- „Committee approached for kickbacks", in: *CNN Sports Illustrated* (23.01.99): (http://www.cnnsi.com/olympics/news/1999/01/23/istanbul_votes/, 11.07.99).

----- „CONI backs Rome bid for 2004 Olympics", in: *RIS* (31.10.95): (http://www.nando.net/.../oly13812.html, 18.11.97).

----- „Das IOC gewährt Athen eine Frist von 100 Tagen", in: *FAZ* (15.05.00).

----- „Denmark mulls hosting 2004 summer Olympic Games", in: *RIS* (4.12.95): http://www1.nando.net/.../oly17475.html, 31.12.97.

----- „Disaster of Olympic proportions? Athens chief stresses early organization for 2004 Games", in: *CNN Sports Illustrated* (25.06.98): (http://www.cnnsi.com/news/1998/06/25/athens_disaster/, 11.07.99).

----- „Eleven cities bid for 2004 Summer Games", in: *RIS* (10.01.96): (http://www2.nando.net/.../oly11031.html, 31.12.97).

----- „Erneuter Anlauf. Taschkent bewirbt sich um Olympia im Jahr 2004", in: *sid* (13.04.94).

----- „ETA: 2004. EU commissioner says new Athens airport on schedule for Olympics", in: *CNN Sports Illustrated* (18.09.98): (http://www.cnnsi.com/news/1998/09/18/athens_airport/, 11.07.99).

----- „Explosion im 'Ullevi" von Göteborg. Wieder Bombenanschlag auf schwedisches Stadion", in: *sid* (25.08.97).

[o. Verf.]: „Explosion at Swedish stadium blunts Olympic hopes", in: *CNN Sports Illustrated* (25.08.97): (http://cnn.com/WORLD/9708/25/ sweden.bomb/ index.html, 31.12.97).

- - - - - „Ferrer Salat: 'Buenos Aires, Atenas y Roma en primera fila'", in: *EFE Agence Espagnole de Presse* (8.08.97).

- - - - - „Flüchtige Geliebte", in: *Tages Anzeiger* (22.05.96): (http://www.tages-anzeiger.ch/archiv/96mai/69019.html, 12.12.97).

- - - - - „Fourteen cities in field for 2004 Games", in: *The News & Observer Publishing Co.* (6.12.95): http://www.nando.net/ newsroom/sports/oly/feat/06129551915.html, 31.12.97.

- - - - - „Frankophone Länder unterstützen Sion", in: [COMITE DE CANDIDATURE SION 2006 SWITZERLAND (Hrsg.)]: *Web Site* ([1999]): (http://www.sion2006.ch/suite.htm, 7.07.99).

- - - - - „Freudenfeiern in Kapstadt - Mandela: Vertrauensbeweis", in: *dpa* (7.03.97).

- - - - - „Fünf bleiben im Kampf um Olympia übrig. IOC-Auswahlkommission entscheidet sich für Rom, Stockholm, Buenos Aires, Athen und Kapstadt", in: *Die Welt* (8.03.97).

- - - - - „Für Spiele 2004. Dublin denkt über Olympia-Bewerbung nach", in: *sid* (18.02.93).

- - - - - „Für Spiele 2004. Streit um Kapstadts Olympiabewerbung", in: *sid* (24.02.95).

- - - - - „Ganga had a Cape Town 'shopping list'", in: Mail&*Guardian* (28.01.99): (http://www.mg.co.za...27janpm-sports.html, 5.04.99).

- - - - - „Griechen bilden OK. Olympia bringt Athen 130.000 Arbeitsplätze", in: *sid* (11.09.97).

- - - - - „Griechenlands Regierung für Olympia 2004 in Athen", in: *sid* (10.11.95).

- - - - - „Gründung der kulturellen Olympiade", in: GRIECHISCHE BOTSCHAFT BONN, PRESSE UND INFORMATIONSBÜRO (Hrsg.): Griechenland aktuell. Informationen aus Politik, Wirtschaft und Kultur (4.09.98).

- - - - - „Das Handicap heißt Gewalt. Kapstadts Olympiabewerber gehen in die letzte Runde", in: *SZ* (21.07.97).

- - - - - „Havelange: Olympia 2004 in Europa", in: *sid* (13.06.97).

- - - - - „Havelange dominates Rio press conference in unusual fashion", in: *Associated Press* (6.03.97).

- - - - - „Herbe Kritik an Olympiabewerber Athen. IOC-Exekutive tagt zur Zeit in Monte Carlo", in: *Rheinische Post* (20.05.97): (http://

www.services.rp-online.de/direct/archiv/sportnews/mai/
sport97-05-20/ioc.shtml, 12.12.97).

[o. Verf.]: „Heute fällt die Entscheidung. Olympia 2004: Wer macht das Rennen?", in: *Rhein Zeitung* (5.09.97): (http://rhein-zeitung.de/on/97/09/05/topnews/olympia.html, 18.05.99).

- - - - - „IAAF council member demands resignation of Nebiolo", in: *Associated Press* (21.08.97).

- - - - - „IAAF fires back at Kuwaiti member who criticized Nebiolo", in: *Associated Press* (22.08.97).

- - - - - „IAAF lud Bürgermeister der Olympia-Kandidaten ein", in: *germany-live.de* (29.07.97): (http://www.germany-live.de/gl/Artikel/Sport/1997-07/870175926.html, 31.12.97).

- - - - - „Iljushin goes to Switzerland to discuss 2004 Olympics", in: *TASS* (4.03.97).

- - - - - „Im Porzellanladen", in: *FAZ* (14.08.97).

- - - - - „In Athen wird Olympia künftig Chefsache sein", in: *FAZ* (22.12.98).

- - - - - „IOC narrows list of hopefuls. Rome, Athens appears to be top candidates for 2004 Games", in: *Associated Press* (8.03.97): (http://www.amarillonet.com/stories/030897/hopefuls.html, 31.12.97).

- - - - - „IOC-Auswahlkommission in Lausanne. Iljuschin: Kritik an St. Petersburg 'kurzsichtig'", in: *sid* (6.03.97).

- - - - - „IOC-Auswahlkommission in Lausanne. Olympia 2004 im Stenogramm", in: *sid* (7.03.97).

- - - - - „IOC-Chef Samaranch. Athen hat gute Chancen für Olympia 2004", in: *sid* (5.04.96).

- - - - - „IOC-Delegation in Südafrika. Tröger bei Treffen mit Mandela optimistisch", in: *sid* (12.08.97).

- - - - - „IOC-Exekutive in Lausanne. Russische Regierung kämpft für Olympia 2004", in: *sid* (24.02.97).

- - - - - „IOC-Exekutive in Lausanne. Wie das IOC die Olympiastadt 2004 auswählt", in: *sid* (6.03.97).

- - - - - „IOC-Exekutive in Monte Carlo. Herbe Kritik an Olympia-bewerber Athen. Gegen IOC-Regeln verstoßen/ Sydney legt Finanzierungskonzept vor", in: *sid* (20.05.97).

- - - - - „IOC-Exekutivkomitee entscheidet: Fünf Bewerber für die Spiele 2004 möglich", in: *FAZ* (13.06.95).

[o. Verf.]: „IOC-Mitglieder ließen Stockholm Arztrechnungen und Alkohol bezahlen", in: *Hamburger Morgenpost Online* (10.02.99): (http://database.mopo.de/...%5F0210160250=, 24.04.99).

- - - - - „IOC-Vorwürfe lächerlich? Südafrika und Schweden sehen keine Korruption", in: *Mannheimer Morgen* (4.09.97): (http://www.mamo.de/redak/19970904/html/article/r4d0005_24697.html, 31.12.97).

- - - - - „Istanbul plant Olympia 2004. Die Bosporus-Metropole braucht die Spiele. Massive Luft- und Verkehrsprobleme/ Ziel: Imagewerbung vor der Welt", in: *sid* (5.12.94).

- - - - - „Jeux de 2004 - Istanbul poursuivra ses efforts pou accueillir les JO au 21ème siècle", in: *Agence France Presse* (7.03.97).

- - - - - „Jeux de 2004 - Moscou: Samaranch refuse de nommer les villes favorites", in: *Agence France Presse* (19.01.97).

- - - - - „Jeux de 2004 - Rio de Janeiro - Joao Havelange se fâche", in: *Agence France Presse* (6.03.97).

- - - - - „King Applauds Surge in Public Support for Stockholm Bid. Poll Confirms Nearly 80% Swedish Support", in: STOCKHOLM BID COMMITTEE/ Olof Stenhammar (Hrsg.): *lightbeam* 7 (21.08.97): 1-2.

- - - - - „Kipketer, Lewis, Hingsen, Meyfarth. Stockholm 2004: Weltstars helfen Bewerber", in: *sid* (8.07.97).

- - - - - „Kurze Meldungen", in: *FAZ* (5.10.96).

- - - - - „Kurz gemeldet", in: *SZ* (9.12.98).

- - - - - „Laut NOK-Vizepräsident Zhang. Olympia 2004: China bewirbt sich mit Kanton", in: *sid* (26.10.95).

- - - - - „Das letzte Gefecht um Coles. IOC hält seinen Sünder noch, doch Kritik von allen Seiten wächst", in: *SZ* (14.05.99).

- - - - - „Lille submits final bid for 2004 Games", in: *RIS* (9.01.96): (http://www3.nando.net/.../oly16458.html, 31.12.97).

- - - - - „Lillehammer will Olympia-Archiv komplett öffnen", in: *Hamburger Morgenpost Online* (25.01.99): (http://database.mopo.de/...%5F0126120310=, 24.04.99).

- - - - - „Los miembros del COI que elegiran la sede de los Juegos", in: *EFE Agence Espagnole de Presse* (28.08.97).

- - - - - „Lyon bewirbt sich um Olympia 2004", in: *sid* (19.09.95).

- - - - - „Mandela erklärt Olympia zur 'Chefsache'", in: *sid* (18.08.97).

- - - - - „Mandela says Athens 'deserves' to host 2004 Olympics", in: *Agence France-Presse* (5.09.97): (http://www.news-observer.c.../oly30509.html, 31.12.97).

[o. Verf.]: „Mandela verspricht 'Afrikanische Olympia'", in: *germany-live.de* (25.06.97): (http://www.germany-live.de/gl/Artikel/ Sport/1997-06/867246043.html, 12.12.97).

- - - - - „Mandelas launiger Auftritt", in: *Tages Anzeiger* (3.09.97): (http://www.tages-anzeiger.ch/970903/129069.html, 12.12.97).

- - - - - „Mayorga: 'Buenos Aires es rival a vencer por cuatro ciudades'", in: *EFE Agence Espagnole de Presse* (9.03.97).

- - - - - „Meadowland erwägt Olympia-Bewerbung für 2004", in: *sid* (23./ 24.01.93).

- - - - - „More links reported between IOC president and agent", in: *Agence France-Press* (11.01.99): (http://www.sportserver.com/ generic/story/0,1673,6690-11591-80568-0,00.html, 13.01.99).

- - - - - „NBC Poll Puts Stockholm in Lead", in: STOCKHOLM BID COMMITTEE/ Olof Stenhammar (Hrsg.): *lightbeam* 7 (21.08.97): 1-3.

- - - - - „No irregularities revealed on IOC submissions", in: *CNN Sports Illustrated* (15.02.99): (http://www.cnnsi.com/olympics/ news/1999/02/15/bribes_bidders/, 11.07.99).

- - - - - „Nur ein Rückzug auf Zeit. Mailand plant Kandidatur für Olympia 2004", in: *sid* (15.03.93).

- - - - - „OK-Chef in Athen zurückgetreten. Stolperstein Alexa", in: *SZ* (8.07.99).

- - - - - „'Olympia ist Coca-Colarisiert'. Das Internationale Olympische Komitee beugte sich dem Diktat des größten Sponsors im Weltsport", in: *Der Spiegel* 39 (1990): 250-253.

- - - - - „Olympia 1996: Die Bewerber im Kurzportrait", in: *sid* (17.09.90).

- - - - - „Olympia 2004 Kapstadt und der Mandela-Faktor!!!!!!!!!!!!!!!!!" , in: ICON (Hrsg.): *Web Site* ([1997]): (http://www.icon.co.za/ ~klien/Olifant.htm, 31.12.97).

- - - - - „Olympia 2004. Samaranch: China würde bei Afrika-Bewerbung verzichten", in: *sid* (30./ 31.10.93).

- - - - - „Olympiabewerber im Portrait: Athen. Nostalgie-Favorit voller Kultur und Geschichte. Provinznest wuchs zur Weltstadt/ Nach 100 Jahren erneut Gastgeber?", in: *sid* (14.09.90).

- - - - - „Olympiabewerber im Portrait: Atlanta. Coca-Cola-Zentrale als sportliches Niemandsland. 500 Millionen Dollar für neue Stadien/ Fünfte Olympiastadt der USA", in: *sid* (14.09.90).

[o. Verf.]: „Olympiabewerber im Portrait: Belgrad. Ruhige Metropole in einem zerstrittenem Land. Sportstadt par excellence/ Erstmals Sommerspiele auf dem Balkan?“, in: *sid* (14.09.90).

----- „Olympiabewerber im Portrait: Manchester. Industrie-Metropole träumt vom olympischen Glanz. IOC würde in der Geburtsstätte des Rolls-Royce residieren“, in: *sid* (14.09.90).

----- „Olympiabewerber im Portrait: Melbourne. Batman reservierte Platz auf der Landkarte. Schon 1956 Ausrichter der Olympischen Spiele/ Britische Tradition“, in: *sid* (14.09.90).

----- „Olympiabewerber im Portrait: Toronto. Der 'Treffpunkt' - eine multikulturelle Stadt. Kanadas Sportstadt Nummer eins/ 'Treffpunkt' für 12.000 Athleten?“, in: *sid* (14.09.90).

----- „Olympia-Bewerbung Kopenhagens wahrscheinlich“, in: *sid* (4.12.95).

----- „Olympia-Bewerbung 2004. Havelange unterstützt Buenos Aires“, in: *sid* (24.07.97).

----- „Olympia-Bewerbung 2004. Kapstadt setzt auf Stimmen der Asiaten“, in: *sid* (24.06.97).

----- „Olympia-Bewerbung 2004. Welle der Gewalt in Stockholm ebbt nicht ab“, in: *sid* (9.07.97).

----- „Olympia/2004/ Athen, Buenos Aires, Rom und Stockholm mit den besten Chancen“, in: *dpa* (20.02.97).

----- „Olympic Calamitennial. The games are outgrowing smaller cities with big ambitions“, in: *Asiaweek* (9.08.96): (http://www.pathfinder.com/asiaweek/96/0809/ed2.html, 25.04.99).

----- „Olympic Games. Athens looks to Europe to overcome funding crisis“, in: *The Guardian* (11.03.99): (http://www.guardianunlimited.co...0,4273,3835070,00.html, 25.04.99).

----- „Olympics - Buenos Aires bids for Latin recognition“, in: *Reuter* (7.03.97).

----- „Olympics - Form book for five cities in 2004 Olympic race“, in: *Reuter* (28.08.97).

----- „Olympics - Greek IOC member tips Rome, Athens“, in: *Reuter* (29.05.97).

----- „Olympics - Istanbul's slams report on its Olympic bid“, in: *Reuter* (25.02.97).

----- „Olympics - Lille fails to convince French minister“, in: *Reuter* (25.02.97).

----- „Olympics - Nebiolo questions Athens organisation“, in: *Reuter* (14.08.97).

[o. Verf.]:   „Olympics - Rejected Seville vows to try again", in: *Reuter* (7.03.97).

----- „Olympics - Russian premier lobbies for St [*sic*] Petersburg bid", in: *Reuter* (19.01.97).

----- „Olympics - Seville happy with Olympic report", in: *Reuter* (21.02.97).

----- „Olympics - Turk President hopes Istanbul will try again", in: *Reuter* (7.03.97).

----- „Olympische Spiele 2004. Afrika für Olympia-Kandidatur Südafrikas", in: *sid* (25.11.92).

----- „Olympische Spiele 2004. Havelange nennt Rom-Bewerbung perfekt", in: *sid* (15.05.97).

----- „Olympismo - Jeugos'2004: Apoyo popular meno apoyo en Estocolmo y mayor en Atenas, Estambul y Sevilla", in: *EFE Agence Espagnole de Presse* (21.02.97).

----- „Olympismo - Rio'2004. Comite Rio'2004 reconoce que proyecto Buenos Aires es superior", in: *EFE Agence Espagnole de Presse* (10.03.97).

----- „Olympismo - Rio'2004. Visita del Papa a Rio de Janeiro puede ayudar para 2004", in: *EFE Agence Espagnole de Presse* (28.02.97).

----- „Olympismo - Sevilla'2004. Alcaldesa explica pte. BCH proyecto 'realista y vitalista'", in: *EFE Agence Espagnole de Presse* (21.02.97).

----- „Olympismo - Sevilla 2004. Zabell: 'Antes anuncio finalistas nos comeremos las uñas'", in: *EFE Agence Espagnole de Presse* (25.02.97).

----- „Olympismo. Becerril: 'Antes pensar 2008 hay que rendir cuentas 2004'", in: *EFE Agence Espagnole de Presse* (10.03.97).

----- „Opposition to Stockholm's 2004 bid drops", in: *USA TODAY* (18.08.97).

----- „'Paßt auf unsere Sportstätten auf'. Ein Quintett hofft auf Olympia", in: *Der Standard* (3.09.97): (http://www.derstandard.at/arc/19970903/110.htm, 25.04.99).

----- „Pavarotti backs Rome's bid for 2004", in: *RIS* (6.08.97): (http://wedge.nando.net/.../oly25687.html, 31.12.97).

----- „Pekings Bewerbung für Olympia 2008. Politik unerwünscht", in: *SZ* (9.04.99).

[o. Verf.]: „Petition gegen Olympia 2004 in Rom", in: *Der Standard* (23.12.96): (http://www.derstandard.at/arc/19961223/94.htm, 25.04.99).

- - - - - „Poll shows critical support growing for Stockholm Olympics bid", in: *Associated Press* (29.05.97).

- - - - - „Pound greift Sydney an. IOC-Vize spricht fast unverhohlen von Bestechung beim Bewerb", in: *SZ* (18.05.99).

- - - - - „Puerto Rico vying for Olympics in 2004", in: *canoe.ca* (8.04.96): (http://www.canoe.ca/OlympicsApril/ apr8_puerto_rico.html, 31.12.97).

- - - - - „Rendite mit Olympia. Investmentfonds", in: *Stern* 17 (16.04.98): 212.

- - - - - „Region um Lille kündigt Olympia-Bewerbung an", in: *sid* (24./ 25.06.95).

- - - - - „Rio officials present video tape of burning pyre", in: *RIS* (24.01.96): http://www.nando.net/.../oly50855.html, 31.12.97.

- - - - - „Rio will Milliarden für Olympia investieren", in: *sid* (16.05.95).

- - - - - „Rio will Olympia 2004 ausrichten", in: *sid* (24.08.94).

- - - - - „Rogge zufrieden mit Athener Olympiaplanungen", in: *FAZ* (24.11.00).

- - - - - „Rome presents bid for 2004 Olympic Games", in: *RIS* (22.11.95): (http://www2.nando.net/.../oly33337.html, 18.11.97).

- - - - - „Rome mayor demands new vote", in: *CNN Sports Illustrated* (26.01.99): (http://www.cnnsi.com/olympics/news/1999/01/26/ rome_ioc/, 11.07.99).

- - - - - „Rome wary of bid by classical rival Athens", in: *RIS* (10.01.96): (http://www.nando.net/.../oly46111.html, 30.11.97).

- - - - - „Roms und Stockholms Olympia-Pläne reifen", in: *sid* (31.10.95).

- - - - - „Rückschlag für Kapstadts Olympia-Bewerbung", in: *sid* (12.05.95).

- - - - - „Russische Regierung unterstützt Olympia-Kandidatur St. Petersburgs", in: *dpa* (23.01.97).

- - - - - „Samaranch begeistert: 'Beste Feier, die ich je gesehen habe'", in: *germany-live.de* (3.08.97): (http://www.germany-live.de/gl/ Artikel/Sport/1997-08/870604057.html, 31.12.97).

- - - - - „Samaranch says Beijing bid unlikely for 2004 Games", in: *RIS* (12.08.95): http://www1.nando.net/.../oly48186.html, 31.12.97.

- - - - - „Samaranch says Rome 2004 bid strong, warns Cape Town", in: *RIS* (8.11.95): http://www.nando.net/.../oly72250.html, 18.11.97.

[o. Verf.]: „Samaranch sprach mit Tschernomyrdin über Olympiade 2004", in: *germany-live.de* (18.01.97): (http://www.germany-live.de/gl/ Artikel/Sport/1997-01/853587755.html, 31.12.97).

- - - - - „Schwedens Regierung segnet Olympia-Plan ab", in: *sid* (13.03.96).

- - - - - „Schwedens Sportverbände appellieren an Brandstifter und Bombenleger", in: *dpa* (12.08.97).

- - - - - „Sentiment a factor as Athens gets 2004 Olympics", in: *CNN Sports Illustrated* (5.09.97): (http://www.cnnsi.com/news/ 1997/09/05/athens_update/, 31.12.97).

- - - - - „Seville launches 2008 Olympic bid", in: Nando Media/ *Agence France-Press* (4.05.99): (http://www.sportserver.com/ generi...1673,45283-73063-527703-0,00.html, 6.05.99).

- - - - - „Sieben schwierige Jahre für Griechenland", in: *Tages Anzeiger* (6.09.97): (http://www.tages-anzeiger.ch/archiv/ 97september/970906/156123.HTM, 5.10.99).

- - - - - „Simplify Olympics bidding process, says Swedish official", in: *Reuters* (19.12.97): (http://www.nando.net/.../oly38032.html, 23.12.97).

- - - - - „South African Games bid is big business", in: *RIS* (25.08.95): http://www.nando.net/.../oly15112.html, 31.12.97.

- - - - - „Die Spielchen vor den Spielen. Olympiabewerbung 2004: Lilles strategische Modelle", in: *Der Standard* (13.01.97): (http://www.derstandard.at/arc/19970113/101.htm, 25.04.99).

- - - - - „Spread the wealth. Athens organizer opposes permanent Olympic site", in: *CNN Sports Illustrated* (27.01.99): (http:// www.cnnsi.com/news/1999/01/27/olympics_site/index.html, 11.07.99).

- - - - - „Staatsanwalt ermittelt wegen Stockholms Olympia-Bewerbung", in: *Hamburger Morgenpost Online* (8.02.99): (http://database.mopo.de/...%5F00208143256=, 24.04.99).

- - - - - „Startschuß in Olympia für Olympia 2004. Aufbruch in neue Dimensionen", in: GRIECHISCHE BOTSCHAFT BONN, PRESSE UND INFORMATIONSBÜRO (Hrsg.): Griechenland aktuell. Informationen aus Politik, Wirtschaft und Kultur (23.06.98).

- - - - - „Stockholm bewirbt sich um Olympia 2004", in: *sid* (13.10.95).

- - - - - „Stockholm bid chief blasts Nebiolo apology", in: *USA TODAY* (11.08.97).

[o. Verf.]: „Stockholm bid for 2004 Games under press scrutiny", in: *Agence France-Press* (10.02.99): (http://www.sportserver.com.../ 16907-27987-204654-0,00.html, 31.12.97).

- - - - - „Stockholm Leading in Air Quality", in: STOCKHOLM BID COMMITTEE/ Olof Stenhammar (Hrsg.): *lightbeam* 7 (21.08.97): 3.

- - - - - „Stratigis quits. Head of Athens Olympic organizers steps down", in: *CNN Sports Illustrated* (6.07.99): (http:// www.cnnsi.com/news/1999/03/10/athens_problems/, 11.07.99).

- - - - - „Swedes disappointed by voting outcome for 2004 Games", in: *Agence France-Presse* (5.09.97): (http://www.news-observer.c .../oly10908.html, 31.12.97).

- - - - - „Survey: Many Swedes oppose bid to host 2004 Olympics", in *CNN Sports Illustrated* (30.08.97): (http://cnn.com/WORLD/ 9708/30/sweden/index.html, 31.12.97).

- - - - - „Tardy Athens wants 2004 summer Olympics", in: *RIS* (14.12.95): (http://www1.nando.net/.../oly30958.html, 31.12.97).

- - - - - „Tausende Athener bei Konzert 'für Olympia'", in: *sid* (21.07.97).

- - - - - „They've been, seen and gone, now the nail-biting begins", in *Mercury* (15.08.97): (http://www.ct2004.org.za/ release33.shtml, 3.02.98).

- - - - - „Tireless Greek emissary. Olympic bid leader named special envoy", in: *CNN Sports Illustrated* (14.10.98): (http:// www.cnnsi.com/news/1998/10/14/greek_envoy/, 11.07.99).

- - - - - „USOC History of Pan American and Olympic Bidding Process", in: USOC online ([1998]): (http://www.usoc.org/ usonn/aug98/ 810oly1.html, 20.08.99)

- - - - - „Verbessertes Ergebnis einer Umfrage. Weniger Gegner für Olympia in Stockholm", in: *sid* (16./ 17.08.97).

- - - - - „Vergabe der Olympischen Spiele 2004. Stockholm wirft Nebiolo 'politische Einmischung' vor. IOC-Mitglied Ljungqvist schlichtet/ Entscheidung am 5. September", in: *sid* (9./ 10.08.97).

- - - - - „Viel Nostalgie und Hoffnung. Olympiajubläum gefeiert - Samaranch macht Athen Mut für 2004", in: *Die Welt* (9.04.96): (http://www.welt.de/archiv/1996/04/09/0409sp09.htm, 4.04.99).

- - - - - „Vier Favoriten für Olympia 2004", in: *Neue Zürcher Zeitung* (21.02.97).

[o. Verf.]: „Die Waffen sollen während der Olympischen Spiele wieder ruhen",
in: GRIECHISCHE BOTSCHAFT BONN, PRESSE UND
INFORMATIONSBÜRO (Hrsg.): Griechenland aktuell.
Informationen aus Politik, Wirtschaft und Kultur (5.02.98).

----- „Wer Olympia will, zeigt sein wahres Gesicht", in: *Die Welt*
(14.08.97).

----- Werbebeilage 'STOCKHOLM 2004', in: *International Herald
Tribune,* Genf und Umgebung (3.09.97).

----- „Who owns the Olympic Bid", in: *Mail&Guardian* (24.06.97):
(http://www.mg.co.za/mg/news/97june/24june-olymic.html,
31.12.97).

----- „Wirbel um gekaufte Stimmen. IOC im Zwielicht", in: *Kölner
Stadtanzeiger* (2.09.97).

----- „Yeltsin presiona Samaranch y pride decision 'justa'
Petersburgo", in: *EFE Agence Espagnole de Presse* (4.03.97).

----- „Die zwei Prügelknaben wehren sich. Olympia-Bewerber
Kapstadt und Stockholm distanzieren sich vom Vorwurf der
versuchten Bestechung. Die Schweden überraschen mit einer
Zeitungskampagne - Rom und Athen die hohen Favoriten.", in:
Kölner Stadtanzeiger (4.09.97).

----- „1.000 Unterschriften. Olympia-Gegner nutzen das Internet", in:
sid (20.08.97).

----- „13. Mittelmeerspiele in Bari. Test für Roms Olympiabewerbung mit neuen Rekorden", in: *sid* (25.06.97).

----- „19. Universiade auf Sizilien eröffnet. Klagen über Pannen und
langatmigen Festakt", in: *FAZ* (21.08.97).

PERSONENREGISTER

A

B

C

HENDERSON, Paul 43
HERZOG, Maurice 141
HEYNS, Penny 173
HIPPER, Kurt 172
HITLER, Adolf 12
HOC 140; 141; 142; 143; 146; 149
HODLER, Marc 95; 96; 142; 233; 235; 246
HULTH, Nats 192
HYRTIRIS, Tylemachos 143

I

IAAF 67; 133; 176; 177; 178; 221; 222; 223; 234; 242
IBC 84
IF 32; 35; 42
IGAYA, Chiharu 93; 95
ILJUSCHIN, Viktor 135
INOCSA 162
IOC 1; 2; 3; 4; 5; 8; 9; 10; 11; 12; 13; 15; 16; 17; 18; 19; 20; 21; 22; 23; 24; 25
26; 27; 28; 29; 30; 31; 32; 33; 34; 35; 36; 37; 38; 39; 40; 41; 42; 43; 44; 45
46; 47; 48; 49; 51; 54; 55; 56; 57; 58; 59; 60; 61; 62; 63; 64; 65; 66; 67; 68
69; 70; 71; 72; 74; 75; 76; 77; 78; 79; 80; 81; 82; 83; 84; 85; 86; 87; 88; 89
90; 92; 93; 94; 95; 96; 97; 98; 99; 100; 101; 102; 103; 104; 105; 106; 107
108; 109; 110; 111; 112; 113; 115; 116; 117; 118; 119; 120; 121; 122; 123
124; 125; 126; 127; 128; 129; 130; 131; 132; 133; 134; 135; 136; 137; 138
139; 140; 141; 142; 143; 144; 145; 146; 147; 148; 149; 150; 151; 153; 154
155; 156; 157; 158; 159; 160; 161; 162; 163; 164; 165; 166; 167; 168; 169
170; 171; 172; 173; 174; 175; 176; 177; 178; 180; 181; 182; 185; 186; 187
188; 189; 190; 191; 192; 194; 195; 197; 198; 199; 200; 201; 202; 203; 204
206; 207; 209; 210; 212; 213; 214; 215; 216; 218; 219; 220; 223; 224; 225
226; 228; 229; 230; 231; 232; 233; 234; 235; 236; 238; 239; 240; 241; 242; 243
244; 245; 246; 247; 248; 249; 251; 252; 253; 254; 255; 256; 257; 258; 259; 260
ISU 176

J

JELZIN, Boris 134; 135

K

KARAMANLIS, Konstantin 10; 11; 269
KEATING, Paul 115; 148; 179
KEINO, Kipjoge 95
KEMÉNY, Ferenc 155
KILLANIN Lord 10; 11; 24; 26; 42; 62; 229
KLERK, Frederik Willem de 162
KOHL, Helmut 135
KONSTANTIN II. (ehem. König der Hellenen) 10; 11; 253

L

LANC, Erwin 95
LETHEREN, Carol Anne 93